# 朝鮮前期 對外貿易과 貨幣 研究

朴 平 植

저자 **박평식**(朴平植, PARK Pyeong-Sik)

서울대학교 사범대학 역사교육과 졸업
연세대학교 대학원 사학과 졸업(석사·박사)
현재 서울대학교 사범대학 역사교육과 교수

논저 《朝鮮前期商業史硏究》(지식산업사, 1999)
《朝鮮前期 交換經濟와 商人 硏究》(지식산업사, 2009)

〈高麗時期의 開京市廛〉
〈高麗後期의 開京商業〉
〈朝鮮初期의 檀君과 古朝鮮 認識〉 등

# 朝鮮前期 對外貿易과 貨幣 研究

초판 1쇄 인쇄    2018년 8월 20일
초판 1쇄 발행    2018년 8월 27일

지은이    박평식

책임편집   맹다솜
총무·제작  김양헌
영업·관리  문영준
경영총괄   강숙자

펴낸이    김경희

펴낸곳    ㈜지식산업사
등 록    1969년 5월 8일, 1-363
본 사    10881, 경기도 파주시 광인사길 53(문발동)
         전화 (031)955-4226~7 팩스 (031)955-4228
서울사무소  03044, 서울시 종로구 자하문로6길 18-7(통의동)
         전화 (02)734-1978, 1958  팩스 (02)720-7900
누리집    www.jisik.co.kr
전자우편   jsp@jisik.co.kr

ⓒ박평식, 2018
ISBN 978-89-423-9048-9 93910

(재)한국연구원은 학술지원사업의 일환으로 연구비를 지급, 그 성과를 한국연구총서로 출간하고 있음.

# 朝鮮前期 對外貿易와 貨幣 研究

## 朴 平 植

지식산업사

# 序

　　이 책은 조선전기의 상업사를 대외무역과 화폐유통 부문을 중심으로 정리한 것으로, 필자의 前作《朝鮮前期商業史研究》(지식산업사, 1999)와《朝鮮前期 交換經濟와 商人 研究》(지식산업사, 2009)에 이은, 조선전기 상업사 연구 連作의 Ⅲ篇이자 그 최종편이다.

　　조선 왕조는 儒敎 국가였다. 이 國定敎學으로서 유교 이념은 정치와 사회 전반에서 조선 사회구성의 근간 원리로 설정되어 작동하였고, 경제 영역에서는 '務本抑末', '重農抑商'의 인식과 정책으로 국초 이래 강건하게 천명되어 왔다. 특히 고려말의 제반 사회문제를 이 같은 유교의 정치 사회 운영 원리에 입각하여 해결하고, 튼실한 정통 유교 국가의 수립을 꿈꾸었던 조선 왕조의 개창 세력에게 '農本'과 '抑商'은 단순한 구호가 아니라 신왕조·신국가 탄생의 전제가 되는 토대였기에, 이들 이념과 정책은 국초 이래 더욱 강조되어 왔다. 조선전기 상업사에 대한 기왕 국내외 학계의 평가가 이와 같은 여건에서, 이 시기를 우리 역사에서 農本의 경제정책이 가장 충실하였던 시기로 보고, 그 교환경제를 自給自足의 단계로 설정하여 조선 상업과 조선 상인의 비중과 역할을 왜소하게 정리하여 온 것은 따라서 일견 당연한 추세이기도 하였다.

　　필자의 조선전기 상업사에 대한 연구는 이 같은 연구 현황을 출발점으로 하여 근 30년 전 시작되었다. 그리하여 지난 著作 Ⅰ篇《朝鮮前期商業史研究》(1999)에서는, 조선전기 상업의 체제와 정책에 대한 기초적인 해명에 목표를 두고, '억말' 정책의 이념과 실제, 그리고 이에 기초하여 편성된 상업 체계를 도성의 시전과 외방 상업의 변화를 중심으로 정리하였다. 또한 집권 국가의 상업정책이 실제 상품의 유통 과정에서 어떻게 나타나는지를 규명하는 한편, 국초에 정립된 이러한 상업 인식과 정책이 성종조 이후, 특히 16세기에 들어 전개되던 상업 발달의 추세에서 어떻게 변화되어 갔는가를 밝힐 수 있었다.

이어 著作 Ⅱ篇《朝鮮前期 交換經濟와 商人 硏究》(2009)에서는, 조선전기 교환경제의 실상을 도성 상업의 국초 이래 확대 과정에서 시전과 인근 京江商業의 변화를 통해 그 실체로서 확인하고, 당대 대표적인 상인 집단이었던 京商과 開城商人의 국내외 교역 활동을 사례로 하여 이 시기 조선 상인들의 활동을 실증하였다. 아울러 이 시기 상인과 상품의 지역 간 중개를 담당하면서 전국적인 物流 유통의 요지에 등장하여 유통 체계의 근간으로 성장해 가고 있던 主人層의 실체를 발굴 소개하고, 나아가 당대 대표적인 국내외 교역 상품인 곡물과 어물, 인삼의 유통 과정과 16세기 이후 조선 상업에서 이들 상품들이 차지하던 위상, 그리고 이를 통해 성장하고 있던 상인들의 존재 등을 규명할 수 있었다.

本書는 이 같은 조선전기 상업사에 대한 前作의 작업 성과에 힘입어, 그간 미루어 두었던 대외무역 부문과 화폐와 교환수단 문제를 다루었다. 우선 Ⅰ부 〈상업정책과 대외무역의 전개〉에서는, 조선초기 대외무역정책의 기조와 그에 따른 대중국·대일본 무역의 편성을 규명하고, 이어 15세기 후반, 특히 16세기 들어 확대 발전하고 있던 대외무역의 발달상을, 중계무역의 영역에서 조선 상인들이 보여 주고 있던 주체성과 능동성에 초점을 두고 작업을 진행하였다. 이 시기 全 세계에서 조성되고 있던 '상업의 시대', '교역의 시대'라는 분위기 하에서, 동아시아 국제교역의 환경에 조선 상인들이 어떻게 대

응하고 활동하였는가를 밝힘으로써 대외무역을 포함한 조선 상업을
재인식하고자 하는 취지이다.

다음으로 Ⅱ부 〈화폐정책과 화폐유통의 추이〉는, 국가의 보급 노
력에도 불구하고 조선전기 楮貨와 朝鮮通寶라는 명목화폐가 유통
되지 못한 채 결국 마포에 이어 면포가 布貨로서 基準通貨의 위치
를 갖게 되었던 화폐 유통 상황을, 그 정책과 유통 通貨의 실제에서
재정리한 작업이다. 특히 15세기 중반 등장한 이래 16세기에 들어
부세를 포함한 국가적 유통 체계와 민간의 교환 시장에서 기준통화
로 정착하고 있던 '升麤尺短'의 면포인 麤布가 이 시기 교환경제에
서 화폐로서 수행하였던 역할과 의미를 새롭게 규명하였다. 이 같은
화폐경제에 대한 정당한 해석을 통해 '自給自足의 物物交換'으로
흔히 설정되는 조선전기 經濟像에 대한 학계와 일반의 근거 박약한
인식 또한 拂拭될 수 있으리라 전망한다.

마지막으로 附篇 〈조선시대의 상업과 상업정책〉은, 이상의 저작
Ⅰ·Ⅱ·Ⅲ편을 통해 규명한 조선전기 상업의 내적인 성장과 발전이라
는 작업 결과를 기반으로 하여, 조선후기를 포함한 우리나라 전통 사
회의 상업사를 이해하는 시각과 그 근대적 전환에 대한 전망을 試論
의 차원에서 제시해 본 글이다. 이로써 조선전기 상업을 집권국가의
사회경제 구성의 특성에서, 그리고 전근대 유통경제의 단계적 발전
의 체계에서 정리해 내려는 필자의 작업 계획은 일단 마무리되었다.

30여 년 전 처음 조선전기 상업사를 연구 주제로 삼아 공부와 궁
리를 시작하면서, 박사학위논문 작성으로 그 윤곽과 정리를 끝낼 수
있을 것이라 예상했던 기억이 새롭다. 그러나 그 사이 학위논문을
저작 Ⅰ편으로, 그리고 다시 10여 년의 노력 결과를 저작 Ⅱ편으로
학계에 보고하고도 조선전기 상업사에 대한 필자의 고뇌와 정돈은
마무리되지 못하였다. 이제 그 남은 과제들을 이렇게 저작 Ⅲ편으로

8

묶고 보니, 새삼 작업 과정의 더딤과 성과의 미흡이 더욱 눈에 띈다. 어느 정도의 결과가 있고, 또 그것이 우리 역사의 내적인 발전 체계에 대한 이해를 뒷받침하는 의미가 있다면, 이는 지금까지 필자의 학업을 가능케 해 주신 여러 恩師와 선배 學人들의 지도와 후원 덕분일 터이다.

본서의 작업이 진행되는 도중에 필자는 직장을 母校로 옮기게 되었다. 서울師大 歷史科는 여러 선생님들과 학생, 그리고 그로써 형성되는 학적 분위기 모두에서 필자의 공부와 본 작업의 튼튼한 바탕이 되어 주었다. 그 편안함과 배려에 이 기회를 빌려 감사를 드린다. 특히 학문의 시작부터 이 중간 마무리 과정까지 변함없이 필자의 푯대가 되어 주신 金容燮, 李景植 선생님께 충심으로 감사의 인사를 올린다. 교정과 색인 작업에 힘을 보태 준 이태경 조교에게도 고마움을 전한다. 지식산업사 김경희 사장님은 시장성이라고는 도시 없을 필자의 저작을 세 번째로 맡아 출간해 주셨다. 덕분에 連作의 형식이 완성될 수 있어 더욱 특별한 감사의 인사를 드린다. 아울러 이 작업은 재단법인 한국연구원의 저술연구 지원에 힘입어 마무리 될 수 있었음을 謝意와 함께 부기한다.

마지막으로, 이제는 彼岸의 세계에서 필자를 援護하고 계실 부모 님과, 此岸의 이곳에서 너무도 큰 사랑을 베푸시는 처가의 부모님께 사모와 감사의 인사를 올린다. 30여 성상 이 연작 집필의 역사에 고스란히 함께해 준 동료이자 반려 이상의와, 바쁜 제 공부의 틈을 내어 반듯한 영문초록을 작성해 준 벼리·도리가 이 작업의 또 다른 공저자임을 밝히며, 발간의 기쁨을 함께 나누고자 한다.

2018년 7월 7일
박 평 식

# 目 次

# Ⅰ. 商業政策과 對外貿易의 展開

## 朝鮮初期의 對外貿易政策

## 15世紀 後半 對外貿易의 擴大

# Ⅱ. 貨幣政策과 貨幣流通의 推移

# 【附篇】 朝鮮時代의 商業과 商業政策

# Ⅰ. 商業政策과 對外貿易의 展開

# 朝鮮初期의 對外貿易政策

## 1. 序 言

고려말에서 조선초, 한반도 주변의 국제 정세는 중국에서 이루어진 元·明 교체를 계기로 격동하고 있었다. 이에 따라 고려 최말기 정부와 지배층은 원 간섭기 이래의 기존 元 중심의 세계 질서를 고수하느냐, 아니면 새롭게 흥기하는 明 중심의 질서를 수용하느냐의 문제를 놓고 갈등하고 있었고, 이는 국내 정국에서 고려 왕조의 유지와 개선을 도모하는 세력과 개혁을 통하여 새로운 왕조를 추구하는 혁명세력 사이의 충돌로 이어졌다. 조선 왕조의 개창은 그중 후자 세력의 집권이자, 동시에 명 중심의 新 국제 질서의 수용을 의미하는 것이었다.[1] 한편 이 시기 대일 관계에서는 일본 사회의 정국 변동과 연계된 왜구의 창궐이 큰 사회문제로 대두하고 있었고, 이의

---

[1] 麗末鮮初의 대중국 관계와 국내 정치세력의 대응에 관하여는 지금까지 많은 연구가 이루어져 왔다. 그중 최근의 성과로는 다음 논고가 있다.

金 燉, 〈高麗末 對外關係의 변화와 政治勢力의 대응〉, 《韓國 古代·中世의 支配體制와 農民》(金容燮教授停年紀念韓國史學論叢 2), 지식산업사, 1997 ; 김순자, 《한국 중세 한중관계사》, 혜안, 2007.

해결 또한 조선 왕조가 직면하고 있던 주요 현안의 하나였다.[2]

전근대의 대외무역은 본래 외교·정치상의 국가 노선과 직결되어 펼쳐지는 것이었고, 이는 고려말과 조선초의 이 시기에도 예외가 아니었다. 그리하여 기왕의 연구에서는 조선초기의 대외무역이 당시 형성되었던 '事大'와 '交隣'의 외교정책에 따른 부차적이고 의례적인 부문으로 이해되어 왔다. 이른바 '朝貢貿易'의 체계라는 인식이 있었다.[3] 이는 이 시기의 대외무역을 외교·정치사의 관점에서 접근하는 연구방법론으로, 고려후기에 비해 선초의 대외무역이 위축·쇠퇴하였던 정황을 공통으로 지적하고 있다.

본 연구는 이러한 성과를 바탕으로, 조선초기의 대외무역정책을 신생 조선 왕조가 추진하던 경제구조 편성의 원리와 그 실제를 규명한다는 차원에서, 곧 경제정책과 상업정책의 일환으로 정리하여 보고자 한다. 집권국가를 표방하며 수립된 조선 왕조의 경제정책에서 대외무역이 어떻게 규정되었고, 또 이렇게 성립된 대외무역정책의 성격을 어떻게 볼 것인지를 국초에 한정하여 살펴보려는 것이다. 이는 앞으로 조선전기 대외무역의 실태나 그것이 국내경제, 특히 상업과 유통의 실제에 미치던 영향을 규명하고, 나아가 이 시기 경제구성에서 대외무역과 상업이 차지하고 있던 위상과 비중을 정당하게 평가하기 위한 기초작업이 될 것이다.

---

2) 李鉉淙,《朝鮮前期 對日交涉史硏究》, 韓國硏究院, 1964 ; 孫承喆,《朝鮮時代 韓日關係史硏究》, 지성의 샘, 1994.

3) 조선초기의 대외무역과 그 정책에 대해서도 많은 연구가 일찍부터 축적되어 왔다. 그중 대표적인 성과를 들면 아래와 같다.
　　全海宗,《韓中關係史硏究》, 一潮閣, 1970 ; 김한규,《한중관계사》 II, 민음사, 1999 ; 姜聖祚,〈朝鮮前期 對明公貿易에 關한 硏究〉, 인하대학교 박사학위논문, 1990 ; 李鉉淙, 앞의《朝鮮前期 對日交涉史硏究》; 金柄夏,《朝鮮前期 對日貿易 硏究》, 韓國硏究院, 1969.

## 2. 高麗末期의 對外貿易問題

　고려후기, 특히 원 간섭기에 들어 고려의 상업은 전대에 비해 일
층 발달하고 있었다. 국내 상업의 주축이던 開京에서는 熙宗 4년
(1208) 집권무인 崔忠獻에 의해 대대적인 市廛行廊의 개축이 단행
된 이래 忠宣王 복위년(1308)과 禑王 3년(1377)에도 행랑의 추가
신축이 이어졌고, 京市에 이들 시전 외에도 민간의 상설 점포가 늘
어나는 등 상업시설이 확대되면서 그 발전상을 노정하고 있었다. 고
려 정부가 이와 같은 개경상업의 번성에 대응하여 시전감독기구인
京市署의 관격을 승격하고 관원을 증원시켜 가던 사정도 고려말기
시전을 필두로 하는 京市의 확대와 발전을 잘 보여 주는 한 증좌라
하겠다.4)

　이와 같은 고려후기의 상업발달을 선도하던 영역은 대외무역
분야였다. 특히 이 대외무역은 원 간섭기에 들어 고려 경제가 원을
중심으로 하는 동아시아 국제시장에 편입된 이후 더욱 熾盛하고
있었다.5) 원 간섭기의 대외무역은 그 유형에서 크게 국가 간의
公貿易과 사행에 부수하여 이루어지는 使行貿易, 그리고 私貿易
과 불법적인 密貿易의 형태로 전개되었는데, 이 시기 對元貿易의

---

4) 이상 고려후기 개경상업의 발달에 대하여는 다음 논문 참조.
　　朴平植, 〈高麗後期의 開京商業〉, 《國史館論叢》 98, 2002.
5) 원 간섭기 이후에 전개된, 고려의 대외무역 발달 양상에 대하여는 이미 다음 논
　문에서 자세하게 논구된 바 있다.
　　위은숙, 〈원간섭기 對元貿易 -《老乞大》를 중심으로〉, 《지역과 역사》 4, 1997 ;
　　須川英德, 〈高麗後期における商業政策の展開 - 對外關係を中心に〉, 《朝鮮文化
　　研究》 4, 1997.

주된 번성은 그중 후자, 즉 사무역과 밀무역 부문에서 이루어지고 있었다.6)

전자의 사행무역 또한 원과의 사무역이 합법적이고 일반화된 상황에서 조공품의 명목을 빌려 원에서 일반 무역품에 부과하던 상세인 抽分을 회피함으로써 무역 이익을 극대화하려는 貨主들의 한 방편이었음을 고려하면, 이 역시 사무역의 한 유형으로 분류할 수 있는 형태라 하겠다. 이 시기 《老乞大》와 같은 상인용 중국어 회화 교습서가 저술될 수 있었던 배경도 이와 같은 당대 대중국 사무역의 번성에 있었다.7)

이처럼 원 간섭기에 사무역과 밀무역을 중심으로 발전한 對元貿易은 왕실을 비롯해 권세가와 사원 등으로 구성된 고려 사회의 諸 특권세력과 대상인층이 독점하고 있었다.8) 특히 국가재정의 파탄에도 불구하고 원 간섭기에 들어 급증하던 재정수요는, 여기에 역대 국왕들의 막대한 元 親朝費用이 추가되면서 국가와 왕실재정을 더욱 어려운 지경으로 내몰고 있었다.9) 忠烈王 10년(1284)의 친조 행차에는 1천 2백여 명에 이르는 扈從臣僚에 銀 630여 근, 紵布 2,440여 필, 楮幣 1천 8백여 錠 등의 재화를 함께 보냈다.10) 통상적인 국가재정으로는 감당할 수 없는 규모였다. 忠肅王 5년(1318) 국왕은 스스로 "원에 대한 事大 이후에 국가의 財用이 매우 번잡

---

6) 위은숙, 앞의 〈원간섭기 對元貿易〉.

7) 위와 같음.

8) 朴平植, 〈高麗末期의 商業問題와 捄弊論議〉, 《歷史教育》 68, 1998(《朝鮮前期 商業史研究》(지식산업사, 1999)에 수록).

9) 박종진, 《고려시기 재정운영과 조세제도》, 서울대학교 출판부, 2000.

10) 《高麗史》 卷29, 世家29, 忠烈王 10年 4月 庚寅, 上册, 611쪽(亞細亞文化社 刊 影印本 – 이하 같음).

하고 부족하다."[11)]면서, 그 실태를 인정하고 있었다.

결국 고려 왕실은 이 같은 재정난 타개를 위해 內房庫·迎送都監·國贐色·盤纏都監과 같은 재정기구를 추가로 신설하고, 덧붙여 常徭·雜貢 등의 이름으로 각종 부가세를 부과함으로써 이에 대처하여 갔지만, 그 실효는 크지 않았다.[12)] 더욱이 이와 같은 국가와 왕실의 재정난 타개책은 京鄕 각지에서 백성들의 강력한 저항을 야기하기까지 하였다.[13)]

이러한 와중에서 고려 왕실, 특히 원의 수도에 장기간 체류하면서 그곳을 중심으로 펼쳐진 국제시장과 교역의 발달을 목도할 수 있었던 국왕들은, 국내외 상업을 활용하여 긴급한 재정수요를 감당하는 방안을 적극적으로 모색하여 갔다. "평생 殖貨로써 일을 삼았다."[14)]거나, "商財의 利를 계산하는 데 있어 絲毫라도 분석하여 일상 經營을 하였다."[15)]라는 史臣의 평을 받은 忠惠王이 그 대표적인 사례였다. 충혜왕은 그의 嬖幸이었던 南宮信을 통해 布 2만 필과 金·銀·鈔 등을 원의 幽燕 지방에서 처분하기도 하였으며,[16)] 원에서 그의 內幣 무역을 담당하였던 상인에게 將軍職을 수여하기도 하였다.[17)]

그러나 대외무역을 활용한 商利 확보는 충혜왕만의 사례는 아니었다. 충렬왕은 원의 益都府에 宋瑛 등을 보내 布 1만 4천 필로

---

11) 《高麗史》 卷84, 志38, 刑法1, 公式, 職制, 忠肅王 5年 5月, 中冊, 845쪽.

12) 박종진, 앞의 《고려시기 재정운영과 조세제도》.

13) 김순자, 〈원 간섭기 민의 동향〉, 《14세기 고려의 정치와 사회》, 민음사, 1994.

14) 《高麗史節要》 卷25, 忠惠王 後3年 3月, 645쪽(亞細亞文化社刊 影印本 – 이하 같음).

15) 《高麗史節要》 卷25, 忠惠王 後4年 3月, 647쪽.

16) 《高麗史》 卷36, 世家36, 忠惠王 後3年 3月 丙申, 上冊, 734쪽.

17) 《高麗史節要》 卷25, 忠惠王 後4年 9月, 649쪽.

楮幣를 무역하여 세자의 婚需를 마련하였으며,[18] 齊國大長公主도 일찍이 고려의 松子와 인삼을 이용한 江南貿易에서 막대한 이익을 남겼다.[19] 충선왕 역시 원의 懿州에 廨典庫라는 창고와 점포를 소유하고 있었는데, 이는 그의 대원무역용 시설들이었다.[20]

한편 고려후기 收租地 분급제로서 田柴科 제도가 그 기능이 마비되고, 각종 부세체계가 파탄에 이르게 되는 등 국가의 公的 재정기구가 와해되어 제 기능을 상실해 가면서, 私的인 재정기반을 확보할 필요성을 느낀 것은 국가와 왕실만이 아니라 관인과 사원 등의 특권세력들 역시 마찬가지였다. 이들은 특히 원 간섭기 이후에 이같은 사적인 경제기반 확보의 주된 영역의 하나로 대외무역에 주목하여 이를 적극 활용하였다.

使行과 왕의 親朝 扈從 등을 통해서 중국의 사정과 무역관행에 정통할 수 있었던 이들은 수요 사치품 조달 차원만이 아니라 이를 통해 막대한 商利를 확보한다는 측면에 더욱 주목하여, 합법·불법을 총동원한 각양각색의 대원무역을 시도하고 있었다. 일찍이 元宗 4년(1263) 사행에 뇌물을 받고 상인 17명을 대동하였던 朱英亮과 鄭卿甫가 섬에 유배된 사례[21] 이래, 원 간섭기 내내 이들 권세가들이 직접, 혹은 가신이나 노비 또는 대리 상인을 내세워 벌인 대외무역은《高麗史》나《高麗史節要》의 기록에서 수다하게 확인된다.

고려 최말기인 우왕 12년(1386) 6월 聖節使로 북경을 다녀온 門下評理 安翊은 "내 일찍이 재상을 파견하여 朝聘하는 것이 국가를 위한 것으로 알았는데, 이제야 그것이 權門의 營産을 위한 것임을

---

18)《高麗史》卷79, 志33, 食貨2, 科斂, 忠烈王 21年 4月, 中冊, 745쪽.
19)《高麗史》卷89, 列傳2, 后妃2, 齊國大長公主, 下冊, 21쪽.
20)《高麗史》卷35, 世家35, 忠肅王 15年 7月 己巳, 上冊, 716쪽.
21)《高麗史》卷25, 世家25, 元宗 4年 12月 己巳, 上冊, 518쪽.

알았노라."22)고 한탄하면서, 당시 권세가들이 벌이던 무역 활동의
실태를 비판했다. 이런 사정 탓에 高宗朝에 蒙古에 사신으로 갔다
가 한 가지 물품도 가져오지 않아 행낭이 텅 비어 있었던 李純孝의
경우는, 그의 이 같은 행적이 《고려사》 열전에 특기되기도 하였
다.23) 고려 권세가들의 사행을 빙자한 무역 활동은 당시 원에도 널
리 알려져, 우왕 14년(1388)에는 貢獻物品 중 열에 아홉이 사무역
품인 고려의 사행을 두고 중국인들은 "이들이 事大를 가탁하나 실
은 무역의 이익을 탐하여 오는 자들"24)이라고까지 인식하고 있었다.

고려말 왕실을 비롯한 諸 특권세력의 대외무역은 이들의 대리 상
인으로 활약하던 대상인층의 성장에 토대하여 가능하였다. 그리하여
충혜왕대 南宮信·林會·尹莊·林信, 충숙왕대 孫琦·李仁吉·李奴介
와 같은 상인 출신 폐행들의 활동이 대외무역에서 더욱 두드러졌
다.25) 상인과 연계하여 商利를 확보하는 풍조는 권세가들 또한 예
외가 아니어서, 14세기 李齊賢은 사대부들이 富商의 女息을 小室
로 들어앉히는 당시의 일반적인 세태를 강하게 비판했다.26) 이처럼
왕실이나 특권세력과 연계된 대상인들은 이를 바탕으로 官職에도
진출하여 그들의 商活動을 위한 여러 기반을 확보하고 있었는데,27)
충숙왕대 李奴介·李仁吉과 같은 상인은 정3품직인 密直副使에
오르기까지 하였다.28) 이 시기 상인들이 진출한 관직이 주로 변경

---

22) 《高麗史節要》 卷32, 辛禑 12年 6月, 818쪽.
23) 《高麗史》 卷102, 列傳15, 李純孝, 下冊, 254쪽.
24) 《高麗史節要》 卷33, 辛禑 14年(辛昌 卽位年) 6月, 828쪽.
25) 위은숙, 앞의 〈원간섭기 對元貿易〉, 86쪽.
26) 《益齋亂藁》 卷4, 小樂府, 269쪽(《高麗名賢集》 2).
27) 金東哲, 〈고려말의 流通構造와 상인〉, 《釜大史學》 9, 1985.
28) 《高麗史》 卷35, 世家35, 忠肅王 15年 8月 甲寅, 上冊, 717쪽 ; 《高麗史》
　　卷124, 列傳37, 嬖幸2, 崔安道 附 李仁吉, 下冊, 703쪽.

지역의 千戶·萬戶職에 집중되어 있던 사정은,[29] 당시 이들의 상업
활동이 대외무역 분야에서 더욱 극성하던 실정을 잘 보여 준다.

원 간섭기 상인들의 대원무역은 원과 고려 정부에 각기 商稅를
납부하고 허가를 받아 진행하는 한 합법적인 활동이었다.[30] 사행에
부수하는 무역에 대한 관행적인 免稅를 노려 상인층이 이 무역 형
태를 선호한 것은 사실이지만, 보다 일반적인 무역의 형태는 양국
정부의 허가와 상세 납부를 전제로 이루어지는 사무역이었고, 고려
말 대외무역에서 이루어진 대상인층의 성장 역시 이 사무역 분야에
서 두드러졌던 것으로 생각된다.

이와 같이 고려말기 왕실을 비롯한 諸 특권세력과 대상인층이 주
도하여 번성하던 대외무역은, 이후 고려 사회에 여러 부면에 걸쳐
심각한 문제들을 야기하였다. 대외무역의 발전이 고려 사회에 끼친
영향은 우선 사회 전반에 광범위하게 만연해 가던 奢侈 風潮에서
문제 되기 시작하였다. 이 시기 중국으로부터 들여오는 수입품의 주
종은 紗羅綾緞을 비롯한 고가의 견직물과 金銀珠玉 등의 사치품이
었다.[31] 이에 따라 고려 최말기에 이르면 이들 중국산 사치품의 범
람에 따른 사치 풍조가 크게 사회문제화되고 있었다.[32]

恭讓王 3년(1391) 中郎將 房士良은, 종래 토산물인 명주〔紬〕·모
시〔苧〕·麻布를 이용하던 의생활 습속이 사라지고 모두가 異土之物

---

29) 《高麗史節要》卷33, 辛禑 14年(辛昌 卽位年) 8月, 838쪽 ; 《高麗史節要》卷35,
   恭讓王 3年 3月, 中郞將房士良上時務十一事, 884~885쪽.

30) 위은숙, 앞의 〈원간섭기 對元貿易〉, 91~92쪽.

31) 위은숙의 〈원간섭기 對元貿易〉에는 당시 원으로부터 들여오던 다양한 수입품
   의 物種이 자세하게 정리되어 있는데(71~73쪽), 여기에서도 수입품의 대종이 사
   치품이었음이 잘 확인된다.

32) 김인호, 〈高麗後期 經濟倫理와 奢侈禁止〉, 《實學思想硏究》 15·16合輯, 2000.

을 다투어 구입하여 착용하는 당시의 衣服 실태를 두고 그 사치와 참람함에 절제가 없다고 한탄하고 있다. 그에 따르면 이러한 의생활의 사치 풍조가 貴賤과 上下에 관계없이 이루어지는 일반적인 유행이라는 데 그 문제의 심각성이 컸다.[33] 나아가 紗羅綾緞과 金銀珠玉으로 대표되는 이들 중국산 사치품의 常用 풍조가, 이를 구비하지 않고서는 婚姻조차 불가능하여 이 때문에 禮義가 상실되는 것은 물론 人倫마저 무너질 정도라는 지적도 나오고 있었다.[34] 고려 최말기 사치 풍조는 이처럼 고려 사회 전반에 걸쳐 만연하고 있었던 것이다.

고려말기에 사무역·밀무역을 거쳐 수입된 중국산 사치품에 따른 사치 풍조는 우선은 특권 귀족층을 중심으로 나타났지만, 이내 위 방사량의 지적과 같이 귀천과 상하를 막론하고 社會基層에까지 파급됨으로써 당대의 심각한 사회문제로 대두하고 있었다. 게다가 이와 같은 추세를 특히 대외무역을 통해 資産을 축적해 가고 있던 상인층이 주도하면서 신분 질서의 문란 문제로까지 확대되었다. 이 시기 상인들은 그들의 資産과 특권세력과의 연계를 토대로 대외무역과 관련된 변방의 千戶나 萬戶職에 어렵지 않게 진출함으로써 신분을 상승시켜 갔을 뿐만 아니라, 생활습속에서도 귀족 관인층의 사치 정도를 모방하거나 이를 추월하기까지 하고 있었다.

이제 상인들의 財富는 그 수준이 公室과 다투고 그에 따른 참람함이 王侯에 버금간다는 지적이 나올 정도였다.[35] 고려 최말기에 성리학적인 사회신분 질서의 확립을 모색하고 있던 신진 사대부들

---

33) 《高麗史節要》 卷35, 恭讓王 3年 3月, 中郎將房士良上時務十一事, 884쪽.

34) 《高麗史節要》 卷35, 恭讓王 3年 3月, 中郎將房士良上時務十一事, 884쪽 ; 《高麗史》 卷85, 志39, 刑法2, 禁令, 恭讓王 3年 3月, 中冊, 867~868쪽.

35) 《高麗史》 卷79, 志33, 食貨2, 市估, 恭讓王 3年 3月, 中冊, 740쪽.

사이에서 이처럼 대외무역을 바탕으로 致富하여 신분을 상승시키고 있던 상인세력에 대한 통제 방안이 자주 논란되었던 사정36) 또한 이 시기 대외무역의 발달이 가져온 저와 같은 사회신분제의 문란 실태를 잘 보여 준다 하겠다.

그러나 고려말 대외무역의 발전이 고려 사회에 야기한 보다 근본적이고 최대의 문제는, 국가재정·국제수지의 악화와 그에 따른 민생의 파탄이었다. 원 간섭기 이래 중국과의 국가 간 공무역은 전통적인 조공무역의 형식으로 볼 수 없는, 피정복국이 감수하여야 하는 수탈적 형태일 수밖에 없었다.37) 그리고 공무역의 이러한 수탈적 실태는 중국에서 원·명이 병존하며 대립하던 시기나, 명이 중원의 패권을 장악한 이후에도 전반적으로 마찬가지였다.38)

특히 고려 최말기에 전개된 政局의 급격한 변동이나, 고려 왕조의 유지를 도모하는 정치세력과 신왕조 개창 세력 사이의 극단적인 갈등은 이 시기 국제 질서로서의 중국과의 事大를 전제로 하는 것이었기에, 중국의 승인과 名分 획득 문제를 둘러싸고 저와 같은 국가 간 공무역의 수탈적 성격을 더욱 강화시키는 주된 요인이 되었다.39) 더욱이 이 시기 중국의 재정·군사 사정을 배경으로 자주 이루어진 금은·우마 등의 貢出 요구는, 그 辦備 문제로 인해 고려 조정만이 아니라 관인 및 일반 백성들에게 심각한 고통을 야기했다.40)

---

36) 朴平植, 앞의 〈高麗末期의 商業問題와 捄弊論議〉.

37) 張東翼, 〈麗·元의 經濟的 性格〉, 《高麗後期外交史硏究》, 一潮閣, 1994 ; 위은숙, 앞의 〈원간섭기 對元貿易〉 ; 須川英德, 앞의 〈高麗後期における商業政策の展開〉.

38) 김순자는 앞의 《한국 중세 한중관계사》에서, 馬貿易을 사례로 하여 고려말의 대중 공무역이 경제적인 거래 형태라기보다는 정치적인 배경에 따른 강제적인 형태로 전개되었음을 잘 밝히고 있다.

39) 주 1의 金 燉, 김순자의 논고 참조.

한편 고려말기에 치성하고 있던 사무역과 밀무역 부문에서 대중국 무역의 전체적인 收支는 그 실정을 파악하는 것이 용이하지 않다. 이를 선도하고 주도하던 특권세력과 대상인층의 개별 수중에 막대한 무역 이익이 보장되었을 것임은 틀림없지만, 이를 국가 간의 전체 무역수지로 추산해 내기에는 현재 남아 있는 관련 자료가 너무 단편적이고 지엽적이라는 분명한 한계가 있기 때문이다. 그렇지만 이와 같은 사무역과 밀무역의 번성이 당시 민생에 미치고 있던 파괴적인 양상은 비교적 명확하게 파악할 수 있다.

우선 이 시기 대중국 사무역과 밀무역에서 고려의 주된 수출품은 국제통화인 金銀과 細布·綾羅·葦席이나 貂皮·松子·人蔘과 같은 토산품이 주종을 이루었다. 그런데 이들 품목은, 당시 공무역의 주된 품목이던 말(馬)이 대부분 고려 국내에서 국가적 강제에 의해 관인과 백성들로부터 토색되어 판출되고 있던 사정과 마찬가지로[41] 그 조달이 대부분 민으로부터의 일상적인 수탈에 기초하고 있었다. 수조권에 기초를 둔 경제외적 강제나 권력을 토대로 한 불법적인 강압의 행사를 거쳐 이들 토산품들이 왕실 권세가나 상인들의 수중에 수집되고 있었던 것이다.

일찍이 충렬왕대 齊國大長公主는 강남무역에서 큰 이익을 남길 목적으로 환관들을 전국에 파견하여 松子와 인삼을 토색하게 하면서, 이를 不産之地에까지 강요하여 큰 물의를 일으켰다.[42] 또 충혜왕대의 嬖人 甯夫金은 강릉도에서 인삼을 토색하다 그 양을 채울 수 없자 이를 빌미로 職稅를 멋대로 거두어 문제가 되었다.[43]

---

40) 주 1, 37의 논고 ; 朴元熇, 《明初朝鮮關係史研究》, 一潮閣, 2002.

41) 南都泳, 《韓國馬政史》, 한국마사회, 1996 ; 김순자, 앞의 《한국 중세 한중관계사》.

42) 《高麗史》 卷89, 列傳2, 后妃2, 齊國大長公主, 下冊, 21쪽.

43) 《高麗史節要》 卷25, 忠惠王 後4年 3月, 646쪽.

    권세가와 상인들이 벌이던 이 같은 대중국 수출품의 수탈적 買集 행태는 고려 최말기에 이를수록 그 양상이 더욱 극심해졌다. 우왕 14년(1388) 憲司는 권세가들이 경쟁적으로 대외무역에 나서면서 '反同'이라 칭하며 민간의 珍異한 물품들을 남김없이 거두어 가고 있어 백성들이 고통스러워하는 실정을 상소를 통해 고발했다.44) 그해 대사헌 趙浚 역시 권세가들이 대중무역을 위해 貂皮·松子·人蔘·蜂蜜·黃蠟·米豆 등의 물품을 서북면 백성들로부터 징렴하기 때문에 이 지역 백성들이 중국으로 월경까지 불사하며 통곡하는 실태를 극론하면서, 抑買의 폐단을 일절 금지할 것을 강력하게 주청했다.45) 고려말기에 권세가들이 이전까지는 '與民共之'의 이념에 따라 백성들이 자유롭게 활용하던 각종 山林川澤에 대한 탈점과 광점에 적극 나서고 있던 실정46) 또한 저와 같은 대중국 수출 물품의 조달 문제와 연관되어 나타나던 현상이었고, 그러한 추세는 이후 더욱 확대되었다.

    결국 고려말기 왕실과 권세가 등 諸 특권세력과 대상인층이 주도하던 대중국 사무역과 밀무역은 그들에게는 막대한 상업 이익을 남겨 주었지만, 그것은 이 시기 小農民 일반으로부터의 광범위한 수탈과 이들의 희생 위에서 펼쳐진 것이었다.47) 따라서 이러한 사태는 곧바로 전국적인 소농민 경영의 몰락과 농업기반의 와해로 이어졌고, 더 나아가 이에 기초하는 국가의 각종 부세제도와 국가재정을

---

44) 《高麗史》 卷85, 志39, 刑法2, 禁令, 辛禑 14年(辛昌 卽位年) 8月, 中冊, 867쪽.
45) 《高麗史節要》 卷33, 辛禑 14年(辛昌 卽位年) 8月, 838쪽.
46) 《高麗史》 卷79, 志33, 殖貨2, 鹽法, 恭愍王 19年 2月, 中冊, 742쪽 ; 《高麗史》 卷85, 志39, 刑法2, 禁令, 忠肅王 12年 2月, 中冊, 865쪽 ; 《朝鮮經國典》 上, 賦典, 山場水梁, 217쪽(國史編纂委員會刊 活字本 《三峯集》에 수록).
47) 위은숙, 앞의 〈원간섭기 對元貿易〉.

파탄 상태로 귀결시키고 있었다.

고려 최말기 이와 같은 국가의 공적인 재정기반의 몰락에 직면하여, 왕실과 특권세력들은 다시금 대외무역으로 대표되는 사적인 경제기반 확보에 주력할 수밖에 없었다. 요컨대 상업의 발달, 그중에서도 대외무역의 번성이 광범위한 농민 몰락과 국가재정의 악화로 이어지는 실태가 반복되면서 중세 국가의 근간을 근저에서 위협하는 상황이 고려 최말기에 이르러 더욱 분명해지고 있었고, 이것이 이 시기 특권세력과 대상인 주도 하의 대외무역의 발전이 가져온 최대의 사회문제로 부각되었던 것이다.

고려 최말기, 대외무역의 발전이 야기한 이 같은 사회문제는 이제 농업 중심의 사회경제 구조를 유지하기 위해서도 그 해결 방책을 모색해야만 했다. 그리하여 대외무역에 대한 捄弊論議가 대두하였고, 크게 두 방향에서 그 대책이 마련되었다.[48] 우선 고려 정부와 집권 관인들은 이 시기 대외무역을 통해 성장하고 있던 상인층에 대한 통제와 그들의 불법적인 사무역 활동에 대한 단속에 주력하였다. 상인들의 대외무역 금지 논의는 일찍이 충렬왕대에 벌써 中贊 洪子藩이 조정을 통해 건의한 바 있다.[49] 그러나 이러한 논의에도 불구하고 상인층의 대외무역은 앞에서 살펴본 바와 같이 이후 더욱 치성하였고, 상인들의 대외무역 통제 논의와 대책은 고려 최말기에 이르면 이제 한층 더 빈번하게 반복되고 있었다.

우왕 10년(1384)에는 상인의 사무역이나 使行에서 금은·우마의 휴대와 사용을 금지하기도 하였고,[50] 급기야 공양왕 3년(1391) 5월

---

48) 朴平植, 앞의 〈高麗末期의 商業問題와 捄弊論議〉.

49) 《高麗史》卷84, 志38, 刑法1, 職制, 忠烈王 22年 5月, 中贊洪子藩條上便民事, 中册, 843쪽.

50) 《高麗史》卷135, 列傳48, 辛禑3, 辛禑 10年 10月 癸酉, 下册, 919쪽 ; 《高麗史

에는 마침내 고려 정부가 이들 상인들의 대중국 사무역을 전면 금지
하기에 이르렀다.51) 당시 서북면 察訪別監이던 安魯生은 이 방침
에 의거하여 밀무역을 벌이던 巨商 10여 명을 참수하고 관련 상인
들을 수군으로 定役시키는 동시에, 이를 규찰하지 못한 관리들까지
도 杖刑으로 다스렸다.52) 거듭되는 금령에도 불구하고 여전하던 상인
들의 불법 사무역에 대해 특단의 조처로 대응하였던 것이다.

　상인무역에 대한 이러한 조처는, 그 대상이 상인층에 국한되고
있는 만큼 그 효과가 제한적이고 잠정적일 수밖에 없었다. 더욱이
이들이 특권세력과 연계하고 또 그들의 상활동을 사행무역과 사무역
을 통해 대리하고 있던 현실과, 상인무역에 따른 수입품의 주된 소
비자가 바로 왕실을 비롯한 고려 사회의 특권층인 실정을 고려하면,
정부와 집권 관인 세력의 저와 같은 상인 통제책은 자기모순과 自
家撞着의 조처에 불과하였다.53)

　한편 이 시기 고려 최말기에 투철하게 유교 성리학의 이념에 기
반하여 사회개혁과 궁극적으로는 신왕조의 개창을 도모하던 개혁파
신진 사대부 세력은, 이 대외무역 문제를 단순하게 상인층의 불법
행위에 따른 결과로 이해하지 않았다. 이들은 대외무역을 포함한 상
업 전반의 문제를 이제 농업에 기반을 둔 경제구조와 사회구성의 재
편이라는 관점에서 접근하고 있었다. 이른바 '務本抑末'論과 抑末
策의 제기와 강조였다.54) 이들은 경제운용에 대한 권한을 국가·군
주가 확고하게 장악하고, 경제 전반을 농업을 중심으로 재편하기 위

---

　節要》卷32, 辛禑 10年 閏10月, 803쪽.
51) 《高麗史節要》卷35, 恭讓王 3年 5月, 890쪽.
52) 《高麗史》卷46, 世家46, 恭讓王 3年 5月 己酉, 上册, 893쪽.
53) 朴平植, 앞의 〈高麗末期의 商業問題와 捄弊論議〉.
54) 위와 같음.

해 국가재정과 농민생계를 위협하는 상업과 대외무역을 단속하고 통제할 것을 주창하기 시작하였다. 이를 위해서는 대외무역에 종사하는 상인만이 아니라, 이들의 배후에 있으면서 이 시기 대외무역을 주도하고 있던 왕실과 관인, 사원 등 諸 특권세력의 무역 활동 또한 적극 단속되어야만 하였다.

더욱이 이들 고려 사회의 특권세력은 개혁파 사대부들과 당대 사회개혁의 방향과 노선, 신왕조의 개창 여부를 두고 치열한 政爭 관계에 있던 세력이었다. 따라서 이들의 주요 사적인 경제기반이던 대외무역 활동에 대한 문제 제기는, 단순한 대외무역의 구폐 차원만이 아니라 이들의 경제기반을 위축·와해시킴으로써 개혁파 사대부 세력이 도모하던 사회개혁을 이루고 효과적으로 신왕조 개창의 기반을 닦을 수 있는 방도이기도 하였다.55) 그러므로 위화도 회군 직후인 昌王 즉위년(1388) 12월에 사원과 승도의 殖貨 행위가 문제 된 사례,56) 이듬해 10월 예문관 제학 李崇仁의 사행무역 논란,57) 공양왕 3년(1391) 12월 사행무역 행위로 탄핵되어 삭직·유배된 漢城府尹 柳爰廷 사건58) 등은, 모두 고려 최말기 사회개혁 노선과 신왕조 개창 문제를 둘러싸고 정쟁을 벌이던 세력들이 이 시기 대외무역 문제에 대한 인식과 대책을 두고서 갈등하던 사례였다.

고려 최말기에 대외무역의 번성이 야기한 제반 사회문제에 대한 대책은, 이처럼 억말론에 기반한 인식과 대응이 대두하는 가운데 상인

---

55) 朴平植, 앞의 〈高麗末期의 商業問題와 抹弊論議〉 ; 須川英德, 앞의 〈高麗後期における商業政策の展開〉.

56) 《高麗史節要》 卷33, 辛禑 14年(辛昌 卽位年) 12月, 842쪽.

57) 《高麗史節要》 卷34, 恭讓王 元年(辛昌 元年) 10月, 851~854쪽 ; 《高麗史》 卷115, 列傳28, 李崇仁, 下冊, 542~547쪽.

58) 《高麗史節要》 卷35, 恭讓王 3年 12月, 907쪽.

세력의 불법 사무역과 밀무역을 금단하는 방침이 이 시기 정국의 급
격한 변동과 맞물리면서 단속적으로 반복되는 형국이었다. 이들 대
외무역 문제에 대한 국가 정부 차원의 구폐 방안은 이제 원·명 교
체 이후 중국 대륙의 정세를 고려하면서 신왕조인 조선 국가가 마련
하고 해결해야 할 주요한 정책 현안의 하나로 이월되고 있었다.


## 3. 國初의 商業認識과 對外貿易 統制


14세기 최말 신생 조선 왕조의 개창은 단순한 왕조 교체가 아니
라, 정치·경제·사회·문화·사상 등 각 부면에서 고려말의 누적된 제
반 모순을 개선하고 조정하면서 중세국가의 틀을 새롭게 기획해 내
는 사회개혁의 일대 전환점이었다. 개선과 개혁의 이와 같은 지향은
국가의 경제정책과 상업정책, 그리고 대외무역 부문에서도 예외가
아니어서, 건국 직후 경제정책과 상업정책의 이념이 새롭게 천명되
면서 그에 근거한 구체의 정책들이 마련되고 있었다.

조선 건국 이후, 정부와 집권 관인들은 고려 최말기 이래 개혁파
사대부로서 그들이 모색하여 온 상업정책의 이념과 정책론을 '務本
抑末', '利權在上'論으로 정리해 내면서, 이를 바탕으로 국내외 상
업의 전면적인 재편과 관리 방안에 관한 구체적인 시책을 강구하고
있었다.[59] 抑末論은 말업인 상업과 수공업의 사회적 기능을 인정하

---

59) 조선초기의 상업인식과 억말정책에 대한 자세한 내용은 다음 논문 참조.
　　朴平植, 〈朝鮮初期의 商業認識과 抑末策〉, 《東方學志》 104, 1999(《朝鮮前期
　商業史研究》(지식산업사, 1999)에 수록].

되 이를 국가에서 장악하여 간여와 조정을 강화하고, 본업인 농업의 축소와 농업인구의 감소를 방지하기 위해 일반 백성들의 逐末 경향을 억제하고 단속하자는 유교 성리학의 상업인식이자 상업론이었다. 따라서 상업을 억제하고 억압하는 정책이 아니었고, 오히려 전담 상인을 지정하고 이를 육성하여 그 활동을 국가에서 파악하고 통제하는 데 그 초점을 둔 정책론이었다.[60]

한편 억말론에서 강화된 국가·군주의 상업과 경제 전반에 대한 통제 및 관리 방침은 '이권재상'론에 의해 한층 이념적으로 뒷받침되고 있었다. 이는 '工·商'에 대해 '上'에 위치하는 '士·農'의 이권을 인정하는 이념인 동시에, 이들 사대부·지주·대농의 최상위에 위치하는 군주·국가의 상업을 포함한 경제운영 전반에 대한 운용과 관장의 권한을 독점적으로 인정하는 所論이었다. 상업에 대한 국가의 적극적인 간여와 조정, 그리고 통제는 이제 이와 같은 억말론과 이권재상론에 의거하여 그 정당성을 확고하게 부여받았다.

결국 이 억말론·억말책은 국가와 사회 전 분야에 걸쳐 고도의 集權性을 지향하던 조선 왕조의 국가운영 전략에 정치하게 부응하는 상업인식이자 상업정책론이었다.[61] 이와 같이 고려말 개혁파 사대부들에 의해 모색되고 조선 왕조의 개창과 더불어 조선 국가의 상업정책론으로 정립된 억말론과 억말책은, 이제 대외무역 부문과 그 문제를 해결하고 정돈하는 정책 현안에도 그대로 적용되기 시작하였다.

국가의 대외무역에 대한 통제와 관장을 국내의 경제·정치·사회 문제와 연계하여 대폭 강화하는 이 같은 집권국가의 대외무역정책

---

60) 위 책, 47~59쪽.
61) 위 책, 59~71쪽.

방향은, 14세기 말부터 15세기 초 조선 왕조를 비롯한 동아시아 세계의 공통된 현상이기도 하였다. 이 시기 중원을 석권한 중국의 明 왕조는, 주변 국가와 자유로운 사무역을 허용함으로써 동아시아 국제무역을 한층 번성하게 하였던 이전 元代와는 달리, 漢族을 중심으로 하는 中華秩序의 회복을 위해 조공무역 체계로의 회귀를 정책적으로 강력하게 추진하였다.[62] 사무역과 밀무역에 대한 明나라의 통제가 이른바 '海禁' 정책으로 본격화하기 시작하였던 것이다.[63] 고려 최말기에 들어 이전까지 허용되거나 관행적으로 묵인되어 왔던 대중국 사무역이 고려 정부 차원에서 크게 문제 되고,[64] 나아가 고려의 사행무역에 대해서까지 중국의 반발이 제기되었던 것도[65] 모두 이 같은 대외무역정책을 지향하던 명 왕조의 등장과 함께였다.

이제 신생 조선 왕조는 저와 같은 중원 명 왕조의 대외정책 기조를 감안하고, 그리고 무엇보다 고려말 대외무역의 번성이 야기한 諸사회문제를 경험하면서 정립해 낸 '무본억말', '이권재상'의 상업론에 근거하여 대외무역에 대한 국가의 강력한 관장과 통제 노력을 법, 제도와 각종 시책으로 강구하기 시작하였다. 그것은 적어도 현상적으로는 명을 중심으로 하는 동아시아 세계의 사대 질서를 승인한 위에서 펼쳐지는 朝貢貿易 체계로의 회귀였다.[66] 다시 말해 '明과의

---

62) 朴元熇, 앞의 《明初朝鮮關係史硏究》; 佐久間重男, 〈明代의 對外貿易〉, 《日明關係史の硏究》, 吉川弘文館, 1992.

63) 위와 같음.

64) 朴平植, 앞의 〈高麗末期의 商業問題와 抹弊論議〉; 須川英德, 앞의 〈高麗後期における商業政策の展開〉.

65) 위은숙, 앞의 〈원간섭기 對元貿易〉, 92쪽.

66) 국초 이래 조선 왕조의 외교와 대외무역정책의 대원칙으로 표방되었던 '사대'와 '조공'의 질서에 대해서는, 주 3의 全海宗, 김한규, 姜聖祚의 연구에 잘 정리되어 있다.

事大', 그리고 '日本·琉球·野人과의 交隣'이라는 당시 조선 국가가
견지하던 외교·정치 노선과 일치하고 또 그에 부응하는 대외무역
질서의 수립 방향이었던 것이다.

　　건국 이후 조선 왕조는 국초부터 이상과 같은 상업인식과 대외무
역정책론에 의거하여 대외무역에 대한 국가의 철저한 통제와 관장
방침을 마련하고 있었다. 요컨대 그것은 공무역을 통해 국가와 왕실
의 수요 물자, 그리고 國內不産의 물화들을 조달하는 이외에 여타
의 사무역과 밀무역을 엄격하게 금지하거나 통제하는 정책이었고,
이 방침은 특히 대중무역 분야에서 더욱 강조되었다. 이 시기 대중
공무역은 조선과 명 양국의 국가적 이해에 따라 일부 품목을 중심으
로 이전 고려말과는 달리 비교적 왕성하게 전개되었다. 특히 명은
조공 명목으로 조선에 금과 은의 歲貢을 요구하는 외에, 北元 및
그 잔여 세력과의 군사적인 충돌 과정에서 절대적으로 필요하였던
말[馬]과 동북지방의 농업개척을 위해 소요되는 소[牛]의 교역을 고
려 최말기 이래 지속적으로 공무역의 형태로 요구하고 있었다.[67]

　　그중 말 무역의 경우, 명의 요청에 따라 고려 우왕대 이래 조선
세종조까지 총 11회에 걸쳐 약 7만 4천여 필의 조선마가 공무역의
형태로 명에 양도되었다. 조선의 처지에서 이 공무역은 국내 말 辦
出의 어려움만이 아니라, 그 貿易價의 측면에서도 적지 않은 손해
를 감수하는 것이었다. 이 말 공무역이 경제적 이해에 바탕한 조선
측의 요구에 의해 이루어진 교역이 아니라, 여말선초 대명 관계의
특수성, 다시 말해 조선 왕조 개창의 승인 문제와 국초의 여러 정치
외교적 현안에 따른 불가피한 처지에서 이루어졌기 때문이었다.[68]

---

67) 南都泳, 앞의《韓國馬政史》; 김순자, 앞의《한국 중세 한중관계사》.
68) 김순자, 앞의《한국 중세 한중관계사》.; 朴元熇, 앞의《明初朝鮮關係史硏究》.

그러나 국초의 대중 공무역이 모두 이처럼 명의 일방적 요구에 따라 전개된 것은 아니었다. 조선 왕조는 한편으로는 금은의 세공과 牛馬의 공무역에 응하면서, 다른 한편으로는 이 명과의 공무역 체계를 국가 왕실의 수요물자나 국내에서 생산되지 않는 물화들을 확보하는 場으로서 적절하게 활용하고 있었던 것이다. 太宗 3년(1403) 우의정 成石璘 등이 명의 禮部로부터 받아 온 咨文에 의하면, 조선 건국의 주도 세력들은 위화도 회군 직후인 창왕 원년(1389, 明 洪武 22)에 이미 명 태조로부터 조선에 없는 물품을 客商을 경유하여 공무역하는 것을 허가받고 있었다.[69]

이 約定에 따라 조선은 명으로부터 書冊·布匹·醫師 등을 구하였고, 공양왕 3년(1392) 5월에 각기 33명과 16명의 商船團 일행을 거느리고 배를 이용해 중국의 山南 지방 淸州府 등지로 파견되었다가 실종된 金原雨와 金允源의 행적을 명 조정에 수소문하기도 하였다.[70] 서책과 약재가 주요 구입 품목이었던 조선의 대명 공무역은[71] 이 같은 조선 국가의 수요에 따라 조선 왕조의 개창 이후에도 지속되고 있었다.[72]

한편 조선과 명 양국의 필요에 따른 공무역이 이처럼 '사대'의 질서를 수용한 바탕 위에서 이루어지고 있던 것과 달리, 조선 국가는 왕조 개창 직후부터 대명 사무역에 대해서는 강력한 금지 방침을 천명하고 이를 정책으로 고수하였다. 대명 사무역 禁斷은 太祖가

---

69)《太宗實錄》卷6, 太宗 3年 9月 甲申, 1冊, 276~277쪽(國史編纂委員會刊 影印本
  -이하 같음).

70) 위와 같음.

71) 姜聖祚, 앞의〈朝鮮前期 對明公貿易에 關한 硏究〉; 朴南勳,〈朝鮮初期 對明 貿易의 實際〉,《關東史學》1, 1982.

72)《太宗實錄》卷5, 太宗 3年 6月 甲子, 1冊, 268쪽.

즉위한 그해(1392) 12월에 벌써 의주 등지에 감찰을 파견하여 越境貿易을 금지하는 조처로써 단행되고 있었다.[73] 태조 3년(1394) 6월에는 도평의사사에서 紗羅綾綺와 各色眞彩 등 중국산 수입 직물의 사치 풍조가 상하에 걸쳐 만연하고 있는 실태를 극론하는 가운데, 국왕은 몰래 국경을 넘어 興利하는 자들을 그 首從을 막론하고 모두 誅殺하라는 최고의 강경 방침을 내리기까지 하였다.[74] 대중국 사무역에 대한 전면 금지 정책으로서, 고려 최말기에 중국과의 사무역을 금지시킨 조처[75]에서 한 걸음 더 나아간 강경책이었다.

이후 조선 정부는 대중국 사무역 전면 금지 정책을 고수하기 위해 文憑 없이 서북면에서 활동하는 상인들에 대한 통제 조처를 추가로 취하는 한편,[76] 사무역 상인에 대한 엄벌 규정을 태조 6년(1397)에 편찬된 조선 최초의 법전인 《經濟六典》에 수록하여 법조문화하였다.[77] 법전 수록 과정에서 死刑 대상을 상인의 우두머리로 국한시킴으로써 단순 隨從者는 감형하였지만,[78] 이 조항에 근거한 사무역 상인에 대한 大辟罪 처벌은 이후 실제로 관철되었다.[79]

이처럼 조선 정부가 상인들의 대중국 사무역을 최고의 강경 방침을 전제로 통금하였던 주된 이유는, 당시 상인들의 중국산 사치품 수입에서 이들이 결제수단으로 지불하던 金銀의 국가적인 수급 문제와 주요 공무역 품목이던 牛馬의 공급 문제 때문이었다. 국초

---

73) 《太祖實錄》 卷2, 太祖 元年 12月 庚午, 1冊, 38쪽.
74) 《太祖實錄》 卷6, 太祖 3年 6月 己巳, 1冊, 63쪽.
75) 주 51과 같음.
76) 《太祖實錄》 卷11, 太祖 6年 3月 庚午, 1冊, 103쪽.
77) 연세대학교 국학연구원, 《經濟六典輯錄》, 도서출판 다은, 1993, 276~277쪽.
78) 《太宗實錄》 卷15, 太宗 8年 3月 戊午, 1冊, 431~432쪽.
79) 《太宗實錄》 卷10, 太宗 5年 10月 丙戌, 1冊, 341~342쪽.

이래 조선 왕조는 명의 요구에 따라 매년 황금 150兩과 白銀 7백 兩을 세공으로 보내야만 하였다.[80] 그런데 국제통화인 이들 금과 은은 조선의 不産之物이거나,[81] 그 생산 과정이 까다로워 비용이 매우 많이 드는 귀금속이었다.[82]

따라서 이런 조건에서 명이 요구하는 금은 세공액을 확보하는 것이 조선 정부로서는 큰 난관이었고, 국초 이래 조정은 금은의 확보에 골몰하고 있었다. 즉 금은 채취를 위해 전국 각지에 관리를 파견하거나 민간의 금은을 매입했으며,[83] 왕실 이외의 금은 사용을 전면 금지하기도 하였던 것이다.[84] 급기야 태종 12년(1412) 11월, 사헌부에서는 저와 같은 사정을 명에 통지하여 금은의 세공을 紵麻布로 대체시키자는 주장을 강력하게 제기했다.[85]

이 같은 사정은 牛馬의 경우에도 마찬가지여서, 조선 정부는 명의 강제적인 우마 교역 요구를 최소화하거나 중단시키기 위해 조선 내, 특히 동서북면 소재의 우마를 국가적으로 관리하는 한편, 이를 이용한 대중 사무역을 엄금하였다. 태종 6년(1406) 2월 조선 정부는 의주인 朱夫介 등 4인이 벌인 마필 사무역 사건을 계기로 동북면 각 읍의 마필에 대해 털 색깔과 나이 등을 文籍에 등재하고 모든

---

80) 《太宗實錄》卷34, 太宗 17年 8月 戊申, 2冊, 184쪽.
81) 《太宗實錄》卷14, 太宗 7年 10月 甲辰, 1冊, 420쪽.
82) 《太宗實錄》卷24, 太宗 12年 11月 乙酉, 1冊, 655쪽.
83) 《太祖實錄》卷13, 太祖 7年 2月 壬午, 1冊, 116쪽 ; 《太祖實錄》卷14, 太祖 7年 5月 壬申, 1冊, 123쪽 ; 《太宗實錄》卷2, 太宗 元年 10月 庚辰, 1冊, 215쪽 ; 《太宗實錄》卷16, 太宗 8年 10月 庚寅, 1冊, 458쪽 ; 《太宗實錄》卷23, 太宗 12年 正月 己亥, 1冊, 621쪽 ; 《太宗實錄》卷35, 太宗 18年 5月 丙子, 2冊, 228쪽 ; 《太宗實錄》卷35, 太宗 18年 6月 乙巳, 2冊, 236쪽.
84) 《太宗實錄》卷14, 太宗 7年 10月 甲辰, 1冊, 420쪽.
85) 《太宗實錄》卷24, 太宗 12年 11月 乙酉, 1冊, 655쪽.

말에 烙印을 하는 조처를 취하면서, 이를 어기거나 官의 허가 없이 매매한 말은 沒官하고 그 馬主를 처벌하는 방침을 시행하였다.[86] 이 같은 牛馬 成籍 조처는 동북면의 말만이 아니라 당시 동서북면 의 모든 우마에 적용되었다.[87] 명나라의 헐가에 기초한 강제적인 우 마 공무역 요구를 회피하기 위한 조선 정부의 대응이었던 셈이다.

조선 정부의 이 같은 우마 관리와 사무역 금지 방침에 따라 대중 국 우마 사무역은 국초 이래 철저하게 통제되었고, 우마의 사무역과 밀무역에 관련된 자는 상하를 막론하고 줄곧 엄하게 처벌되고 있었 다. 태종 7년(1407) 8월에는 명 사신을 호송하는 군인들이 의주에서 우마를 교역해 가자 이를 禁抑하지 못한 前 도순문사 呂稱과 의주 목사 辛有定 등을 定配하였으며,[88] 태종 9년(1409) 7월에는 이들 明使 호송 군인들이 사무역한 우마가 經歷 李漬에게 발각되어 還 退되고 우마가 몰관 조처되기도 하였다.[89]

이후 대중국 우마 사무역 금지 방침은 더욱 강화되어, 태종 12년 (1412) 2월에는 관련 상인과 관리 외에도 이를 관에 고하지 않은 者까지 처벌하는 조항이 신설되었고,[90] 그해 4월에는 서북면 이남 지역에서 백성들이 우마를 대동하고 국경지방에 들어와 이를 사무역 하는 행태를 막기 위해 이 지방에 출입하는 모든 사람들에 대한 行 狀 路引法이 시행되기까지 하였다.[91]

이렇게 강화된 우마 사무역 금지 규정에 따라, 이후 의주목사를

86) 《太宗實錄》 卷11, 太宗 6年 2月 乙丑, 1冊, 348쪽.
87) 《太宗實錄》 卷14, 太宗 7年 8月 壬辰, 1冊, 410쪽.
88) 《太宗實錄》 卷14, 太宗 7年 8月 辛卯, 1冊, 409쪽.
89) 《太宗實錄》 卷18, 太宗 9年 7月 丁亥, 1冊, 498쪽.
90) 《太宗實錄》 卷23, 太宗 12年 2月 庚午, 1冊, 625쪽.
91) 《太宗實錄》 卷23, 太宗 12年 4月 丁巳, 1冊, 630쪽.

비롯한 수많은 관원과 상인들이 처벌받았다.[92] 또한 명의 우마 공무
역 요구에는 어쩔 수 없이 응하고 있었으나, 국가적인 차원이 아닌
명 관원의 개인적인 우마 사무역 요구는 국법을 들어 금지하거나 통
제하는 방침을 고수하였다.[93] 요컨대 금은·우마 등에 대한 조선 정
부의 이상과 같은 조처는, 국초 조선 국가가 취하고 있던 전면적인
대중국 사무역 금지와 통제정책의 강경한 방침을 잘 보여 주는 사례
라 하겠다.

건국 이후 조선 정부가 대중 사무역과 밀무역에 대한 전면 금지
를 이와 같이 강경하게 고수하고 여기에 덧붙여 명의 대외무역 통제
방침과 海禁 정책이 추진되자, 조선과 명 사이의 사무역은 자연 양
국이 관행적으로 일정 정도 허용하여 왔던 使行에 따른 私貿易에
집중되기 시작하였다. 사행단의 무역 활동은 조선과 명 사이의 長期
旅程과 위험을 고려하여 일정량의 소지물 휴대를 盤纏이라는 명목
으로 허용하는 것이 관례였고, 사신을 맞는 국가에서도 관행으로 그
무역 활동을 묵인하고 있었다. 그런데 조선초 대중 사무역과 밀무역
이 국가정책으로 전면 봉쇄되는 상황에서, 특권세력과 대상인층은
이제 이 제도를 사무역의 창구로 적극 활용해 가고 있었다. 이른바
사행 사무역의 형태였다.

이에 따라 조선 정부 또한 사무역 금지의 방침에 의거하여 이들
사행 사무역 활동에 대한 통제와 관리에 나서지 않을 수 없었다. 태
조 4년(1395)에 벌써 사행단의 일원으로 상인을 대동하여 暗行貿易
하였던 판개성부사 李居仁이 파직되었다.[94] 결국 태조 6년(1397)

---

92)《太宗實錄》卷23, 太宗 12年 正月 癸卯, 1冊, 622쪽.
93)《太宗實錄》卷33, 太宗 17年 6月 癸丑, 2冊, 176쪽 ;《太宗實錄》卷34, 太宗
    17年 8月 丙申, 2冊, 182쪽.
94)《太祖實錄》卷7, 太祖 4年 正月 癸卯, 1冊, 73쪽.

赴京使行에 수반하는 사무역 규제 방침이 마련되어《경제육전》에 수록되었고,95) 이후 사행 사무역 물품은 沒官하고 관련 상인 및 휴대 마필을 각 驛站에 定役하는 방침이 시행되었다.96) 그러나 이 같은 규제 방침에도 불구하고 사신과 상인들의 사무역 활동이 끊이지 않자, 태종조에 들어 정부는 이 조처에 대한 보완과 세부방침 마련에 착수하였다.

우선 태종 5년(1405) 3월에는 〈入朝使臣 馱載之法〉을 마련하여 사신의 수레에 싣는 짐의 양이 1백 斤을 넘지 못하게 하는 한편, 土物 외에 금은 등의 禁物을 휴대하는 자들에 대해서는 그 물품을 몰관하고 水軍으로 충정토록 함으로써 처벌 규정을 한층 강화하였다.97) 또 그 구체 내역을 확인할 수는 없지만, 태종 16년(1416) 5월 국왕은 入朝人員이 소지할 수 있는 포물의 수를 상정하도록 명하기도 하였다.98) 한편 태종 17년(1417) 4월에는 국왕이 친히《경제육전》의 부경 사무역 금지 조문을 환기시키면서 부경 사신에게 타인 및 상인의 대동을 금지하고 대신 自家의 奴子를 거느리고 가도록 조처하였고, 사무역에 관련될 경우 通事나 押物·打角夫 등도 처벌하도록 지시하였다.99)

그런데 국왕의 이 지시가 있은 다음 달 5월에, 조선 정부는《경제육전》의 赴京使臣 禁防 조문에 대한 체계적인 보완 규정을 다시 마련하였다. 그리하여 먼저 부경 사신의 소지 가능 布物數를 정사와

---

95) 연세대학교 국학연구원, 앞의《經濟六典輯錄》, 108쪽.

96)《太宗實錄》卷33, 太宗 17年 4月 甲戌, 2冊, 157쪽 ;《太宗實錄》卷33, 太宗 17年 5月 辛卯, 2冊, 160쪽.

97)《太宗實錄》卷9, 太宗 5年 3月 丙戌, 1冊, 319쪽.

98)《太宗實錄》卷31, 太宗 16年 5月 壬寅, 2冊, 114쪽.

99)《太宗實錄》卷33, 太宗 17年 4月 甲戌, 2冊, 157쪽.

부사는 15필, 종사관은 10필, 타각부는 5필로 제한하고, 아울러 茶 蔘 외의 잡물은 그 휴대를 일절 금지하였다.[100] 또한 부경 사신에 대한 평안 도순문사의 잡물 증여를 금지하면서 매 사행마다 헌부의 監察 1명을 의주에 파견하여 禁物을 搜檢토록 하는 한편, 사신을 호송하는 군인들의 소지물도 1인당 포 10필과 인삼 5근, 그리고 笠 冒 등의 소지를 허용하는 대신 금은·마필 등의 휴대는 堅禁하는 방 침을 확정하였던 것이다.[101] 요컨대 조선 왕조는 사행에 따른 사무 역에 대하여 상인들의 사무역·밀무역의 경우처럼 이를 전면 금지하 지는 않았으나, 그에 대한 규제와 관리 방침을 세부적으로 마련함으 로써 대중무역 일반에 대한 국가의 확고한 통제정책을 관철시키려 부단히 애썼던 것이다.

고려 최말기 이래 조선 왕조가 당면하고 있던 대외무역 문제가 주로 대중국 관계에서 비롯하고 있었던 만큼, 조선 왕조 개창 직후 인 국초의 대외무역 통제정책은 주로는 이상과 같이 대중국 무역 부 문에서 집중적으로 논의되고 그 대책이 마련되고 있었다. 그러나 건 국 이후 명 이외의 주변 국가, 특히 日本이나 북방의 野人 세력과 의 교류나 무역 활동에 대한 국가 차원의 대책 정비 또한 시급한 과제였다. '사대'와 '교린'이라는 조선 국가의 외교·정치 노선의 안 정적인 구현을 위해서도 대일·대야인무역에 대한 대책 마련이 절실 하였던 것이다.

우선 조선초기의 대일 관계는 고려말 이래의 현안이던 倭寇 문 제의 해결에 국가적인 관심이 집중되어 있었다.[102] 대일무역정책 역

---

100)《太宗實錄》卷33, 太宗 17年 5月 戊戌, 2冊, 161쪽.
101)《太宗實錄》卷33, 太宗 17年 5月 癸卯, 2冊, 162쪽.
　　이 중에서 사신 호송 군인의 소지물에 대해서 이후 논란이 일자, 국왕이 호조에
　　그 量定을 명하고 있었다(《太宗實錄》卷33, 太宗 17年 閏5月 丙寅, 2冊, 167쪽).

시 이에 부응하여, 교린의 질서를 바탕으로 그들의 경제적인 요구와 필요를 교역을 통하여 충족시켜 줌으로써 왜구의 노략질을 막는 방향에서 마련되었다. 다시 말해 왜구의 주축이던 對馬島의 臣屬을 허용하여 歲賜米를 지급하는 한편, 일본 각지의 토호나 영주들의 조공을 받아들이면서 교역의 형태로 이들에게 식량과 衣料物을 공급함으로써 그들의 경제적인 요구를 충족시키는 방식이었다.103) 태종 7년(1407) 경상도 병마절도사 姜思德의 上啓에서 인용하고 있는 왜적의 표현과 같이 "조선에 興利를 목적으로 왔다가 그 욕구를 채우지 못하면 배를 정비하여 변방의 마을을 침략하는"104) 행태를 반복하고 있던, 이 시기 왜구 문제에 대한 경제정책상의 대응방식이었던 것이다.

이 같은 정책 방향에 따라 국초 이래 조선 정부는 국가에서 관장하고 통제하는 범위 안에서 일본과의 공·사무역을 허용하는 대신, 불법적인 사무역이나 밀무역 활동에 대하여는 강력한 금지 방침을 추진하였다. 이를 위해 조선 정부는 태종 7년(1407) 7월, 興利倭船의 정박처를 경상좌·우도의 都萬戶가 방어하고 있는 곳, 즉 富山浦와 乃而浦로 국한시키면서, 이 규정을 일본 내 諸島의 巨首에게 통지하고 조선에 오는 흥리왜인들에게 반드시 行狀을 발급하도록 요구했다.105)

아울러 이들 흥리왜인들이 경상도의 백성이나 상인들과 직접 교역

---

102) 주 2와 같음.

103) 李鉉淙, 앞의《朝鮮前期 對日交涉史研究》; 金柄夏, 앞의《朝鮮前期 對日貿易 研究》; 河宇鳳,〈朝鮮前期의 對日關係〉,《講座 韓日關係史》, 현음사, 1994.

104)《太宗實錄》卷14, 太宗 7年 8月 壬辰, 1冊, 410쪽.

105)《太宗實錄》卷14, 太宗 7年 7月 戊寅, 1冊, 407쪽 ; 李鉉淙, 앞의《朝鮮前期 對日交涉史研究》, 25쪽.

하는 것을 금지하고, 官穀으로 왜인의 魚鹽을 사들여서 이를 官船
으로 낙동강의 상류 지방으로 운반하여 여기에서 자원하는 백성이
나 상인들에게 매도하는 방침을 결정하였다.106) 흥리왜선의 정박처
를 備邊이 가능한 부산포와 내이포 두 포구로 고정하면서도, 이들과
조선인들의 직접 교역을 공무역의 형식을 빌려 차단함으로써 대일무
역에 대한 국가적인 통제를 기도하였던 것이다.

조선 정부의 이러한 대일무역정책에 따라 태종 12년(1412) 8월
에는 17척의 흥리왜선이 부산포에 정박했다.107) 이후 부산포와 내이
포에는 상인이나 遊女로서 일본의 客人과 흥리왜선을 支待하는 것
을 業으로 삼으면서 그대로 이곳에 정착하여 거주하는 왜인들이 증
가하였다.108) 이른바 '恒居倭人'들이었다. 그러자 태종 18년(1418)
조선 정부는 이들 항거왜인의 증가와 집중에 따른 문제를 우려하여,
경상좌도의 鹽浦와 우도의 加背梁에 각각 왜관을 설치하여 이들을
分置시키는 조처를 취했다.109) 조선 정부의 사무역 허용 방침에 따
라 이 시기에 경상도를 중심으로 한 남해안 연안 포구에 끊이지 않
고 도달하던 일본 상인의 문제, 이른바 '商倭絡繹'110)의 문제를 예
방하기 위한 조처였던 것이다.

그러나 이 같은 대책에도 불구하고 일본산 어염만이 아니라 중국
산 물품까지 배에 싣고 조선 연안에 출몰하여 밀무역을 벌이거나,
허술한 비변을 틈타 자행하는 왜인들의 노략질이 이 시기 내내 계속
되었다.111) 이들 왜구 문제에 대한 조선 정부의 근본적인 塞源策,

---

106) 《太宗實錄》 卷14, 太宗 7年 7月 戊寅, 1冊, 407쪽.
107) 《太宗實錄》 卷24, 太宗 12年 8月 辛酉, 1冊, 646쪽.
108) 《太宗實錄》 卷35, 太宗 18年 3月 壬子, 2冊, 207쪽.
109) 위와 같음.
110) 《太宗實錄》 卷28, 太宗 14年 7月 壬午, 2冊, 27쪽.

곧 군사적인 강경 대응과 대마도 정벌은 이러한 정세 속에서 준비되고 있었던 것이다.[112]

　조선 정부는 이처럼 왜선이 정박하는 경상도 포구에서의 공·사무역을 허용했지만, 禁物을 이용한 일본과의 불법적인 사무역과 밀무역에 대해서는 강경하게 금지 방침을 고수하였다. 태종 14년(1414) 5월에는 도성의 倭館에서 白銀을 이용하여 왜물을 구입한 巨室의 사무역 행태가 조정에서 논란이 되었다.[113] 또한 태종 17년(1417)에도 조선 정부는 금은을 이용한 일본 객인과의 사무역 금지 조처를 다시 확인한 바 있으며,[114] 그해 12월에는 東平館에서 벌인 일본 객인과의 사무역 활동을 이유로 공조좌랑 朴景斌 등을 파직시키기도 하였다.[115]

　사무역을 일절 불허하였던 대중국 무역과 다르게 이처럼 국가의 통제 하에 이루어지는 공·사무역을 용인한 조선초기 정부의 대일무역정책은, 일본과 마찬가지로 '교린'의 체계 아래 편성되어 있던 북방 野人과의 무역에서도 그대로 적용되었다.[116] 조선 北界의 백성들은 조선 왕조 개창 이전부터 女眞을 비롯한 북방의 야인들과 교역에 종사하고 있었고, 고려 최말기에는 일상적인 '互市'의 풍조로

111)《太宗實錄》卷17, 太宗 9年 3月 己未, 1冊, 477쪽 ;《太宗實錄》卷21, 太宗 11年 正月 丁亥, 1冊, 576쪽 ;《太宗實錄》卷32, 太宗 16年 9月 乙未, 2冊, 133쪽 ;《太宗實錄》卷33, 太宗 17年 閏5月 甲子, 2冊, 166쪽 ;《太宗實錄》卷33, 太宗 17年 閏5月 癸未, 2冊, 170쪽 ;《太宗實錄》卷34, 太宗 17年 12月 辛丑, 2冊, 196쪽.

112) 주 103과 같음.

113)《太宗實錄》卷27, 太宗 14年 5月 辛巳, 2冊, 16쪽.

114)《太宗實錄》卷33, 太宗 17年 5月 己丑, 2冊, 160쪽.

115)《太宗實錄》卷34, 太宗 17年 12月 己丑, 2冊, 195쪽.

116) 金九鎭,〈여진과의 관계〉,《한국사》22, 국사편찬위원회, 1995.

일컬어졌다.117) 명나라에서 이 지역에 建州衛를 설치한 시기에 잠시 조선과 야인 사이의 교역이 어려워지기도 하였지만118) 이로써 대야인 교역이 중단될 수는 없었다.

마침내 태종 6년(1406) 조선 정부는 함경도의 鏡城과 慶源 두 곳에 貿易所를 설치하기에 이른다. 鹽·鐵의 확보에 곤란을 겪고 있던 야인들과의 互市를 이 두 곳에서 허용한 것이다.119) 이 조처는 야인들의 조공과 이에 대한 回賜 형식의 공무역 외에 開市 형태로 일정 지역에서 벌어지는 사무역을 국가의 통제와 관장 아래에서 허용하는 정책이었고, 이 시기 같은 交隣의 외교 노선에 따라 용인하고 있던 대일본 사무역 허가 방침의 연장에서 취해진 조처이기도 하였다.

요컨대 조선 왕조의 개창 이후 태종조에 이르는 국초 조선 국가의 대외무역정책은 '무본억말', '이권재상'의 상업인식과 상업정책론에 따라 대외무역에 대한 국가의 관장과 통제를 제고하고, 이를 바탕으로 고려 최말기 이래 누적되어 온 대외무역의 번성이 야기한 각종 사회문제를 해결하려는 목적에서 강구되고 있었다. 대중 사무역에 대한 전면적인 금지, 대일·대야인무역에 대한 국가 통제의 강화는 바로 이를 위해 취해진 구체적인 정책 방침이었다. 다시 말해 이 시기 國是로서 거듭 강조되었던 農本主義 경제정책 노선을 고수하고, 신국가의 신분 질서 확립과 사치 풍조 단속, 금은의 유출 방지를 통한 국제수지의 균형, 그리고 무엇보다 고려말기 이래 대외무역 번성에 따른 국가재정의 파탄과 민생의 곤궁이라는 諸 사회문제를 抑末에 기조를 둔 대외무역정책을 통해 捄弊하려 하였던 것이다.

---

117)《太祖實錄》卷1, 太祖, 總書, 1冊, 9쪽.
118)《太宗實錄》卷11, 太宗 6年 2月 己卯, 1冊, 349~350쪽.
119)《太宗實錄》卷11, 太宗 6年 5月 己亥, 1冊, 356쪽.

　　그러나 신생 조선 왕조의 이 같은 경제정책·상업정책과 대외무역
에 대한 단속 및 국가 통제 강화 방침에도 불구하고, 국초 이래 대
외무역은 특히 대중 사무역 부문을 중심으로 그 전개 양상이 그다지
위축되지 않은 채 지속되었다. 예컨대 태종 17년(1417) 5월 前朝
이래 무려 35~36회나 사행을 수행하여 중국을 다녀온 바 있던 통
사 張有信은, 도총제 李都芬과 대사헌 李潑이 각기 賀正使와 副使
로서 벌인 이번 사행 사무역 활동이 자신이 목도한 최대의 규모였음
을 술회하며, 이들을 맞은 明의 禮部에서 중국 시장의 상인들에게
이들과의 교역을 금지시키기까지 하였던 사정을 실토하였다.[120]

　　더욱이 왕실의 駙馬와 훈신·권귀 등 조선 최고의 특권층이 주도
하고 있던 이 같은 불법적인 사행무역 활동들[121]에 대한 국왕의 대
처 역시 이를 ‘小事’로 여길 정도로,[122] 국가의 공식적인 정책 표방
과는 다르게 대중국 사무역 금지 조처는 현실적으로 그 실효가 퇴조
하기 시작하였다. 조선 왕조의 체제가 점차 안정되어 가던 사정과
맞물려 나타나던 특권세력의 사무역 활동에 대한 이와 같은 인식 경
향은 결국 이전 시기 대외무역의 번성이 야기하던 각종 사회문제의
재발을 가져올 가능성을 낳았고, 이제 이에 대한 종합적인 대처와
보완 작업이 세종조로 다시 미루어지고 있었다.

---

120) 《太宗實錄》卷33, 太宗 17年 5月 戊子, 2冊, 159~160쪽.
121) 《太宗實錄》卷17, 太宗 9年 2月 乙未, 1冊, 476쪽 ; 《太宗實錄》卷17, 太宗 9年
　　5月 乙亥, 1冊, 488쪽 ; 《太宗實錄》卷18, 太宗 9年 8月 甲子, 1冊, 503~504쪽.
122) 《太宗實錄》卷18, 太宗 9年 8月 辛酉, 1冊, 503쪽.

## 4. 世宗朝 對外貿易政策의 整備와 그 性格

조선 왕조 전기의 대외무역정책은 경제 이외에도 정치·문화·산업·군사 등 여타 사회 각 부문에서 그러하였듯이, 국초 태조~태종조의 왕조 개창기를 거쳐 세종조에 이르러 그 제도적 골격과 시행방침 등이 정비되고 일단의 완성을 보고 있었다.[123] 국초 이래 '무본억말'의 경제정책과 상업정책의 일환으로서 그에 따라 규정되면서 마련되어 온 대외무역에 관한 諸 정책들이 이 시기 명을 중심으로 하는 동아시아 국제 질서를 수용하며 전개되었던 외교·정치상의 노선과 연계를 맺으면서 제도적으로 정비되고, 또 그간의 사정을 반영하면서 재조정되고 있었던 것이다.

우선 세종 정부는 국초 이래 조성되어 왔던 '事大'와 '交隣'의 원칙에 입각한 대외무역 체계를 의연 추진하면서도, 이를 조선 측의 처지와 이해를 반영하는 방향으로 조정해 내고 있었다. 대중국 관계에서 고려 최말 명의 등장 이래 강제되었던 금은 歲貢의 면제를 추진하고, 이를 관철해 내었던 것이 그 대표적인 사례다. 조선 왕조의 개창 이후에도 지속되었던 명에 대한 금은 세공은 그 양이 매년 금 150냥과 은 7백 냥에 이르는 데다,[124] 그 판출 및 진헌 과정이 초래하는 국가재정의 문제와 민생의 곤란 때문에 이 시기 조선 정부가 해결하여야 하는 외교·경제상의 현안 가운데 하나였다.[125] 국초부터

---

123) 세종조에 이루어진 정치·경제·사회 등 각 부면의 제도 개편과 정비 사업의 내역 및 그 의의에 대해서는 최근의 다음 연구 성과를 참고할 것.
　　세종대왕기념사업회, 《세종문화사대계》 1~5권, 1998~2001.

124) 주 80과 같음.

125) 元裕漢, 〈명과의 무역〉, 《한국사》 24, 국사편찬위원회, 1994 ; 朴元熇, 앞의

국내에서 금은의 私採와 통용을 금지하고 대외무역에서 금은 교역을 일관되게 엄금하였던 것 등은 모두 이 같은 진헌용 금은의 確保難 때문이었다.[126]

일찍이 태종조에도 이 금은의 세공이 사대와 관련된 불가피한 부담임을 인정하면서, 금은을 본국산의 저마포로 대체하자는 주장이 강력하게 제기된 적이 있었다.[127] 세종 11년(1429) 마침내 조선 정부는 국왕의 親弟인 誠寧君 裀을 보낸 사행에서 金銀貢을 土物로 대체하는 방침을 관철해 냈다.[128] 고려말기 이래 國富의 유출과 국제수지의 적자, 그리고 국가재정과 민생의 곤핍을 야기하던 금은의 국외 移出은 세종조의 이 외교적 절충을 통해서 비로소 국가 간의 공적 관계 차원에서 근절될 수 있었던 것이다.

국초 대명 관계에서 조선의 또 다른 부담은 명의 요구에 따른 牛馬 교역, 특히 말[馬] 공무역에서 비롯하였다. 명은 황실용과 韃靼 정벌용 말을 고려말 우왕대 이래 공무역의 형식으로 줄곧 강요했고, 이는 왕조 개창 이후 조선 정부에 적지 않은 사회경제적 피해를 야기하고 있었다.[129] 고려말에 두 차례, 국초 태조·태종조에 다섯 차례에 걸쳐 계속되었던 대명 말 공무역은 세종조에 들어서도 명의 요구에 따라 네 차례나 더 이루어졌고, 총 11회에 걸쳐 7만 4천여 필의 조선마가 명에 양도되었다.[130]

공무역용 말의 辦出 과정에서 조선 사회에 심대한 피해를 가져

《明初朝鮮關係史研究》.

126) 주 83, 84와 본고 3장 참조.

127) 주 85와 같음.

128) 《增補文獻備考》卷160, 財用考 7, 金銀銅.

129) 南都泳, 앞의 《韓國馬政史》; 김순자, 앞의 《한국 중세 한중관계사》.

130) 김순자, 앞의 《한국 중세 한중관계사》.

오고 있던 대명 말 공무역은, 그러나 이 세종조의 공무역을 끝으로
해서 이후 더 이상 이같이 국가 간 대규모의 교역 형태로는 전개되
지 않았다. 여기에는 명 국내 사정의 변화도 한 요인으로 작용하였
지만, 무엇보다 대명 말 공무역이 조선 사회에 야기하던 사회경제적
인 문제에 유의하면서 그 중단을 추진하던 세종 정부의 적극적인 의
지와 노력이 그 배경에 있었음은 물론이다.

　세종조에 들어 조선 정부는 이처럼 '사대'의 관계 하에서 명의
요청에 따른 세공과 공무역이 조선 사회에 야기하던 각종 사회경제
상의 문제 해결을 위해서 명의 요구를 조선의 이해에 기초하여 정책
적으로 조정해 내면서도, 한편으로는 대명 공무역의 확대를 도모하
고 있었다. 바로 왕실이나 국가 소요의 국내 不産 물화를 확보하기
위한 대명 공무역 확대 노력이었다. 세종 14년(1432) 4월 국왕의 술
회처럼, "악기·서책·약재 등 국가가 의뢰할 수밖에 없는 중국 물품
의 확보를 위한 부득이한 공무역"131)이었다.

　이 시기 중국의 명 왕조는 元朝와 달리 주변 국가와의 사무역을
금지하면서 자국 중심의 조공무역 체계 수립을 정책으로 지향하고
있었고,132) 그와 같은 명의 海禁 정책은 조선 조정에서도 유의하는
바였다.133) 결국 이 같은 명의 대외정책과 무역방침 하에서 세종 정
부는 중국이 용인하는 赴京使行을 활용한 공무역에 적극 나서게 되
었다. 예컨대 앞에서 언급한 악기·서책·약재 외에도, 군사용 水牛角
등의 물품을 공무역의 형태로 조달하기 위한 노력이 세종조 내내 지
속되고 있었던 것이다.134)

---

131) 《世宗實錄》 卷56, 世宗 14年 4月 乙巳, 3冊, 383~384쪽.
132) 佐久間重男, 앞의 〈明代의 對外貿易〉.
133) 《世宗實錄》 卷56, 世宗 14年 5月 乙亥, 3冊, 393쪽 ; 《世宗實錄》 卷58, 世宗
　　14年 10月 乙巳, 3冊, 421쪽.

국초 명의 '三年一貢' 방침을 물리치고, 조선이 '一年三貢'의 주장을 관철하여 매년 3~4차례의 정기 使行과 謝恩·進賀·奏請 등 수차례의 비정기 사행을 파견하였던 것도,[135] 대명 관계의 안정이라는 정치·외교상의 목적만이 아니라 위와 같은 조선 측의 경제적인 이해 때문이기도 하였다. 세종조는 이러한 부경 사행이 가장 빈번하게 파견된 시기였고, 비정기 사절의 파견 횟수만도 연평균 5회에 이르렀다.[136] 이는 조선과 명 사이 사대의 정치·외교 관계를 승인하면서도 이를 통해 경제적 무역 實利를 확보하고자 하였던 세종 정부의 적극적인 노력의 결과이기도 하였다.

이처럼 대중국 공무역 부문에 대한 조정과 정책 정비를 통해 경제적 실리를 추구한 세종 정부는, 대중국 사무역과 밀무역 분야에 대해서도 억말책에 근거한 통제와 관장 노력을 제고하였다. 국초 태조~태종조에 거듭 천명된 강력한 통제 방침에도 불구하고 이 시기 대중국 사무역과 밀무역은 한층 확대되고 있었다.[137] 이와 같은 대중무역의 확대 추세는, 상인과 일반 백성들의 사무역과 밀무역의 경우에 그 首犯이 死罪로서 강경하게 처벌되는 현실로 인해[138] 주로 부경 사행의 수행을 기회로 벌이는 이른바 사행 사무역의 형태에

---

134) 《世宗實錄》卷56, 世宗 14年 4月 乙巳, 3冊, 383~384쪽 ; 《世宗實錄》卷56, 世宗 14年 5月 乙亥, 3冊, 393쪽 ; 《世宗實錄》卷58, 世宗 14年 10月 己丑, 3冊, 419쪽 ; 《世宗實錄》卷58, 世宗 14年 10月 乙巳, 3冊, 421쪽 ; 《世宗實錄》卷67, 世宗 17年 正月 丁亥, 3冊, 608쪽 ; 《世宗實錄》卷68, 世宗 17年 4月 甲寅, 3冊, 623쪽.

135) 朴元熇, 앞의 《明初朝鮮關係史硏究》.

136) 위 책, 295쪽.

137) 박평식, 〈세종 시대의 교환 경제와 상업 정책〉, 《세종문화사대계》 3, 세종대왕기념사업회, 2001.

138) 본고 3장의 주 74와 77 참조.

집중되고 있었다. 奉使 사신이나 역관들이 주도하거나 이들의 伴人
으로 가장한 상인들이 벌이는 대중 사행 사무역 활동이, 세종조에
들어 더욱 늘어난 사행의 기회를 활용하면서 다양하게 펼쳐지고 있
었던 것이다.139)

국초 이래 대외무역에 대한 적극적인 통제 방침을 천명하여 왔던
조선 정부의 처지에서, 이 같은 대중 사무역의 확대 양상은 이제
법령과 각종 시책을 통하여 재정돈하지 않으면 안 되는 과제였다.
먼저 세종 3년(1421) 8월 정부는 사행의 伴人으로 가장하여 사무
역에 종사하는 상인들을 단속하기 위해 역관의 사적인 반인 동행을
금지하고, 대신 譯學의 생도를 동반시키도록 하였다.140) 또 이해 11
월에는 상인들이 사신의 家奴를 사칭하는 사태를 예방하기 위해 사신
들이 데리고 가는 奴子의 이름과 나이, 家系 등을 사행 전에 미리 사
헌부에 보고하게 하여 이를 감찰하는 규정을 추가로 마련하였다.141)

나아가 세종 정부는 기왕에 규정된 사행 사무역 금지 관련 법조
문의 정비에도 나섰다. 일찍이 태조조에 편찬된 《經濟六典》 호전
소재의 赴京使臣 禁防條에는, 사신의 행차에 동행하여 사무역을 벌
인 상인에 대해 그 물품을 沒官하고 상인과 휴대 마필을 모두 역참
에 定役하도록 규정하고 있었다.142) 그런데 세종 5년(1423) 8월 정
부는 이 규정을 더욱 강화하여, 사무역 물품의 경우에는 비록 赦宥
令 조처가 내린 이후에 발각되더라도 이를 모두 몰관시키는 방침을
신설하였다.143) 물주인 富商大賈가 금물이 포함되거나 무역물품에

---

139) 박평식, 앞의 〈세종 시대의 교환 경제와 상업 정책〉.
140) 《世宗實錄》 卷13, 世宗 3年 8月 癸巳, 2冊, 445쪽.
141) 《世宗實錄》 卷14, 世宗 3年 11月 甲戌, 2冊, 464쪽.
142) 연세대학교 국학연구원, 앞의 《經濟六典輯錄》, 108쪽.
143) 《世宗實錄》 卷21, 世宗 5年 8月 辛未, 2冊, 553~554쪽.

문제가 있을 경우에 금령을 의식하여 즉시 發告하지 않고, 사유령이 내린 후에 관에 소송하여 이를 되찾아가는 사태가 빈발하면서 법조문에 추가된 내용이었다.[144]

한편 그해(세종 5, 1423) 10월에는 위와 같은 세종 정부의 부경 사무역 금지 규정의 정비에도 불구하고, 공조참의 李揚의 사행을 이용하여 벌인 평안도 상인 孫錫과 개성상인 朴獨大의 대규모 사무역 행위가 적발되어 그 처벌을 둘러싼 논의가 조정에서 크게 논란이 되는 사태가 발생하였다.[145] 결국 이 사건을 계기로 하여 세종 정부는 동 11월 총 6개 항으로 구성된 '大小人員 赴京時 禁防條件'을 사헌부 受敎의 형식으로 정리함으로써 종래의 사무역 금지 규정을 체계화시키기에 이르렀다.

그 주요 내용은 국가에서 허용한 규모 이상의 소지물 휴대를 금지하고 상인을 대동한 사행 관련자를 처벌하는 한편, 상인이 이들과 공모하여 사무역을 벌였을 경우 그 무역품을 沒官할 뿐만 아니라 해당 상인과 관련자들의 家産을 몰관하고 이들 모두를 站夫로 정역하되, 특히 禁物 소지자는 水軍에 충정시킨다는 방침이었다. 또한 의주를 무대로 越境 사무역을 행하는 자들에 대해서는 무역품과 가산을 몰관하고 首犯과 從犯을 각기 사형과 중형에 처할 뿐만 아니라, 이를 규찰하지 못한 의주목사와 판관 등 관인들도 制書有違律로 다스리도록 규정하였다.[146]

이는 사행 사무역과 불법적인 사무역 모두에 대해 최고의 강경

---

144) 위와 같음.

145) 《世宗實錄》 卷22, 世宗 5年 10月 乙丑, 2冊, 560쪽 ; 《世宗實錄》 卷22, 世宗 5年 10月 丙子, 2冊, 562쪽 ; 《世宗實錄》 卷22, 世宗 5年 10月 辛巳, 2冊, 562쪽.

146) 《世宗實錄》 卷22, 世宗 5年 11月 己亥, 2冊, 565쪽.

처벌 방침을 마련함으로써 이전 《경제육전》의 사무역 처벌 규정을 대폭 강화시킨 규정이었다. 세종 5년의 이 사무역 금지 법률은 이후 세종 8년(1426)에 《大明律》 규정과의 相馳 문제가 거론되면서 '家産沒官' 방침이 삭제되기는 하였지만,[147] 나머지는 모두 세종조 이래 조선전기 대명 사무역을 금지하는 종합적인 법조문으로 기능하였다.

세종 12년(1430) 4월, 정부는 부경 사행에 따른 사무역 근절을 위해 이 세종 5년의 수교에 추가하여 부경 사행의 공·사무역 전체를 중앙에서 파견하는 監察로 하여금 검찰시키는 방안을 사헌부의 발의로 논의하였다.[148] 이때 사헌부가 제출한 7개 조항의 〈監察所行 檢察條件〉을 법조문화하였는지는 이후 확인할 수 없지만, 세종이 이를 예조에 내려 검토시키고 있는 것으로 보아[149] 그대로 시행되었을 것으로 판단된다.

세종 정부의 대중국 사무역 통제 기도와 이를 위한 금지 규정의 정비 작업은 이후에도 계속되어, 세종 15년(1433) 정월에는 그동안 관행적으로 허용해 왔던 赴京 通事들의 소지물 사무역 활동을 전면 금지시키기도 하였다.[150] 당시 사역원의 생도들은 정부의 이 조처에 대해 격렬하게 반발하였다. 이제까지 그들이 일 년에 두 차례 이상이나 사행 수행에 나섰던 배경이 바로 이 譯官貿易에 따른 이익 때문이었는데, 그 길이 봉쇄되자 漢語의 습득을 게을리 하는 등 怠業을 불사하였던 것이다.[151] 세종 정부는 이 같은 사태에 봉착하여 이

---

147) 《世宗實錄》 卷32, 世宗 8年 4月 壬午, 3冊, 21쪽 ; 《世宗實錄》 卷35, 世宗 9年 3月 甲寅, 3冊, 65쪽.

148) 《世宗實錄》 卷48, 世宗 12年 4月 甲午, 3冊, 233쪽.

149) 위와 같음.

150) 《世宗實錄》 卷59, 世宗 15年 正月 壬申, 3冊, 439쪽.

151) 위와 같음.

후 결국 역관의 소지물 사무역을 일정한 定數에 한해 허용하고 말
았으나, 그러면서도 이 조처가 사무역의 端初를 열까 우려하여 경계
와 감찰을 강화하였다.152)

세종조의 대외 사무역 통제 노력은 집권 후반기에도 각종 제도와
규정을 정비하는 형태로 계속되었다. 세종 24년(1442) 7월에는 부경
사신의 호송군이 사신의 사무역 활동에 이용되는 사태를 막고자 이
들 호송군의 정수를 1백 명에서 50명으로 감축시키기도 하였으며,153)
또한 그해 11월에는 명나라 수도에 체류하는 사행단의 감찰과 사무
역 금령 조건을 새로이 마련하였다.154) 상인과 일반 백성들의 대중
사무역과 밀무역을 전면 금지하는 방침 아래, 부경 사행 사무역에
대한 세종 정부의 통제와 관장 노력은 이처럼 국초에 마련된 각종
대중 사무역 관련 법규와 규정을 재정비하면서 그 처벌 규정을 상세
화하고 강화하는 방향에서 제고되었던 것이다.

한편 세종조 대중국 무역 분야에서 이루어지던 무역 체계의 정비
와 조정 노력은 이 시기 對日關係와 무역 부문에서도 마찬가지로
傾注되고 있었다. 국초 이래 추진하여 왔던 일본과의 교린 체제, 즉
일본 국왕과는 대등한 자격으로 교류하는 '敵禮交隣', 그리고 대마
도를 비롯한 일본 내 諸 세력과는 그들의 조공을 전제로 통교하는
'羈縻交隣'의 체제155)가 세종조에 이르러 그 제도적 골격이 완성되
면서 이에 따른 무역 질서가 형성되어 갔던 것이다.

세종 원년(1419)에 단행된 왜구 소탕을 위한 대마도 정벌에도

---

152) 《世宗實錄》卷63, 世宗 16年 正月 庚辰, 3冊, 535쪽.

153) 《世宗實錄》卷97, 世宗 24年 7月 辛未, 4冊, 419쪽.

154) 《世宗實錄》卷98, 世宗 24年 11月 癸未, 4冊, 448~449쪽.

155) 李鉉淙, 앞의 《朝鮮前期 對日交涉史硏究》；金柄夏, 앞의 《朝鮮前期 對日貿易
　　 硏究》；河宇鳳, 앞의 〈朝鮮前期의 對日關係〉.

불구하고, 세종조의 대일무역정책은 국가 간의 공식 무역인 공무역과 정부의 허가와 감독 아래 양국의 상인들이 벌이는 사무역 활동에 대해서 禁物을 중심으로 하는 불법적인 밀무역을 제외하고는 전대에 이어 일관되게 허용하고 있었다. 그리고 이들 공·사무역을 국가의 통제 하에 두기 위해 일본과의 通交 규정을 정비하여 갔고, 여기에 근거하여 일본 사신과 상인들의 왕래와 국내 居留를 규제했던 것이다.

우선 세종 정부는 대마도 정벌 이후 대일 관계의 안정과 함께 통교와 朝聘을 명분으로 수시로 입국하여 오는 일본 각지 왜인들을 통제하기 위해 圖書와 書契 제도를 도입하였다. 세종 즉위년(1418)에 美作太守 淨存에게 처음 하사한 圖書는156) 일본 내 諸 영주 세력에게 조선 정부가 통교를 증명하면서 보낸 일종의 印鑑으로서, 조선과의 교역과 무역선 파견의 근거로 활용하고 있었다. 나아가 세종 2년(1420) 조선 정부는 조선에 내왕하는 일본인들에게 일종의 외교문서인 書契 지참을 명문화하여 대마도인에게는 島主의 서계를, 九州 지역의 사송인에게는 九州摠管의 서계를 반드시 소지하도록 규정하였다.157) 이는 일본 내 각 세력과의 통교 체계를 정비하고 이를 바탕으로 조선에 입국하는 왜인, 특히 그중에서도 상인들을 통제하려는 목적에서 마련된 제도였다.158)

이후 세종 정부는 이처럼 통교와 통상을 목적으로 입국하는 왜인들의 신분 증명과 파견 목적의 확인을 위해서 일본 측에 그들이 보내는 사송인에게 行狀과 路引, 그리고 文引을 발급할 것을 추가로 요구하였다.159) 특히 세종 20년(1438)에는 對馬島主와 定約을 맺고,

---

156) 《世宗實錄》 卷2, 世宗 卽位年 11月 乙亥, 2冊, 289쪽.
157) 《世宗實錄》 卷8, 世宗 2年 7月 壬申, 2冊, 386쪽.
158) 金柄夏, 앞의 《朝鮮前期 對日貿易 硏究》; 河宇鳳, 〈일본과의 관계〉, 《한국사》 22, 국사편찬위원회, 1995.

일본의 국왕과 일부의 巨酋를 제외하고는 이 문인의 발행권을 대마도주에게만 허용함으로써 조선과의 교역을 희망하는 모든 왜인들에게 이 대마도주의 문인 소지를 필수로 강제하고 있었다.160) 이는 세종 정부가 대일 통교 체계를 대마도를 중심으로 일원화하려는 노력이었고, 그 주된 배경은 이른바 '客倭', '商倭'의 형태로 조선에 폭주하던 興利倭人들에 대한 통제와 감독의 효과를 높이려는 데 있었다.

마침내 세종 25년(1443) 조선 정부는 대마도주 宗貞盛과 조선초기 대일 관계와 그 무역에서 일종의 기본 조약으로 기능하였던 '癸亥約條'를 체결하기에 이른다.161) 대마도주에게 매년 2백 석의 쌀과 콩을 하사하고, 또 50척의 무역 목적의 歲遣船 파견을 허용한 이 계해약조를 계기로 이후 조선 정부는 일본 내에서 조선과 통교하던 諸 세력들과도 이에 근거하여 개별적인 정약을 맺게 된다. 일본 내 각 영주들의 朝聘 횟수와 파견 세견선의 수 및 그에 따른 교역량 등을 규정하는 데 典範이 된 이 계해약조의 체결은 국초 이래 조선 정부가 추진하여 오던 대일 교린정책 일단의 완성을 의미하였고, 이로써 조선에 입국하는 일본인과 상인에 대한 체계적인 통제책이 최종 정비된 셈이었다. 이는 향후 中宗朝의 삼포왜란 이후에 제정된 '壬申約條'로 대체될 때까지 대일 관계와 그에 따른 무역 체계의 기본 章程으로 자리하고 있었다.162)

이처럼 세종 정부는 대일 통교와 무역을 대마도를 중심으로 일원화

---

159) 위와 같음.

160) 《世宗實錄》 卷82, 世宗 20年 9月 己亥, 4冊, 163쪽.

161) 李鉉淙, 앞의 《朝鮮前期 對日交涉史硏究》; 金柄夏, 앞의 《朝鮮前期 對日貿易硏究》; 河宇鳳, 앞의 〈일본과의 관계〉.

162) 위와 같음.

시키고, 또한 일본 내 각 세력과 개별적으로 맺은 定約으로 그 체계를 정비하면서 이들 규정에 의거하여 일본과의 공무역과 사무역을 허용하고 있었다. 그리고 이 과정에서 객왜와 상왜로 지칭되는 수많은 興利倭人들이 조선에 폭주하여 오자, 이들에 대한 단속과 통제 방침 역시 정비하기 시작하였다. 국초 이래 조선 정부는 공·사무역을 위한 倭船의 출입을 통제하기 위해 이들 상선의 정박 포구를 고정하려 하였고, 태종 7년(1407)에는 부산포와 내이포에 倭館을 설치하여 왜 상선의 정박과 교역 활동을 여기로 국한시킨 바 있다.163)

세종조에 들어 대일무역이 일층 확대되고 또 일본의 정박 포구 추가 개방 요구가 잇따르자, 세종 5년(1423) 정부는 일단 기존 부산포와 내이포의 왜관을 증설하는 것으로 그 요구에 대응하였다.164) 이윽고 세종 8년(1426) 조선 정부는 왜 상선의 정박과 교역을 허용하는 포구로 기왕의 두 곳에 鹽浦를 추가하기에 이른다.165) 이른바 '三浦의 開港'으로서, 조선 정부는 이곳 부산포·내이포·염포에 왜관의 형태로 왜 상선과 흥리왜인에 대한 접대와 교역시설을 갖추고, 이를 바탕으로 대일 공·사무역에 대한 국가적인 통제를 기도하였던 것이다. 이 삼포의 왜관은 도성에 설치되어 있던 東平館과 더불어 조선초기 대일무역의 중심 地區로 기능하였다.

이렇듯 세종조의 대일무역정책은 계해약조와 삼포의 개방으로 요약될 수 있다. 이는 금은과 같은 禁物을 제외하고는 왜관에서 사무역을 전면 허용하였다는 측면에서 대중국 무역정책과는 크게 방향을 달리하는 것이었다. 그러나 국가수요 물자의 조달이라는 경제적인

---

163) 주 105와 같음.
164)《世宗實錄》卷22, 世宗 5年 10月 壬申, 2冊, 561쪽.
165)《世宗實錄》卷31, 世宗 8年 正月 癸丑, 3冊, 3쪽.

이해와 왜구 문제의 근원적인 해결이라는 정치·사회적인 요구를 국
가의 대일무역에 대한 관장과 통제 방침의 제고를 통하여 실현하려
하였다는 점에서는 또한 동일한 대외무역정책 노선이기도 하였다.
이 같은 국가 통제 하의 사무역 허용 방침은 일본과 함께 교린 체
계로 그 관계가 설정되어 있던 북방 野人과의 무역에서도 마찬가지
로 적용되었다.166)

　　세종조 중국과 일본, 그리고 북방 야인과의 대외무역에 대한 조
선 정부의 대책은, 이상에서 살펴본 바와 같이 대외무역 그 자체에
대한 일방적인 금지나 억압에 그 목표가 있지 않았다. 대중무역 부
문에서 조선이 국가재정과 민생에 큰 부담을 야기하던 금은 歲貢의
대체와 우마의 공무역 중단을 관철해 내면서도 한편으로는 국가 수
요 물자의 확보를 위해 대명 공무역을 적극 활용하고 있던 사례나,
일본·야인과의 교역에서 사무역을 일관되게 허용하고 있던 방침 등
은 조선 정부의 대외무역정책 기조가 단순한 금지나 억압에 있지 않
았음을 잘 보여 준다 하겠다.167)

　　이 시기 대외무역에서 조선 정부가 일관되게 금지 방침을 고수하
였던 분야는 대중국 사무역과 금물을 이용한 대외 밀무역 부문이었
고, 이는 어느 형태이든 그것의 확대가 조선의 사회경제에 야기할
심각한 사회문제에 대한 우려 때문이었다. 고려말 주로 대중국 사
무역 부문에서 두드러졌던 대외무역의 번성이 초래하던 제반 문제,
즉 금은의 유출에 따른 국제수지의 악화와 국가재정의 고갈, 중국산

---

166) 《世宗實錄》 卷56, 世宗 14年 4月 癸丑, 3冊, 387쪽 ; 《世宗實錄》 卷59, 世宗
　　15年 3月 乙亥, 3冊, 461쪽 ; 《世宗實錄》 卷64, 世宗 16年 5月 甲申, 3冊, 563쪽 ;
　　《世宗實錄》 卷74, 世宗 18年 7月 辛亥, 4冊, 23쪽 ; 《世宗實錄》 卷75, 世宗 18年
　　11月 戊午, 4冊, 43쪽.
167) 이러한 측면은 국초 태조~태종조의 정책에서도 마찬가지였다(본고 3장 참조).

사치품의 대량 유입에 따른 사치 풍조의 확대와 신분 질서의 문란,
수출품의 조달 과정에서 일상화된 抑賣買와 그에 따른 민생의 곤핍,
그리고 逐末 풍조의 확산이 야기한 농업의 축소와 농업인구 감축
등의 문제168)에 유의하고 있던 조선 정부가, 이들 문제의 근본을 塞
源하고 農本의 경제정책을 안착시키기 위해 경제정책·상업정책 차
원에서 마련하고 강경하게 추구하여 오던 대외무역에 대한 방침이었
던 것이다.

　세종조에 들어 더욱 빈번하게 천명된 금은의 국내외 유통 금
지,169) 사치 풍조의 근절을 위한 紗羅綾緞의 사용 금지나 의복의
升數 제한,170) 丹木·蘇木을 이용한 染色 금지171) 등의 조처도 모
두 이 같은 정책 노선에 따라서 거듭하여 강조된 것이었다. 세종 정
부가 상업 일반에 대한 정책에서 그러하였듯이, 각종 법령을 통해
대외 공·사무역 전 분야에서 국가의 이에 대한 관장과 통제를 기도
함으로써 대외무역에 대한 국가의 장악력을 제고하고자 하였던 것도

---

168) 본고 2장 참조.

169)《世宗實錄》卷53, 世宗 13年 8月 乙巳, 3冊, 336쪽 ;《世宗實錄》卷58, 世宗
　　14年 10月 甲辰, 3冊, 421쪽 ;《世宗實錄》卷58, 世宗 14年 12月 戊戌, 3冊,
　　431쪽 ;《世宗實錄》卷58, 世宗 14年 12月 辛亥, 3冊, 435쪽 ;《世宗實錄》卷62,
　　世宗 15年 11月 庚辰, 3冊, 524~525쪽 ;《世宗實錄》卷63, 世宗 16年 2月 甲戌,
　　3冊, 545쪽 ;《世宗實錄》卷63, 世宗 16年 2月 丁丑, 3冊 546쪽 ;《世宗實錄》
　　卷122, 世宗 30年 11月 乙巳, 5冊, 105쪽 ;《世宗實錄》卷122, 世宗 30年 12月
　　甲戌, 5冊, 109쪽.

170)《世宗實錄》卷22, 世宗 5年 11月 丙戌, 2冊, 563쪽 ;《世宗實錄》卷43, 世宗
　　11年 2月 辛巳, 3冊, 165쪽 ;《世宗實錄》卷113, 世宗 28年 9月 丙子, 4冊,
　　701쪽 ;《世宗實錄》卷116, 世宗 29年 4月 己亥, 5冊, 15쪽 ;《世宗實錄》卷123,
　　世宗 31年 正月 丙午, 5冊, 112~113쪽.

171)《世宗實錄》卷35, 世宗 9年 2月 丁丑, 3冊, 62쪽 ;《世宗實錄》卷80, 世宗
　　20年 正月 乙未, 4冊, 125쪽.

모두 이 같은 정책 방침에 따른 노력이었다. 요컨대 세종조의 대외
무역정책은 대외무역에 대한 일방적인 禁壓이 아니라, 공·사무역에
대한 국가의 통제와 장악을 강화함으로써 대외무역의 번성이 가져
올 각종 사회문제를 예방하는 데 그 정책 목표가 설정되어 있었던
것이다.

세종조의 이와 같은 정책 아래 이 시기 대외무역은 대중·대일 어
느 분야에서도 사무역을 중심으로 일층 발전을 지속할 수 있었다.[172)
세종조에 들어 더욱 확대되고 있던 대중국 사무역은 중국산 사치품,
특히 紗羅綾緞으로 지칭되는 고급 견직물에 대한 끊임없는 국내수요
에 기반한 것이었다. 그리고 이들 대명 사무역은 상인과 일반 백성
들의 자유로운 사무역 활동이 전면 금지된 상황에서, 자연 赴京使
行을 이용한 사무역의 형태로 활발하게 전개되고 있었다.

이 시기 사행 사무역은 부경 사행을 이끄는 정·부사를 비롯한
官人層이나 譯官, 그리고 상인 세력이 주도하고 있었다. 사행 관인
들의 사무역은 세종 5년(1423) 節日使의 검찰관으로 파견되었던 전
판관 田藝의 처벌 기사[173) 이래 세종조 전반에 걸쳐 그 사례가 확
인된다.[174) 특히 세종 5년 조정에서 크게 논란이 되었던 공조참의
李揚의 경우는, 저마포 44필과 초피 60령에 이르는 그의 사무역 물
품만이 아니라 그가 대동하고 간 부상대고의 무역 활동이 또한 크
게 문제가 되었다.[175) 더욱이 이 사행 사무역 사건이 논란이 된 지

---

172) 박평식, 앞의 〈세종 시대의 교환 경제와 상업 정책〉 참조.

173) 《世宗實錄》 卷20, 世宗 5年 6月 庚午, 2冊, 545쪽.

174) 《世宗實錄》 卷23, 世宗 6年 3月 庚辰, 2冊, 584쪽 ; 《世宗實錄》 卷39, 世宗
    10年 3月 己酉, 3冊, 122쪽 ; 《世宗實錄》 卷97, 世宗 24年 7月 辛未, 4冊, 419쪽.

175) 《世宗實錄》 卷22, 世宗 5年 10月 乙丑, 2冊, 560쪽 ; 《世宗實錄》 卷22, 世宗
    5年 10月 丙子, 2冊, 562쪽 ; 《世宗實錄》 卷22, 世宗 5年 11月 辛巳, 2冊, 562쪽.

3년 후에는, 당시 좌의정 李原이 여기에 관련되었던 사실이 밝혀
져 그 처벌을 둘러싸고 조정이 또 한 차례 큰 분란에 휩싸이기도
하였다.176)

세종 13년(1431)에는 국왕이 스스로 "入朝하는 사신 중에서 어
느 누가 家奴를 거느리고 사무역을 하지 않겠느냐?"177)라고 토로하
고 있을 만큼 세종조 부경 사신들의 반인과 가노를 이용한 사무역은
일상적인 형태로 계속되고 있었다. 그러므로 이 시기 세종 정부가
부경 사신이 거느리고 가는 家奴의 이름과 나이, 가계 등을 사헌부
로 하여금 파악하게 하였던 것도178) 그 주인인 관인층의 사무역 활
동을 통제하기 위한 한 방도였던 것이다.

한편 세종조 부경 사무역의 또 다른 주역은 通事, 곧 역관들이었
다. 이들은 사행 사무역이 그들에게 보장하는 무역 이익을 노리고서
일 년에 두 차례의 사행 수행도 불사하였으며, 조정에서 이를 통제하
자 태업으로 여기에 맞서기도 하였다.179) 이와 같은 분위기 아래에
서 세종조 역관들의 사무역 활동은 정부의 지속적인 통제 방침에도
불구하고 일상적으로 펼쳐지고 있었다.180) 더욱이 이들은 업무의 성
격과 관련하여 명나라의 序班層과도 연계하여 사무역을 벌였다.181)
세종 25년(1443) 5월에는 통사 玉振이 이러한 사무역을 통해 '暴富'
의 지경에 이르렀다고 논란이 되기도 하였다.182)

---

176)《世宗實錄》卷31, 世宗 8年 3月 己酉, 3冊, 14쪽 ;《世宗實錄》卷31, 世宗 8年
  3月 辛亥, 3冊, 15쪽.
177)《世宗實錄》卷54, 世宗 13年 12月 辛丑, 3冊, 361쪽.
178) 주 141과 같음.
179) 주 150과 같음.
180)《世宗實錄》卷45, 世宗 11年 8月 己卯, 3冊, 193쪽 ;《世宗實錄》卷48, 世宗
  12年 4月 壬辰, 3冊, 232쪽 ;《世宗實錄》卷52, 世宗 13年 4月 辛丑, 3冊, 309쪽.
181)《世宗實錄》卷48, 世宗 12年 5月 甲子, 3冊, 238쪽.

그러나 세종조 대중국 사무역의 최대 주도층은 바로 상인층, 그
중에서도 부상대고들이었다. 세종조에 정비된 赴京使行 禁防條件
의 주요 대상은 앞서 살펴본 바와 같이 바로 이들 상인층이었다. 자
유로운 월경 사무역이 전면 금지되고 그 首犯이 死罪로 처벌되는
현실에서,[183] 이들 상인들은 무역 이익 확보의 場으로 정기·비정기
를 포함하여 일 년에 수차례 이루어지던 부경 사행을 적극 활용하고
있었던 것이다. 세종 5년(1423) 공조참의 李揚의 사행을 수행하였던
평안도 상인 孫錫은 그 무역품이 저마포 237필, 초피 2백여 령, 인
삼 12근, 진주 2냥에 달해 사신 이양의 소지물 규모보다 그 양이 수
배 이상이나 되었고, 개성상인 朴獨大의 경우에도 가지고 간 물품
이 頗多하다고 할 정도였다.[184]

그리고 이 사건에서 확인할 수 있는 바와 같이, 이 시기 대명 사
무역은 使行의 赴京길에 위치한 도성 – 개성 – 평안도의 부상대고들
이 일정한 연계 속에서 그 사무역 활동을 펼치고 있었다. 세종 5년
(1423) 11월에 추가로 마련된 禁防 조건에 평안도 의주에 住接하면
서 상인들에게 길을 안내하고 越江하여 사무역을 벌이는 자들에 대
한 처벌 조항이 특기되었던 것도[185] 이와 같은 부상대고들의 상활
동을 제어하기 위한 조처였다. 또한 이들은 그들의 불법 사무역 활
동을 보장받기 위해 특권 세력과의 연계도 적극 모색하였는데, 세종
8년(1425) 자신의 女息인 同伊를 좌의정 李原의 첩으로 들여보내
고 나서 이를 매개로 사무역 활동을 벌였던 상인 內隱達이 그 대표
적인 사례였다.[186]

---

세종조 대외무역의 발전은 대일무역 부문에서도 마찬가지 형국으
로 전개되고 있었다. 특히 세종 정부가 교린의 체계 아래 금물을 제
외하고는 일본과 공·사무역을 허용하고 있었던 만큼, 그 추세는 더
욱 일반적인 것이었다. 세종 원년(1419) 9월 벌써 도성에 올라오는
倭使의 숫자가 급증하여 그들이 소지하는 무역물품이 도로에 끊이
지 않고, 이를 운반하는 驛吏들이 받는 고통이 적지 않다는 사정이
논란되고 있었다.187) 사신을 수행하여 도성에 올라오는 이들 왜인,
곧 客倭의 숫자는 세종조 내내 지속적으로 늘어나고 있었다.

세종 20년(1438) 6월에는 봄·가을 두 계절에 걸쳐 상경 중이거
나 삼포에 체류하고 있는 왜인들의 숫자가 무려 3천여 명에 이르는
실태가 보고되고 있다.188) 그야말로 '絡繹不絶'189)의 형세였고, 이
시기 세종 정부가 이들 객왜의 소지물 전부를 도성에 수송하는 것을
금지하고, 특히 중량이 무거운 銅·鐵·鑞 등의 무역품을 삼포에서
공·사무역하는 방안을 자주 강구하였던 것도 이 때문이었다.190) 세
종 16년(1434) 조선 정부가 그간 東·西平館 2所의 형태로 운영되어
오던 도성의 倭館을 통합하여 담장을 설치하고 숙소 2소를 더 확충

---

186)《世宗實錄》卷31, 世宗 8年 3月 甲寅, 3冊, 15쪽.
　　이 시기 혼인을 매개로 한 특권세력과 상인들의 연계는 일상적인 풍조였다. 때
　　문에 세종 8년 국왕은 이 사건을 다루면서 재상들이 다투어 상인의 여식으로 作
　　妾하는 세태를 개탄하였다(《世宗實錄》卷32, 世宗 8年 5月 庚申, 3冊, 29~30쪽).
187)《世宗實錄》卷5, 世宗 元年 9月 癸亥, 2冊, 337쪽.
188)《世宗實錄》卷81, 世宗 20年 6月 乙丑, 4冊, 149쪽.
189)《世宗實錄》卷82, 世宗 20年 8月 丁巳, 4冊, 159쪽 ;《世宗實錄》卷98, 世宗
　　24年 11月 丙子, 4冊, 444쪽.
190)《世宗實錄》卷20, 世宗 5年 6月 乙亥, 2冊, 546쪽 ;《世宗實錄》卷37, 世宗 9年
　　8月 癸未, 3冊, 89쪽 ;《世宗實錄》卷63, 世宗 16年 3月 丁未, 3冊, 552쪽 ;
　　《世宗實錄》卷80, 世宗 20年 2月 乙卯, 4冊, 130쪽.

하여 '1館 4所'의 체제로 운영하도록 한 결정이나,[191] 그 4년 뒤인 세종 20년(1438)에 이 동평관에 관원 常置 결정을 내려 監護官 3인과 錄事 2인을 배치하였던 조처[192] 등도 모두 이 같은 객왜의 격증에 대한 대응 조처였다.

이들 倭使와 객인들은 비록 조빙을 칭탁하나 실제는 대부분 공·사무역을 목적으로 내왕하는 상인들이었고,[193] 이후에도 그 숫자가 크게 늘고 있었다. 그 결과 세종 21년(1439) 5월에는 한 달에 파견된 객왜의 숫자가 수천 명에 이르는 것으로 지적되었으며,[194] 세종 29년(1447) 11월에는 이들 객왜의 소지물 중에서 도성으로 운반되는 양이 무려 2천여 駄에 이른다고 보고되고 있을 정도였다.[195] 세종 30년(1448) 정월 정부가 國使인 일본국 사신의 접대 규정을 事目으로 정하면서, 무역품이 3백 駄 이상일 경우에는 삼포에서 무역할 것을 지시하고, 伴從으로 도성에 올라오는 객왜의 숫자를 20 내지 24명으로 제한하였던 것도[196] 이처럼 세종조 내내 격증하고 있던 객왜와의 공·사무역을 통제하기 위한 대응책이었던 셈이다.

한편 세종조에는 조선 정부의 허가 방침에 따라 三浦에 머무르며 무역에 종사하는 恒居倭人의 숫자 또한 크게 늘어, 이들을 매개로 한 대일 사무역이 확대되고 있었다. 세종 12년(1430) 부산포와

---

191) 《世宗實錄》 卷64, 世宗 16年 6月 己巳, 3冊, 574쪽.
192) 《世宗實錄》 卷80, 世宗 20年 2月 癸酉, 4冊, 132쪽 ; 《世宗實錄》 卷80, 世宗 20年 2月 癸未, 4冊, 133쪽.
193) 《世宗實錄》 卷44, 世宗 11年 4月 丙申, 3冊, 176쪽 ; 《世宗實錄》 卷54, 世宗 13年 11月 己卯, 3冊, 357~358쪽 ; 《世宗實錄》 卷85, 世宗 21年 4月 丙申, 4冊, 205쪽.
194) 《世宗實錄》 卷85, 世宗 21年 5月 戊午, 4冊, 213쪽.
195) 《世宗實錄》 卷118, 世宗 29年 11月 乙卯, 5冊, 45쪽.
196) 《世宗實錄》 卷119, 世宗 30年 正月 戊戌, 5冊, 48쪽.

염포에 1백여 명 정도가 있는 것으로 파악되던197) 삼포의 항거왜인
은 세종 16년(1434)에 들어서면 그 숫자가 내이포만도 6백여 명에
이르고, 부산포 역시 마찬가지라는 지적이 나올 정도로 급증했다.198)

이 같은 사태에 대처하여 세종 정부는 바로 그 이듬해인 세종 17
년(1435)에 삼포에 오랫동안 머무르며 돌아가지 않는 왜인에 대해서
조선 정부가 商稅를 수세한다는 방침을 대마도주에게 통보하였다.199)
또 2년 뒤인 세종 18년(1436)에도 조선 정부는 삼포의 왜인 중에서
대마도주가 仍留를 요청한 60명 등 총 206명을 제외한 나머지의 송
환을 결정하고, 내이포의 253명, 부산포의 29명, 염포의 96명 등 총
378명을 대마도로 강제 송환시키기도 하였다.200)

그러나 세종 정부의 거듭된 三浦 恒居倭人에 대한 강제 퇴거
조처와 상세 收稅 방침에도 불구하고, 삼포에 거류하는 왜인의 숫자
는 이 시기를 전후로 여전히 "日增月加"의 추세로 늘어 갔고,201)
이들에 근거하는 조선과 일본 사이의 사무역 역시 확대되고 있었다.
세종 21년(1439) 10월 예조가 대마도주에게 보낸 書契에는 조선에
들어오는 商倭의 숫자가 근래 거의 만여 명에 이르고, 심지어는 서
계를 위조하기까지 하는 이들이 오랫동안 삼포에 머무르며 불법 사
무역에 종사하는 실태가 지적되고 있었다.202)

또 세종 22년(1440) 2월에는 부산포의 항거왜인은 60여 호에 불

---

197)《世宗實錄》卷48, 世宗 12年 4月 辛巳, 3冊, 229쪽.
198)《世宗實錄》卷64, 世宗 16年 4月 戊辰, 3冊, 559쪽.
199)《世宗實錄》卷69, 世宗 17年 9月 丁丑, 3冊, 650~651쪽.
200)《世宗實錄》卷71, 世宗 18年 3月 乙未, 3冊, 669쪽.
201)《世宗實錄》卷68, 世宗 17年 6月 戊申, 3冊, 633쪽 ;《世宗實錄》卷69, 世宗
    17年 7月 己丑, 3冊, 642쪽.
202)《世宗實錄》卷87, 世宗 21年 10月 丙申, 4冊, 247~248쪽.

과하나 이번에 온 상왜의 숫자만도 6천여 명에 이른다는 실정이 예
조에 의해 보고되기도 하였다.203) 세종조 대일무역은 이처럼 조선 정
부의 강력한 대응과 통제 방침에도 불구하고, 사신 왕래에 수반한 상
왜의 활동과 삼포에 항거하는 왜인의 활동을 매개로 하여 펼쳐지는
사무역 분야에서 가일층 확대와 번성을 지속하고 있었던 것이다.

이상에서 살펴본 바와 같이, 조선 왕조의 개창 이후 세종조에 들
어 일단의 정비를 보았던 조선초기의 대외무역정책은, 명을 중심으
로 하는 동아시아의 세계 질서를 수용하고, 그 안에서 조선 국가가
추구하던 집권적 봉건국가의 수립을 위한 경제정책의 일반 노선 위
에서 펼쳐지고 있었다. 즉 '무본억말', '이권재상'의 경제정책·상업정
책의 연장에 서 있는 정책이었던 것이다. 따라서 그 구체적인 방향
은 대외무역에 대한 일방적인 禁壓이 아니라, 그에 대한 국가의 관
장과 통제를 제고하여 農本의 경제기반을 위협하는 상업과 대외무
역의 번성을 국가 정책으로 제어해 내는 데 그 초점이 맞추어져 있
었다. 고려말기 특권층 주도의 대외무역 번성이 국가경제와 민생에
야기하였던 각종의 사회문제를 해결하고 그 재현을 방지하고자 하는
정책노선이었던 것이다.

그러므로 이와 같은 대외무역정책에서는 대외무역에 대한 국가의
관장과 통제 노력이 각종 법령과 시책들을 통하여 모색되는 한편,
이와 같은 통제 하에서 이루어지는 대외무역 자체를 전면 부정하거
나 억압하지 않았다. 세종 17년(1435) 9월 삼포의 항거왜인 대책과
관련하여 국왕이 내보이고 있던 인식, 즉 "예부터 국가 간에 有無를
교역하고 이를 매개하는 상인들이 왕래함은 천하의 通義이다."204)라는

---

203) 《世宗實錄》 卷88, 世宗 22年 2月 庚辰, 4冊, 267쪽.
204) 《世宗實錄》 卷69, 世宗 17年 9月 丁丑, 3冊, 651쪽.

견해는, 따라서 이 시기 조선과 주변 국가 사이에 이루어지던 공·사 무역에 대한 세종 정부의 정책 기조를 잘 보여 주는 것이었다.

　요컨대 세종조에 정비된 조선초기 대외무역정책의 본질은 주변 국가와의 무역에서 국내의 산업, 특히 본업인 농업을 보호하고, 고려말 이래 그 번성이 야기하던 각종 사회문제를 예방하기 위해 국가의 대외무역에 대한 관장과 통제를 강화하려는 방향이었다. 대외무역에서 표방되었던 이 같은 정책 목표는 조선초기 상업을 비롯한 경제정책 일반에서 천명되고 있던 국가의 경제이념인 '무본억말', '이권재상'론에 근거하는 것이었고, 그만큼 국초 이래 조선 왕조가 강력하게 추구한 집권적 국가 질서의 수립 노선에 부응하는 것이기도 하였다.

# 5. 結 語

　조선초기의 대외무역정책을 고려말기의 대외무역 문제를 시야에 넣으면서 신생 조선 왕조가 추진하던 경제정책·상업정책과 연계하여 살펴보면 이상과 같다. 이제 그 내용을 요약하여 정리하는 것으로 본 작업을 맺고자 한다.

　고려말기의 상업발달은 원 간섭기 이후 고려 사회의 諸 특권세력이 주도하던 대외무역 부문이 이를 선도하고 있었다. 국왕과 왕실을 비롯한 고려의 특권세력은 악화된 국가재정을 배경으로 막대한 元 親朝費用과 사적인 경제기반을 확보하기 위해 그들 자신이 직접 나서거나 대리 상인을 앞세워 이 시기 대원무역을 주도하였다. 이들 특권세력과 대상인층의 대외무역은 금은의 대외 유출과 이에 따른 국가재정의 파탄만이 아니라, 그 주요 수출품을 反同과 같은 강압적인 대민 수탈로 조달함으로써 소농민층의 광범한 몰락을 야기하였다. 더욱이 金銀珠玉과 紗羅綾緞 등 중국산 사치품의 범람은 국내에 사치 풍조의 만연과 신분 질서의 문란을 초래하는 등 각종 사회문제를 낳고 있었으며, 이들 문제는 궁극적으로 농업기반의 와해로 연결되어 중세 국가의 근간을 위협하고 있었다.

따라서 고려 최말기에는 이 같은 대외무역의 번성이 야기하던 여러 사회문제에 대한 捄弊策이 모색되지 않을 수 없었다. 이 시기 고려 정부와 관인층이 모색하던 대외무역 구폐책으로 유교 성리학의 경제이념에 근거한 억말론·억말인식이 대두하는 가운데, 대상인층의 사무역 활동에 대한 통제와 不法禁斷 방침이 거듭 천명되고는 있었으나 그 실효를 거두지는 못하였다. 당대 특권세력의 주요 경제기반이 바로 이 대외무역에 있었던 만큼, 주로 상인들에 초점을 맞춘 대외무역 통제책으로는 소기의 성과를 거둘 수 없었던 까닭이다. 결국 이 시기 대외무역 문제에 대한 국가정책 차원의 조정과 해결 방안은 이제 개창되는 신왕조의 현안으로 이월되었다.

조선 왕조의 개창은 경제정책·상업정책의 측면에서도 일대 政策 轉換의 계기를 마련하였다. 요컨대 그것은 '務本抑末', '利權在上' 論에 근거한 농업 중심의 경제구조 재건이었고, 또한 국가의 경제 전반, 특히 상업과 대외무역에 대한 관장과 통제력을 제고하는 방향이었다. 국초 태조~태종조에 걸쳐 동아시아의 국제 질서가 명과의 '事大', 일본과 야인 등 주변국과의 '交隣' 체제로 설정되면서, 조선 정부의 대외무역정책 또한 이 같은 정치·외교 노선에 부응하여 설정되고 재조정되어 갔다. 우선 조선 정부는 대명무역에서 국가 수요 물자를 공무역의 형태로 조달해 내면서도, 고려말 이래 조선에 각종 사회문제를 초래하고 있던 대중국 사무역에 대한 전면적인 봉쇄와 통제 방침을 천명하고 있었다. 이제 대명 사무역과 밀무역 종사자는 그 首犯이 死罪로 처벌되었고, 이는 상인만이 아니라 관인과 일반 백성들에게도 적용되었다. 고려말 대외무역이 야기하던 사회문제가 주로 대중국 관계에서 출현하였던 만큼 국초 조선 정부의 대중국 사무역 금지 방침은 확고하였고, 이는 《經濟六典》에 각종 禁制 조항으로 규정되었다. 조선 정부의 이 같은 대명 사무역 금지 방침은 당시 중국 明나라가 내세우고 있던 대외무역에 대한 통제, 곧 海禁 정책에 조응하는 것이기도 하였다.

그러나 국초 조선 정부는 중국과 달리 일본이나 북방의 야인 등 이른바 '교린'의 질서로 편성된 주변 국가와의 공·사무역은 국가의 엄격한 통제 하에 허용하고 있었다. 금은을 비롯한 禁物을 거래하는 사무역과 밀무역은 물론 금지되었지만, 이 같은 국가정책 하에서 경상도를 중심으로 한 남해안 일대에서는 대일무역이 왜구 문제의 안정과 더불어 일상으로 전개되었고, 이윽고 태종조에는 부산포와 내이포 두 포구에 倭館을 설치하여 대일 공·사무역의 장소로 제공하기도 하였다. 요컨대 국초 태조에서 태종조에 이르는 시기의 대외무역 정책은 이전 고려 최말기 대외무역의 번성이 불러 오던 각종 사회문제를 그 원천에서 막으면서, 조선 국가가 표방하던 농업 중심의 경제구조를 안착시키기 위해 마련되고 있었다. 따라서 조선 왕조의 개창 이후 체제의 안정이 가시화되자 특권세력의 수요에 기초한 대외무역이 다시 발흥하는 추세였고, 특히 대명무역 분야에서는 양국이 용인하여 오던 使行 私貿易의 형태로 부흥하기 시작하였다.

한편 조선초기의 대외무역정책은 세종조에 이르러 일단의 제도적 정비를 거쳐 재조정되고 있었다. 우선 세종 정부는 대중·대일 관계에서 국초 이래 정치·외교 노선으로 표방해 오던 '사대'와 '교린'의 체계를 경제와 대외무역 부문의 정책에서도 제도적으로 정비하였다. 먼저 중국과의 관계에서는 그간 조선 사회에 큰 부담을 지우던 금은의 歲貢을 토물로 대체시키고 우마의 공무역을 중단시키면서도, 한편으로 서책·약재·수우각 등 국가 수요 물품의 조달을 위해 대중국 공무역을 적절하게 활용하고 있었다. '一年三貢'의 정기 사행만이 아니라 일 년에 수차례에 걸쳐 파견하였던 비정기 사행은, 대명 관계의 안정 목적과 더불어 이 같은 조선 측의 경제적 이해에 따른 조처이기도 하였다. 세종 정부의 대외무역정책은 대일무역 분야에서 더욱 적극성을 띠었다. 授圖書 제도와 書契·行狀·路引 등의 도입을 통해 대마도를 매개로 하는 일본과의 통교 통상 체계를 구축하였을 뿐 아니라, 염포를 추가로 개방하여 기왕의 부산포·내이포와 더불어 이른바 三浦의 倭館을 개설함으로써 대일 공·사무역의 장소로 삼았던 것이다. 또한 세종 25년(1443)에는 대마도와 癸亥約條를 체결함으로써 향후 조선전기 대일 관계와 무역의 기본 章程을 마련하기도 하였다. 이 외에도 세종 정부는 대중·대일무역에 관한 각종 국가적인 규제와 통제 방침을 재조정하여, 기왕의 《경제육전》의 금제 조항에 대한 보완과 정비 작업에도 심혈을 기울였다.

요컨대 세종 정부의 이와 같은 대외무역정책은 국초 이래 조선 정부가 표방하여 왔던 '무본억말', '이권재상'론에 근거한 경제정책과 상업정책을 대외무역 부문에서 일단 최종 정비한 형태였다. 대외무역에 대한 일방적인 禁壓에 정책 목표가 있었던 것이 아니라, 이에 대한 국가의 관장과 통제, 그리고 장악력을 제고함으로써 이전 고려 말기 이래 대외무역의 번성이 야기하였던 각종 사회문제의 재현을 예방하고 농업 중심의 국가 경제구조를 안정시키려는 경제정책이었다. 이를 위해 대외무역에 대한 국가의 통제력 강화는 필수였고, 이는 이 시기 조선 국가가 지향하고 있던 집권적 국가 질서의 수립 방향과도 일치하는 방침이었다.

세종조의 대외무역정책이 이처럼 대외무역에 대한 일방적인 금압이 아니었던 조건 속에서, 이 시기 대외무역은 대중·대일무역을 막론하고 사무역을 중심으로 발전하였다. 이 과정에서 京商을 비롯해 개성·평양·의주·동래 등지에 근거를 둔 대상인들의 대외무역 활동도 전대에 비해 더욱 진전되었다. 억말론에 기초한 조선 정부의 상업정책과 대외무역정책은 이러한 실정과 현실 아래에서 펼쳐진 것이었다.

# 15世紀 後半 對外貿易의 擴大

## 1. 序 言

조선 왕조의 개창 이후 80여 년이 지나 15세기 후반 成宗朝에 접어들면서, 국내 상업은 국초의 抑末政策 기조가 견지되는 가운데서도 각 영역에서 다양한 변화의 양상을 노정하고 있었다. 성종 3년 (1472) 市廛區域의 확대와 同 16년(1485)의 전면적인 市廛再編 조처,[1] 성종초 전라도 일대에서 처음 출현하여 이내 전국으로 확산되고 있던 농민적 교역기구로서 場市의 등장,[2] 이 같은 교환경제의 성장에 부응하는 기준통화로서 '升麤尺短'의 면포인 麤布가 널리 유통되기 시작하던 화폐유통의 실정[3] 등이 그와 같은 양상의 일단이었다.

1) 朴平植, 〈朝鮮前期 市廛의 發展과 市役 增大〉, 《歷史敎育》 60, 1996〔《朝鮮前期商業史硏究》(지식산업사, 1999)에 수록〕.

2) 李景植, 〈16世紀 場市의 成立과 그 基盤〉, 《韓國史硏究》 57, 1987〔《朝鮮前期土地制度硏究》Ⅱ(지식산업사, 1998)에 수록〕.

3) 朴平植, 〈朝鮮前期의 麤布流通과 貨幣經濟〉, 《歷史學報》 234, 2017(本書 Ⅱ부 제3논문).

한편 이와 달리 대외무역 부문에서는 국초와 다른 변동의 모습을 이제까지 주로 16세기사의 새로운 현상으로 강조하는 연구가 진행되어 왔다. 일본산 銀의 대거 유입 이후, 이를 매개로 대중 사무역이 성행해 간 역사상에 대한 여러 연구 성과들이 그 결과물들이었다.[4] 그러나 衣食住 전반에 걸친 奢侈 風潮의 만연, 특히 중국산 사치품의 수입과 유통을 둘러싼 논란, 이들 현상과 연관된 사대부 관인층의 殖貨 행태, 富商大賈들의 국내외를 망라한 교역과 致富 활동 등은 기왕의 이해와 달리 燕山朝 이전 성종조부터 이미 본격화되고 있던 사회문제였다.

본고는 이상과 같은 연구사의 도정 위에서, 15세기 후반 성종~연산조 시기 대외무역 확대의 구체적인 실태와 그 기반을 규명하여 보고자 한다. 이를 통해 16세기에 은을 중심으로 형성되고 있던 東아시아 교역 체계의 국내적 배경을 해명하고, 나아가 이 시기 국내 상업의 발달과 대외무역의 변동 사이의 연계와 조응의 실정을 분석함으로써 조선전기 대외무역과 국내 상업의 발전을 계기적이고 체계적으로 이해하려는 노력의 일환이 되는 연구이다.

---

4) 韓相權, 〈16世紀 對中國 私貿易의 展開 - 銀貿易을 중심으로〉, 《金哲埈博士 華甲紀念史學論叢》, 知識産業社, 1983 ; 李泰鎭, 〈16세기 東아시아의 경제 변동과 정치·사회적 동향〉, 《朝鮮儒教社會史論》, 지식산업사, 1989 ; 이태진, 〈16세기 국제교역의 발달과 서울상업의 성쇠〉, 《서울상업사》, 태학사, 2000 ; 具都暎, 〈朝鮮 中宗朝 對明貿易 研究〉, 경희대학교 박사학위논문, 2013.

## 2. 對中貿易의 發達과 主導層

　　국초 이래 조선 국가는 '務本抑末'의 경제정책의 이념을 천명하며 '抑末', '抑商'의 기치 아래 상업에 대한 국가의 管掌과 통제를 강화시켜 나갔다. 이 같은 국가 방침에 따라 이 시기 對中貿易에서는 진헌과 하사 형식의 공무역과 함께 조선의 赴京使行과 明나라 사신의 朝鮮使行에 수반하는 관행적인 使行 私貿易을 제외한 사무역과 밀무역이 전면 금지되고 있었다.[5] 아울러 거의 유일한 합법적 사무역 공간이었던 이 부경 사행의 사무역과 관련하여서도 사행단의 商人帶同 금지, 通事들의 소지물 사무역 규제 등의 조처가 《經濟六典》의 법전에 규정되고, 또한 수시로 부경 사행의 감찰 강화 방침이 반복되면서 국가의 대중국 사무역 통제정책의 실효를 기도해 가고 있었다.[6]

　　그러나 국초 이래 추진되고 있던 이 같은 국가의 강력한 대중국 사무역 단속 방침에도 불구하고, 세종조 이후 15세기 중반에도 부경 사행을 활용한 불법적인 사무역은 지속되었다. 상인을 家奴로 冒稱하여 데리고 가거나[7] 호송군을 이용한 사무역 행태,[8] 官人과 연계된 통사들의 사무역 문제[9] 등이 여전히 논란되고 있었던 것이다.

5）全海宗, 《韓中關係史硏究》, 一潮閣, 1970 ; 김한규, 《한중관계사》Ⅱ, 민음사, 1999 ; 朴平植, 〈朝鮮初期의 對外貿易政策〉, 《韓國史硏究》125, 2004(本書 Ⅰ부 제1논문).

6）朴平植, 앞의 〈朝鮮初期의 對外貿易政策〉.

7）《文宗實錄》卷4, 文宗 卽位年 10月 甲申, 6冊, 374~375쪽 ; 《文宗實錄》卷4, 文宗 卽位年 11月 丙辰, 6冊, 317쪽.

8）《文宗實錄》卷7, 文宗 元年 4月 甲午·丁酉, 6冊, 380쪽 ; 《睿宗實錄》卷4, 睿宗 元年 閏2月 己卯, 8冊, 344쪽.

15세기 후반 성종조에 들어 이 같은 부경 사행을 활용한 사무역 활동은 다양한 무역 주체들에 의해 한층 더 심화되어 가는 추세였다.

성종조 부경 사행을 이용한 사무역의 先驅는 譯官, 곧 通事들이었다. 성종 5년(1474) 8월 대사헌 李恕長은 일찍이 통사로서 사무역 前歷이 있는 張有誠이 다시 漢語質正官으로 파견되자 그 改差를 건의하고 나섰다. 이 자리에서 영사 洪允成은, 그가 "販物興利"를 일삼으며 明의 市肆에서 직접 무역한 행위를 중국의 序班과 牙子들이 모두 共知하고 사대부들에게 賤視받았던 사정을 또한 국왕에게 전하였다.10)

그런데 이 장유성은 그 후 성종 14년(1483)에 다시 正朝使行의 副使로 파견이 결정되어 조정 대신들의 격렬한 반대가 再起되었다. 특히 李德良은 그를 두고 "본시 통사로서 중국을 왕래하며 무역에 치중한 者라 明나라 사람들이 모두 그를 지목하고 있는데, 하루아침에 부사로 오면 저들이 반드시 크게 놀라 조선 조정에 사람이 없다고 여길 것이다."라며 그의 正朝 副使 파견에 반대하고 나섰다.11) 사간원 대사헌 朴繼姓 등도 또한 역관인 장유성을 일러, '興販取利', '興販窺利'를 본디 業으로 삼고 있는 자로 규정하였을 정도였다.12) 성종조에 들어 역관이 使行의 기회를 활용하여 벌이는 사무역은 이들 자신의 거래이든, 혹은 여타 관인이나 상인들과 연계하여 벌인 代行의 무역이든지를 막론하고 이들의 적극적인 商活動에 힘입어 이만큼 성행하고 있었다.

---

9) 《端宗實錄》卷1, 端宗 卽位年 6月 辛未, 6冊, 510쪽 ; 《端宗實錄》卷14, 端宗 3年 6月 甲申·乙未, 7冊, 41쪽.

10) 《成宗實錄》卷46, 成宗 5年 8月 壬子, 9冊, 143쪽.

11) 《成宗實錄》卷158, 成宗 14年 9月 甲辰, 10冊, 517쪽.

12) 《成宗實錄》卷158, 成宗 14年 9月 庚子, 10冊, 512~513쪽.

한편 사행의 통사들에게 大臣을 비롯한 관인들이 청탁하여 벌이는 사무역 행태 또한 前代에 이어 계속되고 있었다. 성종 8년(1477) 4월에는 우의정 등 大臣 13인이 통사 趙崇孫을 통해 벌인 사무역에 대해 국왕이 미온적으로 대처한 것이 거듭 논란이 되었다.[13] 이 과정에서 掌令 李瓊仝은 이 같은 대신들의 사무역 행태가 당대 奢侈 풍조의 만연에 따른 결과라며, "(이처럼) 재상들이 왕실에 비기고, 또한 백성들이 이들 재상가를 따라 하는" 사회적 풍토 속에서 대중국 사무역이 더욱 熾盛할 수밖에 없음을 호소하고 나섰다.[14]

그런데 성종조에 들어서는 이제 대신을 포함하여 부경 사행에 나선 관인층이 이들 사무역에 직접 나서고 있어 더욱 논란이 커졌다. 성종 13년(1482) 윤8월 書狀官으로서 벌인 '親行買賣' 행위를 《실록》의 史臣이 문제 삼았던 鄭孝終,[15] 同 16년(1485) 12월 역시 史臣이 과거 그가 사행에서 벌인 珠玉과 綾緞 등 사치품 무역 행태를 特記하였던 蔡壽 등이 그 대표적인 사례였다.[16]

赴京 관인들은 또한 그들의 使行 사무역을 적극 수행하기 위해 富商大賈로 지칭되는 대상인들을 家奴나 軍官 신분으로 위장하여 동행시켰다. 성종 15년(1484) 3월 市井의 大賈였던 家奴 多佛을 대동하여 사무역을 벌인 재상 李繼孫을 필두로 하여,[17] 국초

---

13) 이때 특히 사간원에서는 통사들을 관장하는 司譯院의 提調로서 사무역을 청탁한 우찬성 徐居正을 더욱 크게 문제 삼았다(《成宗實錄》卷79, 成宗 8年 4月 甲寅·乙卯, 9冊, 449쪽 ;《成宗實錄》卷79, 成宗 8年 4月 丙辰, 9冊, 450쪽 ;《成宗實錄》卷79, 成宗 8年 4月 辛酉, 9冊, 453쪽).

14)《成宗實錄》卷79, 成宗 8年 4月 壬戌, 9冊, 453~454쪽.

15)《成宗實錄》卷145, 成宗 13年 閏8月 丁丑, 10冊, 383쪽.

16)《成宗實錄》卷186, 成宗 16年 12月 壬寅, 11冊, 84쪽.

17)《成宗實錄》卷164, 成宗 15年 3月 癸丑, 10冊, 581쪽 ;《成宗實錄》卷164, 成宗 15年 3月 丙辰, 10冊, 582쪽 ;《成宗實錄》卷165, 成宗 15年 4月 癸酉,

이래의 국가 禁令이 엄존함에도 불구하고 이 시기 부경 사신들의
부상대고와 결탁을 통한 사무역은 지속되면서 점차 그 규모를 확대
하고 있었다.

성종 22년(1491) 3월 司譯院正 康繼祖의 상소는 당대 부경 사
신과 역관, 그리고 부상대고들이 수행하고 있던 사무역의 실태를 매
우 구체적이고 적나라하게 보여 주고 있어 주목된다.18) 그에 따르면
부상대고들과 결탁한 사행 사신들의 사무역 규모가 점차 커져 大行
次의 경우 규정 밖의 品外布子가 거의 1백여 同(5천여 필)에 이르
고, 小行次의 경우라도 그 규모가 80~90동 밑으로 내려가지 않으
며, 이 포들이 모두 紗羅綾緞이나 이익이 컸던 白鐵·綠礬 등으로
무역 되는 실태를 전하고 있었다.

또한 그는 이 같은 행태를 벌인 사행 관인과 상인들을 구체적으
로 거명하여 고발하였는데, 그 내역을 〈표〉로 정리하면 다음과 같다.

〈表 1〉 使行 官人의 富商大賈 帶同 赴京 사례 (성종 22, 1491)

| 官人 | 尹 甫 | 韓 償 | 林繼昌 | 李秉正 | 李長生,<br>孫 潛 | 李 睦 |
|---|---|---|---|---|---|---|
| 富商大賈 | 高貴之,<br>秦甫崇 | 秦伯崇 | 朴哲山 | 羅卜中 | 末 同 | 金毛知里,<br>檢 同 |

아울러 강계조는 이처럼 부상대고를 가노 또는 군관으로 冒稱,
대동하여 사무역을 일삼던 赴京 사신들이, 지성으로 事大의 業에
종사하는 역관인 자신들을 마치 노예처럼 부리며 그들의 사무역 활
동에 강제 동원하는 실태도 호소했다.19) 이 부경 사무역의 또 다른

---

10冊, 585쪽.

18)《成宗實錄》卷251, 成宗 22年 3月 乙巳, 12冊, 6~7쪽.

주체가 이들 역관이었음을 고려하면 위 강계조의 상소 내용을 액면 그대로 取信할 수는 없겠으나, 부경 사신과 부상대고들이 이 시기 사행 사무역의 中心軸에 서서 활약하던 실정은 충분히 확인된다 하겠다. 이들 통사들의 사무역 활동 탓에 정작 국가의 公貿易에 지장이 초래된다는 당대의 보고 역시,[20] 그들 자신의 사무역 외에 이처럼 부경 사신들의 사무역에 내몰린 역관층의 처지에서 비롯된 상황이었을 것으로 짐작된다.

이 시기 명나라는 조선과의 변경 및 사행 사무역 부문에 우대 조처를 시행하고 있었다. 예컨대 의주와 인접한 요동에서 이루어진 조·명 사이의 교역을 防禁하지 않았으며,[21] 다른 나라 사행단의 북경 會同館 밖 사무역을 5일에 한 차례 인정하는 규정에도 불구하고 조선 사행단에게는 琉球와 더불어 禮義를 아는 국가라는 명분을 내세워 자유로운 출입과 사무역을 허용하고 있었다.[22] 그런데 성종조 이후 이처럼 역관과 사행 관인, 그리고 이들과 연계된 부상대고들의 사행 사무역이 확대되어 가자, 이 문제에 대한 중국의 인식과

---

19) 이때 강계조는 과거 使行에서 正使와 副使가 통사들에게 매질을 한 사례까지 고발하였는데, 이 또한 사행 관인들의 사무역과 관련된 행태였을 것이다(《成宗實錄》 卷253, 成宗 22年 5月 甲午, 12冊, 39~40쪽).

20) 《成宗實錄》 卷265, 成宗 23年 5月 癸未, 12冊, 180쪽 ; 《燕山君日記》 卷54, 燕山君 10年 7月 乙未, 13冊, 643쪽.

21) 《成宗實錄》 卷278, 成宗 24年 閏5月 庚戌, 12冊, 334~335쪽.

22) 《燕山君日記》 卷40, 燕山君 7年 3月 丙子, 13冊, 442쪽.
　　한편 회동관 내에서 이루어지는 開市貿易의 경우에도, 다른 나라 사신은 3~5일 동안 하되 조선과 유구는 이 개시일을 제한하지 않는 것으로 규정되어 있었다(《大明會典》 卷108, 禮部66, 朝貢4, 朝貢通例). 16세기의 대명무역을 다루고는 있지만, 중국이 조선에 대해 시행하고 있던 예외적인 무역 우대 조처에 대해서는 구도영, 〈16세기 對明私貿易의 정책 방향과 굴레－中宗代 明의 '조선사행단 출입제한 조치'를 중심으로〉, 《朝鮮時代史學報》 62, 2012 참조.

대처에 변화가 일었다.

　그리하여 조선 사행단의 '專爲興販' 행태를 매우 鄙野하게 여기는 한편,[23] 조선 사행단이 늘 부상대고들을 대동하여 무역 과정에서 각종 詐術을 부리는 실정을 문제 삼기 시작하였다.[24] 성종 16년 (1485) 12월 《실록》의 史臣은, 당시 사신으로 와 명나라의 사치품 무역에 골몰하였던 조선의 蔡壽와 李陸을 두고 "이 재상들은 (이익을 위해서) 마치 湖州의 (그 얇은) 실(絲)이라도 쪼갤 만한 사람들이다."[25]라고 하며, 이들이 무역 과정에서 조그마한 이익에도 집착하던 경향을 질타한 중국인들의 평가를 特記하였다. 이제 조선 사행단의 부경 사무역이 조선 조정만이 아니라 명나라 내에서도 그에 따른 폐해가 본격 논의되는 시점에 이르렀던 것이다.

　성종조 이후 대중국 사무역은 조선 사행의 赴京 과정만이 아니라, 명나라 사신단의 조선 使行 과정에서도 이루어졌으며, 그 규모 또한 확대되고 있었다. 조선의 부경 사행에 비해 그 횟수가 많지는 않았지만 조선을 왕래하는 명 사신단의 일행에는 頭目이라 부르는 상인들이 다수 포함되어 있었고, 성종 14년(1483)에 온 명나라 上使의 표현처럼 이들이 '千山萬水'를 건너 辛苦를 무릅쓰고 조선에 오는 까닭은 '尺寸'의 이익이라도 얻기 위함이었다.[26] 이들 중 일부는 본 사행보다 먼저 조선에 입국하여 沿路에서 사무역을 벌이기도 하였으나,[27] 주로 도성의 太平館에서 조선 상인들과 정부의 묵인 하

---

23) 《成宗實錄》 卷264, 成宗 23年 4月 己未, 12冊, 171쪽.

24) 《成宗實錄》 卷265, 成宗 23年 5月 丙子, 12冊, 176쪽 ; 《燕山君日記》 卷5, 燕山君 元年 5月 庚戌, 12冊, 678쪽.

25) 《成宗實錄》 卷186, 成宗 16年 12月 壬寅, 11冊, 84쪽.

26) 《成宗實錄》 卷157, 成宗 14年 8月 庚辰, 10冊, 503쪽.

27) 《成宗實錄》 卷190, 成宗 17年 4月 丙子, 11冊, 117쪽.

에 사무역을 행하고 있었다. 성종 11년(1480) 5월 그 폐단을 들어 태평관에서 명나라 사신단과의 사무역을 금지하는 榜을 붙였다가 明使의 항의를 받고 담당 관원을 처벌하고 이내 사무역을 허용하였던 것도 이 명사를 수행한 두목들에게서 비롯된 사태였다.[28]

그런데 성종조에 들어 이 명나라의 조선 사행이 가지고 오는 櫃와 수행 두목들의 숫자가 국초에 비해 현저히 증대하였다. 국초 세종조에 明使로서 그 탐욕이 크게 문제 되었던 昌盛이 가져온 궤가 1백여 개,[29] 또한 이듬해에 와 각종 사무역 품목으로 가득 채워 돌아간 尹鳳의 궤가 2백여 개,[30] 그리고 문종 즉위년(1450) 명 사신단이 소지했던 궤가 2백여 개였던 데 비해[31] 성종 14년(1483)의 명 사행은 대동하고 온 두목이 41명, 가지고 온 궤의 숫자는 무려 4백여 개에 이르렀다.[32] 이들 성종조에 온 명사 일행의 求請物과 무역 물품은 人蔘을 비롯하여 다양하였으나, 특히 일본 상인을 통해 공급되고 있던 南方産 胡椒와 蘇木 등이 다수 포함되어 있는 점도 흥미롭다.

세조조 이래 조선에 온 明使들은 호초와 소목 등을 각종 布類·皮類·인삼 등과 더불어 주된 무역 품목으로 요구했다.[33] 국내 수요뿐만 아니라 이 같은 명사의 요구 때문에 성종 14년(1483) 조선 정부는 이들 남방산 물품, 특히 호초·丹木·丁香·檳榔과 같은 약재와

---

28) 《成宗實錄》 卷117, 成宗 11年 5月 己酉, 10冊, 134쪽.
29) 《世宗實錄》 卷41, 世宗 10年 8月 丙戌, 3冊, 140쪽.
30) 《世宗實錄》 卷45, 世宗 11年 7月 庚申, 3冊, 189쪽.
31) 《文宗實錄》 卷2, 文宗 卽位年 6月 己丑, 6冊, 245쪽.
32) 《成宗實錄》 卷155, 成宗 14年 6月 乙亥, 10冊, 471쪽.
33) 《世祖實錄》 卷4, 世祖 2年 正月 甲戌, 7冊, 130쪽 ; 《成宗實錄》 卷118, 成宗 11年 6月 庚戌, 10冊, 135쪽 ; 《成宗實錄》 卷157, 成宗 14年 8月 庚辰, 10冊, 503쪽.

향료의 種子 확보를 일본국 사신에게 요청하기도 하였고, 대마도주가
이를 빌미로 조선에서 사용하지 않는 銅錢 1만~2만 緡을 청구하기
도 하였다.[34] 이처럼 명나라 사행의 남방산 물품, 그중 특히 호초에
대한 무역 요구가 계속되자 성종 정부는 민간 사무역에 덧붙여 國用
에 여유가 있던 이 호초의 공무역을 명사에 제안하기도 하였다.[35]

    명 사신의 요청에 의해 조선에서 이루어지던 이 같은 남방산 호
초 무역은, 이후 성종 25년(1494) 5월에 이르면 대명 사무역이 최근
주로 銀과 호초를 이용해 이루어진다는 분석이 나올 정도로 활발해
졌다.[36] 이제 조선 국내가 아니라, 부경 사행을 비롯한 대중국 사무
역에서 휴대가 간편하고 가치가 높았던 남방산 호초가 널리 활용되
고 있었으며, 조선 정부 또한 일본으로부터 호초를 안정적으로 확보
하기 위해 민간의 사무역을 금지하고 공무역으로 제한하는 조처를
취하기까지 하였다.[37]

---

34) 《成宗實錄》 卷151, 成宗 14年 2月 甲申, 10冊, 435쪽 ; 《成宗實錄》 卷152,
  成宗 14年 3月 丙申, 10冊, 437쪽.
    조선의 이 같은 일본을 통한 胡椒 種子 확보 노력은 이후에도 大內殿, 對馬島
  主, 小二殿 등의 倭使에게 부탁하는 형식으로 계속되었다. 조선 정부는 '좋은 종
  자로 生植이 가능한' 것을 왜인에게 요구하였는데, 南蠻人들이 이 호초 종자를
  삶아서 팔고 있으므로 결국은 쓸모없을 것이라는 대마도인의 견해에도 불구하고
  鬱症에 효험이 있다 하여 그 재배를 민간에 널리 보급하려는 목적임을 밝히고 있
  다(《成宗實錄》 卷185, 成宗 16年 11月 戊午, 11冊, 73쪽 ; 《成宗實錄》 卷190, 成
  宗 17年 4月 癸未, 11冊, 118쪽). 藥用으로서 호초의 緊切한 效用 때문이었고
  (《成宗實錄》 卷289, 成宗 25年 4月 丙寅, 12冊, 502쪽), 이는 다시 중국과 일본을
  잇는 조선 상인들의 호초 中繼貿易의 주된 배경이 되었다.
35) 《成宗實錄》 卷157, 成宗 14年 8月 辛巳, 10冊, 503쪽 ; 《成宗實錄》 卷157,
  成宗 14年 8月 壬午, 10冊, 504쪽.
36) 《成宗實錄》 卷290, 成宗 25年 5月 甲辰, 12冊, 533쪽.
37) 《成宗實錄》 卷292, 成宗 25年 7月 甲辰, 12冊, 562쪽.

연산군 2년(1496) 11월에 이르러서는 마침내 부경 사행의 호초 齎去가 금지되기에 이르렀다.[38] 대중국 사무역에서 이익의 규모가 컸던 호초의 中繼貿易을 국가 차원에서 금지한 조처였으나, 그만큼 이 시기 일본 상인들이 공급하는 남방산 물품을 조선 상인들이 대중국 무역에서 큰 이익을 남기는 무역품으로 다시 활용하던, 곧 일본 – 조선 – 명을 잇는 중계무역의 한 사례를 보여 주는 것이라 하겠다.

한편 義州를 중심으로 조선의 국경 지역에서 중국의 遼東 지방과 벌이던 邊境 사무역은 그 자체가 국초 이래 불법이었지만, 15세기 중반에도 여기에 종사하는 자들이 '頗多'하다고 일컬어질 정도로 계속되고 있었다.[39] 15세기 후반에 들어서도 이 같은 변경 사무역은 의주·渭源 등 변경지방의 수령과 백성들에 의해 지속되었다.[40] 성종 24년(1493) 4월 조정의 논의에 따르면, 이 같은 변경 사무역은 朝·明 양국의 물품 가격차로 인해 조성된 것이었다. 예컨대 당시 명나라 요동에서 선호하던 조선산 암말[牝馬]은 조선의 국내 가격이 면포 5~6필에 불과하나, 사행의 호송인으로 따라온 明人과 緞 1필에 거래할 수 있어 그 이익이 倍에 이르고 있었다.[41]

이런 형편에서 국경 지역에 거주하며 명의 사정에 밝은 조선 백성들과 상인들이 요동에서 벌이는 사무역, 곧 불법 밀무역은 杖 1백에 徒 3년, 重者는 絞刑에 처하고 그 興販物을 모두 沒官하는 《경국대전》의 규정에다, 덧붙여 赦免令을 여기에 적용하지 않는다는

38) 《燕山君日記》 卷20, 燕山君 2年 11月 癸酉, 13冊, 166쪽.

39) 《文宗實錄》 卷8, 文宗 元年 7月 乙丑, 6冊, 415쪽.

40) 《成宗實錄》 卷1, 成宗 卽位年 12月 甲子, 8冊, 446쪽 ; 《燕山君日記》 卷10, 燕山君 元年 11月 甲午, 13冊, 45쪽 ; 《燕山君日記》 卷59, 燕山君 11年 9月 乙巳, 14冊, 21쪽.

41) 《成宗實錄》 卷276, 成宗 24年 4月 丁未, 12冊, 297쪽.

加重 처벌 규정에도 불구하고 조선 말(馬)과 명의 紗羅綾緞을 중심 품목으로 하여 지속되고 있었다.[42]

그런데 성종조 후반, 15세기 최말기에 이르러서는 이들 변경 사무역 외에도 전에 없던 海上 密貿易의 사례가 적발되면서 조정의 심각한 논의 대상이 되었다. 성종 23년(1492) 6월 의주목사 元仲秬의 보고에 따르면, 조개(蜆) 잡이를 목적으로 의주를 출발했다가 명나라 요동 연안으로 표류했다고 하는 조선 선박 2척과 선인 11명의 명단을 그해 2월 遼東都司가 咨文으로 통지해 왔었다. 그런데 이 배들이 애초 5달 전에 5척 규모로 의주를 출발했던 사정, 배가 명나라 金州 연안에서 중국 관인들에게 적발되었을 때 漢語를 잘 아는 조선인이 탑승하고 있었던 사정, 또 예전에도 황해도 豊川人들이 이처럼 배를 타고 요동 일대를 횡행하다가 명나라 관인에게 적발되어 통지된 사례에 비추어 이들 또한 의주인이 아닐 수 있으므로 그 행적을 황해·평안도에 下書하여 수소문할 것을 건의하는 의주목사의 견해 등등을 고려하여 볼 때,[43] 이들은 모두 당대 海上을 통해 중국과 밀무역을 진행하던 船商團의 일원이었을 것으로 판단된다.

이 사건이 문제 된 지 두 달 후, 이번에는 선전관 辛殷尹이 자신의 婢夫인 宋田生과 그의 무리 高益堅을 명나라 관내 海浪島를 왕래한 혐의로 고발하는 사건이 발생하였다.[44] 이때 의금부에서 이루어진 推覈에 따르면, 이 섬에는 다수의 조선인이 명나라 사람들과 섞여 살고 있었고, 그 위치가 황해도 長淵에서 배로 8일 거리의 명나라 요동에 소재하는 섬으로 추정되면서, 조선 정부는 이 내역을

---

42)《成宗實錄》卷278, 成宗 24年 閏5月 庚戌, 12冊, 334~335쪽.

43)《成宗實錄》卷266, 成宗 23年 6月 己酉, 12冊, 191쪽.

44)《成宗實錄》卷268, 成宗 23年 8月 壬寅, 12冊, 210쪽.

명의 요동에 移咨하기로 결정하였다.[45] 그리고 이듬해(성종 24, 1493) 정월 조정에서 우의정 許琮이 水牛 포획을 목적으로 몰래 이 해랑도를 왕래하는 자들에 대한 금지를 건의하고,[46] 이내 絞刑의 出外境罪 처벌 방침이 확정되고 있었다.[47]

조정의 이 같은 금령에도 불구하고 성종 25년(1494) 10월에는 양인 張仿叱同 등이 몰래 해랑도에 들어가 水牛脯 2,070帖, 皮 101張, 그리고 穀 80碩을 무역한 사건이 적발되어 '減死'의 刑을 받았다.[48] 그 다음 달에도 또 이 해랑도에 몰래 가서 水牛와 皮肉을 싣고 온 金自松 등이 적발되어, 그보다 앞서 같은 혐의로 체포된 金飛羅 등과 마찬가지로 '減死'의 형으로 처벌되었다.[49] 요컨대 성종조 최말기에 이르러 평안·황해도 일대의 연안 지역에서 출발하여 명나라 요동 연안 일대를 몰래 왕래하며 해상무역, 곧 밀무역에 종사하는 선상들이 급증하고 있었으며, 그 중심에 조선인들이 移居하기까지 하였던 요동의 해랑도가 있었던 것이다.

결국 조선 정부는 이후 연산군 6년(1500), 명나라의 동의 아래 이 해랑도에 招撫使 田霖을 파견하여 여기에 거주하고 있던 조선인 3천 명과 다수의 중국인을 刷還시키고, 이들 明人들은 다시 중국으로 송환시켰다.[50] 그러나 이 같은 조선 정부의 금령과 쇄환 조처

---

45) 《成宗實錄》 卷268, 成宗 23年 8月 戊申, 12冊, 214쪽.
  실제 이 해랑도는 명나라 요동의 金州衛 동남쪽에 위치하고, 금주위로부터도 약 1백여 킬로미터 이상 떨어져 있는 섬이다(서인범, 〈조선시대 서해 북단 해역의 경계와 島嶼 문제 – 海浪島와 薪島를 중심으로〉, 《明淸史硏究》 36, 2011).
46) 《成宗實錄》 卷273, 成宗 24年 正月 戊寅, 12冊, 269쪽.
47) 《成宗實錄》 卷273, 成宗 24年 正月 乙未, 12冊, 271쪽.
48) 《成宗實錄》 卷295, 成宗 25年 10月 壬申, 12冊, 592쪽.
49) 《成宗實錄》 卷296, 成宗 25年 11月 丙申, 12冊, 601쪽.
50) 《燕山君日記》 卷31, 燕山君 4年 12月 癸卯, 13冊, 337쪽 ; 《燕山君日記》

에도 불구하고 이후 16세기에 들어서 이 해랑도를 비롯한 중국과의
해상무역은 더욱 확산 一路에 있었다.51)

이처럼 대중국 사무역이 使行 사무역을 중심으로, 그리고 邊境
일대와 海上을 통한 불법 밀무역의 형태로 성종조 이후 확대를 지
속해 갈 즈음, 정부 주도의 공무역 분야 또한 특히 연산조에 들어
그 무역액이 크게 증대하고 있었다. 주로 서책과 약재, 왕실 의례용
품, 그리고 군수용 水牛角 등으로 구성되었던 전통적인 품목은, 연
산조에 들어 국왕의 사치 향락 행태와 맞물려 龍眼·荔支·生梨·柑
子 등 不緊 물품과,52) 眞珠·孔雀羽·大珊瑚·白玉과 같은 사치 戲
玩物에 이르기까지 暴增의 양상으로 늘어 가고 있었다.53)

연산군 4년(1498)에 이르러 벌써 이 같은 대중국 공무역 액수는
면포로 4만 3천여 필에 이르렀고,54) 그 이듬해(연산군 5, 1499)에도
苧麻布로 총 3천 7백여 필, 면포로 환산하여 1만 8천 6백여 필에
이르는 공무역 양이 보고되고 있을 정도였다.55) 이후 연산군의 행태
가 荒淫無道로 치달으면서 이 같은 唐物貿易, 곧 대중국 공무역액
이 더욱 늘어 갔음은 물론이다.56)

---

卷37, 燕山君 6年 3月 壬申, 13冊, 406쪽 ;《燕山君日記》卷37, 燕山君 6年 4月
丙戌, 13冊, 408쪽 ;《燕山君日記》卷38, 燕山君 6年 6月 庚戌, 13冊, 418쪽 ;
《燕山君日記》卷38, 燕山君 6年 7月 己未, 13冊, 418쪽 ;《燕山君日記》卷38,
燕山君 6年 7月 辛酉, 13冊, 419쪽.

51) 구도영, 〈16세기 조선 對明 불법무역의 확대와 그 의의〉,《韓國史硏究》170,
2015.

52)《燕山君日記》卷18, 燕山君 2年 9月 癸丑, 13冊, 142쪽.

53)《燕山君日記》卷29, 燕山君 4年 6月 丙子, 13冊, 313쪽 ;《燕山君日記》卷45,
燕山君 8年 7月 丙子, 13冊, 503쪽.

54)《燕山君日記》卷29, 燕山君 4年 6月 丙子, 13冊, 313쪽.

55)《燕山君日記》卷32, 燕山君 5年 3月 丙戌, 13冊, 354쪽.

56)《燕山君日記》卷62, 燕山君 12年 6月 己巳, 14冊, 56쪽.

한편 성종조 이후에는 對野人무역 부문에서도 그 확대 양상이 두드러지고 있었다. 15세기 중반 세조조에 군수용으로의 전환을 우려하여 내려진 鍮·鐵器, 水鐵農器類의 야인 사무역 금지 방침 아래에서 '潛輸買賣者 有之'[57]의 형세로 보고되고 있던 야인과의 互市는, 성종 5년(1474) 11월에 이르면 벌써 牛馬·鐵物의 호시를 위해 穩城과 慶源 등지를 찾아오는 兀狄哈 등 야인들의 행차가 "오고 가는 것이 잦아 끊이지 않는〔絡繹不絶〕" 형국이라고 묘사되었다.[58] 이 야인과의 사무역 증대의 주요 계기가 6鎭 지역 공물용 貂鼠皮의 거의 대부분이 이들로부터 조달되던 사정에서 마련되고 있음을 성종 정부도 일찍이 파악하고 있었다.[59]

여기에 덧붙여 이 시기부터 본격화하고 있던 조선 사회의 奢侈 풍조는 특히 貂皮 耳掩과 貂裘 등 관인과 그들의 부녀자층을 중심으로 兩界産 초피의 대량 수요를 낳았다. 그 결과 이들 품목의 확보를 위해 상인〔謀利者〕들이 "雲集北道"[60]하여 "輻輳牟利"[61]하는 형세가 펼쳐졌고, 이 과정에서 국초 이래 천명되어 왔던 우마·철물류의 야인 사무역 금지 방침은 형해화되고 있었다. 특히 이 야인 사무역과 관련하여서는 상인들이 그 불법 밀무역에 따른 이익을 노려 5진을 비롯한 변방의 軍官職에 진출하여 이른바 '興利軍官'으로 지칭되던 형편이나,[62] 도성의 京商들이 北鎭에서 야인의

57)《世祖實錄》卷31, 世祖 9年 8月 甲午, 7冊, 585쪽.
58)《成宗實錄》卷49, 成宗 5年 11月 辛巳, 9冊, 168쪽.
59)《成宗實錄》卷48, 成宗 5年 10月 庚戌, 9冊, 160~161쪽 ;《成宗實錄》卷50, 成宗 5年 12月 乙巳, 9冊, 174쪽.
60)《成宗實錄》卷57, 成宗 6年 7月 辛酉, 9冊, 242쪽.
61)《成宗實錄》卷57, 成宗 6年 7月 甲子, 9冊, 243쪽.
62)《成宗實錄》卷192, 成宗 17年 6月 癸卯, 11冊, 131쪽 ;《燕山君日記》卷52, 燕山君 10年 正月 丙戌, 13冊, 590쪽.

초서피를 대거 무역해 오는 것을 막기 위해 이 지역에 關門을 세워 통제하자는 방안까지 논의되고 있던 상황에서 볼 수 있듯이,[63] 15세기 후반에 들어 이제 야인 사무역은 가히 폭발적인 증대 양상을 보이고 있었다.

성종조 이후 이와 같이 더욱 확대되고 있던 대중국 사무역, 특히 규모가 큰 使行 사무역을 주도하였던 사람들은 우선 사행에 여러 차례 참여하고, 특히 중국 측 사정에 밝을 수밖에 없었던 通事, 곧 역관층이었다. 앞서 소개한 바와 같이, 성종 5년(1474)과 14년(1483)에 거푸 그 사무역 행태가 조정에서 논란이 되었던 張有誠이 그 대표적인 인물이었고,[64] 때로 이들이 사무역에 치중한 탓에 정작 정부로부터 부여받은 공무역을 제대로 수행하지 못하여 그 처벌이 논란되기도 하였다.[65] 여기에 덧붙여 正使·副使를 포함한 赴京使行團의 관인들 또한 직접, 또는 역관이나 대동 상인들을 통해 사무역에 적극 참여하고 있었다.[66]

한편 성종조 이후 赴京 사행 사무역을 포함하여 각종 불법 밀무역을 통해 대중국 무역을 실제적으로 주도하고 있던 계층은 상인들, 그중에서도 京中의 富商大賈들이었다. 성종초만 해도 부상들의 대중국 사무역 행위는 역관층에 청탁하여 부경하는 이들 통사들에게 麻布와 같은 무역 물품을 맡겨 사무역을 代行시키는 간접적인 방법이 일반적이었다.[67] 그런데 성종조 중반 이후, 이제 市井의 大賈로

---

63) 《燕山君日記》 卷29, 燕山君 4年 4月 癸未, 13冊, 308쪽 ; 《燕山君日記》 卷29, 燕山君 4年 4月 丙戌, 13冊, 309쪽 ; 《燕山君日記》 卷47, 燕山君 8年 12月 癸卯, 13冊, 532쪽.

64) 앞의 주 10, 11, 12 참조.

65) 《燕山君日記》 卷54, 燕山君 10年 7月 乙未, 13冊, 643쪽.

66) 주 18과 앞의 〈表 1〉 참조.

지칭되는 부상대고들의 赴京을 통한 북경에서의 사무역 활동이 본격화되었다. 성종 15년(1484) 3월 재상 李繼孫이 부상대고를 家奴로 대동하여 벌인 사무역이 크게 논란이 되었을 때,[68] 부경한 그의 奴 多佛은 주인가의 무역 한편으로 '多齎私物'하여 부상대고로서 본인의 사무역에 치중하고 있었다.[69]

물론 부경 사신들이 상인들을 가노나 군관으로 冒稱하여 데리고 가 사무역을 벌이는 행태는 국초 이래 계속되고 있어 줄곧 국가의 단속 대상이었지만,[70] 앞의 〈표 1〉에서 확인되는 것처럼 15세기 후반 성종조에 들어 그 기세가 더욱 왕성해지고 일반화되고 있었다. 이 무렵 정비된 《경국대전》에 使·副使·書狀官이 데리고 가는 子弟나 家奴를 모두 의정부에서 기록하여 差遣하는 방침이 규정된 것도 또한 이 같은 추세에 대한 법적인 규제 목적이었다.[71] 요컨대 부경 사무역의 주도층이 기왕의 역관과 사행 관인층에서 이들과 연계된 시중의 부상대고들로 전환되고 있었던 것이다.

성종조 대중국 무역에서 나타나고 있던 이 같은 변화의 단적인 사례가 동 23년(1492) 4월부터 5월까지 한 달여 넘게 조정에서 심각하게 논란된 進賀副使 邊處寧과 그가 동행하려 한 시중 부상대고 曹福重 사건이다. 監察 李瑃에 의해 적발되어 使行 출발 전에 改差 요구가 나온 변처녕이 率帶하려 한 市人 조복중은 宮의 內人

---

67) 《成宗實錄》 卷54, 成宗 6年 4月 丙申, 9冊, 216쪽 ; 《成宗實錄》 卷55, 成宗 6年 5月 壬子, 9冊, 220쪽.

68) 《成宗實錄》 卷164, 成宗 15年 3月 癸丑, 10冊, 581쪽 ; 《成宗實錄》 卷164, 成宗 15年 3月 丙辰, 10冊, 582쪽.

69) 《成宗實錄》 卷165, 成宗 15年 4月 癸酉, 10冊, 585쪽.

70) 朴平植, 앞의 〈朝鮮初期의 對外貿易政策〉.

71) 《經國大典》 禮典, 事大.

典言 曺氏의 조카로, 그녀는 본디 廣平大君家 노비로서 文字와 吏
讀에 밝아 세조조부터 궐내에서 역할을 하며 총애를 받고 있던 궁
인이었다.72)

그런데 이후 이 사건의 논란 과정에서 1) 市人 福重이 이미 韓致
禮, 韓僩을 수행하여 부경 사무역한 전력이 있고,73) 2) 숱한 改差
건의 끝에74) 변처녕을 대신하여 진하부사에 임명된 尹甫 역시 그 前
年에 大賈 高貴枝를 帶行하였다 문제 된 인물이며,75) 3) 개차된 변
처녕이 애초 수행시키려 한 高允良은 바로 고귀지의 아들로 이들이
父子 관계라는 점,76) 4) 이 高貴枝(之)와 조복중이 사행의 軍官
자리를 놓고 경쟁을 벌이다 결국 처음 약정된 고귀지의 아들 윤량
대신 복중이 최종 선임된 사실,77) 5) 조복중은 이전 변처녕이 경상
절도사 시절 함께 防納을 행한 이력과 더불어, 일부 典言 曺氏의 布
를 포함하여 제용감을 상대로 한 納布의 전력 등 다양하게 殖貨를
추구해 온 부상대고라는 점78) 등등의 사정이 자세하게 폭로되었다.

결국 이 사안은 宮人 - 大臣 - 富商大賈가 연계하여 殖貨의 한

---

72) 《成宗實錄》卷264, 成宗 23年 4月 丁巳, 12冊, 171쪽.
　　이때 典言 曺氏는 大妃殿의 시녀로 있었다(《成宗實錄》卷265, 成宗 23年 5月 丁
　　亥, 12冊, 182~183쪽).

73) 《成宗實錄》卷264, 成宗 23年 4月 己未, 12冊, 172쪽.

74) 《成宗實錄》卷264, 成宗 23年 4月 戊午, 12冊, 171쪽 ; 《成宗實錄》卷264,
　　成宗 23年 4月 己未·庚申, 12冊, 171~172쪽.

75) 《成宗實錄》卷264, 成宗 23年 4月 壬戌, 12冊, 173쪽.
　　이 내역은 앞의 주 18에 보이는 康繼祖의 상소에 잘 나와 있다. 이 '高貴枝'는
　　〈표 1〉에 나오는 '高貴之'와 동일 인물임에 틀림없다.

76) 《成宗實錄》卷264, 成宗 23年 4月 甲子, 12冊, 173쪽.

77) 《成宗實錄》卷265, 成宗 23年 5月 丙子, 12冊, 176~177쪽.

78) 《成宗實錄》卷265, 成宗 23年 5月 丁丑, 12冊, 177쪽 ; 《成宗實錄》卷265,
　　成宗 23年 5月 戊寅, 12冊, 178쪽.

공간으로 부경 사행 사무역을 활용하면서 논란이 된 사건이었고, 궁중의 전언 조씨와 친족 관계인 시중 부상대고 조복중이 일찍이 경험한 사행 사무역에 따른 큰 이익을 노리고서 권력을 매개로 다시 사행의 군관으로 冒稱하여 나서려다 문제 된 사건이었다. 사건 관련 囚禁者가 무려 50여 명에 이르고[79] 변처녕의 개차 이후 그와 부상대고 복중에 대한 처벌 건의가 言官들을 중심으로 빗발쳤음에도 불구하고,[80] 결국 전언 조씨의 庇護 서신을 통한 救命에 힘입어 복중은 처벌받지 않은 채[81] 진하부사에서 개차된 재상 변처녕만 告身을 박탈하여 忠州에 付處시키는 것으로 한 달여 이상을 끌었던 이 사건은 종결되었다.[82] 요컨대, 이 사건은 성종조 이후 전개된 부경 사행 사무역의 주도층이 이전의 역관 관인층에서 시중의 부상대고로 넘어가면서 벌어지던 상황을 잘 보여 주고 있다 하겠다.

이처럼 15세기 후반 이후 對中 사무역을 주도하는 계층은 부상대고, 그중에서도 특히 京商과 開城商人들이었다. 연산군 6년(1500) 2월, 의정부의 보고에 따르면 전년도 尙衣院·濟用監 등의 국가 公貿易額이 4,830여 필이었던 데 비해 사무역량은 7천~8천여 필에

---

79) 《成宗實錄》 卷265, 成宗 23年 5月 丙子, 12冊, 176쪽 ; 《成宗實錄》 卷265, 成宗 23年 5月 辛巳, 12冊, 179쪽.

80) 《成宗實錄》 卷265, 成宗 23年 5月 丁丑, 12冊, 177쪽 ; 《成宗實錄》 卷265, 成宗 23年 5月 戊寅·庚辰, 12冊, 178쪽 ; 《成宗實錄》 卷265, 成宗 23年 5月 丙戌, 12冊, 182쪽 ; 《成宗實錄》 卷265, 成宗 23年 5月 丁亥, 12冊, 182~183쪽.

81) 《成宗實錄》 卷265, 成宗 23年 5月 辛巳, 12冊, 179쪽 ; 《成宗實錄》 卷265, 成宗 23年 5月 癸未, 12冊, 179~180쪽.

82) 《成宗實錄》 卷265, 成宗 23年 5月 乙酉, 12冊, 181쪽.
  이렇게 처벌된 변처녕마저 그 이듬해(성종 24, 1493) 6월 職帖을 환급받음으로써, 이 사건 관련 실제 처벌자는 한 명도 없게 된다(《成宗實錄》 卷279, 成宗 24年 6月 壬辰, 12冊, 351쪽).

이르렀고, 특히 이 과정에서 의주의 官奴와 軍民들이 경상과 개성상
인들과 연계하며 활동하여 조정의 우려를 크게 불러일으키고 있었
다.83) 의주인들은 또한 京中의 부상대고나 통사·의원들과 계약을 맺
고 미리 도성에 들어와 이들의 사무역 물품을 운반해 가기도 하였는
데, 그 속에 銀과 같은 禁輸品도 포함되어 문제 되는 실정이었다.84)

또한 이 시기에는 野人과의 사무역에서, 경중의 상인들이 도성에
서 면포를 싣고 가 양계에서 철물과 우마 등을 매입하고 이를 다시
야인들의 貂鼠皮 등과 사무역하는 행태를 단속하기 위해 北鎭에
關門을 설치하자는 건의가 조정에서 거푸 제기되고 있던 상황이었
다.85) 對中무역 부문만이 아니라 對野人무역에서도 이들 경상들의
활발한 활동상을 잘 보여 주는 例證이다.

당대 대외 사무역을 비롯해 交換經濟 전반을 주도하고 있던 이
들 富商大賈 세력의 전형적인 사례는 15세기 중반 京商 金得富의
경우에서 잘 확인해 볼 수 있다. 그는 일찍이 문서와 증인을 갖춘
'同財殖貨'의 방식으로 資本을 合資하여 商利益의 규모를 키워 나
갔던 대상인이었다.86) 이후 그는 도성에 오는 명 사행과의 사무역을
위해, 일찍이 환관으로 중국에 들어갔다 당시 明使로 파견되어 왔던
金輔의 兄 金同에게 자신의 女息을 시집보내려 시도하다 논란이
되었다.87) 사실 그는 이 직전에도 明 太監 姜玉의 조카인 姜繼叔
을 女婿로 삼으려다 국가의 제지로 실패한 인물이었다.88)

---

83)《燕山君日記》卷36, 燕山君 6年 2月 丙申, 13冊, 400쪽 ;《虛白亭集》卷2,
　　政府疏(《韓國文集叢刊》14冊, 84쪽).
84)《燕山君日記》卷37, 燕山君 6年 3月 丙子, 13冊, 407쪽.
85) 앞의 주 63과 같음.
86)《世祖實錄》卷38, 世祖 12年 正月 丙午, 8冊, 1~2쪽.
87)《世祖實錄》卷46, 世祖 14年 6月 癸丑, 8冊, 198쪽.

　그런데 이 富商 김득부가 성종조에 들어 또다시 濟用監에 麤布
를 납관하고 규정 이상의 代價를 수령하여 논란이 되었다.[89] 諫院
을 중심으로 열네 차례에 걸쳐 그에 대한 처벌이 주청되었으나, 이
처럼 권력과 연계되어 있던 김득부에 대한 定罪는 杖 1백, 徒 3년
의 처벌에, 그것도 贖刑으로 마무리되고 말았다.[90] 앞서 살펴본, 사
행 사무역에 종사하다 문제 된 宮人 典言 조씨의 조카였던 부상대
고 曺福重의 사례와 더불어, 이 시기 경중의 부상대고들이 권력과
의 연계를 바탕으로 하여 대외 사무역을 포함한 다양한 부문에서 벌
이던 殖貨 행태를 잘 보여 준다 하겠다.

　더 나아가 이들 부상대고 중 일부는 이 같은 대외 사무역 밀무역
의 효과적인 수행과 謀利를 위해 이제 변방의 武官職에까지 진출하
여 '興利軍官'으로 지칭되는 등, 그에 대한 단속과 처벌이 거듭 문
제 되기까지 하였다.[91] 부상대고, 특히 경상과 개성상인들이 15세기
후반 성종조 이후 대중국 사무역과 밀무역 분야의 주도층으로 대두
해 가던 樣相의 일단이라 하겠다.

---

88) 위와 같음.
　그는 일찍이 문종조에도 태평관에서 禁物인 細布로 明使와 무역하다 처벌받은
이력이 있는 상인이다(《文宗實錄》 卷3, 文宗 卽位年 8月 己亥, 6冊, 276쪽).
89)《成宗實錄》 卷6, 成宗 元年 7月 壬午, 8冊, 513쪽.
90)《成宗實錄》 卷6, 成宗 元年 7月 己丑, 8冊, 517쪽.
　반면, 이 사건을 담당하였던 義禁府 판사 任元濬은 이 김득부에 대한 부적절한
대처로 인해 이후 관인 사대부들 사이에서 계속 汚名을 벗어날 수 없었다(《成宗
實錄》 卷92, 成宗 9年 5月 丙戌, 9冊, 607쪽 ;《成宗實錄》 卷93, 成宗 9年 6月
乙巳, 9冊, 612쪽).
91) 주 62와 같음.

# 3. 對日貿易의 成長과 三浦

　국초의 對日貿易은 세종 25년(1443) 체결된 癸亥約條를 기본 章程으로 하여, 도성과 三浦에 개설된 倭館을 중심으로 授圖書 제도와 書契·文引의 증빙을 전제로 진행되고 있었다. 조선의 처지에서는 고려말 이래의 倭寇 문제의 鎭定이, 대마도를 위시한 일본의 입장에서는 식량과 면포, 사치품 등 경제적인 요구가 우선하는 관계였기에, 15세기의 대일무역은 일반적으로 일본 측의 적극성이 두드러진 형태로 펼쳐졌다.[92] 이 같은 형편에서 이 시기 조선 정부는 '抑末'의 경제정책과 관련하여서도 倭人과 이들이 소지하는 倭物의 도성 반입을 최대한 억제하고, 저들의 公的·私的 진헌물 모두를 가능한 삼포에 유치시켜, 回賜 형식의 공무역이나 국가의 엄격한 통제와 관리 하에 國用에 不緊한 물품을 중심으로 하는 민간 사무역을 허용하고 있었다.[93]

　그런데 왜인들은 일반적으로 國王使이든 巨酋의 사신이든 삼포의 공무역보다는 소지물을 도성으로 운반하여 상인들과 벌이는 사무역을 선호하였다.[94] 端宗 2년(1454)에는 조선 정부가 銅鐵의 留浦貿易 규정을 입법하자, 왜인들이 매매의 이익이 크지 않다 하여 공무역용 동철을 가져오지 않았다. 그러자 국가 수요의 동철을 민간에서 重價로 구입해야 하는 사태가 빚어졌고, 결국 왜인 소지 물품의 도성 사무역은 다시 허용되고 말았다.[95] 이로써 禁物을 제외한 왜인

---

92) 村井章介, 〈壬辰倭亂의 歷史的 前提 – 한일관계사를 중심으로〉(손승철·김강일 편역, 《동아시아속의 중세한국과 일본》, 경인문화사, 2008에 수록).

93) 朴平植, 앞의 〈朝鮮初期의 對外貿易政策〉.

94) 《文宗實錄》 卷1, 文宗 即位年 3月 戊辰, 6冊, 228쪽.

소지 물품 사무역은 도성과 삼포에서 모두 허용되었으나, 世祖 末年에 다시 무역 과정의 폐단을 이유로 삼포에서의 왜인 사무역이 전면 금지되었다.[96] 세조조의 이 삼포 사무역 금지 방침은 이후 睿宗 원년(1469) 3월, 倭通事와 연계하여 禁物인 금과 은을 상호 무역하고서 그 대가를 왜인에게 지급하지 않아 왜인에게 고소당한 상인 李吉生을 통사와 함께 處斬시킨 사건을 계기로 다시 한 번 확인된다.[97]

이 같은 조정의 원칙에도 불구하고 삼포에서 벌어지는 왜인과의 사무역은 성종조에 들어서도 여전히 계속되고 있었다. 성종 2년(1471) 국왕은 호조의 건의를 받아들여, 이 같은 상황에 대처하는 근본적인 방안의 하나로 삼포 인근 군현인 東萊·熊川·蔚山에 내려가는 상인들에 대해 상업 허가증인 路引의 발급을 중단시키기까지 하였다.[98] 또 그해 11월에는 銅·鑌鐵·蘇木 등 국가 緊用物은 삼포에 유치시켜 공무역으로 처리하고, 그간 허용해 왔던 皮物·藥材 등 자질구레한 것(細瑣物)들은 모두 경중으로 운반하여 공·사무역으로 처분케 함으로써 삼포 사무역 嚴禁 조처를 더욱 강화시키기에 이른다.[99] 이윽고 다음 해, 조선 정부는 경상도 星州 인근 花園縣에 倭物庫를 설치하고, 삼포에 도착한 倭使의 물품을 낙동강을 이용해 운송하여 여기에서 공·사무역으로 처분하는 방침을 확정하였다.[100]

---

95) 《端宗實錄》 卷10, 端宗 2年 3月 丁巳, 6冊, 674쪽.

96) 《成宗實錄》 卷175, 成宗 16年 2月 戊寅, 10冊, 691쪽.

97) 《睿宗實錄》 卷4, 睿宗 元年 3月 癸巳, 8冊, 350쪽.
    다만 이때 조선 정부는 事目을 통해, 왜인 소지물 중에서 皮物과 食物 등 최소한의 細瑣物에 한해서는 삼포에서의 사무역을 허용하였다.

98) 《成宗實錄》 卷9, 成宗 2年 正月 丁酉, 8冊, 552쪽.

99) 《成宗實錄》 卷13, 成宗 2年 11月 丙寅, 8冊, 614쪽.

100) 金龍基, 〈李朝 成宗代의 倭物庫에 對하여〉, 《論文集》 5, 釜山大學校, 1964 ;

성종 3년(1472) 6월, 호조는 경상도 관찰사의 보고에 의거하여 倭使의 동철과 소목이 거의 3백～4백여 駄에 이르러 農月에 백성들을 동원한 도성 運輸가 큰 폐단이고, 또 이를 浦所에서 사무역하는 방안도 상인들의 禁物 유출이 우려되어 불가하니 이들 품목(동철·소목·우마피) 모두를 삼포에서 공무역하자는 건의를 하는 한편, 장차 이렇게 왜사들이 가져오는 물품 모두를 船軍을 동원하여 성주 화원현으로 옮겨 두었다가, 국용에 마땅한 물품은 농한기를 이용하여 도성으로 상납하고, 그 나머지 물품은 민간에 처분하자는 방안을 제안하여 국왕으로부터 윤허를 받기에 이르렀다.101)

이른바 花園 倭物庫의 설치 결정이었고, 도성과 삼포에서 왜인들과 조선 상인들 사이에 벌어지던 불법 사무역, 곧 밀무역 행태를 근본에서 차단하기 위한 特段의 조처였다. 실제 동 4년(1473) 11월에는 금령에도 불구하고 왜인과 동철 사무역을 벌인 웅천의 官奴 朱方을 斬刑으로 다스려 불법 사무역 단속에 대한 조정의 의지를 천명하기도 하였다.102)

성종 3년(1472)에 설치된 이 花園 倭物庫의 구체적인 운용은, 왜인 소지 물품을 화원현으로 운송하여 두고 상인들로 하여금 物品價를 司贍寺에 납부하게 하되 그 가격을 호조에서 수시로 조정하고, 상인의 무역가 납부 문서를 화원현으로 移文하여 상인들이 이 왜물고에서 물품을 수령할 때 일일이 조회하여 확인하고 지급하는 방식이었다.103) 요컨대 왜인들이 공무역을 기피하는 상황에서, 그들

---

정지연, 〈朝鮮前期 對日 私貿易 硏究 - 太祖～成宗代를 中心으로〉,《韓日關係 史硏究》24, 2006.

101)《成宗實錄》卷19, 成宗 3年 6月 丁亥, 8冊, 667쪽.
102)《成宗實錄》卷36, 成宗 4年 11月 庚寅, 9冊, 69쪽.
103)《成宗實錄》卷175, 成宗 16年 2月 丁卯, 10冊, 689～690쪽.

이 사무역 대상으로 선호하던 도성 상인들과 왜인의 직접 거래를
차단하여 그에 따른 불법의 소지를 미연에 예방하고, 또한 백성들
이 왜인 물품을 도성으로 운반하는 데 따르는 부담을 제거함으로써
대일본 무역에 대한 국가 統制와 管掌을 한층 提高하려는 방안이
었던 것이다.

그런데 성종 정부의 이 같은 대일본 사무역 통제정책으로서 화원
왜물고 운영은 이후 그 실제에서 實效를 거두지는 못하였던 듯하다.
성종 16년(1485) 정월에는 판서 李德良과 참판·참의 등 戶曹의 주
요 책임자들이 최근 결정된 왜 동철에 대한 사무역 허용 방침에 반
발하여, 다시 화원현이 상인들의 代價 布貨를 수납하여 삼포에서
왜 동철을 公貿易한 후에 이들 상인에게 지급하는 방안을 대신 제
안하자, 국왕이 그 검토를 지시하였다.[104]

그 다음 달에 호조에서 종래의 화원현 倭物庫 운영 방식을 좀
더 구체화한 題給節目을 마련해 오자, 조정에서는 1) 삼포에서 왜
인과의 사무역을 전면 허가하자는 견해, 2) 화원현의 왜물고를 호조
에서 다시 마련한 절목에 따라 재정비하여 운용하자는 주장, 3) 도
성 상인들에게 호조에 매입 희망 물품의 수량과 가격을 신고하게 하
고, 호조에서 移牒한 문서에 의거하여 삼포의 所在官이 상인들의
代價布를 수령하고 왜물을 지급하자는 견해 등이 제기되었다.[105]
2)안과 3)안이 모두 왜인과 상인 사이의 직접 교역을 차단하여 국
가에서 민간 사무역을 통제하는 방안이었다면, 1)안은 禁物을 제외
한 상인들의 대일본 사무역을 전면 허용하자는 견해였다.

이 사안은 계속하여 조정의 현안으로 부상하였다. 성종 16년

---

104) 《成宗實錄》 卷174, 成宗 16年 正月 癸卯, 10冊, 674쪽.
105) 《成宗實錄》 卷175, 成宗 16年 2月 丁卯, 10冊, 689~690쪽.

(1485) 2월 국왕은 다시금 倭物 사무역 허용 여부를 물었다. 대신
들의 반응은 대체로 앞의 논의와 유사하였지만, 이번에는 세조 말년
이래 사무역 금지에 따라 왜물을 공무역으로 처리하면서 그 給價
額이 過多하여 발생하는 국가의 재정 문제도 거론되며, 담당 부서
인 호조를 제외한 국왕과 다수의 대신들이 상인들의 삼포 사무역 허
용 견해에 동조하고 나섰다.106) 그리고 마침내 다음 달 성종 16년
(1485) 3월, 국왕은 상인들의 대일본 삼포 사무역 허가 방침을 굳히
고 이를 對馬島主에게 통지하여 회답을 받은 뒤 시행하는 것으로
조정의 논의를 최종 정리하기에 이른다.107)

　이후에도 기왕의 성주 화원현 왜물고를 운용하여 삼포에서 벌어
지는 왜인과 상인 사이의 민간 사무역을 국가에서 통제하여야 한다
는 주장과 이에 따른 간헐적인 조처들이 단속적으로 제기되고는 있
었지만,108) 성종 18년(1487) 조정은 삼포에서 상인, 특히 京商들의
對倭人 직접 사무역을 최종 허용하고 있었다.109) 국초 이래 조선
국가가 천명해 왔던 대외무역에 대한 기본 원칙, 곧 '抑末'觀에 의
거하여 交隣의 대상인 일본과의 무역에서 민간 사무역을 허용하되
이를 정부에서 최대한 관장하고 통제하려는 국가정책은 이제 이 倭
物庫의 形骸化와 삼포 상인 사무역의 전면 허용을 계기로 구체 정
책에서 재조정되고 있었던 것이다. 그리고 이 같은 성종조 정부 방
침의 변화는, 후술하듯이 이 시기 京商으로 대표되는 富商大賈들의

---

106) 《成宗實錄》卷175 成宗 16年 2月 戊寅, 10冊, 691쪽.
107) 《成宗實錄》卷176, 成宗 16年 3月 壬午, 10冊, 693쪽.
108) 《成宗實錄》卷202, 成宗 18年 4月 丁酉, 11冊, 207쪽 ;《成宗實錄》卷265,
　　 成宗 23年 5月 甲申, 12冊, 181쪽 ;《成宗實錄》卷267, 成宗 23年 7月 己巳,
　　 12冊, 201쪽.
109) 《成宗實錄》卷278, 成宗 24年 閏5月 辛丑, 12冊, 327~328쪽.

활발한 상활동이 일본 측의 무역 확대 요구와 맞아떨어지면서 형성된 새로운 대일무역 환경이었다.

日本史에서 15세기 후반 이래 16세기에 전개된 戰國時代는, 室町幕府의 존속에도 불구하고 각 지방 大名들의 할거와 쟁투로 점철된 시기였다. 이 무렵 각 大名들은 생존을 위한 치열한 軍備 경쟁을 펼치면서 이를 뒷받침하기 위해 상업을 비롯한 諸 산업 진흥책에 주력하였고, 여기에 채무와 각종 부세에 시달린 백성들이 가세함으로써 주변국과의 海外貿易, 특히 조선을 상대로 한 通商이 대마도와 九州 지방을 중심으로 전에 없이 활발해지는 계기가 되었다.110) 그리하여 막부의 國王使 외에도 대마도주와 더불어 九州 일대의 巨酋 세력들이, 세종조에 체결된 癸亥約條에서 定約된 歲遣船 말고도 표류민 송환 같은 수많은 명분을 내세워 내왕하며 공식적인 進獻 외에 다양한 私進物을 가져와 공·사무역을 통한 이익의 확대를 꾀하였다.

15세기 후반 이들 倭使들이 진헌과 무역을 위해 가져오는 물품의 액수는 多大하였다. 세조 3년(1457) 6월 일본 국왕사 道幸이 예조에 올린 글에 따르면, 당시 薺浦에 유치된 왜물은 銅이 2만 1천 2백 斤, 丹木이 1만 1천 근, 그리고 鑞이 5천 9백 근에 달했다.111) 특히 왜인들의 소지가 많았던 동의 경우, 연산군 6년(1500)

---

110) 이 시기의 대마도, 博多를 중심으로 한 九州 지방과 조선과의 교류와 무역 사정에 대해서는 일본 내에서 오래 전부터 이미 많은 연구가 일본사의 관점에서 축적되어 왔다. 다음 연구는 그 연구사의 槪況을 비교적 잘 정리해 담고 있는 최근의 논저들이다.

　村井章介, 손승철·김강일 편역, 앞의 《동아시아속의 중세한국과 일본》 ; 佐伯弘次, 손승철·김강일 편역, 《조선전기 한일관계와 博多·對馬》, 景仁文化社, 2010.

111) 《世祖實錄》 卷8, 世祖 3年 6月 壬寅, 2冊, 202~203쪽.

에는 한 번에 들어온 倭銅이 무려 11만 근에 이르러, 논의 끝에 조
정은 그 1/3만 공무역으로 받아들이고 나머지 2/3는 사무역을 허용
하는 것으로 결정했을 정도였다.[112]

이 같은 왜인 소지 물품에 대해 조선에서 지불한 교역 대가는 사
무역의 경우 그 규모를 추산하기 어렵지만, 공무역의 지급액은 몇몇
사례에서 확인이 가능하다. 성종 7년(1476) 11월 호조는 그해 丙申
年에 왜인에게 지급한 면포가 京中 2만 1,588匹, 경상도 1만 5,833
필 등 총 3만 7,421필이고, 전년인 乙未年(성종 6, 1475)의 경우에
는 각각 9,827필과 1만 7,381필로 총 2만 7,208필이었음을 보고하
며, 그 규모가 매년 倍로 늘어 가고 있다는 우려를 나타냈다.[113]

이러한 우려에도 불구하고 進獻에 대한 回賜 형식과 공무역의
대가로 지불하는 倭人 回奉額은 이후 더욱 증가하여, 성종 17년
(1486) 11월에는 1년에 그 액수가 50만 필을 내려가지 않는다는 호
조의 보고가 나올 정도였고,[114] 그 두 해 뒤인 동 19년(1488) 6월
에도 역시 호조가 그해 여름 석 달 동안의 왜인 答賜 布帛이 무려
10여만 필에 이른다 하여,[115] 이태 전 왜인 회봉액이 1년에 50만
필 이상이라는 推計를 뒷받침하고 있다.

이처럼 15세기 후반 倭使의 소지 물품과 그 대가로 지급하는 회
봉액이 규모가 컸던 데는 우선 세종조에 체결된 계해약조의 歲遣船

---

112) 《燕山君日記》 卷38, 燕山君 6年 8月 乙未, 13冊, 422~423쪽 ; 《燕山君日
　　記》 卷38, 燕山君 6年 8月 甲辰, 13冊, 424쪽.
　　　이 왜동 11만 근은 '1근＝약 642그램'으로 환산할 경우 약 70톤에 해당하는 규
　　모이다(李宗峯, 《韓國中世度量衡制研究》, 혜안, 2001, 215쪽 〈표 26〉 참조).
113) 《成宗實錄》 卷73, 成宗 7年 11月 癸丑, 9冊, 393쪽.
114) 《成宗實錄》 卷197, 成宗 17年 11月 辛亥, 11冊, 158쪽.
115) 《成宗實錄》 卷217, 成宗 19年 6月 丁未, 11冊, 349쪽.

定約者 숫자가 많은 것이 근본 배경이었다. 성종 25년(1494) 4월 조정의 논의에서도, 성종 2년(1471)에 편찬된 申叔舟의《海東諸國紀》에 규정된 세견선 파견이 허용된 왜인이 대마도주 50艘, 諸酋 중에서 1~2船 파견 40인, 1선 파견 27인 등 총 68명에 이른다고 파악하고 있었다.[116] 실제《해동제국기》에 따르면, 대마도의 경우로 제한하여 보더라도 島主 宗貞國의 50척을 비롯하여 세견선 파견 허용자는 8명에 세견선 총수가 74척에 달하고 있었다.[117]

이 定約者와 세견선 숫자는 이후에도 늘어 가는 추세였다. 예컨대 이 시기 대마도의 최북단 豊崎郡 大浦에 거주하던 日人 大浦宗氏 宗茂次-茂實 父子의 경우에는 세조 6년(1460) 표류민 송환을 명분으로 처음 조선에 내조한 이래 受圖書와 受職의 단계를 거쳐 마침내 연간 1회의 세견선 정약자가 되었고, 이후 이들 부자는 성종 22년(1491)까지 총 31년 동안 무려 26차례, 곧 거의 매년 조선을 왕래하며 공·사무역을 펼쳤다.[118] 더욱이 왜인들은 大船의 경우 40人, 中船은 30인, 小船은 20인으로 규정된 배 규모와 船夫 규정을 자주 속이면서 소선을 대선으로 바꾸어 보내는가 하면,[119] 한편으로 이들 배의 탑승 인원을 거의 1백여 명으로까지 늘리는 詐術을 거듭하고 있었다.[120] 이 모두가 소지 물품의 규모를 늘려 조선과의 공·

---

116)《成宗實錄》卷289, 成宗 25年 4月 己未, 12冊, 500쪽.

117) 李鉉淙 교수의 연구에 따르면, 왜인의 세견선 定約 數는 대마도가 가장 많아 74척, 九州 지역 28~40척, 그리고 壹岐島가 5~7척 順이었고, 기타 지역까지 포함하면 1년 동안 약정된 왜인 세견선의 총수는 112~126척에 이르렀다(《朝鮮前期 對日交涉史硏究》, 韓國硏究院, 1964, 61쪽의 〈표〉 참조).

118) 佐伯弘次,〈중세 후기 大浦宗氏의 조선통교〉(앞의《조선전기 한일관계와 博多·對馬》에 수록), 238쪽 〈표 1〉 참조.

119)《成宗實錄》卷289, 成宗 25年 4月 己未, 12冊, 500쪽.

120)《成宗實錄》卷278, 成宗 24年 閏5月 辛丑, 12冊, 327~328쪽.

사무역에서 처분하려는 왜인들의 적극적인 의지의 산물이라 하겠다.

　15세기 후반에는 왜인들이 琉球國의 사신을 假稱하여 벌이는 이른바 僞使 문제 또한 심각하였다. 단종 원년(1453) 3월 표류민을 데리고 조선에 처음 유구국의 사신 자격으로 왔던 道安은[121] 기실 일본의 博多를 거점으로 유구와 무역을 해 오던 상인이었고, 이 과정에서 유구의 國王使를 처음 맡은 이래로 2회 더 조선을 왕래했다.[122] 그런데 그의 두 번째 來朝였던 세조 원년(1455), 그가 소지한 물품은 銅鐵과 蘇木 각 1천 斛이었고 그 대가가 正布로 약 9만여 필에 이를 정도여서, 결국 이를 浦所의 공무역으로 수용하지 못하고 도성으로 운반시켜 상인들과 사무역하도록 조처하였다.[123]

　15세기 후반에 이렇게 書契를 위조하여 유구의 僞使로서 조선에 온 왜인은 博多의 상인만도 위 도안 외에 여러 명이었다. 이들의 방문 횟수는 단종조 1회, 세조조 2회, 성종조 5회 등 총 8회였고, 그중 도안의 첫 방문을 제외한 나머지 7회는 모두 僞使였다.[124] 성종조 후반에 이르면 조선 조정 또한 이 같은 왜 상인의 僞使 冒稱 사정을 파악하면서도 對倭人 정책의 일환으로 이들과의 교역을 대체로 용인하는 추세였다.[125]

---

121)《端宗實錄》卷5, 端宗 元年 3月 戊辰, 6冊, 572쪽.
122) 佐伯弘次,〈室町後期の博多商人道安と東アジア〉,《史淵》140, 2002.
　　위 佐伯弘次의 분석에 따르면, 道安의 나머지 2회 조선 방문은 유구의 僞使로서 書契를 위조하여 내조한 것이었다.
123)《世祖實錄》卷2, 世祖 元年 8月 戊辰, 7冊, 83쪽 ;《世祖實錄》卷2, 世祖 元年 9月 戊寅, 7冊, 85쪽.
124) 佐伯弘次, 앞의《조선전기 한일관계와 博多·對馬》, 111쪽〈표 3〉참조.
125)《成宗實錄》卷279, 成宗 24年 6月 辛未, 12冊, 343쪽 ;《成宗實錄》卷288, 成宗 25年 3月 戊申, 12冊, 493쪽 ;《成宗實錄》卷288, 成宗 25年 3月 己酉, 12冊, 494쪽.

한편 이처럼 倭使와 商倭들의 숫자가 급증하고 이들의 소지 물품이 증대하여 가는 것과 함께, 삼포에 거주하며 이들 使送 왜인과 조선을 연계하며 살아가던 恒居倭人의 규모 또한 15세기 후반 크게 증가하였다. 애초 계해약조에서 삼포 거주가 허락된 왜인은 총 60戶였지만, 이미 文宗 즉위년(1450)에 2천여 人으로,126) 그리고 단종조에도 그 숫자가 數千을 내려가지 않는다고 추산되고 있었다.127) 《朝鮮王朝實錄》에 파악되어 있는 이 시기 三浦 倭戶와 왜인의 규모를 각 浦所별로 정리하여 보면 다음 〈표 2〉와 같다.

〈표 2〉 15세기 후반 三浦 거주 倭戶口 상황128)

|  | 薺浦 | | 釜山浦 | | 鹽浦 | | 計 | |
|---|---|---|---|---|---|---|---|---|
|  | 戶 | 口 | 戶 | 口 | 戶 | 口 | 戶 | 口 |
| 세조 12 (1466) | 300 | 1,200餘 | 110 | 330餘 | 36 | 120餘 | 446 | 1,650餘 |
| 성종 5* (1474) | 308 | 1,722 | 67 | 323 | 36 | 131 | 411 | 2,176 |
| 성종 6 (1475) | 308 | 1,731 | 88 | 350 | 34 | 128 | 430 | 2,209 |
| 성종 25 (1494) | 347 | 2,500 | 127 | 453 | 51 | 152 | 525 | 3,105 |

* 성종 5년(1474)의 이 삼포 왜인 호구수는 이후 동 7년(1476), 동 9년(1478)에도 동일한 戶數가(《成宗實錄》卷64, 成宗 7年 2月 丙戌, 9冊, 311쪽 ; 《成宗實錄》卷89, 成宗 9年 2月 丙申, 9冊, 552~553쪽), 그리고 동 12년(1481)에는 동일한 戶口數가 《성종실록》에서 다시 확인된다(《成宗實錄》卷129, 成宗 12年 5月 辛丑, 10冊, 220쪽). 아마도 당대 관인들이 성종 6년(1475)의 조사 통계치를 보지 못하고, 그 전년인 성종 5년의 이 기록에 근거하였기 때문으로 짐작된다.

---

126) 《文宗實錄》卷4, 文宗 卽位年 10月 辛卯, 6冊, 307쪽.

127) 《端宗實錄》卷14, 端宗 3年 閏6月 己酉, 7冊, 42쪽.

128) 이 〈표〉는 李鉉淙과 日人學者 中村榮孝가 《조선왕조실록》의 기록을 기초로 하여 파악한 내용을 재정리한 것이다(李鉉淙, 앞의 《朝鮮前期 對日交涉史硏究》, 243쪽 ; 中村榮孝, 《日本と朝鮮》, 至文堂, 1966, 136쪽).

요컨대, 15세기 후반에 들면 三浦에는 애초의 계해약조에서 규정
된 60호의 거의 10배에 가까운 대마도 출신 恒居倭人들이 거주하
였으며, 이들의 숫자는 15세기 말에 이르면서 倭使들과 그들의 소
지 물품의 액수가 급증해 가던 추세에 맞추어 이 시기에 더욱 늘어
나, 그 人口가 세조 12년(1466)에서 성종 25년(1494)의 30여 년 사
이에 거의 두 배로 증가하고 있었던 것이다.

당대 조정의 관련 논의에서 등장하는 표현처럼 그 숫자가 "해마
다 늘고 달마다 더해진다[歲增月加]"거나[129] "저번보다 곱절이나 증
가하는[增倍曩日]"[130) 추세로 늘어 갔고, 계속되는 조선 정부의 刷
還 요구에도 불구하고 줄지 않아[131] 燕山君 2년(1496) 11월에 이
르러서는 先王朝에서 5백 호에 불과하였던 三浦倭가 지금은 1만여
호가 되었다는 승정원의 보고가 나올 정도였다.[132] 물론 과장된 표
현이기는 하겠지만, 앞의 〈表 2〉에서 확인되는 바와 같이 성종 말
년 5백여 호 전후이던 삼포 항거왜인의 숫자가 이후 15세기 최말
연산조에 들어서 激增의 추세로 늘고 있던 실태를 토로하는 내용
이겠다.

---

129) 《成宗實錄》卷89, 成宗 9年 2月 丙申, 9冊, 553쪽.
130) 《成宗實錄》卷113, 成宗 11年 正月 甲辰, 11冊, 110쪽.
131) 《成宗實錄》卷62, 成宗 6年 12月 辛巳, 9冊, 290쪽 ; 《成宗實錄》卷64, 成宗
    7年 2月 丙戌, 9冊, 311쪽 ; 《成宗實錄》卷129, 成宗 12年 5月 辛丑, 10冊, 220쪽.
132) 《燕山君日記》卷19, 燕山君 2年 11月 乙丑, 13冊, 162쪽.
    이 연산군 2년의 三浦倭 '1만여 戶' 술회는, 한편으로 '1만여 口'의 誤記로도
    볼 수 있겠다. 실제 睿宗 즉위년(1468) 병조참지 柳子光은 삼포의 倭人來居者
    숫자가 만여 명에 이른다고 보고하고 있으며(《睿宗實錄》卷1, 睿宗 即位年 9月
    己卯, 8冊, 277쪽), 그보다 앞선 세조 원년(1455)에도 제포의 倭戶가 92호 인구가
    416명으로 파악될 때 使送人으로 留浦者는 2,011명으로 확인되어, 제포 한 곳의
    居留 왜인의 수만도 이미 數千에 이르고 있었다(《世祖實錄》卷1, 世祖 元年 7月
    乙未, 7冊, 72쪽).

이 시기의 대일무역 공간은 三浦만이 아니라 도성에서도 확대되고 있었다. 국초에 설치된 도성의 倭館 東平館은 세종조를 거치면서 1館 4所의 체제를 갖추고, 監護官 3인, 錄事 2인의 常住 관원을 배치하여 倭使와 客倭들을 접대하고 있었다.[133] 국초 이래 정비된 도성 왜관에서의 무역 규제 조처에도 불구하고 왜인과의 禁物을 포함한 불법 사무역이 증대하여 가자, 성종 2년(1471) 5월 조정은 각사에서 市廛으로부터 수요물 조달 책임을 맡고 있는 市色奴들에게 왜 객인과의 잡물 무역을 考察하는 규정을 마련하였다.[134] 평소 정부 수요를 조달하는 책임자로서 업무와 관련하여 도성 시전의 상황에 밝았던 이들에게 불법 사무역을 규찰하게 하여 그 실효를 기하고자 하였던 것이다. 성종 9년(1478) 3월에는 동평관 房守의 사무역을 막기 위해 그 職을 각사의 奴子들로 하여금 돌아가면서 맡게 하였던 조처도 확인된다.[135]

그러나 이후 연산군 2년(1496) 11월 사무역을 목적으로 이 동평관에 永屬을 기도한 姜流水의 행태가 다시 논란이 된 데서 보듯이,[136] 도성의 왜인 客館을 중심으로 하는 사무역은 정부의 단속 의지에도 불구하고 이 시기 내내 지속되었다. 이듬해(연산군 3, 1497) 정월에는 왜인이 가져온 沈香·束香·白檀香을 內醫院에서 공무역으로 매입하려 하였으나 왜인들이 물품이 없다며 거래에 응하지 않는 상황이 벌어졌는데, 이는 모두 通事와 庫直 등이 농간을 부려 이들 품목을 사무역으로 처분하려고 하였기 때문으로 밝혀지면서 관련자

133) 朴平植, 앞의 〈朝鮮初期의 對外貿易政策〉 ; 村井章介, 앞의 《동아시아속의 중세한국과 일본》, 226~230쪽.
134)《成宗實錄》卷10, 成宗 2年 5月 丁酉, 8冊, 572쪽.
135)《成宗實錄》卷90, 成宗 9年 3月 戊寅, 9冊, 568쪽.
136)《燕山君日記》卷19, 燕山君 2年 11月 乙丑, 13冊, 162쪽.

들이 鞠問에 부쳐지기도 하였다.137) 왜인의 사정에 밝은 譯官과 동
평관의 房守나 奴子들이 이들 왜인과 도성상인들의 사무역을 중개·
알선하면서 벌어지는 도성내 왜인 사무역의 한 모습이었다.

이처럼 三浦와 도성의 倭館을 중심으로 전개된 15세기 후반 대
일무역의 주된 輸出入 品目의 구성은 국초, 특히 일본과의 通商이
삼포 개항과 계해약조의 체결로 정례화된 세종조와 비교하여 큰 변
화 없이 지속되고 있었다. 일본의 국왕사와 대마도, 九州 지역의 諸
酋 세력의 왜인들이 가져오는 품목은 우선은 자국산 銅·鑞·硫黃
등의 광산물이 주종을 이루었고, 牛皮를 비롯한 피물류와 禁輸 품
목으로서 金銀이 일부 포함되어 있었다. 여기에 왜인들은, 특히 博
多 상인을 중심으로 주로 琉球로부터 확보한 南方産 諸 산물, 그중
에서도 胡椒와 束香·沈香 같은 각종 藥材·香料品과 蘇木〔丹木〕·
朱紅 등의 染料品 등을 다시 조선에 가져오고 있었다.

반면 조선은 이에 回賜 또는 공·사무역의 대가로 주로 綿紬·正
布·綿布 등의 직물과 人蔘, 그리고 쌀〔米〕을 비롯한 곡물류 등을
일본에 지급하고 있었다.138) 일부의 품목을 제외하면 조선의 처지에
서 주된 輸入品은 광산물과 향료·염료 등 남방산 奢侈品이었고, 반
면 수출품은 직물과 곡물 등의 生必品으로 구성되어 있었다. 조선
이 국가 차원의 공무역에서 일본 측의 상인들에 비해 소극적인 까닭

---

137) 《燕山君日記》 卷21, 燕山君 3年 正月 丙辰, 13冊, 183쪽.

138) 李鉉淙, 앞의 《朝鮮前期 對日交涉史硏究》 ; 金柄夏, 《李朝前期 對日貿易
　　硏究》, 韓國硏究院, 1969 ; 李正守, 〈15·16세기의 對日貿易과 經濟變動〉, 《金
　　大史學》 22, 1998.

　　이 분야에 대한 日人 학자의 연구는 매우 일찍부터 數多하게 축적되어 왔다.
　　그 대체의 목록은 佐伯弘次, 앞의 《조선전기 한일관계와 博多·對馬》(경인문화사,
　　2010)의 後尾에 실린 참고문헌 참조.

은 이 같은 수출입 품목의 구성 내역에도 그 이유가 있었던 것이다.

그런데 15세기 후반에는 대일무역의 구성 품목에서 중요한 변화가 나타나고 있었다. 바로 왜인들의 요구에 따른 綿布의 輸出 急增 현상이다. 조선에서 棉作과 면포의 보급은 고려말 도입된 이래 국초부터 확산되었으며, 특히 세종조의 적극적인 면작 보급정책에 힘입어 兩界를 제외한 전국에서 면화가 생산되었고, 三南을 중심으로 그 主産地도 형성되고 있었다.[139] 세종조 후반을 거치며 이전의 五升 麻布였던 常布가 교환경제에서 소멸되고 새롭게 면포가 이를 대신하여 基準通貨로 위치하게 되고, 마침내 15세기 후반 이후 이 면포로서 '升麤尺短'의 麤布가 등장하여 널리 유통될 수 있었던 배경도 모두 이 같은 棉作의 확산 결과였다.[140] 그런데 조선에서 이처럼 면작이 널리 보급되고 그에 따라 면포의 유통이 확대되어 가던 시기에, 일본 사신과 상인들의 면포 求請과 무역가로서 면포 지급 요구가 급격히 증가하고 있어 유의된다.

세조 원년(1455) 7월 九州에서 온 왜인 藤仇郎은 자신이 바친 銅鐵價로 면포만 수령하기를 희망하였다.[141] 이후 동 10년(1464) 9월 大內殿의 使者는 銅鑞價로 면포 542필을 수령하고 나서, 그 나머지 대가를 正布 1,080필로 지급하려 하자 그 '無用'을 이유로 수령을 거부하여 결국 면포로만 지급받았다.[142] 성종 5년(1474) 윤6월 豊儲倉守 金仁民은 상소를 통해, 애초 정포와 楮貨로 수납하던 공노비의 奴婢身貢을 세조가 면포와 쌀[米]로 바꾸어 납부하게 한

---

139) 周藤吉之, 〈高麗末期より朝鮮初期に至る織物業の發達〉, 《社會經濟史學》 12-3, 1942 ; 澤村東平, 《朝鮮棉作綿業の生成と發展》, 朝鮮纖維協會, 1941.

140) 朴平植, 앞의 〈朝鮮前期의 麤布流通과 貨幣經濟〉.

141) 《世祖實錄》 卷1, 世祖 元年 7月 丁酉, 7冊, 74쪽.

142) 《世祖實錄》 卷34, 世祖 10年 9月 丁丑, 7冊, 654쪽.

배경에 주변국 客人, 곧 주로 倭 객인들에 대한 答賜物 수요가 급
증한 것이 주요 원인이었음을 밝히고 있다.143) 세조조 연간 일본에
대한 回賜와 공무역 대가로 국가의 면포 수요가 크게 늘자, 공노비
의 노비 신공을 종전의 정포, 곧 5승 마포에서 면포로 바꾸어 수취
하게 함으로써 이에 대처하고자 하였던 것이다.

성종조 후반에 이르면 왜인들의 回賜·무역가 綿布 지급 요구는
이제 日常이 되고 있었다. 성종 20년(1489) 7월에는 小二殿使가 진
헌한 동철 2만 근의 대가를 면주와 정포는 제외하고 면포로만 지급
받기를 주장하여, 이를 관철시켰다.144) 이듬해(성종 21, 1490) 3월에
는 대마도주의 黃金·朱紅 공무역가를 정부에서 면포 1만 750필로
지급하기로 하였다가, 호조에서 강력 반대하여 규정대로 면주와 정
포를 함께 지급하기도 하였다.145)

이후에도 회사나 무역가로 면포만을 고집하는 왜인들의 요구는
지속되었고, 조선 정부 또한 누차에 걸쳐 이전 규정에 따라 면포 외
에 면주와 정포를 三分하여 지급하겠다는 의지를 거듭하여 천명하
는 상황이 계속하여 반복되고 있었다.146) 아직 棉作이 이루어지지
못한 일본의 입장에서 생필품으로서 면포 요구는 그만큼 절박한 것
이었고,147) 반면 이에 따른 국가재정의 문제를 떠안게 된 조선 정부

---

143)《成宗實錄》卷44, 成宗 5年 閏6月 戊申, 9冊, 123~124쪽.

144)《成宗實錄》卷230, 成宗 20年 7月 乙亥, 11冊, 505쪽.

145)《成宗實錄》卷238, 成宗 21年 3月 乙丑, 11冊, 579쪽.

146)《成宗實錄》卷162, 成宗 15年 正月 甲辰, 10冊, 560쪽 ;《成宗實錄》
卷245, 成宗 21年 閏9月 丁未, 11冊, 651쪽 ;《成宗實錄》卷250, 成宗 22年
2月 庚戌, 11冊, 688쪽 ;《成宗實錄》卷262, 成宗 23年 2月 庚戌, 12冊, 146쪽 ;
《成宗實錄》卷266, 成宗 23年 6月 庚申, 12冊, 196쪽 ;《成宗實錄》卷267, 成
宗 23年 7月 甲戌, 12冊, 201~202쪽 ;《成宗實錄》卷291, 成宗 25年 6月 壬申,
12冊, 545~546쪽.

의 처지가 맞부딪히면서[148] 일본으로의 면포 濫輸는 15세기 후반을
거쳐 16세기에 들어 여러 면에서 조선의 사회경제에 적지 않은 영
향을 야기하기에 이르렀다.[149]

　15세기 후반, 이처럼 삼포와 도성의 사무역을 중심으로 擴大 一
路에 있던 대일무역은 富商大賈, 그중에서도 京中 부상대고들이 그
자산을 기반으로, 때로는 권력과의 연계를 바탕으로 이를 주도하고
있었다. 성종 24년(1493) 2월에는 도성의 부상대고로서 다수의 禁物
을 소지하고 삼포에 몰래 내려가 夜陰을 틈타 왜인과 불법 사무역
을 벌인 京商이 고발되었다.[150] 그해 윤5월, 삼포의 민간 사무역에
따른 폐단을 줄이기 위해 花園의 倭物庫를 다시 운용할 것을 논의
하는 조정의 격론 과정에서 주된 논란의 대상이 되고 있었던 상인은
경상들이었다.[151] 이와 같이 이들 경중의 부상대고들은 삼포나 도성
의 동평관에서 倭通事나 房守·庫直 등과 연계하고,[152] 때로는 왕
실을 비롯한 勸力이나 해당 실무 관인층과 연대하여 자신들 사무역
이익의 極大化를 도모하였다.

　성종 24년(1493) 6월, 조정에서는 대일 교섭의 주무 관서이기도
하였던 예조판서 盧公弼이 그의 妾娚 金波回의 奴에게 주어 보낸

147)《成宗實錄》卷248, 成宗 21年 12月 甲戌, 11冊, 678쪽 ;《成宗實錄》卷288,
　　成宗 25年 3月 丁未, 12冊, 493쪽 ; 金柄夏, 앞의《李朝前期 對日貿易 研究》;
　　澤村東平, 앞의《朝鮮棉作綿業の生成と發展》.
148)《成宗實錄》卷261, 成宗 23年 正月 癸未, 12冊, 132쪽.
149) 李正守, 앞의〈15·16세기의 對日貿易과 經濟變動〉.
150)《成宗實錄》卷274, 成宗 24年 2月 丁巳, 12冊, 277쪽.
151)《成宗實錄》卷278, 成宗 24年 閏5月 辛丑, 12冊, 327~328쪽.
152)《睿宗實錄》卷4, 睿宗 元年 3月 癸巳, 8冊, 350쪽 ;《成宗實錄》卷278, 成宗
　　24年 閏5月 辛丑, 12冊, 327~328쪽 ;《燕山君日記》卷21, 燕山君 3年 正月 丙辰,
　　13冊, 183쪽 ;《燕山君日記》卷21, 燕山君 3年 正月 戊辰, 13冊, 189쪽.

한 통의 書翰이 큰 논란이 되었다.[153] 그의 發明에도 불구하고 의
금부의 조사 결과, 노공필의 妾父 金貴山은 倭物 무역을 業으로
하는 부상대고였고, 그의 아들 波回의 奴가 들고 간 禮判의 서신은
이들 부상대고 父子의 삼포 사무역의 편의를 청탁하는 편지로 밝혀
진 때문이었다.[154] 김귀산 - 김파회 父子의 노비 莫今은 당시 薺浦
인근의 熊川에 거주하고 있었다. 결국 삼포 중에서도 대일무역 규모
와 恒居倭人의 숫자가 월등하였던 제포를 무대로 사무역에 종사하
던 막금과, 이들의 주인이자 이 사무역의 주체였던 경중 부상대고
김귀산 부자의 불법 무역에 대신이자 주무 관서의 책임자인 예판 노
공필이 청탁을 하였던 것이 이 사건의 要諦였던 것이다.

이후 연산군 5년(1499) 정월에는 왕실과 연계하여 대일 사무역에
종사하던 상인에 대한 처리가 논란이 되었다. 왕비의 시녀인 典正
崔氏의 아버지 崔明智가 도성의 왜 객관에서 庫直과 더불어 왜인
의 동철을 사무역하였다가 적발되자, 그의 딸 최씨가 억울함을 上言
하였다. 그 결과 애초 《經國大典》과 《大典後續錄》 규정에 따라
'杖 1백에 徒 3년'으로 定罪되었던 형벌에서 먼저 徒刑이 면제되
고, 이어 杖刑까지 면제시켰을 뿐만 아니라 마침내는 赦前의 사안
임을 빌미로 銅鐵價에 대한 徵納마저 못하게 한 국왕의 조처가 言
官들을 중심으로 크게 문제 되었던 사건이었다.[155] 그 3년 뒤 연산

---

153) 《成宗實錄》 卷279, 成宗 24年 6月 丁卯, 12冊, 342쪽.
154) 《成宗實錄》 卷279, 成宗 24年 6月 乙亥, 12冊, 344~345쪽 ; 《成宗實錄》
　　卷279, 成宗 24年 6月 丙子·丁丑, 12冊, 345쪽.
　　한편 예조판서 노공필과 그의 妾父 김귀산이 맺고 있는 婚姻 관계도 주목된
　　다. 2장에서 살펴본 對中貿易에 종사하고 있던 京商 金得富의 사례와 더불어,
　　이 시기 권력과 부상대고의 혼인을 통한 일상적인 연계의 실정을 잘 보여 주고
　　있기 때문이다.
155) 《燕山君日記》 卷32, 燕山君 5年 正月 乙亥·丁丑, 13冊, 342쪽 ; 《燕山君

군 8년(1502) 12월에는 국왕과 嬖幸 綠水 사이에 태어난 딸의 乳
母 아들 從伊가 왕명에 의해 동평관의 庫直에 永定된 조처를 역시
사헌부 지평 權轎가 논박하였다.156)

　요컨대 15세기 후반 三浦와 도성의 東平館을 중심으로 펼쳐지던
대일무역, 그중 특히 사무역은 이처럼 경상을 비롯한 전국의 부상대
고들이 권력과 연계하여 商活動을 벌이면서 더욱 확대되고 있었다.
때문에 이 시기 내내 삼포와 그 인근 군현의 地方官이 商賈들을
縱容하는 실태가 문제 되었고,157) 이들 지역에 특별하게 청렴한 官
人들을 선발하여 파견하여야 한다는 주장이 거듭되었음에도158) 이
후 삼포의 倭銅鐵 무역에서 상인들이 사무역을 통해 上品의 왜동
을 선점해 버리는 까닭에, 공무역 되는 국용 동철의 품질이 粗惡한
상황이 국가권력의 엄중함에도 불구하고 여전히 논란되고 있었던
것이다.159)


## 4. 對外貿易 擴大의 基盤


　국초 이래 조선 정부의 대외무역정책은 '務本抑末', '利權在上'의

---

　　日記》卷32, 燕山君 5年 正月 戊寅·己卯, 13冊, 343쪽 ;《燕山君日記》卷32,
　　燕山君 5年 2月 辛卯, 13冊, 346쪽 ;《燕山君日記》卷32, 燕山君 5年 2月 戊申,
　　13冊, 348쪽.
156)《燕山君日記》卷47, 燕山君 8年 12月 丙午, 13冊, 532쪽.
157)《成宗實錄》卷9, 成宗 2年 正月 丁酉, 8冊, 552쪽.
158)《燕山君日記》卷25, 燕山君 3年 7月 庚申, 13冊, 259쪽.
159)《成宗實錄》卷235, 成宗 20年 12月 乙未, 11冊, 552쪽.

경제 인식·경제정책의 基調 위에서 대외무역 전반에 대한 국가의 통제와 관장을 提高하는 방향으로 추구되어 왔다.[160] 공무역과 赴京 사행에 수반하는 사무역을 제외한 일체의 對中貿易을 단속하고, 왜인과 야인에 대해서는 삼포와 도성의 客館 등 허가된 空間에서의 통제된 공·사무역을 허용하되 禁物을 포함한 불법 사무역과 밀무역을 일절 불허하였던 조처가 그 실제였다.

그런데 15세기 후반, 특히 성종조에 들어서면 이 같은 국초 이래의 정책 기조에도 적지 않은 변화가 나타나고 있었다. 예컨대 앞서 살펴본 바와 같이, 애초 成宗 3년(1473) 특히 경중의 부상대고들이 三浦에 내려가 왜인들과 벌이던 왜물 사무역을 근본적으로 차단하기 위해 花園縣에 설치하였던 倭物庫 운영이 조정에서 논란을 거듭하다가, 마침내는 호조를 제외한 다수 관료들과 국왕의 지지를 바탕으로 동 18년(1487) 이들 상인의 삼포 사무역을 전면 허용했던 사정이 저와 같은 정책 기조의 변화를 보여 주는 단적인 사례이다.[161]

한편 이 같은 대외무역에 대한 인식의 전환에 국왕 성종이 그 先頭에 있음이 매우 흥미롭다. 성종 15년(1484) 5월, 경중 富商들의 遼東 通商을 허가하여 이들을 使行의 騎載役에 충당하자는 건의가 일자, 국왕은 "有無를 교환하는 것은 帝王의 일이니, 우리나라 상인들이 중국과 통상하는 것은 흡사 (국가에) 방해될 것이 없다."[162]며 동의를 내비쳤다. 성종의 이 같은 인식은 이후 對野人무역 부문에서도,[163] 그리고 동 16년(1485) 3월에는 대일무역과 관련하여서도 마찬가지로 開陳되었다. 이때 국왕은 논란이 크던 경상의

---

160) 朴平植, 앞의 〈朝鮮初期의 對外貿易政策〉.

161) 앞의 주 109 참조.

162) 《成宗實錄》 卷166, 成宗 15年 5月 癸丑, 10冊, 594쪽.

163) 《成宗實錄》 卷173, 成宗 15年 12月 庚申, 10冊, 650~651쪽.

삼포 사무역 허용 주장을 여러 대신들과 함께 펼치면서, 대마도 도주에게 보낼 諭示의 내용을 "우리나라에서 생산되지 않는 물품이 있고 너희 나라 역시 그러하니, 있고 없는 것을 서로 무역하여 도와야 마땅하므로, 무역 과정에서 외람된 일이 있으면 우리나라 國人은 내가 마땅히 처벌할 것이니 너희 나라 사람들은 島主가 또한 죄로 다스리는 것이 옳다."164)라고 작성할 것을 지시하였다. 따라서 당시 조정에서 극심하게 의견이 대립되던 삼포 사무역 허용 논란에서 성종이 일관된 찬성 입장을 펼쳤던 것도, 이 같은 국가 간 대외무역의 順機能에 대한 인식에서 비롯된 것이었다.

성종의 대외무역의 역할과 기능에 대한 이 같은 적극적인 인식은 이후에도 여러 기회를 통해 반복되었다. 동 22년(1491) 9월에는 부경 사행에서 벌이는 通事들의 사무역에 대해 "祖宗 이래로 금지하지 않았다."165)는 견해를 표명하기도 하였고, 그 이듬해(성종 23, 1492) 5월에는 한 달여 이상 논란이 거듭되었던 典言 曺氏의 조카 曺福重의 부경 사무역과 관련하여서도 "福重이 興利하였다고 하는데 (상인인) 복중을 어찌 흥리하였다고 하여 罪줄 수 있겠느냐?"166)는 놀라운 인식을 내보이기까지 하였다. '重義輕利', '德本財末'의 가치관에 투철하였던 이 시기 국왕과 官人 儒者들의 일반 인식을 파격적으로 뛰어넘는 견해라 하겠다.

특히 성종의 이 같은 상업 인식은 대외무역만이 아니라 국내교역 분야에서도 마찬가지로 드러나고 있어 더욱 주목된다. 성종은 이 시기 興販을 業으로 삼아 생활하는 僧徒들의 상업 행위를 인정

---

164)《成宗實錄》卷176, 成宗 16年 3月 壬午, 10冊, 693쪽.
165)《成宗實錄》卷257, 成宗 22年 9月 癸卯, 12冊, 98쪽.
166)《成宗實錄》卷265, 成宗 23年 5月 甲申, 12冊, 181쪽.

했을 뿐만 아니라,[167] 당대 출현하여 그에 대한 禁止가 줄곧 논의
되던 농민적 교역기구로서 場市에 대해서도, 그 '懋遷有無'의 긍정
적 기능을 들어 폐지에 반대하는 매우 예외적인 인식을 보여 주었
다.[168] 15세기 후반 성종조 이후의 對中·對日 대외무역의 확대는
이 같은 국왕과 일부 관인들의 末業, 商業에 대한 조용하지만 매우
중요한 인식의 전환에 기초하여 전개되었던 셈이고, 그 같은 추세
는 이후 16세기에 들어 더욱 강화되어 갔던 것이다.[169]

이처럼 성종조 이후 대외무역 부문에서 국초 이래의 정책 기조에
변화가 조성되면서 그 확대 양상이 펼쳐질 무렵, 동시에 국내 상업
과 교환경제의 영역에서도 의미 있는 변동이 나타나고 있었다. 우선
도성의 市廛商業에서는 "地狹人衆", "車馬塡塞" 등을 이유로 국초
이래 설정되어 있던 시전구역이 성종 3년(1472) 확대되면서, 종묘
앞 日影臺에서 蓮池洞 石橋 구간, 곧 오늘날의 종로 4가 일대가
새롭게 시전구역에 편입되었다.[170] 이로써 도성의 시전 규모는 국초
의 1천여 칸에서 1천 2백여 칸으로 확장되어, 고려말 開京 시전에
버금하거나 上廻하게 되었다.[171]

이어 동 16년(1485)에는, 10여 년 전 확장된 시전구역을 포함한
도성내 시전 전체를 物種別로 재배치하는 조처가, 移轉 대상이 된
鐵物廛을 비롯한 일부 시전들의 강력한 반발에도 불구하고 국가권

---

167) 《成宗實錄》 卷229, 成宗 20年 6月 壬辰, 11冊, 481쪽.
168) 《成宗實錄》 卷204, 成宗 18年 6月 戊子, 11冊, 226쪽.
169) 朴平植, 〈抑末策의 衰退와 財政補用政策의 摸索〉, 《朝鮮前期商業史硏究》, 지식산업사, 1999.
170) 朴平植, 앞의 〈朝鮮前期 市廛의 發展과 市役 增大〉.
171) 朴平植, 〈朝鮮前期의 都城商業과 漢江〉, 《서울학연구》 23, 2004(《朝鮮前期 交換經濟와 商人 硏究》(지식산업사, 2009)에 수록)].

력을 바탕으로 강행되었다.172) 국초 시전이 처음 조성된 이래 90여 년 동안 전개된 시전의 발전 상황을 반영하면서도, 한편으로 누적되고 있던 각종 市廛 문제를 전면적인 물종별 재배치 조처로 해결함으로써 시전에 대한 국가 통제를 강화하려는 시책이었다. 이 같은 성종조의 시전 확대와 국가의 시전 정비 노력은, 이 시기 심화되고 있던 도성의 인구 증가, 代納·防納의 형태로 크게 사회문제가 되었던 賦稅制의 변동, 곧 각종 貢物을 도성과 그 인근 京江에서 구입하여 납부하는 이른바 '京中貿納'의 실태 등을 배경으로 전개되는 도성 상업의 확대 현상이었고, 또 이에 대한 국가의 대응 조처였다.

성종 연간 國內 商業界에 나타난 또 다른 중요한 변화는 場市의 첫 등장이었다. 성종 원년(1470)에 처음 전라도 務安 등의 여러 고을에서 商人들이 모여 "以有易無"의 공간으로 시작된 장시는,173) 지방의 농민과 수공업자 등 직접생산자들이 자신들의 노동에 기초하여 생산한 농산물과 수공업품 등 여러 물품들을 사고파는 場, 곧 소상품 생산의 출현과 진전에 수반하여 성립된 농민적 교역기구로서 농촌 시장이었다.174) 출현 초기, 凶年일 때의 긍정적인 기능에도 불구하고 이를 백성들의 逐末의 공간으로 인식한 조정 관료들에 의해 禁止策이 끊임없이 논의되었지만, 이 같은 규제에도 불구하고 16세기 이후 장시는 경상도를 거쳐 전국으로 확산되었고, 그 開市가 정례화하면서 조선 사회의 매우 독특한 定期市場으로 발전해 가고 있었다.175)

---

172) 朴平植, 〈朝鮮 成宗朝의 市廛再編과 官·商 葛藤〉, 《典農史論》 7, 2001(《朝鮮前期 交換經濟와 商人 研究》에 수록).

173) 《成宗實錄》 卷20, 成宗 3年 7月 壬戌, 8冊, 676쪽 ; 《成宗實錄》 卷27, 成宗 4年 2月 壬申, 9冊, 8쪽.

174) 李景植, 앞의 〈16世紀 場市의 成立과 그 基盤〉.

'務本抑末', '重農抑商'을 국가 경제정책의 기본 원리로 천명하며 개창되었던 조선 왕조에서, 왕조 개창 이후 半世紀 정도가 지나면서 나타나고 있던 이 같은 변동, 곧 성종조 이후 대외무역의 발달 양상과 국내 상업에서 시전의 확대와 재배치, 그리고 장시의 성립과 확산 등의 상황은 조선의 각 경제 주체들의 경제생활에도 많은 변화를 가져왔다. 상인이나 수공업자 농민들만이 아니라 왕실을 비롯한 諸 특권세력과 관인층 일반의 이들 末業 분야를 활용한 殖貨와 逐末 경향이 크게 활성화되었고, 그 결과로서 奢侈 풍조가 커다란 사회문제로 대두하는 계기가 되었던 것이다.

물론 이 같은 관인 지배층의 상업 참여를 통한 殖貨 풍조는 16세기 이후, 특히 중종조에 들어 士林 계열 사대부 儒者들의 집중적인 논박의 대상이 되었지만,176) 이미 15세기 후반 성종조에도 일부 宰相들의 末業을 통한 殖貨 추구 행태는 조정에서 심각한 문제로서 자주 거론되고 있었다. 예컨대 鄭麟趾·尹弼商·尹殷老·鄭崇祖 등이 그 대표적인 인물이었고,177) 이들이 방납을 비롯한 賦稅收納 영역과 함께 식화의 場으로 주로 활용한 공간이 바로 시전상업과

---

175) 위와 같음.

176) 朴平植, 〈殖貨·逐末 風潮의 擴散과 그 問題〉, 《朝鮮前期商業史硏究》, 지식산업사, 1999.

177) 《成宗實錄》卷89, 成宗 9年 2月 癸丑·甲寅·乙卯, 9冊, 559~561쪽 ; 《成宗實錄》卷181, 成宗 16年 7月 壬子·甲寅·乙卯, 11冊, 34~38쪽 ; 《成宗實錄》卷203, 成宗 18年 5月 丁巳, 11冊, 214쪽 ; 《成宗實錄》卷240, 成宗 21年 5月 辛酉·壬戌, 11冊, 592쪽 ; 《成宗實錄》卷241, 成宗 21年 6月 癸未·戊子·癸巳·戊戌·庚子·辛丑, 11冊, 602~609쪽 ; 《成宗實錄》卷242, 成宗 21年 7月 癸亥, 11冊, 616쪽 ; 《成宗實錄》卷279, 成宗 24年 6月 甲戌·丁丑, 12冊, 344·347쪽 ; 《成宗實錄》卷279, 成宗 24年 6月 辛卯·壬辰, 12冊, 350~351쪽 ; 《成宗實錄》卷284, 成宗 24年 11月 癸丑, 12冊, 442쪽 ; 《成宗實錄》卷291, 成宗 25年 6月 戊辰, 12冊, 543쪽.

대외무역 부문이었다. "謀利宰相"[178], "殖貨宰相"[179] 등으로까지
卑稱되고 있었던 이들이, 각 식화의 영역에서 그 이익의 규모를 키
우기 위해 도성과 개성 등지의 부상대고들과 적극적으로 연대하였음
은 물론이다.[180]

관인 지배층, 특히 재상으로 대표되는 특권 세력의 商業 참여를
통한 殖貨 행태는 필연적으로 이들과 부상대고 등 資産層 일반의
奢侈 風潮로 이어졌고, 이 과정에서 대외무역은 더욱 熾盛해졌다.
服飾을 중심으로 한 사치 풍습이 불법적인 부경 사무역으로 연결된
다는 인식과 그에 대한 금단 조처는 국초 이래 항시적인 것이었고,
이는 성종조 이전 15세 중반에도 마찬가지였다.[181] 그런데 성종조에
들어선 이후 이 문제는 조정의 현안으로서 자주, 그리고 심각하게
여러 법적인 조처를 수반하면서 논란되고 있었다.

성종 3년(1472) 정월 예조는 국왕의 命에 따라 의복·器皿·婚
姻·음식 등에서 나타나던 사치 풍조 전반을 금지하는 節目을 마
련하여 보고하는 가운데, 특히 부상대고들을 特記하여 이들의 사
치가 僭濫하게도 宮禁에 비길 정도라고 하면서 그 규제와 이들에
대한 籍沒 규정을 건의하고 나섰다. 아울러 庶人들의 貂皮와 青
鼠皮를 이용한 옷이나 耳掩 단속도 동시에 시행하기로 하였다.[182]
그해 9월에는 구체적으로 의복의 升數를 규제하여, 궁궐의 布帛은

---

178)《成宗實錄》卷280, 成宗 24年 7月 丁酉, 12冊, 354쪽.

179)《燕山君日記》卷52, 燕山君 10年 4月 戊午, 13冊, 607쪽.

180) 朴平植,〈朝鮮前期 開城商人의 商業活動〉,《朝鮮時代史學報》30, 2004
　　(《朝鮮前期 交換經濟와 商人 研究》에 수록) ; 朴平植,〈朝鮮前期 京商의 商業活
　　動〉,《東方學志》134, 2006(《朝鮮前期 交換經濟와 商人 研究》에 수록).

181)《文宗實錄》卷7, 文宗 元年 4月 癸巳, 6冊, 374쪽 ;《世祖實錄》卷34, 世祖
　　10年 8月 戊戌, 7冊, 646쪽 ;《世祖實錄》卷35, 世祖 11年 3月 癸酉, 7冊, 678쪽.

182)《成宗實錄》卷14, 成宗 3年 正月 己未, 8冊, 627쪽.

10~11승, 土族은 9~10승, 일반 庶人은 8~9승 이하의 복식만 허용한다는 傳旨가 이어졌다.[183]

성종조 초반의 사치 풍조 논란에서 크게 문제가 되고 있던 주된 品目은 紗羅綾緞 등을 이용한 복식과 靑畫磁器를 비롯한 여러 彩色 器皿類, 초서피로 만든 이엄과 貂裘, 그리고 金銀을 이용한 각종 일상품과 修飾 등이었는데,[184] 이들 물품의 주된 出處는 각각 중국과 야인, 그리고 일본이었다. 그리하여 4품 이하의 관인까지 초피 이엄을 하고, 貂裘 없이는 모임조차 참여하지 않는 婦女들의 행태가 보고되었으며,[185] 관인들의 집집마다 각종 중국산 畫器들이 있고,[186] 또 이들 사치품 사무역을 위해 상인들이 北道에 구름처럼 몰려들어 "輻輳牟利"하는 형세가 수시로 논란이 되고 있었다.[187] 조정은 이 같은 사치 풍조가 勳戚·貴近에서 巨商·富賈에 이르기까지 만연하여 있고,[188] 사무역 熾盛에 따른 사치 행태에서 宰相이 왕실을, 이제 또한 庶人들이 재상가를 따르고 있다면서, 당대 사회 전반에 걸친 사치 풍조를 매우 심각한 사회문제로 인식하고 있었다.[189]

기실 이 같은 禁奢侈 논의는 儉約을 강조하는 유학의 고유 德

183) 《成宗實錄》 卷22, 成宗 3年 9月 丙辰, 8冊, 686쪽.
184) 《成宗實錄》 卷55, 成宗 6年 5月 庚申, 9冊, 223쪽 ; 《成宗實錄》 卷57, 成宗 6年 7月 甲子, 9冊, 243쪽 ; 《成宗實錄》 卷70, 成宗 7年 8月 甲午, 9冊, 376쪽 ; 《成宗實錄》 卷77, 成宗 8年 閏2月 戊申, 9冊, 426쪽 ; 《成宗實錄》 卷77, 成宗 8年 閏2月 辛亥, 9冊, 429쪽.
185) 《成宗實錄》 卷57, 成宗 6年 7月 辛酉, 9冊, 242쪽.
186) 《成宗實錄》 卷55, 成宗 6年 5月 庚申, 9冊, 223쪽.
187) 《成宗實錄》 卷57, 成宗 6年 7月 辛酉, 9冊, 242쪽 ; 《成宗實錄》 卷57, 成宗 6年 7月 甲子, 9冊, 243쪽.
188) 《成宗實錄》 卷77, 成宗 8年 閏2月 壬子, 9冊, 430쪽.
189) 《成宗實錄》 卷79, 成宗 8年 4月 壬戌, 9冊, 453~454쪽.

目으로서 이전 조종조에서도 반복되었다. 그런데 성종조 이후의 사치 풍조는 예전과는 사뭇 다른 양상이었고, 그 때문에 종종 前代와 비교되고는 하였다. 성종 8년(1477) 7월, 持平 金悌臣이 당대 사람들의 중국 물품 선호가 사무역의 盛況과 그 폐단으로 이어짐을 지적하자, 영사 韓明澮는 세조조에 宰相家에 5필 규모의 唐物 무역을 허용했음에도 불구하고 이에 응하는 사람이 적었던 사정과 이를 비교하였다.190)

국왕 성종 또한 이런 사정을 자주 언급하였다. 동 6년(1475) 7월 국왕은 승정원에서 禁奢僭 傳旨를 기초해 오자 이를 대신들에게 내리면서, "세종조에는 비록 堂上官이라 하더라도 사라능단을 입는 관인이 드물었는데, 근래에는 이를 입는 者가 너무 많아 마땅히 금해야 한다."191)는 의지를 전했다. 성종 9년(1478) 4월 朱溪副正 沈源 또한 상소를 통해, 세종조의 검소함에 대비하여 당대 公卿大夫의 관인에서 閭巷의 豪俠에 이르기까지 사람들이 추구하던 殖貨와 그에 따른 飮食, 婚姻 등에서의 사치를 극론하고 있었다.192)

성종조의 사치 풍조는 이상과 같은 의복과 食物에 이어, 이제 住宅과 일상의 소소한 雜物 부문으로 확산되고 있었다. 성종 9년(1478) 8월 工曹는 국왕의 受敎를 받고 조정의 논의를 모아, 大君에서 王子·諸君, 公主·翁主家 및 일반 서인에 이르기까지 지을 수 있는 家舍의 間數와 尺數 제한을 보고하여 윤허받았다.193) 그러나 국왕의 의지와 조정의 이 같은 조처에도 불구하고 주택 사치 문제는 이후 더욱 심화하였다. 성종 24년(1493)에는 그해 3월부터 10월까지

190)《成宗實錄》卷82, 成宗 8年 7月 丙戌, 9冊, 480쪽.
191)《成宗實錄》卷57, 成宗 6年 7月 甲子, 9冊, 243쪽.
192)《成宗實錄》卷91, 成宗 9年 4月 己亥, 9冊, 575~576쪽.
193)《成宗實錄》卷95, 成宗 9年 8月 辛亥, 9冊, 643쪽.

수차례에 걸쳐 조정에서 諸君·駙馬家의 家舍 사치와 그에 따른 목
재 시장에서의 抑買 문제, 이들 材木의 벌목·운송 과정에서 충청·
경상·황해도의 백성들이 받는 고통, 도성에서 이들 왕자 君의 家舍
를 지나치게 크게 짓느라 강제되는 과도한 民家의 철거 등, 특히 왕
실을 비롯한 특권 세력 주택의 사치에 따른 문제가 반복하여 거론되
는 상황이었다.194)

　요컨대 15세기 후반 성종조에 이상과 같이 衣食住 전반과 일상
용품에 이르기까지, 그리고 왕실 관인층에서 일반 서민에 이르기까
지 확산되고 있던 奢侈 풍조는, 동 16년(1485)에 최종 정돈된《經
國大典》刑典 禁制條의 세세한 禁奢侈 규정을 무색하게 하는 것
이었다. 성종 22년(1491) 5월 국왕의 傳旨에서 토로되고 있듯이, 당
대 사치는 飮食·服玩·車馬·宮室 등 일상 전반에 이르고 있었지
만,195) 특히 婚姻 과정의 婚具 마련에서 더욱 심각하였다.196) 동
25년(1494) 10월에는 대사헌 李誼 등이 상소를 통해, 민간에서 중
국산 사치 禮物을 갖추지 못해 혼인이 연기되는 실태까지 거론하는
실정이었다.197) 동 24년(1493) 10월 經筵 자리에서 언급된 금은으
로 장식되어 면포 4~5同(1동=50필) 가격이라는 갓〔笠〕, 또 면포
8~9동에 이른다는 부채〔扇子〕 등은 그 같은 사치 풍조의 가장 극단
적인 사례였다.198)

---

194)《成宗實錄》卷275, 成宗 24年 3月 壬辰, 12冊, 289쪽 ;《成宗實錄》卷278,
　　成宗 24年 閏5月 乙巳, 12冊, 330~331쪽 ;《成宗實錄》卷283, 成宗 24年 10月
　　辛未, 12冊, 413쪽 ;《成宗實錄》卷283, 成宗 24年 10月 乙酉, 12冊, 423~424쪽.
195)《成宗實錄》卷253, 成宗 22年 5月 庚子, 12冊, 42쪽.
196)《成宗實錄》卷142, 成宗 13年 6月 丙午, 10冊, 341쪽 ;《成宗實錄》卷250,
　　成宗 22年 2月 戊辰, 11冊, 697쪽 ;《成宗實錄》卷253, 成宗 22年 5月 庚子,
　　12冊, 42쪽.
197)《成宗實錄》卷295, 成宗 25年 10月 癸未, 12冊, 595쪽.

성종조 사회 전반의 사치 풍조가 이렇고 보면, 15세기 최말기 연산조의 사치 문제도 전혀 새로운 것은 아니었다. 성종조에 이어[199] 상인, 특히 富商大賈들의 사치 행태가 더욱 강조되어 거론되었고,[200] 연산군 4년(1498) 6월에는 예조의 발의로 총 23개조에 이르는 각각의 사치 물품과 사례 들을 망라한 禁制奢侈節目이 세세하게 마련되었지만,[201] 이제 이 같은 사치 행태의 先驅는 국왕이었다. 禁制 절목이 마련되었던 바로 그해(연산군 4, 1498), 眞珠 등 사치·戲玩物 구입을 위해 부경 사행에 보낸 公貿易價만도 면포 4만 3천여 필에 이르고 있었던 것이다.[202]

따라서 연산조의 사치 풍조는 이전과 달리 국왕의 非行으로 인한 왕실과 국가재정 차원의 심각함이 분명히 존재하였지만, 동 9년(1503) 2월 국왕 자신의 술회처럼 그와 같은 사회 전반의 사치 풍조는 "由來가 이미 오래된 것"[203]이었다. 15세기 후반, 특히 성종조 이후의 만연한 殖貨 풍조와 대외무역의 확대 국면을 사회적 기반으로 하여 이미 일상화된 현상이었던 것이다. 이 시기 사치 문제는 士林 계열 관인들의 儒者로서의 儉約 숭상 기조에서 자주 비판되고, 또 中宗反正 이후 廢主 연산군의 失政과 惡行을 거론하는 가운데

198)《成宗實錄》卷283, 成宗 24年 10月 乙酉, 12冊, 424쪽.

199)《成宗實錄》卷14, 成宗 3年 正月 己未, 8冊, 627쪽;《成宗實錄》卷77, 成宗 8年 閏2月 壬子, 9冊, 430쪽;《成宗實錄》卷191, 成宗 17年 5月 癸酉, 11冊, 127쪽;《成宗實錄》卷270, 成宗 23年 10月 戊戌, 12冊, 230쪽;《成宗實錄》卷286, 成宗 25年 正月 丙午, 12冊, 465쪽.

200)《燕山君日記》卷35, 燕山君 5年 10月 癸丑, 13冊, 383쪽;《燕山君日記》卷39, 燕山君 6年 10月 戊申, 13冊, 433쪽.

201)《燕山君日記》卷29, 燕山君 4年 6月 庚辰, 13冊, 313쪽.

202)《燕山君日記》卷29, 燕山君 4年 6月 丙子, 13冊, 313쪽.

203)《燕山君日記》卷48, 燕山君 9年 2月 乙卯, 13冊, 544쪽.

더욱 강조되고 있었다. 그러나 사회 전반의 그와 같은 사치 풍조는 국초 이후 조선 국가가 천명하고 추구해 오던 경제 인식과 정책, 그리고 그에 따른 경제 현실이 15세기 중반 이후 이 시기에 들어 노정하고 있던 제반 變化相의 한 面이었다고 하겠다.

奢侈 풍조가 주로 對중국·對야인 사무역과 밀무역의 확대로 이어졌다면, 대일무역 부문에서는 禁輸 품목으로서 일부의 金銀을 제외하면, 주된 수입품은 銅을 비롯한 일본산 광산물과 남방산 胡椒, 각종 향료, 蘇木 등이었다. 그중 특히 銅은 그 필수품으로서의 용도에도 불구하고 국내 생산이 부족하였고, 심지어는 銅이 "非我國所産"[204]이라거나 "銅鐵不産我土"[205]라는 언급마저 자주 나오는 형편으로, 국내 수요의 상당 부분을 이 倭人과의 공·사무역을 통해 조달하고 있었다. 단종 2년(1454) 3월 호조는 동철 무역을 도성이 아닌 삼포로 제한한 정부 조처에 반발하여 왜인들이 동철을 소지하지 않음에 따라, 국가 수요 동철을 민간에서 비싼 값에 매입하는 실정을 토로하였다.[206] 세조 원년(1455) 12월에도 예조는 왜인이 가져오는 동철과 石硫黃이 국용에 매우 긴절한 물품으로, 실로 通貨, 곧 왜인과의 무역에 따른 이익이 큰 품목으로 표현하고 있다.[207]

이 같은 인식은 이후 성종조에도 그대로 이어졌고,[208] 때문에 왜

204) 《成宗實錄》 卷152, 成宗 14年 3月 乙巳, 10冊, 439쪽 ; 《成宗實錄》 卷153, 成宗 14年 4月 乙丑, 10冊, 446쪽.

205) 《成宗實錄》 卷245, 成宗 21年 閏9月 丁未, 11冊, 651쪽.

206) 《端宗實錄》 卷10, 端宗 2年 3月 丁巳, 6冊, 674쪽.

207) 《世祖實錄》 卷2, 世祖 元年 12月 己酉, 7冊, 100쪽.

208) 《成宗實錄》 卷245, 成宗 21年 閏9月 丁未, 11冊, 651쪽 ; 《成宗實錄》 卷265, 成宗 23年 5月 甲申, 12冊, 181쪽.

인이 역대 가져온 동철은 그 규모가 막대하여도 공무역만이 아니라 민간의 사무역 또한 허용함으로써 국내 수요 銅의 안정적인 확보를 기도하였던 것이 이 시기 조선 정부의 일관된 방침이었다.[209] 연산군 6년(1500) 조선 조정이 왜인의 銅 11만 근(약 70톤)에 대해 그 1/3을 공무역으로 수용하고, 나머지 2/3의 민간 사무역을 허용하였던 까닭도 "국용 銅은 여유가 있으나 민간의 동철이 부족하다."[210]는 판단에 따른 것이었다.

이처럼 사치품이 아니면서 국용이나 민간의 수요에 긴요하였던 수입 품목은 이 銅·鑞鐵 등의 일본산 광산물 외에도 중국산 弓角·藥材, 야인의 胡馬, 남방산 胡椒 등 다양하였다.[211] 요컨대 이 시기 대중·대일무역 확대의 또 한 기반은 사치 풍조에 따른 사치품 수입 외에도, 이들 국가와 민간 수요 必需品의 무역 필요에서도 조성되고 있었던 것이다.

한편 15세기 후반 성종조 이후 대외무역 확대의 또 다른 여건은 이 시기 東아시아의 국제 정세와 교역 질서에서도 그 기반이 마련되고 있었다. 15세기 중국을 중심으로 형성된 동아시아의 교역 질서는 기본적으로 明 중심의 朝貢貿易 체계 안에서 구축된 것이었다. 특히 明 太祖〔洪武帝〕 이래 천명되고 있던 강력한 海禁 정책의 기조는 15세기 후반에 이르러서도 여전하였고, 결국 명과의 進貢과 回賜 형식의 조공무역만이 공적으로 허용되는 거의 유일한 교역

209) 왜인 銅鐵 무역에 대한 구체적인 내용은 앞의 3장과 金柄夏, 앞의《李朝前期 對日貿易 硏究》참조.

210)《燕山君日記》卷38, 燕山君 6年 8月 乙未, 13冊, 422~423쪽.

211)《世祖實錄》卷39, 世祖 12年 9月 己卯, 8冊, 39쪽 ;《成宗實錄》卷97, 成宗 9年 10月 丁巳, 9冊, 658~659쪽 ;《成宗實錄》卷257, 成宗 22年 9月 癸卯, 12冊, 98쪽 ;《成宗實錄》卷289, 成宗 25年 4月 丙寅, 12冊, 502쪽.

공간이었다. '2年 1貢'의 규정을 이용하여 모두 171회의 明 進貢을
수행하였던 琉球가 이 시기 중국과 동남아시아, 그리고 일본을 잇는
海上交易의 세계에서 雄飛할 수 있었던 여건도 여기에서 마련된
것이었다.212)

그런데 조선은 명의 '3年 1貢' 방침에도 불구하고 '1年 3貢'의
주장을 관철하여 매년 3~4차례의 정기 使行을 파견하는 한편, 수
시로 謝恩·奏請·進賀使 등을 파견하고 있었다.213) 이와 같이 주변
국에 비하여 월등하게 많았던 조선의 赴京使行은 그만큼 그에 수반
한 공·사무역의 기회와 공간을 許與받았다. 여기에 덧붙여 15세기
후반 조선은 무역과 관련하여 적지 않은 중국의 배려를 받고 있기도
하였다. 성종 9년(1478) 정월 奏請使로 중국을 다녀온 尹弼商은 복
명 자리에서, 조선 使行의 弓角 공무역에 대하여 명나라 조정에서
반대하였으나 황제의 裁可로 수행하였음을 보고하며, 이 같은 중국
의 분위기를 고려하여 이후 궁각 사무역에 신중을 기하자고 건의하
고 있었다.214) 군수품으로 禁輸 품목이었던 궁각을 조선 사행에게
특별하게 무역을 허용하고 있는 사례였다.

여기에 앞의 2장에서 살펴본 바와 같이, 北京 會同館에 머무르
는 조선 사행은 球 사신단과 함께, 다른 나라 사신들이 5일에 한 번
회동관 出館 사무역을 허용받고 있던 것과 달리 수시로 회동관 밖
무역이 가능하였으며,215) 또한 명나라는 요동의 邊境에서도 조선

---

212) 高良倉吉, 원정식 역, 《류큐 왕국》, 도서출판 소화, 2006 ; 岸本美緒·宮嶋博
    史, 김현영·문순실 역, 《조선과 중국 근세 오백년을 가다》, 역사비평사, 2003.
213) 朴元熇, 《明初朝鮮關係史研究》, 一朝閣, 2002.
    반면, 日人 학자들은 이 시기 明에 가장 많은 定期使行을 파견한 나라로 琉球
    를 들고 있다(앞의 주 212 참조).
214) 《成宗實錄》卷88, 成宗 9年 正月 甲戌, 9冊, 543쪽.

상인과의 무역을 금지하지 않기도 하였다.216) 때문에 성종 22년
(1491) 9월 使行 사무역을 논하는 자리에서, 국왕은 "내 들건대 중
국에서도 우리나라 사람들과의 무역은 禁하지 않는다."217)며 중국산
궁각의 사무역에 찬성하는 대신들의 견해에 동조하였다.

　이렇게 보면, 15세기 후반, 특히 성종조 이후 들어 그 확대 양상
을 노정하고 있던 조선의 대외무역은, 對중국 부문에서는 약재·서책
등의 공무역 품목과 더불어 사라능단의 비단과 고급 器皿類 등의
사치품들이 대거 사무역을 통해 조선의 人蔘·細苧麻布 등과 교역
되고, 여기에 야인들로부터는 貂鼠皮의 고급 皮物類가, 그리고 일
본으로부터는 銅·鑞鐵, 硫黃 등의 광산물과 남방산의 胡椒 등 약
재와 각종 향료, 蘇木 등이 조선산 면포·곡물·인삼 등과 무역 되는
형태였다. 그리고 이 과정에서 중국산 사치품과 일본 상인이 가져오
는 남방산 호초 등을 이용한 조선 상인들의 中繼貿易 또한 그 端
初가 형성되고 있던 상황이었다.218)

　요컨대 이 시기는, 前世紀 동아시아 전체를 요동하게 하였던 倭
寇를 明과 조선에서 무력과 각종 시책을 통해 鎭定시킨 후에 조성
된 중국 중심의 朝貢貿易 질서의 틀이, 한반도를 중심으로 조선과
명, 조선과 일본·야인 사이에서 이들 양국 상인들의 적극적인 사무
역 활동을 기반으로 점차 새롭고 한층 더 역동적인 貿易 體系로의
변화가 胎動하기 시작한 시기로 규정할 수 있겠다. 16세기 동아시
아에서 대두하고 있던 전에 없던 이른바 '商業의 時代'는 이 같은
국내외의 여건을 배경으로 조선 안에서도 준비되고 있었던 셈이다.

---

215) 주 22와 같음.
216) 주 21과 같음.
217) 《成宗實錄》卷257, 成宗 22年 9月 癸卯, 12冊, 98쪽.
218) 앞의 2장, 3장 내용 참조.

# 5. 結 語

　15세기 후반 이후 전개되고 있던 對外貿易의 확대 국면을 대중국·대일본 무역의 實際와 그 基盤에 초점을 두고 규명하여 보면 이상과 같다. 이제 그 내용을 요약하여 정리하고, 이 같은 대외무역의 변화상이 갖는 의미를 이후 역사와의 연계에서 展望하는 것으로 본 작업을 마무리하고자 한다.

　'務本抑末', '利權在上'을 기치로 하여 천명되고 있던 조선 국가의 국초 이래 상업정책은, 대외무역 부문 중 對중국 무역에서는 공무역과 赴京使行에 수반하는 사무역을 제외하고 여타의 사무역과 변경 일대의 밀무역을 전면 금지하였고, 對일본·對야인무역에서는 도성의 客館과 三浦에서의 공·사무역을 허용하되 禁物을 포함하는 불법 사무역을 嚴禁하는 국가정책을 유지해 오고 있었다. 그런데 15세기 후반에 들어, 특히 성종조 이후 이 같은 대외무역에 대한 국가 통제에도 불구하고 通事와 赴京使臣, 그리고 이들과 연계한 富商大賈들이 부경 사행의 기회를 활용하여 벌이는 사무역 활동이 매우 활발해지고 있었다. 이들의 사무역은 국가 수요를 조달하기 위한 공무역에 支障을 야기할 정도였고, 이들을 접대하는 명나라 관인이나 상인들로부터 使行이 아니라 謀利를 추구하는 商人 집단이라는 극단의 평가까지 나오는 지경이었다.

　여기에 명나라의 조선 사행단 역시 조선에서 인삼을 포함한 각종 求請物을 요구하고, 또 사무역을 통한 이익을 추구하면서 이들이 소지한 櫃의 숫자가 이전에 비해 倍 이상 증가하고 있었다. 이 같은 조선과 명 양국의 使行 사무역의 한편에서는, 국초와 달리 변경 지대를 중심으로 한 밀무역이 명나라와만이 아니라 貂鼠皮 등 피물을 중심으로 野人들과도 盛行하기 시작하였다. 특히 황해도나 평안도에서 출발한 船商들이 연안 일대를 따라 명의 요동 지방에 진출하여 밀무역을 하거나, 심지어 그중 일부는 요동 연안 海浪島와 같은 섬에 정착하여 양국 사이의 무역에 간여하면서 살아가는 것이 적발되는 등, 국경 일대에서 일찍이 없었던 불법 사무역과 밀무역이 전개되고 있었다.

이 시기 대중국 무역은 주로 使行 사무역의 공간에서 펼쳐지는 것이었기에, 여기에 참여하는 譯官, 곧 통사들과 부경 사신으로 파견되는 官人들에 의해 수행되는 것이 일반적이었다. 특히 여러 차례 명나라를 왕래하고 있던 통사층에서, 예컨대 성종초 그의 사무역 활동이 크게 논란이 되고 있던 張有誠과 같은 역관들이 사무역을 주도하였고, 사행단의 관인을 포함하여 국내의 권세가들 역시 이들 통사들을 통해 중국산 사치품 등의 구입과 무역을 진행할 수 있었다. 그런데 성종조에 들어서 대중국 사무역, 특히 赴京使行 사무역에서 도성과 개성 출신 부상대고들의 활약이 두드러지면서, 이들이 이제 대중 사무역의 주도층으로 대두하고 있었다.

부경 사행의 家奴나 軍官으로 신분을 위장하여 중국에서 사무역을 벌였던 이들 중에는, 여러 차례 이 부경 사무역에 종사하다 성종 23년(1492) 4월에서 5월 사이 한 달여 넘게 조정에서 문제 되고, 사건 관련자가 50여 명 넘게 체포되어 推鞫을 받았던 부상대고 曹福重 같은 인물도 있었다. 그는 궁궐 대비전의 典言 曹氏의 조카로서, 대중국 사무역 외에도 관인 권세가들과 결탁하여 防納 등 각종 利權에 개입하여 殖貨를 일삼았던 이 시기의 전형적인 부상대고였고, 문제가 된 부경 사무역도 그의 이 같은 致富 활동의 하나였다. 이들은 '同財殖貨'의 방식으로 資本을 모으거나, 혼인을 통해 당대 권력과 연계하면서, 또 일부는 사무역 밀무역의 편의를 위해 변방의

武官職에까지 진출하면서 자신들의 商利益 확대에 매진하고 있었다.

세종조의 癸亥約條를 기본 章程으로 하여 전개되던 對日貿易에서도 성종조 이후 15세기 후반에 그 변화상이 노정되고 있었다. 물론 三浦를 중심으로 한 대일무역에서는 식량과 면포와 같은 생필품과 사치품 등 경제적 요구를 앞세운 倭人들의 적극성이 두드러졌지만, 이 시기를 전후하여 京商을 비롯한 부상대고들의 사무역 행태와 그에 따른 문제가 조정의 현안으로 대두하고 있었다. 세조 말년에는 삼포에서의 사무역을 전면 금지하는 방침이 내려졌으나, 왜인과 조선 상인들은 이 禁令을 어겨 가며 도성과 삼포에서 일본산 銅·鑞鐵 등 광산물과 南方産의 胡椒·蘇木·香料 등 왜인 소지물에 대한 민간 차원의 사무역을 지속하였다.

성종 3년(1472) 조정은 倭使의 소지물을 도성으로 운반하지 않고, 경상도 星州 인근 花園縣의 倭物庫에 비치하고 도성의 상인들로 하여금 司宰監에 그 대가를 납부하고 동철을 비롯한 倭物을 이 왜물고에서 수령하는 방침을 확정하였다. 왜물의 도성 운반에 따른 백성들의 고충을 해소하고, 조선 상인들과 왜인들의 직접 교역을 근본적으로 차단하여 대일무역, 특히 사무역에 대한 국가 통제를 강화하려는 방안이었다. 그러나 이 화원의 倭物庫 운영은 그 실제에서 實效를 기하기 어려웠고, 조정 내에서도 상인들의 삼포 사무역을 다시 허용하자는 주장이 호조를 제외하고 국왕을 비롯한 다수 대신들의 지지를 받고 있었다. 마침내 성종 18년(1487) 상인들의 삼포 사무역이 전면 허용됨으로써 화원현의 왜물고는 形骸化되고 만다. 대일 사무역에서 경상을 비롯한 조선의 부상대고들이 왜인들과 함께 정부의 사무역 통제 방침을 극복하면서 상이익의 확대를 적극 모색한 결과였다.

삼포와 도성의 東平館을 무대로 하는 대일 공·사무역은 15세기 후반 이후 양적인 확대를 거듭하고 있었다. 그중 왜인들의 소지가 가장 많았던 銅의 경우 세조 3년(1457) 일본 國王使의 소지액이 2만 1천 2백여 斤이었는데, 연산군 6년(1500)에 삼포에 도착한 倭銅의 양은 무려 11만 근(약 70톤)에 이를 정도였다. 또한 왜인에 대한 回賜와 사무역 지급액 역시 급증하여, 성종 7년(1576)에 벌써 京中과 경상도를 합하여 3만 7,421필에 이르고 있었고, 성종 17년(1486)에는 왜인 回奉額이 50만 필을 내려가지 않는다는 보고가 나올 정도였다. 15세기 후반 戰國時代의 혼란기를 틈타 九州 일대의 巨酋 세력과 대마도의 왜인들은 표류민 송환 등 각종 명목으로, 때로는 琉球國의 사신을 假稱하여 조선을 왕래하며 계해약조의 定約보다 더 많은 歲遣船과 使送에 자국산과 남방산 물품들을 실어 보냈다. 그리고 이 과정에서 애초 60호로 규정되었던 삼포의 恒居倭人의 숫자 또한 급증하여, 성종 25년(1494)에는 세종조의 거의 10배에 가까운 525戶 3,105口의 왜인들이 삼포에 恒居하며 조선과 일본 사이의 대외무역을 중개하고 있었다.

　이 시기 대일무역에서 주요 수입품은 일본산 광산물인 銅·鑞鐵, 硫黃 등과 南方産 胡椒와 같은 藥材, 각종 香料, 蘇木 등이었고, 주요 수출품은 綿紬와 綿布 등 직물류와 식량, 그리고 人蔘과 같은 희귀 사치품이었다. 그런데 성종조 이후 왜인들은 조선에서 棉作의 보급과 함께 그 생산과 유통이 확대되고 있던 綿布의 수입에 특히 열을 올렸다. 도성과 삼포에서 전개되고 있던 이 시기 대일무역을 주도하던 계층은 부상대고, 그중에서도 京商들이었다. 성종 24년(1493), 예조판서 盧公弼의 妾父였던 金貴山과 그의 아들 波回 父子의 사건에서 확인되듯이, 이들은 혼인을 비롯한 각종 수단을 동원하여 당대 권력과 연계하고, 이를 바탕으로 삼포와 도성의 동평관을 무대로 대일 사무역에 따른 상이익 확대에 적극 나서고 있었다.

이들 도성의 부상대고들 사이에서는 왜인들이 가져오던 胡椒와 같은 일부 품목을 활용하여, 중국과 일본을 연결하는 中繼貿易에 따른 이익을 도모하는 경우도 나타나고 있었다.

국초 이래 천명되어 온 '抑末'의 경제 이념에 따라 대외무역 전반, 특히 사무역에 대한 규제와 국가 통제의 강화가 일관되게 국가 정책으로 추구되었다. 그러나 15세기 후반을 거치면서 성종조부터는 그와 같은 인식에 전환이 나타나고, 그 결과 대외무역에 대한 통제에도 弛緩의 조짐이 점차 현저해지고 있었다. 당시 국왕 성종이 상업과 대외무역에 대한 인식 전환을 先導하여 보여 주었는데, 성종은 국내외 교역을 막론하고 그 '以有易無'의 교환 과정을 매우 긍정적으로 파악하면서 祖宗 이래 금지되지 않아 온 것으로 이해하였을 뿐 아니라, 심지어는 대외무역에 종사하는 부상대고의 興利 활동이 왜 罪가 되느냐는 파격적인 의견까지 피력할 정도였다.

이 같은 국왕과 관인층 일부의 상업, 末業에 대한 인식의 전환은 동 시기 국내 상업에서 펼쳐지고 있던 제반 변화, 곧 성종 3년(1472)의 시전구역 확대와 동 16년(1485)의 물종별 재배치 조처에서 잘 드러나는 市廛商業의 발전, 성종 원년(1470) 처음 전라도 일대에서 출현하여 이내 전국으로 퍼져 가며 농민적 교역기구로 자리 잡아 갔던 場市의 확산, 그리고 이 같은 국내외 상업의 발달을 목격하며 펼치고 있던 당대 권세가 관인 세력의 상업 참여를 통한 殖貨 풍조의 만연 등의 사회 분위기를 배경으로 나타나고, 이후 더욱 분명해지던 하나의 추세였다. 요컨대 공경대부에서 일반 서인층에 이르기까지 확산되고 있던 逐末과 殖貨 풍조의 산물이자, 그 바탕이었던 것이다.

성종조 이후 조선 사회의 이 같은 식화와 축말 분위기는, 이제 곧 대외무역의 熾盛과 그에 따른 奢侈 풍조의 심각화 문제로 이어지고 있었다. 중국산 紗羅綾緞의 고급 織物類, 靑畵磁器 등 최고급 器皿, 야인들이 공급하던 貂鼠皮로 만든 耳掩과 貂裘, 그리고 왜인에게서 밀수한 금은으로 장식한 갓(笠)과 부채 등, 이 시기 사치품은 多種多樣하였고, 그에 따른 사회문제는 매우 컸다. 儉約을 기본 덕목으로 삼았던 조선 사회에서 이 같은 사치 행태는 부상대고에서 관인과 사대부층 일반, 더 나아가 서인층에까지 만연하여 갔다. 貂裘 없이는 모임에 나가지 않는 婦女들에 대한 질타와 婚需를 갖추지 못해 혼사가 연기되는 지경까지 토로될 정도였다. 禁奢侈節目이 성종 3년(1472)에 일찍이 공표되고 이후 반복되고 있었으나, 사회 전반의 사치 풍토는 衣料, 食物만이 아니라 家舍와 일상용품 등 全 생활 영역으로 확대되어 갔으며, 특히 燕山朝에 들어서는 국왕의 非行과 無道 행태가 덧붙여짐으로써 그 심각성이 더해지는 형편이었다. 그리고 이 같은 사치 풍조가 주로 대중국 사무역의 急增으로 이어졌음은 물론이다.

아울러 이 같은 사치품이 아니더라도, 왜인들로부터 공급되고 있던 銅鐵과 같이 그 자체로 필수적인 물품이면서도 국내 생산이 부족하여 주변국과의 사무역이 불가결한 弓角·藥材·胡馬 등의 품목 또한 적지 않았다. 그러므로 성종조 이후 15세기 후반에 펼쳐진 이러한 대외무역의 확대 현상은, 중국 중심의 朝貢貿易의 질서 안에서 조선이 명나라로부터 인정받고 있던 다양한 무역 관련 特惠를 활용하고, 여기에 交隣의 대상으로서 일본과 야인을 외교와 경제 영역에서 제어하고 통제하면서, 또한 同 시기에 전개되고 있던 국내 상업과 교환경제의 발전에 조응하면서 진행되는 것이었다.

이상에서 살펴본 바와 같이, 15세기 후반 조선의 商業界는 국내외 모든 상업 부문에서 국초 이래의 '抑末' 정책과 그 인식이 이완되어 가는 가운데, 그 발달 국면이 도처에서 더욱 확대되고 있었다. 이

같은 변화와 발전의 양상을 대외무역으로 국한하여 그 의미를 음미
해 보면, 그것은 곧 이어질 16세기 東아시아 교역 체계에서 구현되
고 있던 銀을 매개로 하는 國際貿易의 비약적인 活性化, 이른바
동아시아 '商業의 時代'를 준비하는 역사적 기반, 그리고 국내적 배
경으로서의 성격을 갖는다 하겠다.

# 16世紀 對中貿易의 盛況과 國內商業

## 1. 序 言

16세기는 東아시아 지역을 포함한 아시아 전체, 그리고 세계사 차원에서 이른바 '상업의 시대', '교역의 시대'가 형성되기 시작한 시기로 이해되고 있다. 그리하여 일찍부터 歐美, 특히 일본학계를 중심으로 하여 自國史의 시각에서, 또는 자국사의 시점에서 구축한 세계사의 관점에서 이 시기의 國際 交流史를 자국 내 상업과 연계하여 정리하여 왔다. 그 결과 이 시기 동아시아에서 대량 생산된 日本銀에 토대한 새로운 국제교역의 질서가 그간의 明 중심 조공무역 체제를 특히 해상무역의 부문에서 대체해 가는 양상과, 이 과정에서 중국과 일본 양국 상인들의 교역 양상이 이른바 '後期倭寇'의 활동과 더불어 크게 부각되어 왔다.[1]

---

1) 岸本美緒·宮嶋博史, 김현영·문순실 역, 《조선과 중국 근세 오백년을 가다》, 역사비평사, 2003 ; 주경철, 《대항해시대》, 서울대학교출판부, 2008 ; Immanuel M. Wallerstein, 나종일 외 역, 《근대세계체제 1 - 자본주의적 농업과 16세기 유럽 세계 경제의 기원》, 까치, 2013 ; 田中健夫, 《中世對外關係史》, 東京大學出版會, 1975 ; 小葉田淳, 《金銀貿易史の研究》, 法政大學出版局, 1976 ; 田代和生, 《近世日朝

반면 조선과 조선 상인의 대외무역은 기왕 조공무역 체제에서 陸
路 중심의 使行貿易으로 그 위상과 역할이 축소 설정되면서, 대신
조선 국가의 '抑末' 정책과 상인 활동의 비주체성이 강조되어 왔다.
때문에 16세기 동아시아 교역의 시대에도 士林 세력이 주도하고 있
던 조선 조정은 그와 같은 국제교역의 성황이라는 대외적 문제에 관
심이 희박하였고, 조선 상인들의 참여 또한 새로운 교역 질서에서
매우 수동적이며 간접적인 형태였던 것으로 흔히 규정되었다.[2] 한
편 국외 학계의 위와 같은 연구 경향에도 불구하고, 그간 국내에서
는 일찍이 16세기 銀을 매개로 한 대중무역의 발달 양상이 정리된
이래[3] 최근까지 이 시기 對明貿易의 정책 방향과 외교 문제를 포
함한 대중무역의 諸 부문에 대한 다양한 연구 성과가 학계에 보고
되었다.[4]

---

通交貿易史の研究》, 創文社, 1981 ; 鄭樑生, 《明日關係史の研究》, 雄山閣,
1985 ; Anthony Reid, *Southeast Asia in the Age of Commerce 1450-1680: Volume
Two, Expansion and Crisis*, Yale University Press, 1993 ; 岸本美緒, 《東アジアの
〈近世〉》, 山川出版社, 1998.

2) 구미와 일본 학계 모두 조선 상업과 조선 상인에 대해 이와 같이 인식하는 자세
를 보이는데, 이러한 연구 경향을 대표하는 日人學者의 다음 글이 그 典型을 나
타내고 있다.

岸本美緒, 〈東アジア·東南アジア傳統社會の形成 - 16-18世紀〉, 《岩波講座
世界歷史》 13, 岩波書店, 1998(洪成和의 번역으로《역사와 세계》 45, 2014에 재수록).

3) 韓相權, 〈16世紀 對中國 私貿易의 展開 - 銀貿易을 중심으로〉, 《金哲埈博士
華甲紀念史學論叢》, 知識産業社, 1983 ; 이태진, 〈16세기 국제교역의 발달과 서
울상업의 성쇠〉, 《서울상업사》, 태학사, 2000.

4) 구도영, 〈16세기 對明私貿易의 정책 방향과 굴레 - 中宗代 明의 '조선사행단
출입제한 조치'를 중심으로〉, 《朝鮮時代史學報》 62, 2012 ; 구도영, 〈16세기 조
선의 '寧波의 亂' 관련자 표류인 송환 - 朝·明·日의 '세 가지 시선'〉, 《歷史學報》
224, 2014 ; 구도영, 〈16세기 조선의 對明貿易을 이해하기 위한 몇 가지 국면〉,
《歷史學報》 226, 2015 ; 구도영, 〈조선 전기 朝明외교관계의 함수, '禮義之國'〉,

본고는 이상과 같은 국내외 연구 성과에 기반하여, 15세기 후반
이래 전개되고 있던 朝鮮 商業界의 내적 변화에 유의하면서5) 16세
기 조선의 對中貿易에서 나타나고 있던 盛況의 양상을 새롭게 그
주체성과 역동성의 측면에서 재음미하여 보고자 한다. 특히 16세기
대중무역을 비롯한 대외무역의 발달이 국내 상업과 맺고 있던 연관
에 주목하고, 또 이 시기 중국과 일본을 연계하는 中繼貿易에서 나
타나던 조선 상인의 역할과 위상을 규명함으로써, 국내외 교역을 망
라하는 조선전기 商業史에 대한 전면적인 再構成 시도의 한 軸으
로 삼고자 한다.


## 2. 朝鮮·日本産 銀과 對中貿易의 盛況


燕山君 9년(1503) 5월 양인 金甘佛과 장예원 노비 金儉同에 의
해 鉛銀分離法이 처음 개발되고, 이후 이를 활용하여 端川을 비롯
한 국내 각지에서 銀 생산이 본격화되기 이전, 15세기 국내의 은 생
산과 유통, 특히 대외무역은 그 産業과 商業에서 차지하는 비중이
크지 않았다. 더욱이 국초 국가재정에서 큰 부담이던 明나라에 대한
銀歲貢이 세종조에 土物로 대체된 이후, 대중국·대일본 무역에서

---

《大東文化研究》89, 2015 ; 구도영, 〈16세기 조선의 對明 불법무역의 확대와 그
    의의〉, 《韓國史研究》170, 2015 ; 구도영, 〈16세기 동아시아 질서에서 본 조선
    對明貿易의 특징과 위상〉, 《歷史學報》235, 2017 ; 구도영, 〈16세기 조선 對明
    使行貿易의 교역규모 검토〉, 《한국문화》80, 2017.
5) 朴平植, 《朝鮮前期商業史研究》, 지식산업사, 1999 ; 朴平植, 《朝鮮前期 交換
    經濟와 商人 研究》, 지식산업사, 2009.

金銀의 潛賣에 대하여는 그 禁令이 엄격하였고,[6] 성종 16년(1485)의 《경국대전》에서는 철물·焰焇·軍器 등과 더불어 '絞刑'의 死罪로 규정되고 있었다.[7]

여기에 이들 금은 등의 채취 과정에서 民力의 소모를 우려한 조정에 의해 항상 그 民採나 私採가 금지되어 왔으며,[8] 이 같은 금령을 어기고 중국에 이를 잠매한 인물이 실제 絞刑으로 처형되기도 하였다.[9] 이 같은 여건에서 15세기 후반 대중무역에서 은의 활용 실태는 많지 않았으며, 그 규모 또한 크지 않았다.[10]

그런데 16세기 中宗朝 초반에 이르면, 同 3년(1508)에 벌써 銀을 이용한 赴京 사무역과 그에 따른 奢侈 풍조의 폐단이 그 사례와 더불어 본격 논란되기 시작하였다.[11] 이어 이듬해인 동 4년(1509) 8월에는 사헌부 장령 權敏手에 의해, 근래 赴京人들이 과거처럼 사무역용 물품으로 마포를 휴대하지 않고 모두 은을 소지하게 되면서, 중국인들 또한 조선에 은이 많은 사정을 모두 알게 되어 장차 국초와 같은 銀歲貢의 부활을 염려하는 우려가 제기되고 있었다.[12]

---

6) 《成宗實錄》 卷11, 成宗 2年 8月 癸卯, 8冊, 591쪽.

7) 《經國大典》 刑典, 禁制.

8) 《成宗實錄》 卷4, 成宗 元年 4月 丁卯, 8冊, 489쪽.

9) 《燕山君日記》 卷39, 燕山君 6年 9月 戊辰, 13冊, 426쪽.

10) 성종조 조정에서 벌인 持銀 赴京 사무역과 관련한 논란은 다음에서 확인되는 정도이다.

　　《成宗實錄》 卷23, 成宗 3年 10月 丙子, 8冊, 690쪽 ;《成宗實錄》 卷290, 成宗 25年 5月 甲辰, 12冊, 533쪽.

11) 《中宗實錄》 卷7, 中宗 3年 10月 壬申, 14冊, 281쪽 ;《中宗實錄》 卷7, 中宗 3年 11月 庚子, 14冊, 286~287쪽.

12) 《中宗實錄》 卷9, 中宗 4年 8月 戊子, 14冊, 360쪽.

나아가 중종 5년(1510) 12월에는 국왕이 최근 중국에서 逆臣으로 처벌된 劉瑾의 집에서 籍沒된 은이 모두 조선에서 들어온 것으로 밝혀졌다는 성절사의 傳言을 소개하고 있을 정도였다.[13] 中宗 反正 직후, 弊政의 혁신 차원에서 대외무역에 대한 국가 통제가 매우 강화되고 있던 시점임에도 불구하고 이처럼 조선산 은의 대중국 유출은 그 횟수나 양에서 急增하는 추세였다. 그리하여 중종 11년(1516)에는 우리나라에서 생산된 銀이 모두 중국으로 들어가고 있다거나,[14] 부경 사행의 持銀 사무역 탓에 중국인들이 매양 품질 좋은 은으로 조선의 端川銀을 일컫는 실태가 조정에서 거듭하여 논란이 되었다.[15]

한편 중종 18년(1523) 6월에 이르면 대사헌 成運과 대사간 金揚震 등이, 持銀 赴京 사무역 盛行의 결과로 중국인들이 이미 조선의 産銀 사정을 잘 알고 있는 상황을 거론하며, 다시금 국초와 같은 銀 責貢의 再開에 대한 염려를 조정에서 거듭하여 제기했다.[16] 또 그해 8월 대간은, 급기야 北京을 관장하는 명나라 順天府에서 출제한 科擧의 策題에서 '조선인들이 禮義를 假稱하여 빈번하게 來朝하나 그 실제 목적은 무역의 이익에 있는데, 조선 사행을 거부하면 저들이 실망할 뿐 아니라 인접국을 대우하는 도리에 어긋나고, 그러나 이를 거부하지 않으면 使行 驛路의 困弊가 더욱 심각할 수밖에 없는 형편'을 들어 그 對策을 묻고 있던 일을 소개하였다. 더불어 通事들이 禁法을 어기고 端川銀을 가져가는 탓에 중국인들이 모두

---

13) 《中宗實錄》 卷12, 中宗 5年 12月 辛卯, 14冊, 481쪽.

14) 《中宗實錄》 卷25, 中宗 11年 5月 辛丑, 15冊, 178쪽.

15) 《中宗實錄》 卷25, 中宗 11年 5月 己酉, 15冊, 181쪽 ; 《中宗實錄》 卷26, 中宗 11年 8月 丙子, 15冊, 211쪽.

16) 《中宗實錄》 卷48, 中宗 18年 6月 戊辰, 16冊, 242쪽.

조선 使行과의 무역에서 대가로 단천은을 수령하기를 희망하는 실
태를 언급하며, 부경 사행의 持銀 사무역 근절을 위한 특단의 방침
을 요구하고 나섰다.[17]

아울러 중종 21년(1526) 3月에는 이 같은 은을 활용한 대중국
사무역의 盛況 탓에 함경도의 産銀處가 無窮함에도 불구하고 도리
어 銀價가 10배가량 폭등하고 있던 사정이 지적되는가 하면,[18] 동
28년(1533) 6월에는 영의정 張順孫이 국가의 금지에도 불구하고 이
처럼 부경 사행에 은을 소지하지 않는 경우가 없어 지금 富商大賈
로서 함경도에 가는 자들은 모두 사무역을 위한 採銀 때문이라는
분석을 내놓고 있었다.[19]

이 같은 은을 이용한 부경 사무역의 성행은, 결국 이들 使行이
머무는 北京의 會同館[玉河館 - 필자 주]에서 그동안 다른 주변국과
달리 조선 사행이 누리고 있던 자유로운 出入의 관행을 금지당하
는, 이른바 '門禁' 사태로 이어졌다.[20] 중종 17년(1522) 처음 단행
된 이 중국 당국의 조선 사행 門禁 조처는,[21] 이후 조선 조정의 그
해제를 위한 다양한 노력에도 불구하고 중종조 내내 지속되었다.
중종 20년(1525) 10月 《實錄》의 史臣은, 종래 조선을 禮義의 나라
라고 보아 부여받았던 特惠를 근년에 성행하고 있는 조선 사행의

---

17) 《中宗實錄》卷49, 中宗 18年 8月 戊申, 16冊, 252쪽.
　　중국에서 科擧의 策問으로 조선 사행의 사무역 根絶 방안을 출제하는 사례는
　　이후에도 계속되었고, 조선의 관인과 사대부들 역시 그 사정을 잘 알고 있었다
　　(《中宗實錄》卷66, 中宗 24年 8月 壬辰, 17冊, 147쪽).
18) 《中宗實錄》卷56, 中宗 21年 3月 乙巳, 16冊, 504쪽.
19) 《中宗實錄》卷75, 中宗 28年 6月 乙未, 17冊, 442쪽.
20) 중종조 조선 사행의 이 회동관 門禁 사태의 구체적인 경위에 대해서는 구도영,
　　앞의 〈16세기 對明 私貿易의 정책 방향과 굴레〉 참조.
21) 《中宗實錄》卷44, 中宗 17年 2月 庚辰, 16冊, 96쪽.

사무역 탓에 박탈당하고, 이제 韃子와 같은 대우를 받게 되었다며 極論하였다.22)

실제 중종조 당대 중국의 官人들이 조선 사행을 두고 사무역을 위한 商賈 집단으로 이해하거나, 일반 백성들이 이들 사행의 소지물 운반에 따른 고충을 호소하는 실태는 조선 조정에서 거듭하여 논란이 되었다.23) 그리하여 중종 28년(1533)에 이르면, 이러한 持銀 부경 사무역의 성행으로 인해 황해도로부터 義州에 이르는 들 〔野〕에 사행의 짐바리를 실은 수레가 가득하다거나,24) 평안도를 연결하는 도로가 殘弊한 상황이 모두 이 같은 唐物 무역 때문이라는 진단이 조정에서 거듭하여 제기되는 형국이었다.25) 요컨대 대중무역, 특히 교역의 규모가 컸던 부경 사행 사무역에서 은을 이용한 조선 상인들의 사무역 활동은, 이처럼 중종 33년(1538) 日本銀이 조선에 대거 유입되기 이전26) 16세기 중종조에 들어 그 초기부터 急增의 추세로 확대되어 왔던 것이다.27)

---

22) 《中宗實錄》 卷55, 中宗 20年 10月 壬子, 16冊, 463쪽.

23) 《中宗實錄》 卷61, 中宗 23年 4月 庚戌, 16冊, 649쪽 ; 《中宗實錄》 卷64, 中宗 23年 12月 丁丑, 17冊, 89쪽 ; 《中宗實錄》 卷68, 中宗 25年 4月 己丑, 17冊, 216쪽 ; 《中宗實錄》 卷69, 中宗 25年 9月 壬子, 17冊, 254~255쪽.

24) 《中宗實錄》 卷76, 中宗 28年 11月 癸卯, 17冊, 480~481쪽.

25) 《中宗實錄》 卷76, 中宗 28年 12月 戊寅, 17冊, 490쪽.

26) 일본은의 대거 조선 유입은 중종 33년(1538)에 375斤의 銀을 가지고 온 九州 小二殿의 사행에서 본격 시작되었다(《中宗實錄》 卷88, 中宗 33年 10月 己巳, 18冊, 226쪽). 그 자세한 내용에 대해서는 다음 논고 참조.
　韓相權, 앞의 〈16世紀 對中國 私貿易의 展開〉 ; 朴平植, 〈16世紀 對日貿易의 展開와 葛藤〉, 《歷史學報》 238, 2018(本書 Ⅰ부 제4논문).

27) 부경 사행을 이용한 조선 상인들의 持銀 사무역의 盛行 양상이 이처럼 日本銀의 조선 대량 유입 이전부터 활발하게 전개되었음이 국내의 초기 연구부터 이미 지적되고 있음에도(韓相權, 앞의 〈16世紀 對中國 私貿易의 展開〉) 일본을 비롯한

중종조 最末年경부터 전개된 日本銀의 대거 조선 유입 以前,
이와 같이 부경 사행의 사무역에서 銀 소지 문제가 중국과 조선에
서 크게 논란이 되었던 배경은 무엇보다 이 시기 조선 내의 銀 增
産에 있었다. 연산군 9년(1503) 5월 金甘佛과 金儉同에 의해 鉛銀
分離法이 개발된 이후,[28] 조선 정부는 바로 그 닷새 뒤에 함경도
端川에서 이 기법을 활용하여 吹鍊·造銀하는 한편, 민간의 私採를
금지했다.[29] 이어 그해 11월에는 단천과 永興의 은 試採 결과가
보고되면서, 주무 官署인 호조와 공조판서가 採銀納稅制, 곧 민간
에게 採銀을 개방하여 납세 후에 行狀을 지급하고, 감사와 수령의
감찰 하에 은을 생산하도록 하는 방안을 처음 건의하고 나섰다.[30]
이 채은납세제는 이때 바로 채택되어 시행되었다. 때문에 연산군
10년(1504) 정월, 국왕이 내린 張淑容家의 단천 採銀에 대한 不收
稅 방침에 대하여 사헌부 관원들은 채은납세의 입법 내용을 거론하
며 강한 이견을 제기하였던 것이다.[31] 이 연산조 채은납세제의 稅
銀 액수는 매 1인당 1日 1兩으로 은 현물 납세였고,[32] 왕실을 비롯
한 특권세력에게 採銀權을 수세 없이 지급하는 특혜 조처가 수시로

---

國外의 연구에서 이에 주목하는 경우가 많지 않은 배경 또한 흥미롭다.

28) 《燕山君日記》卷49, 燕山君 9年 5月 癸未, 13冊, 563쪽.

29) 《燕山君日記》卷49, 燕山君 9年 5月 戊子, 13冊, 563쪽.

30) 《燕山君日記》卷51, 燕山君 9年 11月 丁丑, 13冊, 583쪽.
  이때 은 試採 결과는, 단천이 鉛 2斤에서 十分銀 4錢이, 영흥은 2錢이 생산되
  어 각각 1.28퍼센트와 0.64퍼센트의 銀 製鍊率을 보이고 있었다. 단천 연의 은
  抽出率이 다른 지방의 2배에 이르러, 그 생산성이 그만큼 높았음을 잘 보여 준다.
  한편 이 度量衡 수치는 李宗峯,《韓國中世度量衡制研究》(혜안, 2001), 215쪽
  의 〈표 26〉에 의거하여 환산한 것이다. 이하 본고의 도량형 환산은 모두 이에 근
  거한 수치이다.

31) 《燕山君日記》卷52, 燕山君 10年 正月 丙戌, 13冊, 590쪽.

32) 《燕山君日記》卷54, 燕山君 10年 7月 辛丑, 13冊, 646쪽.

반복되고 있었다.33) 한편 採銀使를 단천으로 파견하여 그 채은량을 조사하거나,34) 私採를 금지하고 농한기를 이용하여 官採를 하여야 한다는 주장이 조정에서 거듭 이어졌다.35)

中宗反正 직후, 연산조의 弊政 혁신을 천명하였던 중종 정부는 원년(1506) 9월 함경도의 採銀을 私採의 불허는 물론, 官採의 경우에도 국가 經費에 관계되지 않은 채은을 금지하였으며,36) 이듬해에는 鉛鐵 吹鍊 자체를 국용에 不緊하다 하여 중단하는 방안을 논의하였다.37) 이후 端川銀을 군사의 月俸을 비롯한 각종 軍資에 보충하자는 주장이 조정에서 단속적으로 제기되기는 하였으나,38) 단천의 민간 채은 금지와 산은처에 대한 국가의 堅封 조처는 중종 8년(1513) 5월까지 지속되었다. 엄격한 採銀 禁令에도 불구하고 은을 이용한 대중국 사무역이 성행하는 현실과 그에 따른 銀歲貢의 부활 우려 때문이었다.39)

그런데 이 같은 反正 직후 중종 정부의 禁銀 정책은, 이후 抑末策이 점차 쇠퇴하고, 勳舊 계열 관인들이 중심이 된 적극적인 財政補用政策이 제기되는 분위기 속에서 중종조 中盤을 전후하여 점차

---

33) 《燕山君日記》卷52, 燕山君 10年 正月 戊寅, 13冊, 589쪽 ;《燕山君日記》卷52, 燕山君 10年 正月 丙戌, 13冊, 590쪽 ;《燕山君日記》卷53, 燕山君 10年 閏4月 己丑, 13冊, 619쪽.
34) 《燕山君日記》卷54, 燕山君 10年 7月 甲午, 13冊, 643쪽.
35) 《燕山君日記》卷54, 燕山君 10年 7月 辛亥, 13冊, 649쪽.
36) 《中宗實錄》卷1, 中宗 元年 9月 癸未, 14冊, 75쪽.
37) 《中宗實錄》卷2, 中宗 2年 4月 癸未, 14冊, 133쪽.
38) 《中宗實錄》卷7, 中宗 3年 11月 庚子, 14冊, 287쪽 ;《中宗實錄》卷7, 中宗 3年 11月 壬寅, 14冊, 287~288쪽 ;《中宗實錄》卷14, 中宗 6年 8月 甲辰, 14冊, 530쪽.
39) 《中宗實錄》卷18, 中宗 8年 5月 壬午, 14冊, 659쪽.

변화하기 시작하였다.[40] 그리하여 중종 10년(1515) 2월 훈구계 대
신들을 중심으로 조정에서 연이어 제기된 재정보용의 방안으로서 納
粟採銀의 논의 끝에,[41] 마침내 그해 3월 採銀事目이 마련되고 민
간의 銀 私採가 다시 허용되기에 이르렀다.[42]

특히 이 납속채은의 시행 여부를 둘러싼 논의 과정에서 그해 2월
朝講 자리에서 나온 지경연사 金銓의 견해가 매우 주목된다. 이때
김전은 채은에 부정적인 국왕을 향해, 天地間에 보배로운 産物〔銀 −
필자 주〕을 헛되이 버릴 수는 없으며, 理財의 방법 또한 여러 방도
로 조치하지 않을 수 없음을 역설하였다. 동석했던 시강관 閔壽千
또한 이러한 銀을 묻어 두고 백성들에게 캐지 못하게 해서는 안 된
다는 견해로 동조하고 나섰다.[43]

이후 중종 연간 이 같은 採銀納稅 또는 納粟採銀 정책은 대간
을 중심으로 한 사림 계열 관인들의 반대와 훈구 대신들의 찬성이
맞부딪히면서 시행과 중단을 거듭했지만,[44] 후대 明宗 16년(1561)의

---

40) 朴平植,〈抑末策의 衰退와 財政補用政策의 摸索〉,《朝鮮前期商業史研究》,
　　지식산업사, 1999.
41)《中宗實錄》卷21, 中宗 10年 2月 丙申, 15冊, 56쪽 ;《中宗實錄》卷21, 中宗
　　10年 2月 己亥, 15冊, 57쪽 ;《中宗實錄》卷21, 中宗 10年 2月 壬寅, 15冊, 58쪽.
42)《中宗實錄》卷21, 中宗 10年 3月 癸酉, 15冊, 65쪽.
　　이때의 採銀納稅制 시행 사실은, 중종 28년(1533) 7월 호조에서 언급한 稅銀
　　에 관한 乙亥年(중종 10, 1515) 受敎 내용을 통해서도 거듭 확인된다(《中宗實錄》
　　卷75, 中宗 28年 7月 壬寅, 17冊, 443쪽).
43)《中宗實錄》卷21, 中宗 10年 2月 辛丑, 15冊, 58쪽.
44)《中宗實錄》卷25, 中宗 11年 5月 己酉, 15冊, 181쪽 ;《中宗實錄》卷26, 中宗
　　11年 8月 丙子, 15冊, 211쪽 ;《中宗實錄》卷26, 中宗 11年 9月 己卯, 15冊,
　　212쪽 ;《中宗實錄》卷40, 中宗 15年 9月 辛未, 15冊, 690쪽 ;《中宗實錄》
　　卷75, 中宗 28年 7月 壬寅, 17冊, 443쪽 ;《中宗實錄》卷75, 中宗 28年 7月
　　丙午, 17冊, 445쪽.

'辛酉事目' 제정에서 보듯이 국가의 재정보용 방안을 위한 제도로서는 존속되고 있었다.[45] 그런데 중종 정부는 이 같은 납속채은제를 시행하는 한편 직접 官採銀에 나서기도 했다. 중종 15년(1520) 2월 國用 銀이 부족하자 단천에 採銀 敬差官을 파견하자는 논의에 이어,[46] 실제 그해 11월에는 관인을 파견하여 거둔 첫 官採의 결과가 보고되었다.[47]

이어 중종 16년(1521) 8월에는 南袞과 高荊山 등의 대신들이, 국가의 財利 추구에 대한 세간의 비난을 우려하면서도 단천을 비롯한 국내 産銀處에서 公賤을 동원하여 채은하는 방안을 제안하여, 국왕의 재가를 받아 시행에 들어갔다.[48] 이후 국가의 공천을 활용한 官採銀은 동원 노비의 苦役 등의 문제가 수시로 제기되기도 하였으나, 제도로서는 지속되었다.[49] 중종 23년(1528) 윤10월, 함경감사는 年例 官採銀의 결과인 正銀 630兩 6錢 3分을 上送하면서 새로운 銀 산지인 北靑·永興·文川 등지의 見樣銀도 아울러 보냈다.[50]

요컨대 중종 정부는 反正 초의 刷新 분위기가 누그러지면서, 특히 훈구계 대신과 관인들의 지향과도 관련하여, 국가의 '抑末'의 정책 기조에도 불구하고 財政補用을 위한 시책으로서 민간의 採銀

45) 柳承宙, 《朝鮮時代鑛業史硏究》, 고려대학교 출판부, 1993.

46) 《中宗實錄》 卷38, 中宗 15年 2月 丁亥, 15冊, 626쪽.

47) 《中宗實錄》 卷41, 中宗 15年 11月 辛巳, 16冊, 5쪽.

48) 《中宗實錄》 卷42, 中宗 16年 8月 丙午, 16冊, 60~61쪽.

49) 《中宗實錄》 卷49, 中宗 18年 9月 己卯, 16冊, 261쪽 ; 《中宗實錄》 卷55, 中宗 20年 11月 己巳, 16冊, 468쪽 ; 《中宗實錄》 卷82, 中宗 31年 7月 戊辰, 17冊, 669~670쪽.

50) 《中宗實錄》 卷64, 中宗 23年 閏10月 戊子, 17冊, 72쪽.
    한편 함경도의 이 進上銀 액수는 중종 35년(1540)에는 1천 냥으로 증액되어 있다(《中宗實錄》 卷93, 中宗 35年 9月 戊戌, 18冊, 411쪽).

納稅와 官採銀을 그때그때의 형편에 맞추어 斷續的으로 시행하고 있었다. 중종 28년(1533) 7월, 훈구 계열 대신들이 주도하고 있던 채은납세제의 시행을 둘러싼 논의 과정에서 국왕 중종이 내보였던 견해, 곧 그것이 生財의 방안이라면 不可不 시행하여야 한다는 시각이[51] 이 시기 저와 같은 재정보용 방안으로서 채은납세제나 관채은의 실시 배경을 잘 보여 주고 있다 하겠다.

한편 중종조 日本銀의 대량 유입 이전, 국내에서 중국으로 대거 유출되고 있던 銀은 위와 같은 관채은이나 채은납세제의 산물이라기보다는 불법적인 私採, 곧 潛採의 경로를 통하여 공급되는 경우가 더 일반적이었다. 鉛으로부터 銀 추출률이 他 지역에 비해 현저하게 높았던 단천의 경우[52] 産銀處가 곳곳에 있는 형편이었다.[53] 중종 15년(1520) 9월 종성부사 金世準은 단천의 産銀 사정을 두고, 주위가 4~5息 거리인 단천의 어디를 파도 모두 鉛이 나와 실로 無窮의 用途라고 표현했다.[54]

그런데도 백성들은 官採로 이어질 경우 예상되는 苦役 때문에도, 그리고 현실적인 이익을 위해서도 이러한 産銀處를 官에 보고하지 않고 숨긴 채 私採, 곧 潛採하여 이를 상인들에게 매도하는 경우가 더 일반적이었다.[55] 예컨대 중종 4년(1509) 8월 鉛 생산이 많던 江界·豐川 등지와 그 인근의 백성들은 공공연하게 이 鉛을 채취하여 銀을 생산하면서도 官에는 나중에야 産銀 사정을 알려, 官에서는 그 실정을 모르는 형편이었다.[56] 중종 28년(1533) 6월에도 영의정

---

51) 《中宗實錄》 卷75, 中宗 28年 7月 壬寅, 17冊, 443쪽.

52) 주 30 참조.

53) 《中宗實錄》 卷42, 中宗 16年 8月 丙午, 16冊, 60쪽.

54) 《中宗實錄》 卷40, 中宗 15年 9月 辛未, 15冊, 690쪽.

55) 《中宗實錄》 卷75, 中宗 28年 6月 乙未, 17冊, 442쪽.

張順孫은 이 같은 실정을 국왕에게 보고하면서, 당대 함경도에 들어가는 富商大賈들은 모두 이 採銀 때문임을 역설하였다.[57]

　이보다 앞서 중종 11년(1516) 8월 사헌부 장령 柳灌은 우리나라에 산은처가 많고 중국인들 또한 단천의 은 생산을 알고 있음을 지적하며, 단천의 産銀과 이를 활용한 赴京 사무역의 성황 탓에 단천을 경유하여 평안도에 이르는 길이 大路가 되고, 단천의 唐物 유통 사정이 도성과 차이가 없을 정도임을 강조하고 있었다.[58] 이처럼 연산조 연은분리법의 개발 이래 단천을 중심으로 함경도 일대에서 대거 양산되던 朝鮮産 銀이, 중종 최말년경 일본은의 대거 유입 이전에 이미 조선 상인들에 의해 赴京 사무역에 적극 활용되고 있었고, 이것이 16세기 東아시아 국제교역의 銀 유통 흐름, 곧 '조선 → 명' 경로의 초기 국면의 양상이었던 것이다.

　중종 33년(1538) 일본 九州의 小二殿 使行이 처음 375斤(240킬로그램)에 이르는 대량의 銀을 소지하고 와서 공·사무역을 요구한 이래, 조선으로부터 연은분리법을 전수받아 石見銀山을 비롯하여 각지에서 생산된 日本銀이 이후 조선에 막대한 분량으로 유입되기 시작하였다.[59] 특히 明을 중심으로 하는 동아시아 조공무역의 체계에서 대중국 직접 교역의 기회가 극히 제한되고, 그마저도 寧波의 亂(중종 18, 1523) 이래 현저하게 제약받고 있던 일본의 처지에서[60] 이처럼 증산된 銀의 조선 유출은 불가피한 선택일 수밖에 없었고, 일본은의 대량 조선 유입이 가져온 조선의 경제 사회의 변화상 또한

---

56) 《中宗實錄》卷9, 中宗 4年 8月 戊子, 14冊, 360쪽.
57) 주 55와 같음.
58) 《中宗實錄》卷26, 中宗 11年 8月 丙子, 15冊, 211쪽.
59) 주 3의 韓相權, 이태진의 논고 참조.
60) 주 1의 諸 논고 참조.

뚜렷하였다.[61]

중종 35년(1540) 朝鮮銀의 주요 산지였던 함경도의 1년 進上銀 액수가 1천여 兩(40킬로그램)이었던 당시,[62] 바로 그해 일본 國王 使가 단 한 번의 使行에서 소지한 日本銀의 분량이 무려 8만여 냥 (3천 2백 킬로그램)에 이르렀다.[63] 이렇게 시작된 일본은의 대거 유 입은 당시 일본의 조선 綿布 수요와 맞물리면서 조선과 일본 간 무 역의 수출입 품목 구성을 '조선 면포 對 일본은'의 구조로 단순화시 키며 이후 더욱 확대되어 갔다.[64]

그리하여 중종 35년(1540) 7월에 이르면 벌써 倭銀이 시전에 가 득 차 있다[充物]는 정도였고,[65] 이를 이용한 부경 사무역의 추세를 두고는 "倍萬於前"하다는 진단이 거푸 제기되는 상황이었다.[66] 일 본은을 이용하여 중국산 사치품을 무역해 오는 持銀 부경 사무역의 규모는 일본은의 대거 유입 초기인 이때 벌써 부경 사행 1인의 銀 소지액이 3천 냥(120킬로그램)을 내려가지 않았다.[67] 중종 최말년인 同 39년(1544) 3월에는 왜은 유포에 따른 대중 사무역의 성행이 논 란되는 가운데, 부경하는 通事들 중에 은을 가져가지 않는 자가 백 에 한두 명도 없는 지경이었다.[68] 한편 이 같은 상황은 중국 또한

---

61) 朴平植, 앞의 〈16世紀 對日貿易의 展開와 葛藤〉.

62) 《中宗實錄》 卷93, 中宗 35年 9月 戊戌, 18冊, 411쪽.

63) 《中宗實錄》 卷98, 中宗 37年 4月 庚午, 18冊, 572쪽.

64) 李正守, 〈15·16세기의 對日貿易과 經濟變動〉, 《金大史學》 22, 1998 ; 朴平植, 앞의 〈16世紀 對日貿易의 展開와 葛藤〉.

65) 《中宗實錄》 卷93, 中宗 35年 7月 甲寅, 18冊, 403쪽.

66) 《中宗實錄》 卷93, 中宗 35年 7月 丙辰, 18冊, 403쪽 ; 《中宗實錄》 卷94, 中宗 35年 10月 甲申, 18冊, 424쪽.

67) 주 65와 같음.

68) 《中宗實錄》 卷102, 中宗 39年 3月 辛丑, 19冊, 53쪽.

마찬가지여서, 조선과의 거래를 위해 명나라의 부상대고가 南京의
물화들을 조선 사행의 經路에 있는 遼東으로 실어 날라 조선 花銀
〔조선 상인이 가져온 日本銀 - 필자 주〕과 교역함으로써, 요동의 物價가
北京과 다름없다는 분석도 제기되고 있었다.69)

　16세기 중반 명종조에 들어 일본은을 이용한 대중국 사무역은
더욱 熾盛하였다. 명종 즉위년(1545) 11월 영의정 尹仁鏡과 좌의정
李芑는 倭銀의 대거 유입에 따라 국내에 은이 裕足한 상황에서, 조
선과 명나라의 銀價가 적게는 15배, 많게는 25배의 차이가 나면서
이 같은 銀價差가 대중 사무역이 극성을 이루는 배경이 된다고 보
고 있었다.70) 이후 명종 5년(1550) 10월 사헌부는, 赴京使行에 대
한 엄격한 국가의 금법에도 불구하고 한 번의 사행이 소지하는 은의
규모가 수천 냥에서 많게는 만여 냥(4백 킬로그램)에 이르러, 중국인
들이 조선 사행을 모두 商賈로 보아 嘲罵하는 실태를 전하며 한탄
하였다.71)

　일본은을 이용한 부경 사무역의 성행은 명종 연간 중국 당국에
의해 북경에서 조선 使行이 머무는 會同館〔玉河館〕의 출입 제한,
곧 門禁의 강화로 이어져 조선 조정에서 더욱 크게 문제 되었다.
명종 4년(1549) 3월 대사헌 宋世珩은 근래 대중 사무역의 성황으로
奢侈 풍습이 날로 치성해져 唐物이 우리나라에 성행하는 현실을 비
판하며, 이 같은 상황에서 과거 '禮義之邦'으로 인식되어 왔던 조선
의 使行에 대해 명나라가 門禁 조처를 시행하고, 나아가 조선 사행의
사무역 문제를 科擧의 策題로 출제하여 譏弄하는 중국 내 사정을

---

69) 《中宗實錄》卷95, 中宗 36年 5月 庚子, 18冊, 465쪽.

70) 《明宗實錄》卷2, 明宗 卽位年 11月 丙子, 19冊, 366쪽.

71) 《明宗實錄》卷10, 明宗 5年 10月 丁亥, 19冊, 724쪽.

전하며 통탄을 거듭했다.[72]

중종 17년(1522)에 처음 단행되었던 이 같은 조선 사행에 대한 門禁 조처가 중종조 조선 조정의 다양한 외교적 수습 노력에도 불구하고 해결되지 않았을 뿐 아니라,[73] 이 사태가 명종조에 들어 더욱 심각해지고 있었던 것이다. 漢學敎授 金驥가 회동관의 담장을 넘어 은을 이용해 벌인 사무역이 직접 발단이 된 이 사안은[74] 이후 중국 당국이 조선 사행의 숙소 담장 위에 越墻을 막기 위한 가시울타리를 둘러치는 상황으로 이어지면서, 조선 사행에 대한 대우가 韃子들과 다름없는 것으로 여겨짐으로써 더욱 恥辱을 불러일으키는 상황이었다.[75]

물론 중국 당국의 문금 조처가 조선 사행과의 교역 이익을 두고 벌인 명나라 玉河館의 官屬 門牌·館夫의 무리와 북경 시장 牙子들 사이의 경쟁과 갈등 과정에서 야기된 사태라는 조정의 분석이 나오고는 있었지만, 현실은 담장 위의 가시울타리 설치에 이어 早牌·晩牌를 통해 일일이 그 출입을 허락받아야 하는 상황으로 더욱 악화되고 있었다.[76] 조선 사행의 옥하관 문금과 그에 따른 拘囚가 韃子에 대한 대우나 다름없다는 탄식이 거듭되는 가운데,[77] 마침내 조선 조정은 예전 禮義之邦의 평가를 회복하기 위해 使行의 사무

---

72)《明宗實錄》卷9, 明宗 4年 3月 癸未, 19冊, 628쪽.

73) 구도영, 앞의〈16세기 對明 私貿易의 정책 방향과 굴레〉; 구도영, 앞의〈조선 전기 朝明외교관계의 함수, '禮義之國'〉참조.

74)《明宗實錄》卷10, 明宗 5年 2月 丁巳, 19冊, 683쪽.

75)《明宗實錄》卷10, 明宗 5年 2月 壬戌, 19冊, 684쪽.

76)《明宗實錄》卷13, 明宗 7年 4月 甲子, 20冊, 81쪽 ; 尙震,《泛虛亭集》卷2, 帝京使行絶勿賣物通貿啓(《韓國文集叢刊》, 26冊, 40쪽).

77)《明宗實錄》卷13, 明宗 7年 4月 癸酉, 20冊, 82~83쪽 ;《明宗實錄》卷15, 明宗 8年 7月 辛未, 20冊, 152쪽.

역을 일절 금지하는 '物貨不貿'의 방침을 명나라 禮部에 통지하기
도 하였다.[78] 그러나 이로써 사행 사무역의 금단은 불가능하였을 뿐
아니라 오히려 그 규모가 前日에 비해 더욱 늘어 가는 형편이었
고,[79] 중국의 문금 조처 또한 계속되었다.[80]

　요컨대 明 중심의 전통적인 동아시아 국제교역 체계였던 朝貢貿
易의 질서 아래에서 조선이 누리고 있던 대중무역의 우호적인 여건
을 활용한 赴京 사행의 持銀 사무역은, 이 시기 중국의 조선 사행
에 대한 門禁 조처와 그 강화에서 나타나듯이 16세기 들어 極盛의
盛況을 보이고 있었다. 일본은의 대거 조선 유입 이전인 중종조 중
반에 端川을 비롯한 조선산 은을 이용한 조선 상인들의 대중국 사
무역 번성에 대응하여 이 같은 문금 조처가 이미 취해지고 있던 상
황에서 확인할 수 있듯이, 이 시기 조선 상인들은 동아시아 교역 체
계에서 은을 매개로 하는 대중국 陸路 交易網의 한 軸을 담당하는
한편, 이제 일본산 은의 대량 유입 이후에는 이로써 펼쳐지고 있던
이른바 동아시아 교역의 시대를 또 다른 방식으로 적극 개척하여 그
상이익을 확대해 가고 있었다.

　이제 이 같은 조선 상인의 활동상을, 이 시기 대외무역과 연관한
國內商業의 발전과 중-일을 잇는 中繼貿易의 공간에서 확인하여
보기로 하자.

---

78)《明宗實錄》卷16, 明宗 9年 5月 己酉, 20冊, 195쪽.
79) 위와 같음 ;《明宗實錄》卷19, 明宗 10年 8月 甲申, 20冊, 295쪽.
80)《明宗實錄》卷21, 明宗 11年 11月 丙辰, 20冊, 370쪽.

## 3. 對中貿易과 國內商業의 聯關

16세기 중종조 이후 대중무역의 번성은 그 최말년경에 시작된 일본은의 대량 유입 이전, 이미 國內外 交易 부문 전반에서 두드러지게 나타나고 있던 변화와 발달의 여건에 토대하여 이루어진 것이었다. 이와 같은 변화의 양상은 우선 15세기 후반에 들어, 특히 성종조 이후 國內商業 영역에서 먼저 펼쳐지고 있었다.

성종 3년(1472) 도성의 市廛은 국초 이래 설정되어 있던 구역에 종묘 앞 日影臺에서 蓮池洞 石橋 구간, 곧 오늘날의 종로 4가 일대가 새롭게 시전구역으로 추가 편입되었으며,[81] 동 16년(1485)에는 鐵物廛을 비롯하여 이전을 꺼리는 몇몇 시전의 강력한 반발에도 불구하고 확장된 구역을 포함한 全 시전을 販賣物種別로 재배치하는 시책이 시전에 대한 관장과 통제를 강화하려는 성종 정부의 강력한 의지 속에서 관철되고 있었다.[82]

이처럼 15세기 후반, 시전구역의 확대와 물종별 재배치를 통해 그 발달의 양상을 노정하고 있던 都城商業은, 16세기에 들어서 도성의 인구 증가, 그리고 대납·방납되는 貢物이 주로 도성 시장과 인근 京江에서 貿納되고 있던 이 시기 賦稅體系의 변동 상황 아래 상업도시로서의 성격을 강화해 가며 일층 그 발전을 가속화하고 있었다.[83] 국초 세종조에 이미 城底 10리를 포함하여 2만 1천여 戶에

---

81) 朴平植, 〈朝鮮前期 市廛의 發展과 市役 增大〉, 《歷史敎育》 60, 1996(《朝鮮前期商業史硏究》(지식산업사, 1999)에 수록].

82) 朴平植, 〈朝鮮 成宗朝의 市廛再編과 官·商 葛藤〉, 《典農史論》 7, 2001(《朝鮮前期 交換經濟와 商人 硏究》(지식산업사, 2009)에 수록].

83) 朴平植, 〈朝鮮前期의 都城商業과 漢江〉, 《서울학연구》 23, 2004(《朝鮮前期

11만여 명 내외의 상주인구가 살고 있던 도성은, 여기에 立番 군사들과 각종 부역 인원, 과거 응시를 위한 상경인 등을 포함하면 그 유동인구 또한 수만여 명을 상회하는 조선 최대의 소비도시이자 상업도시였다.[84] 중종 7년(1512)에 이르면 人居의 稠密에 따라 성내의 寸土라도 그 가격이 금값이라는 표현이 나오는 가운데,[85] 이 십수 만 도성인구의 住宅 부족 사태와 이를 해결하기 위한 無主地의 절급 방안이 이후 자주 논의되는 실정이었다.[86]

이렇게 도성에 몰려든 외방인들은 주로 工·商業에서 그 생계를 모색하고 있었으며,[87] 도성 주변의 백성들 중에는 아예 田土를 팔아 버리거나 타인에게 並作을 주고 자신은 도성에서 상업에 종사하는 경우도 적지 않았다.[88] 이 과정에서 도성에는 非시전계의 상업공간 또한 확대되어, 중종 9년(1514) 11월 우찬성 申用漑는 도성내 "골목마다 시장이 서지 않는 곳이 없는(曲坊委巷 無不出市)"사정을 전하면서, 舊來 시장이 아닌 신설 시장의 일절 금지를 주장하기까지 하였다.[89]

또 중종 13년(1518) 정월에도 이조판서 南袞이 定都 이후 종루에서 종묘에 이르는 구역에 시전을 설치하였음에도 불구하고 지금은

---

交換經濟와 商人 研究》(지식산업사, 2009)에 수록].

84) 주 81과 같음.

85)《中宗實錄》卷16, 中宗 7年 5月 壬辰, 14冊, 585쪽.

86)《中宗實錄》卷16, 中宗 7年 6月 丁巳, 14冊, 591쪽 ;《中宗實錄》卷24, 中宗 11年 4月 壬戌, 15冊, 156~157쪽 ;《中宗實錄》卷87, 中宗 33年 6月 壬戌, 18冊, 186쪽.

87)《中宗實錄》卷25, 中宗 11年 5月 壬辰, 15冊, 170쪽.

88)《中宗實錄》卷51, 中宗 19年 10月 癸巳, 16冊, 343쪽 ;《中宗實錄》卷51, 中宗 19年 10月 辛丑, 16冊, 346쪽.

89)《中宗實錄》卷21, 中宗 9年 11月 癸酉, 15冊, 42쪽.

도성내 坊坊曲曲에 역시 "無不出市之地"하는 현실을 거론하면서
이 같은 逐末 풍토의 禁抑을 주장하고 있었다.[90] 이처럼 16세기
이후 도성과 그 주변 일대에서는 인구 증가와 그에 따른 상업 공간
의 확대가 계속되고 있던 형국이었다.

한편 16세기 도성상업 발달의 또 다른 배경은 당대 부세체계의
변동, 특히 공납제에서 전개되고 있던 貢物의 代納·防納化 추세
속에서도 마련되고 있었다. '任土作貢', '本色直納'의 원칙에도 불
구하고 15세기 이래 이미 확산되고 있던 공물의 대납과 방납 과정
에서, 도성과 그 인근의 京江은 가장 큰 貢物貿納의 장소로서 활용
되고 있었다.[91] 이른바 '京中貿納'의 추세였다. 15세기 중반 이미
하나의 '年例'[92]라고 일컬어졌던 공물의 경중무납 경향은 16세기에
들어서는 더욱 일반화되어, 그 후반인 宣祖 7년(1574) 정월에는 이
같은 도성에서의 공물 貿納에 따른 백성들의 費用이 1백 배에 이
를 지경이었다.[93] 더욱이 공물만이 아니라 이제 왕실에 대한 進上
까지 도성과 경강 일대에서 그 貿納이 일상화하는 상황에서, 시정
의 牟利之徒들이 모두 방납에 依附하고 있다는 진단이 나오는 실
정이었다.[94]

이상과 같이 인구 증가와 부세체계의 변동을 기반으로 이루어지
던 상업도시로서 도성의 발달에는 인근 京江 일대의 역할 또한 지

90)《中宗實錄》卷31, 中宗 13年 正月 壬子, 15冊, 387쪽.
91) 田川孝三,《李朝貢納制의 研究》, 東洋文庫, 1964 ; 金鎭鳳,〈朝鮮前期의 貢
    物防納에 대하여〉,《史學研究》26, 1975 ; 이지원,〈16·17세기 전반 貢物防納의
    構造와 流通經濟的 性格〉,《李載龒博士還曆紀念韓國史學論叢》, 한울, 1990.
92)《端宗實錄》卷5, 端宗 元年 正月 己卯, 6冊, 564쪽.
93)《宣祖修正實錄》卷8, 宣祖 7年 正月 丁丑, 25冊, 442쪽.
94)《明宗實錄》卷13, 明宗 7年 10月 甲辰, 20冊, 102쪽.

대하였다. 국초 이래 조세 등 國家的 物流體系와 관련한 다양한 시설들이 들어서 있던 경강 일대에는, 16세기에 들어 곡물·어염·목재·柴炭·蔬菜·什器 등 다양한 물종들을 취급하는 민간 시장이 도성 시장과 연계되어 증설되고, 또 이들 물화의 운송이나 荷役, 保管 부문에서 생업을 갖는 경강 인구가 늘어 가고 있었다.[95]

명종 18년(1563) 5월 동지경연사 李樑은 전일 幸行 때의 견문을 토대로, 이들 경강 일대에 인구가 매우 많고 주택이 점차 밀집하여 도로가 매우 협착할 정도라며 京江商業의 발달에 따른 인구 증가를 보고하였다.[96] 더 나아가 16세기에는 경강 중에서도 서강·용산강·한강의 三江을 중심으로 主人層, 곧 경강 주인층이 성장하여 이 시기 상업도시로서 도성 물류체계의 한 근간을 담당하고 있었다.[97]

16세기 국내 상업의 발전은 상업도시로서 도성만이 아니라 외방에서도 마찬가지였고, 그에 수반하는 逐末 풍토에 대한 조정의 우려가 확산되고 있었다. 15세기 후반 성종초에 전라도 일대에서 처음 출현하였던 場市는, 16세기에 들어 소상품 생산에 기초한 농민적 교역기구로서 역할하며 점차 그 개설이 확산되는 추세에 있었다.[98] 그리하여 중종 15년(1520)에 이르면 벌써 "諸道 皆設場門"하다 할 정도로 전국으로 확산되면서, 전라도의 出市者 숫자만도 幾萬餘 명에 이른다는 보고가 나올 정도였다.[99] 이 과정에서 장시의 開市

---

95) 朴平植, 앞의 〈朝鮮前期의 都城商業과 漢江〉.

96) 《明宗實錄》 卷29, 明宗 18年 5月 辛巳, 20冊, 645쪽.

97) 朴平植, 〈朝鮮前期의 主人層과 流通體系〉, 《歷史敎育》 82, 2002[《朝鮮前期 交換經濟와 商人 硏究》(지식산업사, 2009)에 수록].

98) 李景植, 〈16世紀 場市의 成立과 그 基盤〉, 《韓國史硏究》 57, 1987[《朝鮮前期土地制度硏究》 II (지식산업사, 1998)에 수록].

99) 《中宗實錄》 卷38, 中宗 15年 3月 己酉, 15冊, 635쪽.

日數 또한 점차 증가하여, "一朝三十日內 無不見市之日"과 같
이100) 하나의 場市圈 내에서 매일같이 장시가 열림으로써 出市人
의 처지에서 常設 시장화하는 지역마저 등장하고 있는 형편이었다.

이처럼 16세기 도성의 상업도시화와 장시의 확산 추세는, 당대
왕실과 관인 지배층을 비롯하여 일반 백성들에 이르기까지 全 사회
계층에 걸친 逐末과 殖貨 풍조의 만연으로 이어지고 있어 더욱 큰
사회문제가 되었다. 이 시기 관인과 사대부를 포함한 지배층의 殖貨
양상은, 전통적인 소유 토지의 확대 외에도101) 이제 山林川澤의 私
占, 대외무역이나 納穀·回換·방납 참여 등에서 확인되듯이, 이 시
기 국내외 상업의 환경을 적극 활용하면서 이루어지고 있었다.102)
이른바 '殖貨宰相', '市井宰相' 등으로 卑稱되면서 당대 조정의 큰
논란 대상이 되고 있던 중종~명종조의 金安老·尹元衡·鄭世虎 등
이 그 대표적인 사례였다.103)

이 시기 逐末의 풍조는 場市의 확산에서 보듯이, 지배층만이 아
니라 전국의 일반 백성들에게도 널리 확대되고 있었다. '務本抑末'
의 인식에 따라 백성들의 축말 경향에 대한 경계와 단속은 국초 이
래 계속되었지만, 16세기에 들어 백성들의 상업 참여는 그 기세가

---

100) 《宣祖實錄》卷212, 宣祖 40年 6月 乙卯, 25冊, 345쪽.
101) 李景植, 〈16世紀 地主層의 動向〉, 《歷史敎育》19, 1976(《朝鮮前期土地制度
研究》Ⅱ(지식산업사, 1998)에 수록].
102) 朴平植, 〈殖貨·逐末風潮의 擴散과 그 問題〉, 《朝鮮前期商業史研究》, 지식
산업사, 1999.
103) 《中宗實錄》卷85, 中宗 32年 10月 庚午, 18冊, 109쪽 ; 《中宗實錄》卷102,
中宗 39年 2月 庚辰, 19冊, 41쪽 ; 《明宗實錄》卷12, 明宗 6年 9月 癸卯, 20冊,
42쪽 ; 《明宗實錄》卷13, 明宗 7年 9月 壬午, 20冊, 100쪽 ; 《明宗實錄》卷15,
明宗 8年 12月 丙申, 20冊, 177쪽 ; 《明宗實錄》卷31, 明宗 20年 8月 丁卯,
21冊, 25쪽 ; 《明宗實錄》卷31, 明宗 20年 8月 戊寅, 21冊, 28쪽.

더욱 극성하여 크게 문제 되고 있었던 것이다. 중종 12년(1517) 8월 시강관 李淸은, 지금 사방의 백성들 중에서 10分의 9分이 末業을 좇고(趨末) 나머지 1分만이 本業에 종사한다며, 그와 같은 실태를 개탄했다.[104]

또 이해 정월, 세종조의 勸農敎書를 올리며 권농을 장려하는 자리에서 대사간 金璫은, 지금 완고하여 愚鈍하거나 빈한하여 憔悴한 자들로서 다른 생업에 나갈 수 없는 자들만이 겨우 남의 토지를 빌려 경작하는 실정이라고 당대의 축말 사정을 파악하고 있었다.[105] 물론 모두 과장된 표현임에는 틀림없지만, 이전 성종조에 지금 游手者들이 백성들 중에 殆半이라고 분석되고 있던 실정에 비추어[106] 16세기 중종조에 들어 백성들의 상업 참여 양상은 이만큼 전국에서 광범위하게 퍼져가고 있었던 셈이다.

요컨대 16세기 대외무역의 盛況은, 이상에서 살펴본 바와 같이 시전과 도성상업의 확대, 장시와 축말 풍조의 확산 등으로 나타나던 국내 상업의 발전을 토대로 하고, 여기에 또한 이 시기 크게 사회문제가 되고 있던 奢侈 풍조가 만연한 상황[107] 등을 배경으로 하여 전개된 것이었다. 특히 대중무역과 관련하여 중국으로부터 수입된 각종 사치품이 국내에서 유통되어 처분되려면 위와 같은 국내 상업의 발전과 유통 체계의 정비 등을 그 기반으로 필요로 하였고, 실제 이 시기 대중무역의 성황은 이 같은 토대 위에서 그 興盛 양상이 펼쳐지고 있었다. 이제 이와 같은 대중무역과 국내 상업의

---

104) 《中宗實錄》 卷29, 中宗 12年 8月 戊申, 15冊, 304쪽.

105) 《中宗實錄》 卷27, 中宗 12年 正月 丁亥, 15冊, 251쪽.

106) 《成宗實錄》 卷55, 成宗 6年 5月 辛酉, 9冊, 224쪽.

107) 韓相權, 앞의 〈16世紀 對中國 私貿易의 展開〉; 이태진, 앞의 〈16세기 국제 교역의 발달과 서울상업의 성쇠〉.

연관 실태를 좀 더 구체적인 사례를 통하여 확인하여 볼 차례이다.

대중무역을 포함한 대외무역과 그 수입 품목이 국내 상업이나 民生과 관련되고 있던 상황은 이미 15세기에도 마찬가지였다. 예컨대 성종 9년(1478) 10월 우부승지 李瓊소은, 최근 부경 사행의 사무역이 엄금되면서 민간에 唐藥이 鮮少해진 형편을 거론하면서, 대신 鄕藥 사용을 건의하고 이를 위해 세종조 《鄕藥集成方》의 印刊을 주청했다.108) 연산군 6년(1500) 8월 倭使가 가져온 銅 11만 斤 중 1/3의 공무역을 허용하고 나머지는 사무역 방침을 확정하였던 것 또한 국용 銅鐵은 여유가 있는 반면 민간의 동철이 부족하였기 때문이었다.109) 앞의 唐藥만이 아니라 이 倭銅 또한 우리나라에서 생산되지 않아 일본으로부터 수입하는 처지로,110) 중국이나 일본으로부터 이들 품목이 공급되지 않을 경우 곧바로 民生에 큰 지장이 초래되었던 것이다.

그런데 16세기에 들어서면 이 같은 중국산 물화의 國內 需要와 관련한 유통 외에도, 그것이 국내 産業과 연관되는 새로운 양상들이 등장하고 있었다. 이와 관련하여서는 중종 9년(1514) 2월 朝講 자리에서 나온 시강관 李彦浩의 다음 언급이 매우 주목된다. 이언호는 당일 사치 풍조의 문제를 거론하는 가운데 그 例證으로서 1) 음식과 의복이 남과 같지 못함을 부끄럽게 여기고, 2) 재상이나 士大夫家 부녀들이 貂裘와 紗羅 또는 지붕이 있는 가마가 없으면 이를 수치스럽게 여겨 出行하지 못하며, 3) 중국의 綾段이 품질이 좋지 않다고 여겨 심지어 자기 집에서 사사로이 織造하기까지 하니

---

108) 《成宗實錄》卷97, 成宗 9年 10月 丁巳, 9冊, 658쪽.

109) 《燕山君日記》卷38, 燕山君 6年 8月 乙未, 13冊, 422~423쪽.

110) 《成宗實錄》卷245, 成宗 21年 閏9月 丁未, 11冊, 651쪽 ; 《成宗實錄》卷265, 成宗 23年 5月 甲申, 12冊, 181쪽.

4) 이로 인해 사치가 習俗이 되고 물가가 仰騰함을 지적했다.[111]

이 무렵 衣食住 전반에 걸친 官人과 지배층의 사치 풍조를 우려하는 1), 2), 4)의 사례와 함께 거론된 3)의 실태, 곧 수입된 중국산 紗羅綾緞의 품질조차 만족하지 못하여 스스로 自家에서 이들 수입품을 능가하는 최고급 비단 제품을 직조하여 착용하는 풍조가 16세기 초반에 이미 등장하여 조정에서 이를 문제 삼을 정도였던 것이다.

한편 이 같은 綾段의 私織 사정은 이후 중종 11년(1516) 5월 마찬가지로 조강 자리에서 나온 집의 金揚震의 술회로 그 구체상이 다시 확인된다. 김양진에 따르면, 당대 사치 풍조가 만연하여 庶人들까지 모두 唐物을 사용하는 가운데, 중국으로부터 사라능단뿐 아니라 白絲를 다수 무역해 와서 이를 물들이고 綾段으로 직조하는 자들이 士大夫家 가운데도 또한 있는 형편이었다.[112] 다시 말해 완성품인 중국산 고급 비단을 수입하는 것이 아니라, 중국산 白絲를 수입하고 국내에서 소비자의 취향에 맞게 이를 染色하여 능단으로 직조하는 자들이 시중에 많고, 사대부가에서조차 그와 같은 능단 私織에 참여하고 있다는 전언이었다.

이어 그해(중종 11, 1516) 10월에는 형조판서 尹金孫이 이 같은 국내 직조 비단을 '鄕織匹段'이라 부르면서, 부녀들이 이를 必着하느라 傾家破産하는 실태가 그치지 않는 상황을 들어 立法을 통한 嚴禁을 주장했다. 이에 좌의정 金應箕 또한 그와 같은 분석에 동의하면서, 부녀들의 鄕織匹段 착용을 一禁하는 동시에 이를 사사로이 직조하는 자와 나아가 綾羅匠으로서 이를 사적으로 판매하는 자들

---

111)《中宗實錄》卷20, 中宗 9年 2月 壬戌, 15冊, 6쪽.
112)《中宗實錄》卷25, 中宗 11年 5月 己酉, 15冊, 181쪽.

까지 모두 입법하여 단속할 것을 추가로 주청하고 나섰다.[113] 사치
품으로서 중국산 사라능단이 아니라 이제 국내에서 직조된 능단, 곧
향직필단의 착용이 널리 유행하고, 심지어 부유한 관인 사대부층이
아닌 일반 부녀층에서도 경가파산하는 경우가 빈발하면서 조정의 논
의에서 문제 되고 있었던 것이다.

요컨대 16세기에 들어선 종종조 초년에 벌써 奢侈 풍조의 양상
은 중국산 수입 사라능단의 常用 풍토에서 더 나아가, 이제 이들
수입 비단보다 훨씬 더 품질이 우수한 高價의 국내산 능단인 鄕織
匹段의 직조와 유통이 크게 문제 되는 지경에 이르렀던 것이다. 때
문에 위와 같은 조정의 논의에 주목하고 있던 국왕 중종은 그 며칠
뒤, 堂上官 부녀의 사라능단 착용을 허용하고 있는《경국대전》의
규정, 그리고 명나라를 비롯한 주변국 사신들과의 宴享 자리에서
불가피한 착용 필요성 등을 이유로 사라능단을 일절 금지하자는 言
官들의 주청을 물리치면서 私織, 즉 국내산 고급 비단의 직조와 유
통만을 금지하였다.[114] 그러나 또다시 며칠 뒤, 이제 국왕은 대간의
거듭되는 요구를 수용하여, 마침내 '私織'과 '唐貿', 다시 말해 국산
이거나 중국산 수입품이거나를 막론하고, 또 士族 부녀의 신분을
不問하고 사라능단의 착용을 일절 금지하는 방침에 동의하였다.[115]

---

113)《中宗實錄》卷26, 中宗 11年 10月 戊辰, 15冊, 226쪽.
114)《中宗實錄》卷26, 中宗 11年 10月 甲戌, 15冊, 229쪽.
115)《中宗實錄》卷26, 中宗 11年 10月 丙子, 15冊, 230쪽.
　　국내에서 직조되는 고급 비단을 이처럼 '私織', '鄕織匹段'으로 표현하고 있는
　데는 우선 官匠制 하에서 국가와 왕실 소용 비단을 직조하는 綾羅匠의 직조와의
　구분, 또는 연산군이 사라능단의 착용을 허용하고 그 직조를 위해 '通織'이라는 국
　가 기구를 설치하였던 弊政을 전제로 하는 용례라고 생각된다(남미혜, 〈15·16세기
　服飾奢侈의 유행과 국가의 대응책 − 紗羅綾緞을 중심으로〉, 《梨花史學硏究》 27, 2000).
　　국산 고급 비단을 '鄕織'으로 표현한 용례 또한, 앞에서 살펴본 바와 같이 중국

이제 조선 내의 고급 비단 시장은 종래의 중국산 수입 紗羅綾緞 〔唐貿〕과 함께 국내에서 직조된 최고급 鄕織匹段〔私織〕으로 양분되어 구성되었고, 이제 前者보다 後者의 국내산 고급 비단이 傾家破産의 배경으로 이해될 정도로 그 품질과 가격에서 중국산 수입 비단에 못지않은 상황이 조성되고 있었던 것이다. 이 같은 실정은 국초 이래, 특히 15세기 후반 성종조 이래의 奢侈 풍조가 주로 중국산 사라능단에 의한 것으로서 이의 禁斷에 당대 조정의 논의가 집중되었던 사정과 대비하여 매우 유의되는 상황이었다.[116] 다시 말해 대중무역에 따른 사치품 수입이 새로운 국내 수요를 낳고, 이것이 다시 국내 직조업의 발달과 그 産物의 유통 확대를 가져오는, 곧 이 시기 대중무역의 성황과 국내 상업의 밀접한 연관을 잘 예증하는 사례였던 것이다.

이 같은 국내 비단 직조업의 발달은, 그 紡織을 위한 原絲로서 중국산 명주실인 白絲의 수입 증대에서도 그 盛況이 또한 간접 확인된다. 중종 13년(1518) 4월 조정 대신들은 공무역의 축소를 위해 御服의 鄕織과 絹段 사용을 고려하면서, 그 직조를 위한 실〔絲〕을 두고, 우리나라의 실은 직조에 사용할 수 없어 부득이 중국으로부터 貿入할 수밖에 없다면서 그 織造絲의 수입을 국왕으로부터 재가받고 있었다.[117]

이 시기 국내 養蠶과 능단 직조업의 성장에도 불구하고[118] 그 방직을 위한 原絲인 白絲의 품질이 중국산에 미치지 못한 관계로,

---

藥材를 '唐藥', 국산 약재를 '鄕藥'으로 부르고 있는 것과 같은 당대의 命名 例라 하겠다(주 108 참조).

116) 주 3, 26의 논고 참조.

117) 《中宗實錄》 卷32, 中宗 13年 4月 癸巳, 15冊, 425쪽.

118) 南美惠, 〈16世紀 勸蠶政策과 養蠶業에 대한 一考察〉, 《梨大史苑》 26, 1992.

최고급용 비단을 직조하려면 중국으로부터 백사 수입이 불가피하였던 것이다. 때문에 중종조에 들어 銀을 이용한 대중국 사무역이 논란이 될 때마다 중국으로부터 수입 品目으로는 완성품 비단인 紗羅綾緞과 더불어 직조용 原絲로서 중국산 명주실인 '眞絲', '白絲', '黃·白絲'의 수입 실태가 으레 함께 거론되는 형편이었다.119)

아울러 이 시기 중종조 초반에는 《經國大典》과 《大典後續錄》의 관련 규정에서, 중국 수입품인 사라능단 착용자에 대한 처벌이 杖 80인 것에 비해 鄕織品인 '紬綃交織'이나 '交綺'의 비단 사용자들이 오히려 더 重罪인 杖 1백이나 制書有違律로 규정된 데 대하여도, 그 輕重이 뒤바뀌어 鄕物을 입은 자가 받는 죄가 오히려 더 무거운 실태가 거듭하여 논란되기도 하였다.120) 이는 물론 대간의 지적과 같이 用刑의 합리성이 결여된 사례로 이해할 수도 있겠다.

그러나 한편으로 이 시기 그만큼 국내에서 紬綃 交織의 방직업이 성행하였던 실정에서, 그 사용자가 비교적 소수의 관인 지배층에 국한될 중국산 사라능단보다, 국내에서 직조되어 광범하게 유통됨으로써 특히 일반 백성들의 당대 사치 풍조 확산에 더욱 영향이 컸던 이들 국내 鄕織業에 대한 국가적 규제 조처로도 이해할 수 있겠다. 이러한 상황에서, 때문에 국내에서 제조된 이들 交織 交綺의 비단 제품에 대한 단속이 국가 차원에서 이후에도 지속되었음은 당연한 일이었다.121)

---

119) 《中宗實錄》 卷9, 中宗 4年 8月 戊子, 14冊, 360쪽 ; 《中宗實錄》 卷25, 中宗 11年 5月 辛丑, 15冊, 178쪽 ; 《中宗實錄》 卷25, 中宗 11年 5月 己酉, 15冊, 181쪽 ; 《中宗實錄》 卷56, 中宗 21年 3月 乙巳, 16冊, 504쪽.

120) 《中宗實錄》 卷8, 中宗 4年 6月 己卯, 14冊, 341쪽 ; 《中宗實錄》 卷20, 中宗 9年 2月 丙午, 15冊, 3쪽.

121) 《中宗實錄》 卷46, 中宗 17年 10月 癸巳, 16冊, 171쪽.

16세기 대중무역의 성황이 국내 상업과 산업에 미친 영향과 그 상관성은 위에서 언급한 고급 비단 鄕織業 이외의 분야에서도 일상으로 전개되었다. 중종 11년(1516) 5월 형조판서 李長坤은 持銀 赴京 사무역 성행의 폐단을 논하는 자리에서, 그 원인의 하나로 官人들이 쓰는 갓(笠)에 달린 갓끈(纓子)의 사치 문제를 거론하였다. 곧 廢朝에서도 없던 갓끈에 珊瑚를 장식하는 최근의 流行 탓에 이를 중국에서 사들이기 위한 持銀 사무역이 더욱 늘고 있다는 지적이었다.[122] 당대 증산되고 있던 朝鮮銀이 모두 중국으로 유출되는 계기를 사라능단과 白絲에 이어 국내의 갓 유행에 따라 그 수요가 급증하고 있던 纓子用 珊瑚의 수입에서 찾았던 사례로, 의복과 더불어 일상의 유행 풍조가 대중무역의 성행으로 연결되고 있던 또 하나의 모습이었다.

한편 16세기 대중무역의 발달에 따른 사치 풍조의 확산은, 특히 중종조 후반에 이르면 지나친 染色 풍습으로 이어지면서 그에 따른 문제 또한 논란되고 있었다. 중종 23년(1528) 8월 조강 자리에서 대사간 柳潤德은, 당대의 사치 풍조가 염색에도 미쳐 종래 5~6필을 염색할 수 있는 분량의 쪽(藍)으로 지금은 1필조차 염색하지 못할 정도여서, 그 색이 푸르다 못해 검을 정도인 世態를 지적하였다. 이에 국왕 중종 역시 그 심각성에 동의하면서, 이 같은 실정에서 이익을 위해 백성들이 밭에 곡식을 耕種하지 않고 藍子를 대거 파종하는 실정을 例擧하며 우려를 보태고 있었다.[123]

다시 말해 '務本抑末'에 튼실한 국가정책에도 불구하고, 대중무역의 성행이 야기한 사치 풍조의 만연 상황을 배경으로 백성들이

---

122) 《中宗實錄》 卷25, 中宗 11年 5月 辛丑, 15冊, 178쪽.
123) 《中宗實錄》 卷62, 中宗 23年 8月 丁巳, 17冊, 25쪽.

시장을 상대로 한 큰 판매 이익을 노리고서 곡물 대신 염색용 쪽을
파종하여 재배하는, 이른바 商業的 農業의 한 양상이 부분적인 사
례이기는 하지만 제기되어 조정에서 논란이 되었던 것이다.124) 이
같은 짙은 染色을 선호하는 풍습과 유행은 이후에도 여전하여, 草
綠으로 진하게 물들인 衣服이 아니면 부녀들이 이를 부끄러워하여
모임에 나가지 않는다는 실태 보고가 계속되는 형국이었다.125)

16세기 대중무역의 발달이 국내 상업이나 산업과 밀접한 연관
속에서 전개되었음을 보여 주는 또 다른 사례로는, 이 시기 最末에
발발한 壬辰倭亂을 거치면서 暴增의 양상으로 확대되고 있던 대중
국 人蔘 사무역을 들 수 있다. 일찍이 삼국시대를 지나 고려조에서
도, 그리고 조선 왕조의 개창 이후에도 조선 人蔘은 그 최고의 藥效
탓에 가장 귀한 進貢 품목인 동시에 대중국 사무역 품목이었다.126)

특히 임진왜란을 경유하며 수많은 명나라 軍兵과 상인들이 조선
을 다녀가면서 이제 그 약효가 '長生之草'로 인식되고, 그에 따른
중국 내 需要의 급증 탓에 인삼 무역에 따르는 이익이 1백 배에 이
른다고 분석되고 있었다.127) 이 시기 조선의 物貨 중에서 중국에서
重視되었던 품목은 銀을 제외하면 이 인삼뿐이라고 평가받는 가운
데,128) 임란 중 조선 측의 요청으로 개설된 中江開市에서 거래되던

---

124) 이와 관련하여서는, 이 시기 대일무역이 성행하는 와중에 경상도 安東과 金海
　　등지의 백성들이 본업을 제쳐 두고 누에고치(蠶繭)나 麻絲 등을 재배하여 모두 일
　　본과의 交易品으로 충당하고 있던 실태 역시 주목된다(《中宗實錄》卷8, 中宗 4年
　　3月 丙辰, 14冊, 321쪽).

125) 《中宗實錄》卷75, 中宗 28年 7月 乙卯, 17冊, 447쪽.

126) 양정필·여인석, 〈삼국-통일신라기 인삼 생산과 대외교역〉, 《醫史學》제13권
　　제2호, 2004 ; 朴平植, 〈朝鮮前期의 人蔘政策과 人蔘流通〉, 《韓國史硏究》143,
　　2008(《朝鮮前期 交換經濟와 商人 硏究》(지식산업사, 2009)에 수록].

127) 《宣祖實錄》卷210, 宣祖 40年 4月 辛亥, 25冊, 327쪽.

최대 상품 또한 이 조선 인삼이었다.129)

그런데 임란을 경유하며 폭증하던 인삼의 대중국 사무역 과정에서, 조선 상인들은 '把蔘'이라는 새로운 형태의 加工人蔘을 제조하여 명나라의 급증하는 조선 인삼 수요에 부응하고 있었다.130) 파삼은 인삼을 물에 삶아[烹] 건조한 이후 이를 다시 大小와 長短을 수합하여 묶음[把] 단위로 포장한, 이전에 없던 전혀 새로운 가공상품이었다. 수분이 많아 장기간의 유통 중에 부패하기 쉬운 生蔘이나 운송 과정에서 쉽게 破碎되는 乾蔘의 단점을 극복한 이 가공 인삼은, 생삼을 燻蒸하는 기법을 제외하면 후대의 紅蔘과 완전히 같은 제조와 포장 과정을 거친 인삼으로, 곧 이 홍삼의 前身에 해당하는 새로운 가공상품이었다.131)

이 시기 중국 내에서 이 파삼의 주요 수요 계층은 조선의 進獻 人蔘을 구득할 수 있었던 황실이나 최고 귀족층이 아니라, 명나라 本草學의 발전과도 연계하여 새롭게 藥用 인삼을 희구하고 있던 일반 사대부 계층이나 상층 서민들이었다. '羊角蔘'의 형태로 그 모양이나 크기가 嚴正하였던 진헌 인삼과 달리 이 파삼이 크고 작은 인삼들을 묶어서 '把' 단위로 포장하여 제조하였던 것도, 기존 極奢侈 高價의 인삼에 비해 이들 파삼이 상대적으로 中低價의 대중용 상품이었기 때문이었다.132)

---

128)《宣祖實錄》卷160, 宣祖 36年 3月 戊寅, 24冊, 462쪽.

129) 朴平植,〈宣祖朝의 對明 人蔘貿易과 人蔘商人〉,《歷史敎育》108, 2008(《朝鮮前期 交換經濟와 商人 硏究》에 수록).

130) 이하 이 把蔘의 형태와 사무역에 대한 자세한 내용은 朴平植, 앞의〈宣祖朝의 對明 人蔘貿易과 人蔘商人〉참조.

131) 위와 같음.

132) 위와 같음.

요컨대 임란을 전후로 한 시기에 대중무역과 관련하여 등장하고 있던 가공 인삼으로서 이 파삼은, 이 시기 점증하던 중국 내 조선 인삼 수요를 배경으로 탄생한 신상품이었다. 조선 상인들이 기존 인삼의 보관과 유통 과정상의 단점을 삶는 기법을 통해 해결하고, 한편으로 이를 중국의 대중용 수요에 맞추어 '把' 단위로 규격화하여 포장한, 새롭게 제조된 中低價의 加工商品이었던 것이다.

16세기 대중무역의 盛況과 그것이 국내 상업 또는 산업과 맺고 있던 연관을 이상과 같이 파악하고 보면, 이 시기 중국을 포함한 대외무역의 발달 과정에서 국내 상업과 조선 상인들이 수행하고 있던 역할과 그 의미가 새롭게 다가온다. 특히 중국산 최고급 사라능단의 대거 유입에도 불구하고 국내에서 唐絲를 이용한 紡織業이 '鄕織'의 명칭으로 전개되면서 최고급 비단이나 대중용 비단 수요를 대체하던 사례와, 중국 내의 점증하는 人蔘 수요에 적극 대응하여 중저가의 규격화된 가공상품으로서 把蔘을 새롭게 개발하여 이를 대중무역의 주요 상품으로 공급해 내고 있던 사례에서, 조선의 국내 상업과 상인들이 보여 주던 활발하고 적극적인 상업 활동과 營利 추구를 확인하게 되는 것이다.

이제 이와 같은 조선 상인들의 능동적인 대중무역 참여 양상을, 이 시기 東아시아 국제교역의 환경을 배경으로 그들이 펼치고 있던 中繼貿易의 공간에서 확인하여 보자.

## 4. 中繼貿易의 推移와 朝鮮商人

明나라를 중심으로 한 전통적인 東아시아 국제 관계는 朝貢·册

封의 체제로서 구축되었으며, 여기에 朝貢貿易의 질서가 그 유일한
경제 교류의 형태로 부가되어 있었다. 明은 개창 이래 이 같은 경제
질서의 유지를 위해 강력한 海禁 정책을 일관되게 지속하는 한편,
주변 諸國들의 進貢을 법제화하여 관리하였다. 조선은 중국에 의해
규정된 이 전통적인 동아시아 교역 환경에서 다른 국가들에 비해 매
우 유리한 여건을 누리고 있었다.[133]

일본이 10年 1回, 대부분의 주변 국가가 3년 1회, 그리고 琉球
가 2년 1회의 對明 進貢 使行을 허용받고 있던 데 비해, 조선은
정기 사행만도 1년 3회, 여기에 비정기의 사행 또한 進賀·奏聞使
등의 형태로 수시로 대중국 사행 파견의 기회가 있었던 것이다. 실
제 정기·비정기를 망라한 조선의 대중국 사행 파견은 국초부터 성종
조까지 매년 평균 약 6.6회, 그리고 이후 16세기에 들어서도 매년 평
균 약 3.5회의 파견을 기록하고 있었는데,[134] 사행에 수반하는 공·
사무역이 거의 유일한 합법적인 대명무역의 공간이었던 현실에서 조
선은 그만큼 주변 국가에 비해 우호적인 교역 여건을 확보하고 있는
셈이었다.

동아시아 국제교역의 이 같은 전통적인 체제에서 조선 상인들은
이미 15세기에도 중국과 일본을 잇는 中繼貿易을 수행하고 있었다.
그 대표적인 物貨가 일본 상인들이 유구를 통해 조선에 공급하고
있던 南方産 胡椒였다. 고온다습한 열대 아시아가 원산인 호초는
동양에서는 특히 중국과 조선에서 藥用 또는 調味料로서 상류 사
회를 중심으로 수요가 큰 물품이었다.[135] 국초 이래 일본 사신들의

---

133) 이하 내용에 대해서는 다음 논고 참조.

  구도영, 앞의 〈16세기 동아시아 질서에서 본 조선 對明貿易의 특징과 위상〉 ;
  朴平植, 앞의 〈16世紀 對日貿易의 展開와 葛藤〉.

134) 朴成柱, 〈高麗·朝鮮의 遣明使 研究〉, 東國大學校 博士學位論文, 2004.

진헌 품목의 하나로 조선에 유입되었던 이 남방산 胡椒는 15세기 후반 성종조에 들어 그 유입량이 크게 증가하고 있었다.[136]

이런 상황에서 조선에 온 明使들은 조선 정부에 人蔘·皮物 등과 더불어 이 호초의 사무역을 자주 요구하였고,[137] 성종 14년(1483) 8월에는 조선 정부가 所儲量이 적은 피물이나 인삼 대신 호초 7백여 石의 공무역을 명나라 사신들에게 제안하기도 하였다.[138] 조선 정부가 대마도와 九州의 大內殿·小二殿 등을 통해 호초의 種子 확보를 위한 求得 요청을 거듭하였던 것도 이 무렵이었다.[139]

이처럼 일본 使行에 의한 호초 유입이 늘고 한편으로 중국 내의 호초 수요가 증대하여 가자, 赴京 사행에서 사무역을 위해 소지하는 품목으로 호초를 가져가는 사례 또한 증가하여 갔다.[140] 그리하여 성종 25년(1494) 5월에는 호초가 우리나라의 産物이 아님에도 불구하고 근래 부경 사무역이 주로 銀과 이 호초를 이용하여 이루어진다는 분석이 나올 정도로 조선 상인들의 호초 중계무역이 활성화되었다.[141] 때문에 두 달 뒤인 그해 7월, 조정은 이 같은 호초의 대

---

135) 金柄夏, 〈胡椒貿易〉,《李朝前期 對日貿易 硏究》, 韓國硏究院, 1969.

136) 성종조 이전 倭使 소지 호초의 양은 세종 5년(1423)의 612斤과 세조 7년 (1461)의 1년 합계 305근을 제외하면 대개 1백 근 이하의 규모였는데, 성종초 이후에는 매년 합계 5백~1천 근 소지가 일상화되고 있었다(李正守, 앞의 〈15·16세기의 對日貿易과 經濟變動〉, 53~56쪽의 〈표 4〉~〈표 6〉 참조).

137)《成宗實錄》卷118, 成宗 11年 6月 庚戌, 10冊, 135쪽.

138)《成宗實錄》卷157, 成宗 14年 8月 辛巳, 10冊, 503쪽 ;《成宗實錄》卷157, 成宗 14年 8月 壬午, 10冊, 504쪽.

139)《成宗實錄》卷151, 成宗 14年 2月 甲申, 10冊, 435쪽 ;《成宗實錄》卷152, 成宗 14年 3月 丙申, 10冊, 437쪽 ;《成宗實錄》卷185, 成宗 16年 11月 戊午, 11冊, 73쪽 ;《成宗實錄》卷190, 成宗 17年 4月 癸未, 11冊, 118쪽.

140)《成宗實錄》卷85, 成宗 8年 10月 壬戌, 9冊, 522쪽.

141)《成宗實錄》卷290, 成宗 25年 5月 甲辰, 12冊, 533쪽.

중국 사무역을 통제하기 위해 倭使 소지의 호초에 대한 상인들의 사무역을 금지하고 공무역으로 제한하는 방침을 세웠고,[142] 연산군 2년(1496) 11월에 들어서는 아예 赴京 사행의 호초 齎去를 금지하는 조처를 취하기도 하였다.[143]

輕量의 물품으로 소지가 쉬우면서도 중국 내의 수요가 높았던 이 高價의 남방산 胡椒를 이용한 조선 상인들의 중계무역은 16세기에 들어서도 지속되었다. 중종 20년(1525) 4월에 도착한 일본의 國王使行은 표류 조선인의 송환을 내세우며 호초를 비롯한 각종 물품의 공·사무역을 조선 정부에 요구해 왔는데,[144] 특히 호초의 양이 8천 9백 斤으로 알려지면서 경상도 收稅布로도 그 公貿易價 지급이 어려운 사정이 논란되고 있었다.[145] 때문에 조선 조정은 처음에 이 호초의 1/2은 공무역으로, 나머지 1/2은 사무역으로 처리하는 방침을 세웠다.[146]

그러나 그해 8월, 일본 國王使의 소지 호초의 양이 9,980근으로 확인되면서, 조정은 최종적으로 그 1/3만을 공무역으로 수용하는 것으로 결정하였다. 그럼에도 불구하고 朱紅·水牛角 등 여타 소지 물화들을 포함한 공무역가가 舊價로는 木綿 1,750同(8만 7천 5백 필), 新價로도 1,185동(5만 9,250필)에 이를 정도로 그 양이 다대하였다.[147] 이렇게 조선에 유입된 다량의 남방산 호초 중에서 국내 소비분을 제외한 나머지가 15세기와 마찬가지로 조선 상인들에 의해

---

142)《成宗實錄》卷292, 成宗 25年 7月 甲辰, 12冊, 562쪽.
143)《燕山君日記》卷20, 燕山君 2年 11月 癸酉, 13冊, 166쪽.
144)《中宗實錄》卷54, 中宗 20年 4月 丁巳, 16冊, 412~413쪽.
145)《中宗實錄》卷54, 中宗 20年 5月 甲子, 16冊, 415쪽.
146)《中宗實錄》卷54, 中宗 20年 5月 己卯, 16冊, 420쪽.
147)《中宗實錄》卷55, 中宗 20年 8月 丙午, 16冊, 447쪽.

대중국 사무역으로 처분되었을 것임은 물론이다.

한편 16세기에 들어, 특히 중종조 최말년경 이후, 조선 상인들의 中繼貿易에서 최대의 취급 物貨이자 대중국 사무역의 결제 수단은 주지하듯이 日本産 銀으로 바뀌어 갔다. 앞서 살펴본 바와 같이 전통적인 조공무역 체제에서 허여되었던 제한된 대중국 勘合貿易의 기회조차 寧波의 亂(종종 18, 1523) 이후 축소되다가, 결국은 그 通路마저 九州 大內氏의 몰락과 함께 1547년부터 봉쇄당한 일본의 처지에서[148] 증산된 은의 대량의 販路는 조선이 유일하였던 까닭이다.[149]

더욱이 이렇게 일본은이 단기간에 대거 유입되면서, 조선 내 銀價는 공무역가를 기준으로 중종 33년(1538) 銀 1냥당 綿布 4필의 가격에서 동 37년(1538) 면포 0.67필 수준으로, 불과 4년 만에 1/6로 폭락하고 있었다.[150] 그리고 조선의 이 銀價에 비해 동 시기 명나라 국내의 은가는, 적게는 15배에서 많게는 25배에 이르는 高價로 형성되어 있었던 것으로 추정된다.[151] 이 시기 조선 상인들이 일본으로부터 대거 공급받은 銀을 赴京을 통해 중국에 매도하는 과정, 곧 중계무역의 거래에서 二重의 교역 이익을 거둘 수 있는 체계는 이 같은 동아시아 삼국의 교역 환경과 그 속의 銀價差에서 근본 源泉이 마련되고 있는 셈이었다.

15세기의 남방산 호초에 이어, 이처럼 16세기 이후에는 일본산 銀이 조선 상인들이 일본 상인들로부터 공급받아 중국에 처분하는

---

148) 주 60과 같음.
149) 朴平植, 앞의 〈16世紀 對日貿易의 展開와 葛藤〉.
150) 《中宗實錄》卷88, 中宗 33年 10月 己巳, 18冊, 226쪽 ; 《中宗實錄》卷98, 中宗 37年 6月 乙巳, 18冊, 595쪽.
151) 주 70과 朴平植, 앞의 〈16世紀 對日貿易의 展開와 葛藤〉 참조.

주요 중계무역 물품이었다면, 이 시기 그 반대의 흐름에서 조선 상인들이 중국으로부터 구입하여 일본에 매도하고 있던 주요 중국산 상품은 白絲와 綵段이었다. 명나라産 명주실인 白絲는 성종조 이후 만연하고 있던 조선 국내의 奢侈 풍조와 관련하여 赴京 사무역의 형태로 그 수입이 늘고 있던 물품이었다. 이 시기 국내 養蠶業의 성장에도 불구하고, 성종 19년(1488) 11월 국왕의 언급과 같이 국내에서 생산하는 명주실의 품질이 唐絲에 미치지 못하는 여건에서[152] 그 수요가 꾸준히 증가하고 있었기 때문이다.

　여기에 16세기에 들어 중국산 수입 紗羅綾緞의 품질과 가격을 능가할 정도의 최고급 綾段을 국내에서 생산하던, 이른바 '鄕織匹段'의 직조 과정에서 소요되었던 명주실도 일반적으로 조선산이 아니라 중국산 수입 白絲였다.[153] 때문에 일부 부녀층의 傾家破産을 야기할 정도였다는 최고급 鄕織匹段은,[154] 이처럼 중국산 수입 白絲〔唐絲〕·原絲에 국내 능라 織人들의 뛰어난 직조 기술이 가미되어 생산된 최상품의 비단이었을 것으로 판단된다.[155] 이와 같이 중국산 명주실에 대한 국내 수요가 컸기 때문에, 중종 초부터 持銀 사무역의 주요 수입 품목은 사라능단의 각종 綵段과 함께 '白絲', '眞絲' 등으로 지칭되던 이들 중국산 唐絲였다.[156]

　그런데 이렇게 중국에서 수입되어 국내 수요에 주로 충당되고

---

152) 《成宗實錄》 卷222, 成宗 19年 11月 丁卯, 11冊, 398쪽.

153) 주 112와 같음.

154) 주 113과 같음.

155) 본고 3장 내용 참조.

156) 《中宗實錄》 卷9, 中宗 4年 8月 戊子, 14冊, 360쪽 ; 《中宗實錄》 卷25, 中宗 11年 5月 辛丑, 15冊, 178쪽 ; 《中宗實錄》 卷25, 中宗 11年 5月 己酉, 15冊, 181쪽.

있던 唐絲의 일부가 이제 조선 상인들을 매개로 하여 일본에 再輸
出되고 있어 주목된다. 중종 21년(1526) 3월 사헌부 집의 韓承貞은
국왕에게 赴京 持銀 사무역의 폐단을 조목조목 논하는 가운데, 조
선 상인들이 白絲와 黃絲, 縣紬, 그리고 藥材 등의 물품을 가지고
倭使들이 머물러 정박하는 三浦나 또는 上京路의 驛路에서 이들
왜인들과 다투어 무역하는 행태를 문제 삼았다.157) 조선산 비단인
면주, 그리고 국산 약재158)와 더불어 중국산의 白絲·黃絲를 조선
상인들이 중계무역의 형식을 통해 일본 상인에게 매도하여 商利를
추구하는 실정이었던 것이다.

중국산 唐絲를 활용한 조선 상인들의 중계무역은, 위와 같은 倭
使와의 사무역 형태 외에도 불법 密貿易의 방식으로도 전개되어 더
욱 문제 되었다. 중종 25년(1530) 5월 조정에서는 왜인들과의 밀무
역을 위해 海島에 潛入하다 中路에서 체포된 金世亨, 金順連 등이
논란되었다. 대간에 따르면 이들은 倭物을 潛買하기 위해 백사 등
의 唐物을 다수 배에 싣고 해도로 향하던 중이어서 死罪에 해당하
는 경우였다.159)

船商의 형태로 벌이던 대일 밀무역에서 가장 비중이 큰 판매 물
품이 중국산 백사였던 사례에서, 이 시기 조선 상인들의 활발했던
중계무역의 한 실태를 확인할 수 있다 하겠다. 아울러 중종 32년
(1537) 3월 조선을 방문한 明使를 수행했던 중국 儒生 錢循이 조

---

157)《中宗實錄》卷56, 中宗 21年 3月 乙巳, 16冊, 504쪽.

158) 이 약재 또한 국산 鄕藥材가 아닌 중국산 唐藥일 가능성도 있겠으나(앞의 주
108 참조), 이 논의가 있기 전해인 중종 20년(1525) 11월 우리나라 藥材의 대거 일
본 유출에 따른 논란이 조정에서 있었던 점에 비추어(《中宗實錄》卷55, 中宗 20年
11月 丁卯, 16冊, 467쪽) 여기서는 국산 약재로 이해하여 둔다.

159)《中宗實錄》卷68, 中宗 25年 5月 戊申, 17冊, 222~223쪽.

선에서 인삼과 貂皮로 무역하고자 가져온 물품이 白絲 40근과 段子 20필이었던 사례를 통해서도160) 이 시기 국내와 중계무역 소용의 광범위한 조선 내 唐絲 수요를 또한 유추해 볼 수 있겠다.

이처럼 중종 33년(1538) 이후 일본산 은이 조선에 대거 유입되기 이전부터 조선 상인들의 중계무역은 중국산 唐絲와 사라능단의 綵段, 그리고 일본 상인이 공급해 오던 남방산의 胡椒를 중개하는 형식으로 이미 활발하게 전개되고 있었다. 여기에 대일무역에서 매도되고 있던 각종 綵段에 중국산만이 아니라 이 시기 당사를 활용하여 조선에서 직조되고 있던 鄕織의 匹段들이 포함되어 있었다면, 이제 그와 같은 무역 형태는 단순히 兩國의 물화를 중개하는 단순한 中繼貿易의 단계에서 더 나아가, 일부의 경우에서는 加工貿易의 형태로까지 진전되기도 하였음을 또한 헤아려 볼 수 있겠다.

종종 31년(1536) 10월 영사 金安老가 정확하게 파악하고 있던 이 시기 동아시아 국제교역의 환경, 곧 寧波의 亂(중종 18, 1523) 이후 일본 상인들의 중국과의 직접 교역이 더욱 어려워진 여건 하에서, 조선 상인들은 이제 조선의 물화만이 아니라 唐物까지도 모두 저들 일본 상인들에게 轉賣하는 중계무역 활동에 더욱 치중하여 그 商利를 확대해 가고 있었던 것이다.161)

이처럼 조선 상인들이 동아시아 국제교역의 환경에서 중국과 일본을 잇는 중계무역에서 큰 역할과 무역 이익을 획득하고 있던 여건에서, 日本産 銀이 조선으로 대량 유입되어 이제 종래의 남방산 호초를 대체하면서 그 중계무역의 규모가 한층 확대되고 거래 형태 또한 조직화되고 있었다. 중종 34년(1539) 10월 조정에서 크게 논란이

160) 《中宗實錄》 卷84, 中宗 32年 3月 辛卯, 18冊, 43쪽.
161) 《中宗實錄》 卷82, 中宗 31年 10月 乙酉, 17冊, 686쪽.

되었던 내수사 書題 朴守榮의 중계무역 사건이 그 대표적인 例證
이었다. 이때 박수영은 왕실의 권력을 배경으로 '同務' 방식으로 다
른 상인들과 合資하여 조성한 資本으로 구입한 중국산 綵段과 白
絲를 薺浦에 보내 倭銀을 貿入하고, 이 銀을 다시 赴京하는 사행
편에 보내 唐物을 구입하고 있었다.[162] 중국산 채단·백사와 일본산
은을 조선 상인들이 중개하여 양측의 교역 과정에서 二重의 商利를
확보하는 전형적인 중계무역의 형태였다.

이후 조선으로 유입되는 일본은의 액수가 커질수록 이 같은 중계
무역의 규모 또한 증대하여 갔다. 중종 37년(1542) 7월에는, 그해
무려 8만여 근의 銀을 소지하고 來朝하여 공·사무역을 요구한 일본
國王使 安心東堂 일행과 조선 상인들 사이의 사무역 행태가 조정
에서 문제 되고 있었다. 官木(5승 면포)으로 1천 2백 同(6만 필)에
이르렀던 공무역의 代價가 너무 많아 使行 선박에 이들 면포를 다
실을 수 없는 처지에서, 浦所에 내려간 京商들이 이 면포를 白絲·
段子로 재교역하여 왜인들이 이 가볍고 값진 중국산 물품들을 싣고
돌아가는 실태였다.[163] 일본 使行과 조선 정부의 은 공무역이 결국
조선 상인들이 주도하는 중국산 백사·단자와 日本銀의 중계무역으
로 轉換되어 가는 모습 그 자체였다.

이상의 두 사례에서 확인되듯이, 16세기 조선 상인들의 중계무
역은 대규모 資本과 상업 조직망, 그리고 권력과의 연계나 정보력
등이 모두 갖추어질 때 수행될 수 있는 것이었다. 따라서 중국과
일본 양국을 잇는 이 같은 무역 활동에 참여 가능한 상인은 대부분

---

162)《中宗實錄》卷92, 中宗 34年 10月 丁亥, 18冊, 354쪽 ;《中宗實錄》卷92,
　　中宗 34年 10月 戊子, 18冊, 355쪽.
163)《中宗實錄》卷98, 中宗 37年 7月 乙丑, 18冊, 603쪽.

富商大賈로서 당대 최고·최대 규모의 상인 집단이었던 京商과 開城商人들이었다.[164] 이 시기 大商人들이 각자의 자산을 合資하여 벌이는 同財殖貨 행위로서 이른바 '作同務' 관계는, 그 속성상 대규모 資本이 요구되었던 이들 중계무역의 사례에서 우선적으로 확인된다.

중종 23년(1528) 2월 金仲良 등 5인의 경상들이 각자 木綿 5백 동씩을 出資하여 총 2천 5백 동(12만 5천 필) 규모의 同務 관계를 맺고 일본의 金銀과 중국 唐物의 중계무역을 도모한 사례,[165] 앞서 살펴본 중종 34년(1539) 10월 내수사 서제 朴守榮이 同務人과 연계하여 벌인 중계무역 사례[166]가 그러한 경우이다. 모두 부상대고들이 合資의 방식으로 同務 관계의 막대한 資本을 조성하고, 여기에 토대하여 중국과 일본을 연계하는 物貨의 仲介를 도모함으로써 무역 이익을 취하는 형태였다.

16세기 조선 상인들의 중계무역 과정에서 나타나는 두 번째 특징은, 이들이 義州－都城－三浦를 연결하는 대규모 商業網을 구축하고, 여기에 토대하여 중계무역 활동을 수행하고 있었다는 점이다. 이 과정에서 이들은 당시 邊境지역에 형성되고 있던 主人層과의

---

164) 조선전기 경상과 개성상인들의 대외무역 활동 일반에 대해서는 다음 拙稿 참조.
　　朴平植, 〈朝鮮前期 開城商人의 商業活動〉, 《朝鮮時代史學報》 30, 2004 ;
　　朴平植, 〈朝鮮前期 京商의 商業活動〉, 《東方學志》 134, 2006[이상 논고는 모두
　　《朝鮮前期 交換經濟와 商人 硏究》(지식산업사, 2009)에 수록].
165) 《中宗實錄》 卷60, 中宗 23年 2月 壬子, 16冊, 631쪽 ; 《中宗實錄》 卷60,
　　中宗 23年 2月 辛酉, 16冊, 634쪽.
　　물론 이 사건은 의금부의 推考를 거쳐 甲士 李世孫의 誣告로 판명된다. 그러
　　나 이세손의 무고 자체가 당대 商業界의 실제 商活動 관행을 전제로 이루어진
　　것으로 보아야 할 것이므로, 여기에 포함하여 例擧하여 둔다.
166) 주 162와 같음.

적극적인 연계 하에 이 같은 유통 체계를 십분 활용하기도 하였다.[167]

중종 4년(1509) 3월 경상들이 薺浦 인근의 報平驛과 釜山浦 인근 東萊城底에 길게는 3~4년씩 主人家를 설정하여 接主하며 대일무역에 종사하고 있던 사례,[168] 중종 34년(1539) 윤7월 柳緖宗이 全州判官의 관인 신분으로 김해 인근 蒜山에 정자를 두고 여기에 경상 洪業同 등을 接主시키며 왜인과의 교역을 중개한 사례,[169] 중종 39년(1544) 2월, 義州에 사는 私奴 千石 등이 경상 徐業從, 개성상인 李業孫, 그리고 의주에 越境하여 들어와 있던 중국 상인들과 연계하여 벌인 사무역 활동[170] 등이 모두 그러한 사례들이다.

여기에서 잘 확인되듯이, 이 시기 주로 경상과 개성상인들로 구성된 조선의 富商大賈들은 중국과 일본을 잇는 중계무역을 효과적으로 수행하기 위해 의주와 삼포 등 사무역·밀무역이 왕성한 변경지역에서 대외무역과 관련한 主人層과 적극 연계하고, 의주-개성-도성-삼포를 연결하는 유통망을 십분 활용하면서 자신들의 중계무역에 따르는 이익을 倍加시키고 있었다. 중종 36년(1541) 6월, 삼포를 무대로 한 대일 사무역의 根絶에 부심하던 국왕이 제포의 군사들에게 倭人의 越墻 행적을 추적하여 이들의 불법 무역을 알선하는 主人을 捕捉하도록 명하였던 것이나,[171] 후대 선조 33년(1600) 10월, 임란 중에 개설된 中江開市의 혁파를 모색하던 국왕이 평안

---

167) 조선전기의 주인층과 전국적인 유통 체계의 형성 문제에 대하여는 朴平植, 앞의 〈朝鮮前期의 主人層과 流通體系〉 참조.

168) 《中宗實錄》 卷8, 中宗 4年 3月 丙辰, 14冊, 321쪽.

169) 《中宗實錄》 卷91, 中宗 34年 閏7月 丙申, 18冊, 316쪽 ; 《中宗實錄》 卷91, 中宗 34年 8月 甲戌, 18冊, 325쪽.

170) 《中宗實錄》 卷102, 中宗 39年 2月 辛卯, 19冊, 50쪽 ; 《中宗實錄》 卷102, 中宗 39年 2月 壬辰, 19冊, 50~51쪽.

171) 《中宗實錄》 卷95, 中宗 36年 6月 丙子, 18冊, 477쪽.

감사와 의주부윤에게 이들 지방에 출입하는 조선 상인들과 이들을 許接하는 主人을 처벌하도록 하였던 것도,[172] 모두 조선 부상대고들의 교역망을 먼저 붕괴시켜 이들의 사무역과 중계무역을 차단하려는 목적에서 우선 시도되었던 조처였다.

16세기 조선 상인들의 중계무역은 그 속성에서 당대 권력과의 밀접한 연계를 바탕으로 수행되고 있었다. 앞에서 소개한 종종 34년 (1539) 10월 朴守榮의 중계무역 사례는, 그가 내수사 書題로서 내수사의 田地 打量을 명분으로 경상도 三嘉에 내려가서 왕실의 吉禮 소용을 이유로 蕾浦僉使에게 청탁하여 다수의 채단과 백사 등 唐物로 倭銀을 貿入한 경우였다.[173] 시정의 부상대고로 추정되는 박수영은 내수사의 書題職을 지니고서 왕실과 관권을 배후에 두고 자신의 중계무역 활동을 성사시켰던 것이다.

이 시기 부상대고의 권력과 연계한 사무역 사례로는, 중종~명종조에 걸쳐 그들의 행적이 당대 상인으로서는 매우 드물게《實錄》에 자세하게 수록되어 있는 朴貞元 - 朴壽彭 父子의 경우도 주목된다. 중종 39년(1544) 2월 조정에서는 그 前年에 성절사로 중국을 다녀온 尹元衡이 軍官으로 대동한 경상 朴貞元이 中殿을 청탁하여 벌인 持銀 사무역 사건이 크게 문제 되었다.[174] 그런데 이후 조사 과정에서 박정원의 아들 朴壽彭 또한 중종 37년(1542) 성절사 柳希齡의 군관으로 赴京 持銀 사무역을 행한 이력이 밝혀지면서,[175] 이후 이들 경상 박정원 - 박수팽 부자의 체포와 처벌을 주장하는 대간과 국왕 사이의 지루한 공방이 그해 5월까지 계속되었다.[176] 이들

---

172)《宣祖實錄》卷130, 宣祖 33年 10月 戊子, 24冊, 138쪽.

173) 주 162와 같음.

174)《中宗實錄》卷102, 中宗 39年 2月 庚辰, 19冊, 41쪽.

175)《中宗實錄》卷102, 中宗 39年 2月 壬午, 19冊, 44쪽.

부자가 당대 權臣 윤원형에 밀착되어 있었을 뿐 아니라, 이를 통해
宮禁·戚族 세력과도 연계되어 있던 까닭이다.[177]

市中 富商大賈 박정원과 왕실의 밀접한 관계는, 명종 2년(1547)
6월 新生 公主의 避寓 장소로 바로 그의 집이 선택되고 있던 사실
에서 더욱 뚜렷하게 확인된다.[178] 요컨대 16세기 조선 상인들의 중
계무역 활동은 이상 박수영, 박정원 – 박수팽 부자의 사례에서 보이
듯이, 왕실을 비롯한 당대 특권 세력과의 긴밀한 紐帶를 전제로 하
는 사무역을 통해 성사되고 있었으며, 후대 선조 40년(1607) 5월
《실록》의 史臣은 이 같은 관계를 두고, "利로써 權勢를 바꾸고 권
세로써 利益을 바꾸는" 행태라며 규탄하고 있었다.[179]

조공무역이라는 전통적인 동아시아의 교역 환경을 배경으로, 특
히 일본산 은의 대량 유입 이후 더욱 성행하고 있던 이 같은 조선
상인들의 中 – 日을 잇는 中繼貿易은, 그러나 조선 연안에 '荒唐船'
으로 부르던 선박들의 출몰이 잦아지던 중종조 최말~명종조 초년
이후 그 활동에서 一大 轉機를 맞이하고 있었다. 이들 荒唐船은

---

176) 《中宗實錄》卷102, 中宗 39年 2月 癸巳·乙未, 19冊, 51쪽 ; 《中宗實錄》
卷102, 中宗 39年 3月 壬寅·癸卯, 19冊, 53쪽 ; 《中宗實錄》卷102, 中宗 39年
3月 辛亥·壬子, 19冊, 55~56쪽 ; 《中宗實錄》卷102, 中宗 39年 3月 丁巳, 19冊,
58쪽 ; 《中宗實錄》卷103, 中宗 39年 5月 甲辰, 19冊, 84쪽.
177) 《中宗實錄》卷102, 中宗 39年 3月 丙辰, 19冊, 58쪽 ; 《中宗實錄》卷103,
中宗 39年 5月 癸卯, 19冊, 84쪽.
　　권력과 연계한 京商 朴貞元의 殖貨 활동은 이 같은 사무역 종사 외에도, 일찍
이 중종 24년(1529) 永安道에서 벌인 대비전 곡물 2천여 석을 이용한 回換 사례
나(《中宗實錄》卷65, 中宗 24年 6月 甲戌, 乙亥, 17冊, 129쪽), 명종 3년(1548) 貿
穀과 관련한 대간의 告訴 사건(《明宗實錄》卷7, 明宗 3年 2月 乙巳·戊申, 19冊,
560~561쪽) 등에서 보듯이 다양하게 펼쳐지고 있었다.
178) 《明宗實錄》卷5, 明宗 2年 6月 癸巳, 19冊, 515~516쪽.
179) 《宣祖實錄》卷211, 宣祖 40年 5月 甲子, 25冊, 331쪽.

日本銀을 무역하기 위해 명나라의 남쪽 지방에서 출발하여 일본으로 향하던 중 풍랑으로 조선 연안에 표류하고 있던 중국 선박들로서, 이들 중에는 '後期倭寇'로 지칭되는 세력들도 일부 포함되어 있는 상황이었다.180) 예컨대 명종 10년(1555) 전라도 해안 일대를 휩쓸었던 이른바 乙卯倭變의 해적들은 종래의 倭寇가 아니라, 일본 九州의 고토(五島)를 근거로 삼아 海商과 海賊 활동을 벌이며 중국과 조선의 연안 일대에 출몰하고 있던 세력으로, 중국인 王直과 그 휘하의 다수의 왜인들로 구성된 집단이었다.181)

이와 같은 황당선과 후기왜구의 활동은 이 시기 동아시아 교역 환경에서 그간 조선과 조선 상인이 독점해 왔던 우호적 여건에 큰 변화를 가져왔다. 다시 말해 '일본 → 조선 → 중국'으로 이어지던 銀 유통 흐름이 이제 '일본 → 중국'으로 그 주된 經路가 바뀌게 되면서, 그간 조선 상인이 누려 왔던 중계무역의 商利 공간을 대폭 축소시키는 결과로 이어졌던 것이다.182) 중종 36년(1541) 11월 예조는 이 같은 동아시아 銀 유통 경로의 변동 사정을 두고, 전에는 왜인들이 우리나라에 銀을 팔았는데 지금은 중국의 남쪽 지방에 이를 넘겨 큰 이익을 보는 가운데, 오히려 조선의 銀을 買入해 가는 경향마저 있다고 보고하였다.183)

이 시기 官人 생활을 하였던 魚叔權 또한 그의 문집 《稗官雜記》에서 이와 같은 사정을 전하면서, 일본 상인들이 중국 남부 寧波府에 가서 은을 매도하고, 福建·浙江의 중국 상인들이 명나라

---

180) 윤성익, 《명대 왜구의 연구》, 景仁文化社, 2007 ; 村井章介, 이영 역, 《중세 왜인의 세계》, 도서출판 소화, 2003.
181) 윤성익, 〈'後期倭寇'로서의 乙卯倭變〉(앞의 《명대 왜구의 연구》에 수록).
182) 朴平植, 앞의 〈16世紀 對日貿易의 展開와 葛藤〉.
183) 《中宗實錄》 卷96, 中宗 36年 11月 丙午, 18冊, 524쪽.

당국의 海禁 조처를 어겨 가며 일본으로 건너가 은을 무역하던 구
체 실태와, 더불어 그 과정에서 이들이 황당선의 형태로 조선 연안
에 표류해 오던 정황을 또한 자세하게 전하고 있었다.[184] 여기에 명
종 14년(1559) 최대 후기왜구 집단이었던 王直이 명나라에 의해 斬
刑에 처해지는 데서 볼 수 있듯, 이른바 '嘉靖大倭寇'가 중국 당국
에 의해 鎭定되면서 단행된 海禁 조처의 완화는, 이제 중국 상인들
과 일본의 通商을 더욱 확대시키는 계기가 되고 있었다.[185]

결국 16세기 후반, 특히 명종조 이후에 조성된 이상과 같은 동아
시아 국제교역 환경의 변화, 곧 日本産 銀의 대중국 직접 流入이라
는 銀 유통 경로의 변화는, 이 시기 아시아를 비롯한 全 세계 차원
에서 펼쳐지고 있던 이른바 '商業의 時代', '交易의 時代'의 동아시
아 국면이었지만, 동시에 이 과정에서 조선 상인들은 그간 대중국
육로 무역을 통해 구축하여 독점해 왔던 중 - 일을 잇는 중계무역의
공간과 그에 따른 이익을 상당 부분 상실하지 않으면 안 되었다.

명종조 이후 倭使들의 소지 물품에서 그간 유입 규모가 축소되
고 있던 남방산의 胡椒가 다시 은을 대신하여 증가하고 있던 실정
이나,[186] 壬辰倭亂을 전후한 시기에 조선의 대중국 人蔘 수출이
'把蔘'이라는 규격화된 中低價의 대중용 상품 개발로 이어지면서
이제 그간의 銀을 대신하여 暴增하고 있던 양상은,[187] 따라서 이
같은 동아시아 국제교역의 환경 변화에 대응하여, 그리고 바야흐로
조성되고 있던 동아시아 세계 '교역의 시대'에 부응하는 조선 상인

---

184) 魚叔權, 《稗官雜記》 1(《大東野乘》 卷4).

185) 주 1, 180의 諸 논고 참조.

186) 《明宗實錄》 卷5, 明宗 2年 3月 癸丑, 19冊, 488쪽 ; 《明宗實錄》 卷5, 明宗
      2年 4月 己亥, 19冊, 497쪽 ; 《明宗實錄》 卷12, 明宗 6年 10月 戊寅, 20冊, 48쪽.

187) 朴平植, 앞의 〈宣祖朝의 對明 人蔘貿易과 人蔘商人〉과 本稿 3장 참조.

들의 능동적이고 적극적인 무역과 상업 활동의 모습이라 하겠다.

## 5. 結 語

16세기 對中貿易의 盛況을 이 시기 형성되고 있던 국제교역의 환경이나 國內商業과의 연관에 주목하여 정리하면 이상과 같다. 이제 그 내용을 요약하고, 당대 중–일을 잇는 中繼貿易에서 조선 상인들이 보여 주고 있던 주체성·능동성에 유의하여 그 의미를 새기는 것으로 본 작업을 맺고자 한다.

16세기 대중국 사무역은 중종 최말년경의 日本銀의 대거 유입 이전부터 이미 활발하게 전개되고 있었다. 연산조에 개발된 鉛銀分離法으로 端川을 비롯한 함경도 여러 곳에서 銀이 본격 생산되기 시작하면서, 이들 銀이 곧바로 상인들에 의해 대중국 사무역의 결제 수단으로 활용되어 갔던 것이다. 이 같은 持銀 赴京 사무역의 성행으로 인해 중국에서는 조선의 産銀 사정과 端川銀의 우수한 품질이 널리 인지되고 있었으며, 이에 따라 조선 조정에서는 국초에 강제되다 세종조에 土物로 대체된 銀歲貢의 부활에 대한 우려가 점차 커져 갔다. 그러나 조정의 단속에도 불구하고 持銀 사무역은 더욱 확대되어, 이에 대한 근절 방안이 명나라 科擧의 策題로 출제되는가 하면, 조선 사신들의 北京 會同館 밖 출입을 금지하는 '門禁' 조처가 明 당국에 의해 시행되기까지 하였다. 反正 직후, 前朝 弊政의 혁신을 천명하며 대외 사무역에 대한 통제에 정책 기조를 두고 있던 중종 정부는 이 같은 상황에서 국내 産銀處에 대한 단속에 나서면서, 국가 所要를 위한 官採를 제외한 은의 私採를 嚴禁했다.

그러나 末業의 진흥을 통한 국가재정의 補用을 내세운 훈구계 대신들의 '以末補本'의 인식이 점차 확산되면서, 採銀 정책 또한 관채와 더불어 收稅를 전제로 민간의 採銀을 허용하는 採銀納稅制로 전환되었다. 여기에 불법 潛採 또한 만연하면서, 단천의 盛況은 도성에 비교되었고, 持銀 부경 사무역 또한 더욱 확대되고 있었다.

이런 상황에서 중종 33년(1538) 이후 일본 使行의 대규모 日本銀 소지와 이의 공·사무역은 持銀 대중무역의 熾盛을 더욱 불러일으켰다. 使行 한 번의 소지 銀量이 무려 8만여 兩(3천 2백 킬로그램)에 이르기도 하였던 일본은의 대거 조선 유입은, 도성의 시전에 이들 왜은이 가득 차고, 그에 따른 持銀 사무역이 "倍萬於前"한 지경으로 치닫고 있었다. 일본은의 대량 유입에 따른 대중국 사무역의 번성은 이후 명종조에도 이어져, 한 번의 부경 사행이 소지하는 은량이 많게는 만여 냥에 이르는 형편이었고, 중종조에 이어 중국 당국에 의한 조선 사행의 門禁 조처가 더욱 강화되어, 門禁에 덧붙여 越墻을 막기 위해 會同館 담장에 가시울타리를 치는 恥辱으로 이어지며 '禮義之邦'을 자처하여 오던 조선 조정에 큰 충격을 주는 형국이었다.

16세기 대중무역의 번성은 일본은의 유입 이전, 15세기 후반 이후 이미 조선 사회 내에서 전개되고 있던 國內外 商業 發達의 토대 위에서 펼쳐지는 것이었다. 우선 도성상업의 경우, 성종조 이후 市廛의 확대와 물종별 재배치, 人口增價와 부세체계의 변동 과정에서 代納과 防納이 주로 도성과 인근 京江에서 이루어지던 '京中貿納'의 현상으로 일반화하면서, 인근 경강 지역과 함께 묶여 商業都市로서의 성격이 점차 강화되어 갔다. 여기에 성종초 전라도 일대에서 처음 등장한 농민적 교역기구로서 場市 또한 16세기에 들어 전국으로 확산되면서, 그에 따른 백성들의 逐末 풍토와 관인 지배층의 殖

貨 양상이 특히 士林系 언관들의 집중적인 우려와 비판의 대상이
되고 있었다. 이 같은 殖貨·逐末의 경향은 자연 上下에 걸친 奢侈
풍조의 만연으로 이어지면서 사치품 求得을 위한 대중무역의 발달
로 이어졌다.

　한편 16세기 대중무역은 이 시기 국내 商業이나 産業과의 밀접
한 연관을 토대로 그 성황을 이어 가고 있었다. 특히 전통적인 수입
사치품인 중국산 紗羅綾緞을 다투어 착용하는 奢侈 풍토의 한편에
서, 이제 명나라의 고급 명주실인 白絲를 貿入하고 여기에 국내의
뛰어난 織造 기술을 동원하여 최고급 綾羅 제품으로 생산하는 업자
들이 늘어 갔고, 심지어는 士大夫家 안에서도 그 직조가 이루어지
고 있을 정도였다. '鄕織匹段'으로 부르던 이들 국내 생산 최고급
비단의 유행을 좇다 傾家破産하는 부녀들이 조정에서 논란이 되는
가 하면, 이제 그 착용에 대한 禁法이 중국산 사라능단과 더불어 법
전에 규정되는 실정에 이르고 있었다. 이 외에도 국내 流行의 변화,
예컨대 관인들의 갓〔笠〕 사치 유행에 따라 중국산 珊瑚가 대거 수입
되고, 짙은 染色을 선호하는 풍조 등이 모두 대외무역과 관련되면서
당대 조정이 우려하는 사회문제로 대두하였다. 이 시기 대중무역이
국내 상업과 맺고 있던 연관의 또 다른 사례는 임진왜란을 전후로
한 '把蔘'의 등장과 그 대중무역의 확대에서도 확인할 수 있다. 把
蔘은 점증하는 중국 내 조선 인삼 수요에 대응하기 위해 물에 삶은
인삼을 묶음 단위로 규격화하여 포장한 中低價의 대중용 加工人蔘
이었다. 후대 紅蔘의 전신이기도 한 이 파삼의 제조와 대중국 수출
의 증가는, 이 시기 대중무역이 국내 상업과 맺고 있던 관련만이 아
니라, 중국 내 수요에 민감하게 대응하여 새로운 가공제품으로 商利
의 확대를 도모한 당대 조선 상인들의 능동성과 적극성을 아울러 잘
보여 주는 사례다.

중국 중심의 전통적인 朝貢貿易의 동아시아 교역 환경에서, 조선은 주변 국가들에 비해 가장 많은 赴京 사행의 기회를 보장받는 나라였고, 이는 곧 陸路의 제한 하에서 조선이 누렸던 대중무역의 우호적인 여건이었다. 이 같은 교역 환경에서 조선 상인들은 이미 15세기에도 중국과 일본을 연결하는 中繼貿易을 통해 큰 무역 이익을 획득하고 있었다. 그리하여 성종조 이래 일본 상인들이 가져오는 남방산 胡椒를 중국의 높은 수요에 맞추어 조선에 온 明使 일행을 대상으로, 또는 赴京 사행을 이용한 사무역을 통해 중국에서 처분함으로써 커다란 商利를 확보하였던 것이다. 중종조 최말년경 이후 日本銀의 대량 유입과 함께 이제 조선 상인들의 이 같은 중계무역 활동은 그 絕頂을 맞이하였다. 제한된 대중무역의 기회가 寧波의 亂 (중종 18, 1523) 이후 축소되고, 이후 이 勘合貿易조차 봉쇄당하고 있던 일본의 처지에서, 이 시기 대량 생산된 銀의 販路는 조선이 유일하였고, 이 '일본 → 조선 → 중국'을 잇는 일본은 유통 경로상에 있던 조선 상인은 중계무역을 통해 중국과 일본 양국으로부터 二重의 무역 이익을 확보해 갔다.

조선 상인들은 이 과정에서 중국산 사라능단 등 각종 綵段과 白絲 등을 일본 상인에게 중개 매도하였고, 일본으로부터는 銀을 低價에 매입하여 이를 중국에 高價로 처분하면서, 또한 한편으로 중국산 白絲를 原絲로 하여 국내에서 직조된 鄕織의 匹段 역시 加工貿易品의 형태로 일본에 재수출하였다. 이 같은 중계무역을 효과적으로 수행하기 위해 조선 상인들은 각자의 資産을 合資하여 '同務' 관계를 형성하고, 이 시기 성장하고 있던 主人層과 연계하여 의주 -도성-삼포를 연결하는 조직적인 交易網을 적극 구축하면서, 여기에 왕실을 비롯한 당대 권력과 맺은 밀접한 유대를 배경으로 하여 중계무역을 실행하고 그에 따른 商利를 독점하고 있었다. 중종~명

종조에 市中의 富商大賈로서 내수사의 書題직을 이용하여 벌인 중
계무역 활동을 《實錄》에 뚜렷하게 자취로서 남기고 있는 朴守榮과
朴貞元 - 朴壽彭 父子의 사례가 그 전형이다. 그러나 조선 상인들
이 벌이고 있던 이 같은 중계무역은, 16세기 중반 이후 荒唐船과
後期倭寇의 출몰을 경유하면서 중국과 일본을 직접 연결하는 양국
상인들 사이 새로운 日本銀 유통 흐름의 등장으로 小康과 衰退의
국면을 맞이하게 되었다. 이후 명종조에 다시 倭使의 胡椒 소지가
증대하고, 또 대중국 인삼 무역에서 새로운 加工상품으로서 把蔘이
등장하였던 상황은 이 같은 국면에 대응한 조선 상인들의 活路 모
색의 한 모습이었다.

　결국 16세기 조선 사회에서 나타난 대중무역의 번성은 중국산
奢侈品과 日本銀이라는 외래의 物貨나 상인에 의해 촉발된 盛況이
아니었다. 곧 이는 15세기 후반 이래 전개되고 있던 국내 상업의 諸
發展相이 이 시기에 막 발흥하고 있던 東아시아 交易의 時代라는
대외무역의 여건과 조응하고, 여기에 조선 상인들이 중계무역의 과
정에서 보여 주었던 주체적이고 능동적인 商活動이 덧붙여지면서
조성된 대외무역의 발전 상황이었던 것이다. 이와 같은 동아시아 교
역의 시대와 그 興盛은, 이제 그 최말기에 발발한 동아시아 국제 전
쟁으로서 壬辰倭亂을 거치면서 새로운 국면으로 전환되고 있었다.

# 16世紀 對日貿易의 展開와 葛藤

## 1. 序 言

朝鮮만이 아니라 中·日을 포함하는 東아시아사 전체에서, 16세
기는 농법의 발달에 기초하여 농촌경제가 성장하고 이를 기반으로
하여 商業이 국내외 교역의 영역 모두에서 크게 진전하고 확대된
시기로 이해되고 있다. 그리하여 한·중·일 학계에서는 농촌시장의
발흥과 이들 소상품 생산과 유통에 따르는 화폐경제의 성장, 그리고
銀을 매개로 이루어지는 三國間 對外貿易의 발전 양상에 주목하고,
나아가 東아시아사와 世界史의 視野에서 이 같은 상업의 발달을
정리하는 각종 연구 성과들이 제출되어 이 시기에 대한 이해를 提
高하여 왔다.[1]

조선사에서도 16세기는 15세기 후반의 변화를 토대로 해서 국초

---

1) 李泰鎭, 〈16세기 東아시아의 경제 변동과 정치·사회적 동향〉,《朝鮮儒敎社會史
論》, 지식산업사, 1989 ; 岸本美緒·宮嶋博史, 김현영·문순실 역,《조선과 중국 근
세 오백년을 가다》, 역사비평사, 2003 ; 岸本美緒,《東アジアの〈近世〉》, 山川出
版社, 1998 ; Anthony Reid, *Southeast Asia in the Age of Commerce 1450-1680:
Volume Two, Expansion and Crisis*, Yale University Press, 1993.

이래 천명되어 왔던 '抑末'의 인식과 정책이 전환되고, 국내외 상업의 全 부문에서 큰 변동이 노정되었던 시기였음이 밝혀졌다. 국내 상업에서 市廛의 발전과 場市의 확산, 경상과 개성상인을 포함하는 富商大賈의 성장과 主人層을 비롯한 유통 체계의 정비, 그리고 이 같은 변화를 초래한 상업 인식의 변동과 더불어 당대 관인 지배층 사이의 殖貨와 逐末 풍조 등이 규명되었고,[2] 한편으로 대외무역과 관련하여서는 대중국·대일본 무역에서 나타나고 있던 교역의 발달 양상을 국내의 사치 풍조 만연과 일본산 銀의 유입 등을 배경으로 하여 여러 측면에서 정리할 수 있었다.[3]

　本稿는 이상과 같은 16세기 商業史에 대한 국내외의 연구 성과를 토대로, 일본산 은의 대량 유입과 함께 그 교역의 양상이 전환되고, 이후 대중국 무역과 연계하여 盛況과 葛藤의 국면을 노정하다 마침내는 壬辰倭亂의 파국으로 이어졌던 16세기 對日貿易의 전개

---

2) 朴平植,《朝鮮前期商業史硏究》, 지식산업사, 1999 ; 朴平植,《朝鮮前期 交換經濟와 商人 硏究》, 지식산업사, 2009 ; 李景植,〈16世紀 場市의 成立과 그 基盤〉,《韓國史硏究》 57, 1987(《朝鮮前期土地制度硏究》Ⅱ(지식산업사, 1998)에 수록) ; 백승철,〈16세기 부상대고의 성장과 상업활동〉,《역사와 현실》 13, 1994.

3) 韓相權,〈16世紀 對中國 私貿易의 展開 - 銀貿易을 중심으로〉,《金哲埈博士華甲紀念史學論叢》, 知識産業社, 1983 ; 이태진,〈16세기 국제교역의 발달과 서울상업의 성쇠〉,《서울상업사》, 태학사, 2000 ; 구도영,〈16세기 對明私貿易의 정책 방향과 굴레 - 中宗代 明의 '조선사행단 출입제한 조치'를 중심으로〉,《朝鮮時代史學報》 62, 2012 ; 구도영,〈16세기 조선의 對明貿易을 이해하기 위한 몇 가지 국면〉,《歷史學報》 226, 2015 ; 구도영,〈16세기 조선의 對明 불법무역의 확대와 그 의의〉,《韓國史硏究》 170, 2015 ; 구도영,〈16세기 동아시아 질서에서 본 조선 對明貿易의 특징과 위상〉,《歷史學報》 235, 2017 ; 구도영,〈16세기 조선 對明 使行貿易의 교역규모 검토〉,《한국문화》 80, 2017 ; 李鉉淙,《朝鮮前期 對日交涉史硏究》, 韓國硏究院, 1964 ; 金柄夏,《李朝前期 對日貿易 硏究》, 韓國硏究院, 1969 ; 李正守,〈15·16세기의 對日貿易과 經濟變動〉,《釜大史學》 22, 1998.

과정을 동 시기에 조성되고 있던 동아시아 국제교역의 환경을 고려하면서 파악하려는 연구이다. 특히 이 시기 대일무역에서 활약하고 있던 조선 상인들의 商活動을 中繼貿易의 관점에서 분석하고 규명하되, 이들 조선 상인들의 적극적이고 능동적인 움직임에 새롭게 주목함으로써 조선전기 상업사 전반에 대한 再構成 作業의 一環으로 삼고자 한다.

## 2. 日本銀 流入과 對日貿易의 轉換

16~17세기 동아시아를 포함한 세계사 차원의 交易史에서 매우 큰 비중을 차지했던 일본산 銀이 무역 품목으로서 조선에 본격 유입되기 시작한 시기는 中宗朝 후반, 그중에서도 末年 무렵이었다. 중종 33년(1538) 8월 영의정 尹殷輔와 좌의정 洪彦弼은, 근래 조정에서 왜인들이 가져오는 소지물에 대한 공무역가를 舊價에 비해 줄여서 지급하자, 이번에 온 倭使는 다른 商物을 가져오지 않은 채 오로지 銀兩만을 가지고 온 사정을 보고하였다.[4] 《조선왕조실록》에서 일본산 은의 대량 유입의 첫 사례로 확인되는 이 기사에 이어, 그 두 달 뒤에는 관련된 자세한 내역과 조선 정부의 대응 방침이 매우 구체적으로 확인되고 있어 주목된다.

중종 33년(1538) 10월 의정부는 호조·예조와의 협의를 거쳐 다음 사항을 국왕에게 上奏하여 재가를 받았다. 1) 이번 使行을 전후하여 小二殿의 왜사들이 가져온 은이 모두 375斤으로, 그 가격이 5승

---

4) 《中宗實錄》 卷88, 中宗 33年 8月 己未, 18冊, 199쪽.

면포로 환산하여 480여 同(2만 4천여 필)에 이르는 점, 2) 만약 이 은 전체를 공무역으로 받아 준다면 향후 일본 國王使나 大內殿 등 도 모두 別幅에 商物이나 이 같은 은을 보내 공무역을 요구할 것이 예상된다는 점, 3) 그러므로 그중 1/3만 공무역을 하면서 예조의 回答을 통해 앞으로 商物로 銅·鑞·鉛鐵 외에 銀은 가져오지 말 것을 통지하되, 공무역의 액수는 왜사의 반응을 보아 가며 그 양을 조절할 것 등이었다.5) 나아가 조정은 이 자리에서 만약 공무역하는 1/3의 은 이외의 것을 사무역으로 허락할 경우 부상대고들이 唐物 무역을 위해 倭銀 貿入에 나설 것을 우려하며, 사무역 불허 방침을 확인하고도 있었다. 요컨대 중종 33년(1538)에 일본 九州의 小二殿 에서 처음으로 375근(240킬로그램)6)에 이르는 다량의 일본산 은을 처음으로 조선에 보내 무역을 요청해 온 것을 시작으로, 이후 일본 산 은의 대거 유입이 본격화하였던 것이다.

其實, 15세기 조선과 일본의 무역 물품 수출입 구성에서 일본산 銀은 주요 수입 품목이 아니었다. 국초 이래 대일무역에서 주된 수 입 물품은 일본산 銅·鑞鐵과 硫黃 등 광산물, 그리고 일본 상인들 이 琉球의 중개를 거쳐 공급해 오던 南方産 胡椒·蘇木·丁香 같은 각종 약재·염료·향료품 등이었고, 여기에 牛皮·水牛角 등이 가끔 덧붙여지는 형태였다.7) 이 시기 倭使나 상인들이 간혹 금과 더불어 은을 소지하고 그 무역을 요청해 온 적은 있었으나, 그 횟수나 양은 많지 않았다.8) 이 같은 왜사의 무역용 소지 물품 구성은 15세기 후

---

5) 《中宗實錄》 卷88, 中宗 33年 10月 己巳, 18冊, 226쪽.

6) 이 수치는 李宗峯, 《韓國中世度量衡制研究》(혜안, 2001), 215쪽의 〈표 26〉에 의거하여 환산한 것이다. 이하 본고의 度量衡 환산은 모두 이에 근거한 수치이다.

7) 주 3의 李鉉淙, 金柄夏, 李正守의 논고 참조.

8) 15세기에 일본과 이루어진 金銀 무역의 사례 몇몇을 적기하면 다음과 같다.

반 성종조 이후 대일무역이 확대되고 있던 시기에도 별다른 변동 없이 지속되고 있었다.9) 무엇보다 조선에서 금과 은은 세종조에 明나라와 수차례 협상 끝에 국초 이래의 金銀貢을 土産으로 대체시킨 이후, 대중국·대일본 등 대외무역만이 아니라 국내교역에서도 거래가 엄격하게 법으로 금지되어 있던 물품이었다.10)

　15세기에는 오히려 왜사들이 조선 정부에 銀의 下賜를 요구하거나, 국가의 엄격한 禁法에도 불구하고 상인들에 의해 일본으로 일부가 유출되는 경우가 더 일반적이었다. 그와 같은 사례를 15세기 후반으로 국한하여 보더라도, 우선 文宗 원년(1451) 정월 일본 關西지방의 薩摩·大隅·一向 三州의 태수 藤原忠國은 사신을 보내 土物을 바치면서 조선 정부에 綿紬·虎豹皮·人蔘 등과 더불어 맨 먼저 白銀을 청구했는데, 조선 조정은 희귀물인 인삼과 함께 銀이 朝鮮産이 아니라는 이유로 그 回賜를 거절하였다.11) 이 같은 일본의 朝鮮銀 청구는 이후에도 이어져, 燕山君 8년(1502) 정월 대마도주가 사신 盛種을 보내 조선의 花銀 1천 냥을 求請해 오자, 조선 정부는 역시 은이 본국산이 아님을 강조하며 대신 면주 2백 필을 特賜하기도 하였다.12)

---

　《世宗實錄》卷109, 世宗 27年 8月 丙午, 4冊, 631쪽 ; 《世祖實錄》卷1, 世祖元年 7月 乙未, 7冊, 72쪽 ; 《成宗實錄》卷175, 成宗 16年 2月 丁卯, 10冊, 689쪽 ; 《成宗實錄》卷175, 成宗 16年 2月 戊寅, 10冊, 690쪽.

9) 朴平植, 〈15世紀 後半 對外貿易의 擴大〉, 《韓國史研究》181, 2018(本書 Ⅰ부 제2논문).

10) 朴平植, 〈朝鮮初期의 對外貿易政策〉, 《韓國史研究》125, 2004(本書 Ⅰ부 제1논문) ; 申奭鎬, 〈朝鮮中宗時代의 禁銀問題〉, 《稻葉博士還曆紀念滿鮮史論叢》, 1938.

11) 《文宗實錄》卷5, 文宗 元年 正月 甲辰, 6冊, 341쪽.

12) 《燕山君日記》卷42, 燕山君 8年 正月 壬辰, 13冊, 464쪽.
　이 같은 대마도의 朝鮮銀 求請은 이때가 처음은 아니었던 듯, 이듬해인 연산군

16세기 이전 조선산 은의 일본 유출은 禁法에도 불구하고 상인들 사이에서 密貿易의 형태로 이루어졌고, 그 典型의 사례를 다음 睿宗 원년(1469) 3월의 은 밀무역 사건에서 확인할 수 있다. 이때 상인 李吉生은 通事 金致中과 연계하여 왜인 時難而羅의 金 8兩 5錢을 銀 40兩으로 무역하기로 약조하고 文券을 작성한 후에 왜인의 금을 받아 갔으나, 은 18냥과 인삼 50근만을 지급함으로써 왜인 平武續에게 고발당했다. 이에 조선 정부는 이길생과 김치중을 斬刑에 처하고 家産을 籍沒하면서 관련자들 또한 북방의 官奴에 永屬시키고 재산을 적몰하였으며, 사기를 당한 왜인 時難而羅에게는 이길생의 면주 4백 필을 주어 미지급 銀 대신 보상하였다.13)

요컨대 이 사건은 조선 상인 이길생이 왜인 時難而羅의 金을 銀으로 구매하기로 하였다가 代價를 미지급하여 처벌된 사안으로, 16세기 이전 金銀 거래를 死罪로서 다스리는 금령에도 불구하고 조선산 은이 상인을 통해 일본으로 유출되고 있던 저간의 사정을 잘 보여 주는 사례였다. 다시 말해 16세기 중종조 말년경에 倭銀의 대량 유입으로 조선의 대외무역에 일대 轉換이 야기되기 이전 15세기에는, 조선과 일본 양국 사이에서 銀의 흐름이 일본에서 조선으로의 유입만이 아니라, 반대로 조선으로부터 일본으로의 유출 흐름이 양국 사이의 進獻과 回賜 형식 외에 민간 차원의 밀무역 차원에서도 적지 않게 이루어지고 있었음을 잘 실증하고 있다 하겠다.14)

---

9년(1503) 4월에도 대마도에 보낸 回答을 통해, 年前 대마도가 사신 源貞宣을 통해 청구한 銀 1천 냥 대신 조선 국왕이 하사한 縣布 1백 필을 왜사가 수령하지 않고 三浦에 버려두고 갔던 사실을 예조가 적기하여 문제 삼았다(《燕山君日記》 卷49, 燕山君 9年 4月 癸亥, 13冊, 560쪽).

13) 《睿宗實錄》 卷4, 睿宗 元年 4月 癸巳, 8冊, 350쪽.

14) 이 같은 상인을 통한 朝鮮銀의 일본 유출 사례는 15세기 전반에도 자주 확인

조선과 일본 양국 사이의 이 같은 은의 유통 흐름은, 주지하듯이 16세기 중종조 말엽에 이르러 日本銀의 대량의 그리고 일방적인 조선 유입으로 일대 전환을 맞이하게 된다. 앞에서 살펴본 바와 같이 중종 33년(1538) 수백 근에 이르는 막대한 量의 일본은이 倭使에 의해 처음 조선에 유입된 이후 불과 2년이 채 지나지 않은 동 35년(1540) 7월에 이르면, 대간에서 이렇게 유입된 왜은이 도성 시전에 가득 찰[充牣] 정도라는 탄식이 나오고 있었다.15) 중종 37년(1542) 4월에는, 이와 같이 왜인들이 은을 대거 소지하고 와서 무역을 요구하는 상황이 近年에 시작되었다는 인식이 사헌부에 의해 제기되었다.16) 그 며칠 전, 사간원은 왜사가 은을 소지하고 온 것이 전에는 없던 일이었다는 언급도 내놓고 있었다.17)

나아가 그 두 달 뒤 윤5월에는 다시 사헌부가 일본은의 좀 더 구체적인 유입 실태를 두고, "倭國에서 銀을 생산[造銀]한 지 채 10년이 되지 않아 이 왜은이 조선에 널리 유포되어 이미 매우 흔한 물품[賤物]이 되어 버렸다."18)는 분석을 잇달아 내놓았다. 사헌부의 이 같은 왜은에 대한 실태 진단은 실제 그해(중종 37, 1542) 4월, 일본 國王使 安心東堂이 무려 8만 냥에 이르는 은을 가지고 와

---

되는데, 다음은 그 몇의 출처이다.

《太宗實錄》卷22, 太宗 11年 閏12月 己巳, 1冊, 616쪽 ;《太宗實錄》卷27, 太宗 14年 5月 辛巳, 2冊, 16쪽 ;《太宗實錄》卷27, 太宗 14年 5月 辛卯, 2冊, 18쪽 ;《世宗實錄》卷44, 世宗 11年 5月 壬子, 3冊, 180쪽 ;《世宗實錄》卷65, 世宗 16年 8月 壬戌, 3冊, 587쪽 ;《世宗實錄》卷82, 世宗 20年 9月 癸未, 4冊, 161쪽 ;《世宗實錄》卷87, 世宗 21年 12月 辛巳, 4冊, 257쪽.

15)《中宗實錄》卷93, 中宗 35年 7月 甲寅, 18冊, 403쪽.

16)《中宗實錄》卷98, 中宗 37年 4月 丁丑, 18冊, 573쪽.

17)《中宗實錄》卷98, 中宗 37年 4月 甲戌, 18冊, 573쪽.

18)《中宗實錄》卷98, 中宗 37年 閏5月 庚午, 18冊, 589쪽.

조선 정부에 공무역을 요청하고 있던 실정에 근거하여 이루어진 것이었다.[19]

일본 학계의 연구를 통해 이미 잘 밝혀진 바와 같이, 16세기 일본산 은의 대량 생산은 조선으로부터 전해진 鉛銀分離法이라는 기술적 진보에 기초한 것이었다.[20] 이 연은분리법의 개발과 그 기법의 일본 傳授 과정은 그 내역을 우리의 기록에서 비교적 소상하게 확인할 수 있다. 16세기 초인 연산군 9년(1503) 5월 癸未條의《朝鮮王朝實錄》에는, 양인 金甘佛과 장예원 노비 金儉同이 개발한 납[鉛鐵]으로부터 銀을 분리해 내는 기법과 그 生産率을 매우 이례적으로 수록하고 있어 주목된다.

매운 재[猛灰]를 채운 무쇠 화로에 납 조각을 넣고 陶器 파편으로 사방을 덮어 화로의 위아래를 치열한 숯 열기로 가열하여 녹이면 銀이 추출되는데, 그 생산액은 鉛 1斤에서 銀 2錢을 제련해 낼 수 있다는 보고였다.[21] 양인과 노비에 의해 개발된 은 제련 과정의 기술적 진보 내역이 이렇게《실록》에 등재될 수 있었던 까닭은, 아마도 이 연은분리법의 개발이 이후 국내외에 야기한 사회적 파장이 그만큼 컸기 때문이었을 것으로 짐작된다.

한편 이렇게 개발된 鉛銀分離法의 일본 전수와 관련하여서는 중종 34년(1539) 윤7월 조정에서 크게 논란이 된 柳緖宗 사건에 주목할 필요가 있다. 당시 사헌부는 全州判官직에 있던 유서종이 과거

---

19)《中宗實錄》卷98, 中宗 37年 4月 庚午, 18冊, 572쪽.
20) 小葉田淳,《金銀貿易史の硏究》, 法政大學出版局, 1976 ; 田代和生,《近世日朝通交貿易史の硏究》, 創文社, 1981.
21)《燕山君日記》卷49, 燕山君 9年 5月 癸未, 13冊, 563쪽.
　　이를 '1근 = 약 642그램, 1전 = 약 4.12그램'으로 환산하면, 鉛鐵 대비 1.28퍼센트의 銀 抽出率이었다.

金海에 거주하면서 京商들을 불러 接主시켜 主人 역할을 하며 일
본과의 상거래를 중개하였을 뿐만 아니라, 우리나라 복장으로 變服
시킨 倭人들을 여기에 유인하여 무역을 자행한 행태를 고발하며 그
에 대한 推考를 국왕으로부터 裁可받았다.22) 그런데 다음 달 8월
사헌부가 그간의 조사를 바탕으로 유서종이 京商 洪業同을 그의
蒜山 亭子에 接主시킨 구체 내역과 더불어, 그가 왜인들과 交通하
여 貿入한 다량의 鉛鐵을 자기 집에서 吹鍊하여 銀을 만들고, 또
그 기술을 왜인들에게 傳習시킨 사실을 추가로 제기하여 더욱 큰
논란을 불러일으켰다.23)

　10여 일 뒤, 국왕은 왜인에게 연은분리법을 전수시킨 혐의가 一
罪, 즉 死罪에 해당함을 확인하며 추가적인 推考와 加刑을 명했
다.24) 여기에서 언급된 연은분리의 방법이 곧 연산조에 개발된 그
연은분리법이었을 것임은 물론이다.25) 아울러 중종 34년(1539)에
유서종의 과거 행적으로 언급된 이 왜인에 대한 연은분리법 전수
기사와, 日本史에서 16세기의 초기 銀 생산을 주도하였던 石見銀
山의 開鑛이 일본의 大永(1521~1526) 연간이고, 특히 1533년 宗
丹과 桂壽 등 2명이 九州의 博多로부터 銀 제련 기술을 도입하여
그 본격 採掘이 시작되었다는 일본 학계의 연구 성과를 대비하여

22)《中宗實錄》卷91, 中宗 34年 閏7月 丙申, 18冊, 316쪽.
23)《中宗實錄》卷91, 中宗 34年 8月 甲戌, 18冊, 325쪽.
24)《中宗實錄》卷91, 中宗 34年 8月 癸未, 18冊, 327쪽.
25) 그런데 동 시기를 살았던 魚叔權은 그의 문집《稗官雜記》에서 연은분리법의
　　일본 傳授 사실을 두고, 중종 말년 어느 상인이 銀匠을 데리고 倭船이 정박하는
　　지방에서 가서 왜인들에게 '用鉛造銀法'을 전수한 것으로 기록하고 있어, 위《실
　　록》의 기사와 약간의 차이를 보인다(《稗官雜記》1(《大東野乘》卷4에 수록)). 양 기
　　록의 소소한 차이에도 불구하고, 연산조 조선에서 개발된 연은분리법의 무역 상인
　　을 매개로 한 일본 傳授가 당대 널리 알려진 사실이었음을 확인할 수 있다.

보면,26) 반드시 위 유서종이 아니더라도 중종조 말년경 조선으로부터 연은분리의 기법을 전수받은 일본 상인이 이 기술을 博多를 거쳐 일본의 銀鑛山 채굴에 적용함으로써 日本銀 생산에 한 劃期가 마련되었던 것이다.

이 같은 經緯를 거쳐 본격 생산된 일본산 銀의 조선 유입량은 그 생산 초반부터 이미 매우 큰 규모였다. 중종 35년(1540) 국내 주요 銀産地였던 端川이 속한 함경도의 매년 銀 進上額이 1천여 냥이었고, 그나마 이미 단천 鉛脈의 乏絶로 인해 그해 채은량이 평소의 1/5로 감소했던 조선의 採銀 상황에서,27) 두 해 뒤인 중종 37년(1542) 일본 國王使가 한 번에 소지한 銀量은 무려 8만여 냥(3천 2백 킬로그램)에 이르렀고, 다른 商物과 함께 그 공무역 예상액이 9천여 同(45만 필)으로 추산될 정도의 막대한 규모였다.28) 이 같은 일본은의 대량 유입 탓에 이렇게 민간에 유포된 왜은을 赴京 使行이 다수 가지고 중국에 들어가 사무역에 종사하는 실태가 중종 35년(1540) 정월 본격 지적되고,29) 또한 동년 7월에는 이렇게 널리 유포된 왜은이 시전에 가득 차 있다는 언급이 조정에서 나오고 있었다.30)

이 왜은을 이용한 持銀 赴京 私貿易의 추세는 이제 "倍萬於前"의 형세로 표현되는 그 暴增 양상이 거푸 문제 되고 있었고,31) 이

---

26) 小葉田淳, 앞의《金銀貿易史の硏究》, 109~110쪽.

27)《中宗實錄》卷93, 中宗 35年 9月 戊戌, 18冊, 411쪽.

28)《中宗實錄》卷98, 中宗 37年 4月 庚午, 18冊, 572쪽.

29)《中宗實錄》卷92, 中宗 35年 正月 己未, 18冊, 374쪽.

30) 주 15와 같음.

31)《中宗實錄》卷93, 中宗 35年 7月 丙辰, 18冊, 403쪽 ;《中宗實錄》卷94, 中宗 35年 10月 甲申, 18冊, 424쪽.

시기 京外에서 벌어지던 왜은의 거래 상황을 면포의 그것에 비유할
정도로[32] 그 유통이 도성과 삼포만이 아니라 전국에서 확산되고 있
었다. 洪武帝 이래 지속된 명나라의 海禁 정책과, 특히 1523년 그
나마 열려 있던 중국과의 勘合貿易 기회를 둘러싸고 벌어졌던 일본
의 유력 大名 大內氏와 細川氏의 갈등이 寧波의 亂으로 이어지면
서(중종 18, 明 嘉靖 2) 마침내는 그 감합무역의 기회마저 폐쇄당한
일본의 대중국 무역의 환경에서,[33] 조선의 연은분리법 도입을 토대
로 급격하게 增産되고 있던 일본산 은의 대외무역 販路는 조선에
집중될 수밖에 없었고, 그 결과 중종 말년경을 전후하여 일본산 은
의 대량 조선 유입 사태가 벌어졌던 것이다.

중종 33년(1538) 이후 이와 같이 왜사에 의해 대거 유입되기 시
작한 日本銀은 이 시기 조선과 일본과의 무역구조만이 아니라, 조
선의 경제와 사회 전반에 적지 않은 변화상을 야기하였다. 우선은
朝日貿易의 輸出入品 구성에 나타난 변화로서, 종래 일본산 銅·鑞
鐵과 硫黃 등 광산물과 유구를 거쳐 일본 상인들이 轉輸해 온 남
방산 胡椒·蘇木·각종 향료 등으로 이루어졌던 대일 수입품목에서,
중종 말년 倭銀의 대거 유입 이래 일본 상인의 무역용 소지 품목의
主宗이 기왕의 銅鐵에서 銀으로 일거에 대체되었다. 15세기 내내
왜사의 주요 무역용 소지 품목이었고, 연산군 6년(1500)에는 무려
11만 근(약 70톤)에 이를 정도로 대량 유입되어 왔던 倭銅을 대신

---

32) 《中宗實錄》 卷95, 中宗 36年 6月 乙丑, 18冊, 473쪽.
33) 윤성익, 《명대 왜구의 연구》, 景仁文化社, 2007 ; 민덕기, 〈室町幕府시대의
    對明 冊封관계의 성립과 변화〉, 《淸大史林》 6, 1994 ; 구도영, 〈16세기 조선의
    '寧波의 亂' 관련자 표류인 송환 – 朝·明·日의 '세 가지 시선'〉, 《歷史學報》 224,
    2014 ; 田中健夫, 《中世對外關係史》, 東京大學出版會, 1975 ; 鄭樑生, 《明日
    關係史の研究》, 雄山閣, 1985.

하여 이제 倭銀이 일본의 대조선 주요 수출 품목으로 자리 잡아 갔던 것이다.34)

물론 여전히 호초와 소목 등 남방산 물품과 일본산 광산물 중에서도 유황과 같은 품목이 수입되고는 있었지만, 그 규모나 빈도에서 이제 銀은 압도적인 대일본 무역 수입 품목으로 대두하고 있었다.35) 반면 이 시기 공·사무역에서 주요 수출 품목은 이제 조선산 면포가 일본 측의 적극적인 요구에 부응하여 그 비중을 증대하여 갔다. 15세기 후반 성종조에 들어 현저하게 나타나기 시작한 일본의 면포 무역 요구는36) 중종조 이후 16세기에 들어서 더욱 본격화되어, 이 같은 면포의 대량 유출에 따른 여러 문제가 조선 사회에서 논란되는 지경에 이르고 있었다.37) 요컨대 중종 말년경에 시작된 왜은의 대량 유입 이래 조선과 일본 사이의 무역 체계는, 그 주요 수출입 품목의 구성에서 조선의 면포와 일본산 은의 비중이 현저하게 증가하면서, 종래의 다양한 품목에서 '조선 면포 對 일본 은'으로 교역 형태가 점차 단일화되는 경향마저 대두하고 있었던 것이다.

이 시기 왜은의 대거 유입이 초래한 두 번째 영향은, 이로 인한 국내 銀價의 폭락이었다. 일본은의 조선 유입이 본격화한 지 얼마 지나지 않은 중종 37년(1542) 윤5월, 사헌부는 일본에서 은이 생산된 지 채 10여 년이 지나지 않아 우리나라에 널리 유포되어 이미

---

34) 15~16세기 조선과 일본 사이의 주요 수출입 품목의 내역과 규모는 앞의 李正守의 논고에 잘 정리되어 있다(〈15·16세기의 對日貿易과 經濟變動〉, 53~56쪽, 부록 〈표 4〉~〈표 6〉).

35) 위와 같음. 특히 56쪽의 〈표 6〉 참조.

36) 朴平植, 앞의 〈15世紀 後半 對外貿易의 擴大〉.

37) 李正守, 앞의 〈15·16세기의 對日貿易과 經濟變動〉 ; 李正守, 〈16세기 綿布 流通의 이중화와 貨幣流通 논의〉, 《朝鮮時代史學報》 25, 2003 ; 이태진, 앞의 〈16세기 국제교역의 발달과 서울상업의 성쇠〉.

'賤物', 곧 흔한 물품이 되었다며, 왜은의 대거 유입에 따른 은가의 폭락을 묘사했다.[38] 이 같은 시중 은가의 급격한 하락은 자연 일본과의 공·사무역가에서도 마찬가지로 적용될 수밖에 없었고, 이에 따른 일본 측의 불만이 澎湃해지고 있었다. 중종 33년(1538) 10월, 당시 小二殿의 왜사가 가져온 375근의 銀은 공무역가가 면포 480여 동(2만 4천여 필)으로 산정되면서 그 은가가 은 1근당 면포 64필, 곧 '은 1냥 = 면포 4필'의 가격이었다.[39]

그런데 불과 4년 뒤인 중종 37년(1542) 4월 일본 국왕사의 商物에는 왜은이 8만 냥(3천 2백 킬로그램)에 이르러, 그 처리 방침을 두고 그해 7월까지 무려 넉 달 동안 조선 정부와 일본 사신 사이, 그리고 조정 대신들 사이에 심각한 논란이 거듭되고 있었다.[40] 조선 정부와 일본 사신 사이의 갈등의 핵심은 이 왜은의 공무역 규모와 함께 조선 조정이 제시하고 있던 공무역가에 있었는데, 당시 조선 정부에서 내놓은 무역가는 時價를 반영한 '官木 2필에 은 3냥', 곧 '은 1냥 = 면포 0.67필'의 비율이어서,[41] 그 가격이 4년 전

---

38) 《中宗實錄》 卷98, 中宗 37年 閏5月 庚午, 18冊, 589쪽.

39) 《中宗實錄》 卷88, 中宗 33年 10月 己巳, 18冊, 226쪽.
　　그런데 중종 37년(1542) 7월의 조정 논의에서는 이 戊戌年(중종 33, 1538)의 공무역 銀價를 '은 1냥 = 官木(5승 면포) 8필'로 파악하고 있어 위 기록과 배치된다(《中宗實錄》 卷98, 中宗 37年 7月 甲子, 18冊, 600쪽). 상기 조정의 논의 끝에 小二殿使의 공무역 은가가 銀 1냥당 면포 4필에서 8필로 증액되었을 가능성도 있고, 後者의 공무역 은가가 소이전이 아닌, 이 무술년에 온 또 다른 倭使 大蔭和尙과 一鶚東堂의 所持銀 공무역가로 추정할 수도 있겠다.

40) 논란이 컸던 이 사안의 《실록》 소재 첫 기사는 중종 37년(1542) 4월 20일이었고(《中宗實錄》 卷98, 中宗 37年 4月 庚午, 18冊, 572쪽), 마지막 기사는 동년 7월 25일에 나타나고 있어(《中宗實錄》 卷98, 中宗 37年 7月 癸酉, 18冊, 603쪽), 그 논란이 조정 내에서 4개월여나 지속되었음을 보여 준다.

41) 《中宗實錄》 卷98, 中宗 37年 6月 乙巳, 18冊, 595쪽.

小二殿使의 공무역가 '은 1냥 = 면포 4필'에 비추어 무려 1/6로 폭락한 액수였다.

때문에 安心東堂을 비롯한 왜사는 이번 使行이 일본의 國王使임을 내세우며 은 공무역 규모의 증액을 요구하는 한편, 끊임없이 그 가격을 현재의 時價가 아닌 同王 33년(1538)의 舊價로 정산하여 줄 것을 요구하며, 이 요청이 수용되지 않으면 은과 상물을 모두 조선에 두고 돌아가겠다고 통지하는 등 조선 조정을 상대로 온갖 奸巧를 부리고 있었다.[42]

이로써 확인되는 바, 대일본 공무역가를 기준으로 하여 파악되는 銀價는 일본은이 대거 유입되기 시작하던 초창기에 은 1냥당 5승 면포 4필(또는 8필)의 가격에서, 불과 4년 만에 그 1/6(또는 1/12)의 가격으로 폭락하고 있었던 것이다. 동 시기를 살았던 魚叔權 또한 그의《패관잡기》에서 이 같은 사정을 두고, 중종 말년 연은분리법의 일본 傳授 이래 왜인이 銀兩을 다수 가져오게 되면서 京中의 은가가 갑자기 低落하여 1냥의 가격이 단지 惡布 3~4필에 불과하였다며[43] 이 시기의 저와 같은 왜은의 대거 유입에 따른 국내 은가의 폭락 실태를 마찬가지로 전하고 있다.[44]

---

42)《中宗實錄》卷98, 中宗 37年 6月 庚子, 18冊, 594쪽 ;《中宗實錄》卷98, 中宗 37年 6月 辛丑, 18冊, 595쪽 ;《中宗實錄》卷98, 中宗 37年 6月 乙巳, 18冊, 595~596쪽 ;《中宗實錄》卷98, 中宗 37年 7月 庚申, 18冊, 598쪽 ;《中宗實錄》卷98, 中宗 37年 7月 乙丑, 18冊, 602쪽.

43)《稗官雜記》1(《大東野乘》卷4에 수록).

44) 중종조의 惡布〔麤布〕가 5승 면포의 1/4의 가치이고, 특히 시중에서 널리 유통되고 있던 2승 이하 '尺短' 악포의 경우에 그 가치가 더욱 작음을 고려하면(朴平植,〈朝鮮前期의 麤布流通과 貨幣經濟〉,《歷史學報》234, 2017(本書 Ⅱ부 제3논문)), 위《패관잡기》의 惡布價 표기 銀價와《실록》소재 은가는 그 액수가 대략 유사한 수준으로 파악될 수 있겠다.

중종 말년 이후 일본은의 대거 유입이 조선 사회에 가져온 변화의 또 하나는 端川을 비롯한 국내산 採銀의 감소와 중단 사태였다. 연산군 9년(1503) 연은분리법의 개발 이래, 특히 함경도 단천은 조선산 은의 채광지로 각광을 받으며 이미 연산조부터 때로는 官採의 형식으로,[45] 때로는 採銀收稅制의 형식으로 민간의 私採를 허용하기도 하면서[46] 국내 은 생산의 중심지가 되고 있었다.[47]

그리하여 중종 4년(1509) 8월에 이르면 단천을 비롯한 함경도의 採銀處에서 채은을 통해 富傽를 이룬 백성들이 보고되는가 하면,[48] 동 11년(1516) 8월에는 단천을 경유하여 평안도에 이르는 길이 大路를 이루고 있고, 産銀處 단천의 중국 물품 유통 사정이 도성과 다를 바 없을 정도라는 진술이 나올 정도로[49] 銀 생산과 이 은을 이용한 부경 사무역의 盛況이 極盛의 양상을 보이고 있었다. 중종 21년(1526) 3월에는 이 같은 持銀 부경 사무역의 성행으로 인해 함경도의 산은처가 無窮함에도 불구하고 국내 銀價가 10배 이상 폭등하는 상황이 거론되었을 정도였다.[50]

그런데 연산조에서 중종 후반에 이르는 이와 같은 단천을 중심으로 한 국내의 産銀 사정은, 중종 말년경 日本銀의 대거 유입 이후 매우 극적인 反轉을 보이고 있었다. 중종 35년(1540) 9월 국왕은 함경감사의 啓本에 근거하여 승정원에 내린 傳旨를 통해서, 端川

---

45) 《燕山君日記》 卷49, 燕山君 9年 5月 戊子, 13冊, 563쪽.

46) 《燕山君日記》 卷52, 燕山君 10年 正月 丙戌, 13冊, 590쪽.

47) 申奭鎬, 앞의 〈朝鮮中宗時代の禁銀問題〉; 柳承宙, 《朝鮮時代鑛業史硏究》, 高麗大學校出版部, 1993.

48) 《中宗實錄》 卷9, 中宗 4年 8月 戊子, 14冊, 360쪽.

49) 《中宗實錄》 卷26, 中宗 11年 8月 丙子, 15冊, 211쪽.

50) 《中宗實錄》 卷56, 中宗 21年 3月 乙巳, 16冊, 504쪽.

銀의 乏絶 등으로 인해 함경도 채은량이 평시의 1/5 수준으로 급감한 현실을 고려하여, 한 해 1천여 냥(40킬로그램)인 進上銀의 액수와 관계없이 채은한 양만큼만 上送할 것을 지시하였다.[51] 14년 전인 동왕 21년(1526) '無窮'하다고 분석되고 있던 함경도의 産銀處, 그중 특히 은의 대표 산지였던 端川 銀脈의 고갈 사태가 국왕과 함경감사에 의해 확인되고 있었던 것이다.

이후 중종 37년(1542) 6월, 국왕은 마침내 단천의 採銀을 5년 동안 中斷하는 방침과 민간 채은의 嚴禁 조처를 지시하면서, 그 이유로 근래 왜인들이 계속하여 은을 가져와 무역하는 탓에 國用이 부족하지 않던 실정을 밝히고 있었다.[52] 이로써 보면 중종 말년경의 단천을 비롯한 함경도의 채은량 급감과 단천 채은의 일시적 중단 사태는 그 원인이 銀脈의 乏絶에 따른 결과라기보다는, 앞서 확인한 바와 같이 한 해 국내 進上銀의 액수가 1천여 냥인 상황에서, 일본 사신 일행의 단 한 번의 所持銀의 규모가 무려 8만여 냥에 이르고 있던 왜은의 대량 유입에 따라[53] 단천을 포함한 조선 각지 採銀의 收支 採算性이 급격히 악화된 결과였던 것이다.

한편 중종 말년 무렵, 일본은의 유입이 조선 사회에 가져온 최대의 변화는 이들 왜은을 활용한 대중국 사무역의 繁盛이었다. 일본은 대량 유입의 첫 사례였던 중종 33년(1538) 10월, 조선 정부가 375근에 이르는 小二殿 倭使의 소지은 1/3 공무역 방침을 밝히면서 동시에 나머지의 사무역을 전면 불허하였던 까닭은, 富商大賈들이 唐物 무역을 위해 이 왜은을 모두 구입하게 될 것이라는 우려 때문

---

51) 주 27과 같음.
52)《中宗實錄》卷98, 中宗 37年 6月 戊子, 18冊, 591쪽.
53) 주 19와 같음.

이었다.54) 이 같은 조정의 우려는 이후 실제 그대로 나타나, 그 2년 후인 중종 35년(1540) 7월, 왜은을 이용한 사무역의 과정에서 赴京하는 한 사람의 銀 소지량이 3천 냥(120킬로그램)을 내려가지 않는다는 보고가 나왔고,55) 이 같은 왜은을 활용한 대중국 사무역의 暴增 추세를 두고 "倍萬於前"으로 묘사하는 실태 분석이 잇따랐다.56)

중종 36년(1541) 5월 사간원의 보고에 따르면, 이렇게 조선 使行의 赴京 과정에서 성행하는 持銀 사무역으로 인해 明나라의 부상대고들이 조선 상인들과 거래하기 위해 중국 南京의 각종 물화들을 遼東에 운수하여 조선의 花銀〔중국에서 이렇게 표현하고 있지만, 그 실체는 곧 조선 상인들이 휴대하고 오던 日本銀 - 필자 주〕과 교역하는 탓에, 赴京 沿路인 요동의 物價가 북경과 다름없을 지경이었다.57) 이 같은 추세는 이후 明宗朝에도 그대로 이어져, 명종 5년(1550) 10월 사헌부는 당대 부경 사행의 持銀 사무역 규모가 작게는 수천 냥에서 크게는 만여 냥(4백 킬로그램)에 이르러, 이들 사행을 맞는 명나라 사람들이 조선 사행을 모두 商賈로 인식하여 꾸짖고 질타하는 실태를 고발하였다.58)

요컨대 중종 말년경에 본격 시작된 일본은의 대량 조선 유입은, 그렇지 않아도 이 시기 국내산 銀, 특히 단천 은에 기반하여 성행하고 있던 대중국 사무역의 所持銀이 일거에 倭銀으로 대체되는 결과로 이어지면서, 이제까지의 朝鮮銀의 명나라 유입 구조가 단기간 안에 日本銀이 조선을 경유하여 중국에 유입되는 구조로 전환되고

54) 주 5와 같음.
55)《中宗實錄》卷93, 中宗 35年 7月 甲寅, 18冊, 403쪽.
56) 주 31과 같음.
57)《中宗實錄》卷95, 中宗 36年 5月 庚子, 18冊, 465쪽.
58)《明宗實錄》卷10, 明宗 5年 10月 丁亥, 19冊, 724쪽.

있었던 것이다. 그리고 이 과정에서 조선 상인들이 이 왜은과 중국
산 사치품을 연계시켜 내는 이른바 中－日을 잇는 中繼貿易의 공
간을 전에 없이 확장시키고, 그에 따른 무역 이익의 규모를 크게 증
대시켜 가는 교역 환경이 새롭게 조성되고 있었다.


## 3. 對日貿易의 主導層과 中繼貿易


16세기 대일무역에서 정부 주도의 공무역 부문을 제외하고, 나머
지 사무역과 불법 密貿易을 주도하던 세력은 京商과 開城商人들이
었다. 이 중에서도 당대 京中 富商大賈로 흔히 지칭되었던 도성 근
거 경상의 활약이 더욱 두드러졌다. 중종 4년(1509) 3월 사헌부 감
찰 朴詮은 상소를 통해, 당시 경상들이 대일무역에 따른 倍徙의 이
익을 노리고서 熊川의 경우에는 인근의 報平驛에, 東萊는 城底의
民家에 짧게는 1~2년, 길게는 3~4년씩 接主하여 체류하며 왜인과
禁物을 포함한 불법 무역에 종사하면서 '無所不爲'하는 실태를 고
발하였다.59)

그런데 여기에서 언급된 경상도 三浦 인근 지역의 '接主' 행위는
이 시기 교환경제 유통 체계의 발달 과정에서 전국에서 등장하고 있
던 主人層의 존재와 관련된 내용이어서 주목된다. 곧, 당대 主人層
이 국내외 상업의 要地를 배경으로 하여 상인들을 留置하여 숙박을
제공하고, 여기에 덧붙여 이들 상인 소지 각종 物貨를 보관하는 한
편 판매의 중개와 알선을 도모하고 있던 실정에서,60) 바로 이들 삼

---

59) 《中宗實錄》 卷8, 中宗 4年 3月 丙辰, 14冊, 321쪽.

포에서 主人 영업을 수행하던 주인층의 집에 경상이 寄宿[接]하여
이들을 主人으로 설정[主]하고 사무역에 종사하는 행태를 가리키는
것이었다.

웅천의 薺浦는 삼포의 倭館 소재지 중에서도 가장 번성했던 포
구로, 왜인들의 왕래에 따라 각종 물화들이 몰려드는 요지여서[61]
熊川城의 增改築 건의와 함께 담당 僉使로 武才가 있는 文臣을
가려 보내자는 건의가 끊임없이 계속되던 곳이었다.[62] 보평역도 당
대 최대의 대일무역 공간이던 이 제포에서 불과 3里 정도의 거리에
위치한 탓에, 왜인과의 사무역과 밀무역이 극심하여 城底의 백성들
이 모두 여기에 종사하고 있던 실태여서[63] 더욱더 위와 같은 主人
영업의 요지였다.

중종 34년(1539) 조정에서 큰 논란이 되었던 전주판관 柳緖宗의
경우, 그는 현직 관인 신분으로 金海 근처의 蒜山에 정자를 두고
京商 洪業同 등을 여기에 接主시키며 왜인과의 사무역을 중개하였
을 뿐만 아니라, 이 과정에서 왜인들에게 鉛銀分離의 기법을 전수
시켜 앞의 주인 영업 행태와 더불어 크게 문제 되고 있었다.[64] 중
종 36년(1541) 6월에는 국왕이 薺浦·熊川에서 경상과 왜인 사이의
불법 무역을 중개하는 이들 주인층을 추적하여 단속할 것을 구체적

60) 朴平植, 〈朝鮮前期의 主人層과 流通體系〉, 《歷史敎育》 82, 2002〔《朝鮮前期
　　交換經濟와 商人 硏究》(지식산업사, 2009)에 수록〕.
61) 《中宗實錄》 卷82, 中宗 31年 10月 甲申, 17冊, 686쪽 ; 《中宗實錄》 卷82,
　　中宗 31年 11月 戊辰·癸酉, 17冊, 692쪽.
62) 《中宗實錄》 卷8, 中宗 4年 4月 癸亥, 14冊, 323쪽 ; 《中宗實錄》 卷53, 中宗
　　20年 2月 壬辰·癸巳, 16冊, 374쪽 ; 《中宗實錄》 卷82, 中宗 31年 11月 戊辰·
　　癸酉, 17冊, 692쪽 ; 《中宗實錄》 卷99, 中宗 37年 8月 丁亥, 18冊, 607~608쪽.
63) 《中宗實錄》 卷8, 中宗 4年 4月 癸亥, 14冊, 323쪽.
64) 주 22, 23, 24와 같음.

으로 지시하기까지 하였다.[65] 그러나 경상들의 삼포 인근 주인층과
연계한 대일 사무역 활동은 이후 중종 최말년인 39년(1544) 9월에
도 여전히 조정에서 논란이 될 정도로, 조정의 의지와 달리 쉽게 근
절될 수 있는 사안이 아니었다.[66]

　한편 이 시기 경상들은 대일 사무역과 밀무역의 원활한 수행을
위해 倭通事職에 활발하게 진출하기도 하였다. 때문에 중종 23년
(1528) 8월, 국왕은 왜통사가 모두 市井人인 실태를 거론하며 공무
역 과정에서 통사의 선택에 신중을 기하라는 전교를 내렸다.[67] 또한
이들 경상들이 도성 倭館의 房守들과도 交結하여 사무역을 도모하
자, 조정은 각사의 奴子들 중에서 抄定해 왔던 東平館의 房守를
番上軍士로 대체하고 그마저도 사흘마다 相遞시키도록 조처하기까
지 하였다.[68] 그러나 조선 정부의 이 같은 규제 조처에도 불구하고
방수를 포함한 동평관의 官屬, 곧 庫直이나 使令들이 경상과 연계
하여 왜인들과 벌이는 사무역 활동은 이후에도 지속되었다. 중종
22년(1527) 11월에는 경상들이 동평관의 庫直 등과 함께 왜인의 물
화를 무역하고 나서 代價를 지급하지 못하자, 왜인의 반발을 고려하
여 國庫에서 대신 변제하는 방안이 검토되기도 하였다.[69]

　더욱이 이 시기 경상들은 왜인과의 무역에 따른 謀利를 목적으
로 남방의 武藝職 取才에 적극 응모하여 변방의 군관직에 진출하기
까지 하고 있었다. 중종 4년(1409) 5월 대사헌 權弘은, 당시 防禦
가 긴급한 북방 지역과 달리 남방은 그 임무가 수월한 탓에, 그리고

65)《中宗實錄》卷95, 中宗 36年 6月 丙子, 18冊, 477쪽.
66)《中宗實錄》卷104, 中宗 39年 9月 壬戌, 19冊, 137쪽.
67)《中宗實錄》卷62, 中宗 23年 8月 甲子, 17冊, 30쪽.
68)《中宗實錄》卷91, 中宗 34年 6月 辛丑, 18冊, 303쪽.
69)《中宗實錄》卷59, 中宗 22年 11月 辛巳, 16冊, 606쪽.

북방은 謀利의 기회가 적고 남방은 그 기회가 많은 까닭에 지금 남방의 武藝 취재에 응하는 자들이 모두 市井人인 현실을 문제 삼았고, 국왕 또한 그 같은 우려에 동의를 표시하였다.[70] 이 같은 인식은 그 다음 달에도 그대로 이어져, 盧公弼 또한 남방의 武藝 萬戶들이 모두 市井의 무리들이어서 방어의 업무는 돌아보지 않으면서 牟利의 일에 종사하는 실태를 고발하였다.[71] 15세기 후반 경상들이 북방의 5鎭을 비롯한 군관직에 진출하여 '興利軍官'으로 지칭되며 野人과의 사무역에 치중하던 실태가[72] 이 시기 남방의 대일무역에서도 마찬가지로 펼쳐지고 있었던 것이다.

16세기 경상들의 대일 사무역과 불법 밀무역 활동은 日本銀의 대량 유입이 있기 전에 이미 만연하고 있었다. 중종 9년(1514) 11월 사헌부가 당시 경상도 兵使 尹熙平의 馳啓에 근거하여 올린 보고에 따르면, 지난 庚午倭變, 곧 삼포왜란(중종 5, 1510) 이후 일본과의 교역 단절에 따라 도성 시전에서 매우 귀한 물품이 되었던 銅鐵이, 壬申約條(중종 7, 1512)의 체결이 있고 나서 얼마 후인 당시 이미 도성 시전의 동철 過多 현상이 이전과 차이가 없을 정도라는 실태 분석이 나오고 있었다.[73] 당대 對日 銅鐵 무역에서 공무역이 적고 사무역이 훨씬 많던 현실에서,[74] 이 같은 상황이 경상의 활발한 사무역 활동의 결과였음은 물론이다. 중종 25년(1530) 2월에도 사간원에서 富商大賈들이 海島에 들어가 倭物을 潛貿易한 사건을 문제 삼았는데, 이들을 推考한 경상감사의 보고에 따르면 이들은

---

70)《中宗實錄》卷8, 中宗 4年 5月 己未, 14冊, 337쪽.

71)《中宗實錄》卷8, 中宗 4年 6月 辛酉, 14冊, 338쪽.

72) 朴平植, 앞의〈15世紀 後半 對外貿易의 擴大〉.

73)《中宗實錄》卷21, 中宗 9年 11月 戊辰, 15冊, 40쪽.

74)《中宗實錄》卷54, 中宗 20年 5月 乙酉, 16冊, 423쪽.

경중의 상인들로서 남방을 왕래하며 왜인들과 불법 사무역을 일삼 았고, 사간원은 이들 경상의 밀무역 활동을 당대의 '大患'으로 인식 하고 있었다.[75]

중종조 말년 일본은의 대거 유입 이후, 이들 경상의 대일무역 활 동은 더욱 熾盛해지고 있었다. 중종 36년(1541) 5월 金安國 등 조 정의 대신들은 삼포에서 벌이는 경상들의 사무역과 밀무역 활동의 실태를 문제 삼으면서, 구체적으로 부산포와 제포에서 경상과 恪倭 들이 '輻輳'의 형세로 來集하여 불법 무역을 행하던 상황을 거론하 였다.[76] 그해 11월에는 熊川禮房 朱相孫이 왜인의 白銀 81근과 山獺皮 80令을 받고 대가를 지급하지 않자 왜인들이 이를 도성에서 예조에 고소한 사건이 벌어졌다.[77] 그런데 70여 명의 사건 관련자 중에 도성에 거주하는 阿伊孫이 포함된 것에서 확인되듯이, 이 사 건 또한 경중의 부상대고들이 웅천 향리들과 연계하여 벌인 불법 사 무역 과정에서 야기된 사건이었다.

경상의 활발한 대일무역 활동은 이후 명종조에도 그대로 이어져, 명종 2년(1547) 6월에는 蛇梁鎭 倭變(중종 39, 1544) 직후임에도 불 구하고 활발히 이루어지고 있던 왜인들의 밀무역 상대로 경상이 구 체적으로 特記되고 있다.[78] 이들 경상과 왜인의 사무역과 밀무역 중에는 상호 간에 거래를 위한 文記가 작성될 정도로 체계적이고 대규모로 이루어지는 경우도 적지 않았다. 명종 3년(1548) 8월 도 성으로 상경 중인 倭使 일행과 中路에서 벌인 사무역과 관련하여 도성에서 체포된 상인 5명의 집에서, 왜인의 圖書·書契와 함께 무

---

75) 《中宗實錄》 卷67, 中宗 25年 2月 己卯, 17冊, 195쪽.

76) 《中宗實錄》 卷95, 中宗 36年 5月 乙卯, 18冊, 468쪽.

77) 《中宗實錄》 卷96, 中宗 36年 11月 乙巳, 18冊, 524쪽.

78) 《明宗實錄》 卷5, 明宗 2年 6月 丙申, 19冊, 516쪽.

역 관련 買賣文書가 적발되었던 사례가 그와 같은 실태를 또한 잘 보여 주는 것이었다.[79]

한편 16세기의 대일무역 부문에서 이들 경상과 더불어 사무역, 밀무역을 주도하고 있던 또 다른 조선 상인 집단은 바로 개성상인들이었다. 중종 21년(1526) 3월 사헌부 執義 韓承貞은 당시 시중의 銀價가 10여 배 이상 폭등하는 가운데 持銀 사무역이 성행하던 실태를 지적하면서, 한편으로 白黃絲·緜紬·藥材 등을 이용한 왜인과의 무역에서 특히 興利하고 있던 상인들로 경상도와 더불어 이들 개성상인들을 특정하였다.[80] 삼포에서 대일무역과 관련하여 활약하는 商人群 중에서, 앞의 경상과 더불어 개성상인들이 그 전국적인 상업 조직과 多大한 資産을 바탕으로 이 시기 대일무역을 주도해 가고 있던 실정을 잘 반영한 분석이라 하겠다.[81]

16세기 경상과 개성상인 등 당대 조선의 최대 상인 집단에 의해서 주도되고 있던 대일무역에서, 이들 조선 상인들은 자신들의 대일무역 활동을 대중무역과 연계시키는 中繼貿易에 적극 나서고 있어 주목된다. 다시 말해 일본 상인들로부터 구입한 여러 물화들을 赴京使行 사무역을 비롯한 대중국 무역에서 활용하고, 또한 중국산 수입품을 대일무역을 통해 다시 일본 상인에게 처분함으로써 그에 따른 差益을 거두는 무역의 형태였다. 이 같은 조선 상인들의 중계무역 활동은 왜은의 대량 유입이 있기 전부터 이미 활발하게 펼쳐지고 있었다. 예컨대 중종 20년(1525) 11월 經筵에서 특진관 成運은, 당시

---

79) 《明宗實錄》卷8, 明宗 3年 8月 癸丑, 19冊, 608쪽.

80) 《中宗實錄》卷56, 中宗 21年 3月 乙巳, 16冊, 504쪽.

81) 조선전기 개성상인들의 대외무역과 관련한 활동 전반에 관하여는 다음 拙稿 참조. 朴平植, 〈朝鮮前期 開城商人의 商業活動〉, 《朝鮮時代史學報》 30, 2004(《朝鮮前期 交換經濟와 商人 研究》(지식산업사, 2009)에 수록].

일본의 사신들이 조선의 각종 藥材와 함께 唐物들을 집중 무역해
가던 실정을 심각하게 우려하고 있었다.[82]

　이 시기 대규모 資産을 동원해야 가능했던 이 같은 중계무역의
구체 정황을 중종 23년(1528) 2월의 다음 사례를 통해 확인하여 보
자. 이때 甲士 李世孫의 고소에 근거하여 형조가 국왕에게 올린
보고에 따르면, 1) 金仲良·金有光·朱義孫·李守福·安孝孫 등 5인
이 각각 木縣 5백 동씩을 出資하여 총 2천 5백 동(12만 5천 필) 규
모의 '同務'[83] 관계를 결성하고, 2) 이들 同務人들이 왜통사들과
연계하여 禁物〔金銀으로 추정 - 필자 주〕을 매입하였으며, 3) 이렇게
마련한 黃金 39兩과 銀 74兩 9錢을 赴京 通事 李繼詮에게 보내
唐物 무역을 기도하였고, 4) 이 과정에서 이세손을 執筆로, 鄭夫
叱成을 保證으로 내세워 거래 文書를 작성하였으며, 5) 朴繼孫·
玉豆應知·安世良·張世昌 등은 왜의 鉛鐵을 黃允光의 집으로 보
내 7~8일에 걸쳐 銀을 제련하였다는 등의 사실이 거론되어 문제
되었다.[84]

　물론 이세손의 이 고소 사건은 의금부의 추고 끝에 그의 誣告
행위로 종결되었지만,[85] 당대 실제 벌어지고 있던 상인들 사이의 자
본 합작 관행, 중 - 일을 잇는 중계무역의 구조와 실태 등을 前提로
하여 무고가 구성되었던 만큼, 위 1)~4)에 이르는 경상들의 中繼

---

82)《中宗實錄》卷55, 中宗 20年 11月 丁卯, 16冊, 467쪽.

83) 조선전기에는 상인들 사이에서 각자의 資産을 合資하여 벌이는 '同財殖貨'의
　　행위를 두고 '作同務', 그리고 이 같은 관계의 相互를 '同務人'으로 지칭하였다
　　(《世祖實錄》卷38, 世祖 12年 正月 丙午, 8冊, 1~2쪽 ;《中宗實錄》卷92, 中宗 34年
　　10月 丁亥, 18冊, 354쪽).

84)《中宗實錄》卷60, 中宗 23年 2月 壬子, 16冊, 631쪽 ;《中宗實錄》卷60,
　　中宗 23年 2月 辛酉, 16冊, 634쪽.

85) 위와 같음.

貿易에 따르는 구체 行態는 이 시기 商業界의 일반적인 관행이었을 것으로 여겨진다. 특히 아직 일본은이 본격 유입되기 전이었던 이 중종 23년(1528)에, 위 5)에서 보듯이 일본으로부터 鉛鐵을 貿入하여 이의 鉛銀分離 제련 과정을 거쳐 銀을 생산해 내고 있던 조선 상인들의 활동 또한 매우 주목된다. 아직 이 기술을 모르고 있던 일본으로부터 연철을 무입하여 銀을 분리해 내고, 이를 다시 대중 사무역을 통해 처분하는 경상들의 활동을 통해, 이 시기 중－일을 잇는 중계무역의 行程에서 조선 상인들이 보이던 적극적인 商利 확보 노력을 잘 확인할 수 있기 때문이다.

이 시기 대일무역에서 이처럼 경상을 비롯한 조선 상인들이 일본의 唐物 수요를 중개해 내면서 중계무역을 벌일 수 있었던 조건은 일본이 봉착한 대중국 교역의 현저한 制限 여건에서 마련되고 있었고,[86] 당대 조선 조정 또한 이 같은 사정을 잘 파악하고 있었다. 중종 31년(1536) 10월 朝講 자리에서 영사 金安老는, 당시 加德島 등지에서 이루어지는 왜인들과의 밀무역을 통해 藥材와 唐絲와 같은 물화들이 모두 일본으로 들어가는 실태를 전하였다. 예전에는 왜인들이 중국에 들어가 직접 行販을 하였는데, 大寧府에서의 作賊〔寧波의 亂, 중종 18년(1523)〕이후 중원과 交接할 수 없게 됨에 따라 唐物을 조선으로부터 轉買하게 되었고, 이에 따라 조선산 물화와 더불어 중국산 唐物들이 모두 일본으로 유출되는 상황이 되었음을 확인하며, 그에 대한 禁斷을 請하고 있었던 것이다.[87]

중종 18년(1523)에 중국 寧波에서 벌어진 倭使들 사이의 作亂과,

---

86) 16세기 조선과 중－일을 포함한 東아시아 국제교역의 환경에 대한 구체 내용은 이하 本稿의 4장 참조.

87) 《中宗實錄》卷82, 中宗 31年 10月 乙酉, 17冊, 686~687쪽.

이후 그나마 제한적으로 明으로부터 허용받고 있던 勘合貿易의 기회마저 봉쇄되면서,[88] 일본이 조선 상인을 경유하지 않고서는 중국산 물화들을 求得할 수 없었던 당대의 여건을 조선 조정 또한 명확하게 인지하고 있었고, 김안로는 그 실태를 唐絲와 같은 당물의 중계무역의 사례로서 거론하고 있었던 셈이다. 이 같은 조선 상인, 특히 船商들의 중 – 일을 잇는 중계무역 사례는 중종 28년(1533) 6월 皂隷 신분의 경상 李山壽가 벌인 중국과 일본을 연계한 선상 밀무역 행태에서도 거듭 확인된다.[89]

일본은이 대거 유입되기 시작한 중종 말년 이후, 조선 상인들의 일본을 상대로 한 중계무역 행위는 더욱 확대되고 있었다. 중종 34년(1539) 10월 조정에서는 내수사 書題였던 朴守榮의 대일 사무역 활동이 크게 논란이 되었다. 이때 내수사 田地의 打量을 명분으로 경상도 三嘉에 내려갔던 박수영은 다수의 綵段·白絲 등의 당물을 가지고 가서 제포첨사에게 청탁하여 吉禮의 소용 물품이라 사칭하고 왜인들의 銀을 공공연하게 무역하였고, 또한 여러 同務人, 곧 자본을 合資한 경상들과 연계하여 이 왜은을 赴京하는 使行 편에 부쳤다.[90]

앞서 살펴본 李世孫의 무고 사건에서 상정되었던 부상대고들의 자본 합작을 통한 '作同務' 실태, 이렇게 조성한 대규모 자산을 바탕으로 한 중 – 일 사이의 중계무역의 행태가 당대 현실에서 그 實際로 구현되고 있었을 뿐만 아니라, 이 같은 경상들의 중계무역 행위가 내수사 등 왕실과 밀접하게 연계되어 이루어지면서 더욱 크게

---

88) 주 1, 33의 諸 논고 참조.

89) 《中宗實錄》 卷75, 中宗 28年 6月 庚辰, 17冊, 437쪽.

90) 《中宗實錄》 卷92, 中宗 34年 10月 丁亥, 18冊, 354쪽 ; 《中宗實錄》 卷92, 中宗 34年 10月 戊子, 18冊, 355쪽.

문제 되고 있었던 것이다.[91] 조선 상인들이 주체가 되어 중국산 綵
段과 白絲를 일본산 銀과 교역시킴으로써 그 差盆을 실현시키는
전형적인 중계무역의 형태였다.

경상을 비롯한 조선 상인들의 倭銀을 매개로 한 중계무역은 이
후 더욱 확대되었다. 중종 37년(1542) 무려 8만여 냥의 은을 소지하
고 왔던 일본국 사신 安心東堂의 공무역액은 官木으로 1천 2백 동
(6만 필)에 이르렀고, 또 사무역액은 그 倍에 달해 대가로 받은 조
선산 면포가 三浦에 언덕과 산처럼 쌓여 있는 실정이었다. 당시 예
조판서 金安國을 찾아 온 제포첨사 徐壽千에 따르면, 비록 크다 하
더라도 총 3~4척에 불과한 일본 국왕사의 선박에 이를 다 실을 수
없는 지경이었다. 때문에 서수천은 왜인들이 반드시 이 官木을 삼포
에 내려온 경상들의 白絲와 段子 등 무게와 부피가 가볍고 작은 물
화들과 교역해 돌아갈 것으로 전망하면서, 삼포에서 이들 경상의 활
동을 엄금하겠다는 의지를 표명하였다.[92] 여기에서 그가 언급하고
있는 경상들이 왜인과의 무역을 위해 가지고 온다는 白絲와 段子들
이 모두 중국산의 수입 물품이었음은 물론이고, 이 같은 교역 형태
는 곧 일본산 은과 중국산의 사치품이 조선 상인에 의해 중개되는
전형적인 중계무역의 형태였다.

16세기에 이처럼 대일무역을 주도하고 있던 조선 상인들이 중국
과 일본을 잇는 중계무역에 적극 나설 수 있었던 배경은 무엇보다
兩國 사이 물화의 가격차였다. 예컨대 중종 말년 대거 유입되면서
조선에서 그 가격이 불과 몇 년 사이에 약 1/6 수준으로 폭락하였
던 국내의 銀價는,[93] 그 결과 이들 銀의 최종 귀착지였던 중국의

---

91) 《中宗實錄》 卷92, 中宗 34年 11月 己未, 18冊, 363쪽.
92) 《中宗實錄》 卷98, 中宗 37年 7月 乙丑, 18冊, 603쪽.

은가에 비해 매우 저렴하였다. 명종 즉위년(1544) 11월 영의정 尹仁鏡과 좌의정 李芑의 분석에 따르면, 당시 왜은의 유입으로 국내의 銀이 裕足한 상황에서 중국에서 銀 2錢에 불과한 白苧布 1필의 가격은 국내에서 官木 10필에 해당하였으며, 이를 은으로 환산할 경우 적게는 3~4냥, 많게는 5냥에 이르렀다.[94] 따라서 이를 銀價로 환산할 경우, 중국의 은가는 조선에 비해 적게는 15배에서 많게는 25배에 이르는 高價였던 셈이다.

결국 이 같은 일본과 조선, 그리고 중국 사이의 현실 銀價의 차이를 배경으로, 조선 상인들은 상대적으로 歇價의 일본은을 매입하여 이를 赴京 사행이나 불법 사무역을 통해 명나라에서 高價로 매도하고, 반대로 중국 현지의 白絲나 段子 등의 高價·輕量의 唐物을 무입하여 다시 이를 국내에서 일본 상인에게 매도함으로써 이들 양국 상인들과의 거래 과정에서 二重의 무역 이익을 획득하였다. 일찍이 15세기에 조선 상인들이 중 - 일 사이의 중계무역 물품으로 주로 남방산 胡椒를 활용했다면,[95] 이제 16세기에 들어서, 특히 중종 말년의 倭銀의 대거 유입 이후에는 일본산 銀이 호초를 대신하여 조선 상인들의 중계무역 물품으로 적극 활용되었던 것이다.[96] 조선을 중심으로 중국과 일본이 연결되는 東아시아 국제교역에서 이처럼

---

93) 중종 33년(1538) 공무역가 기준으로 銀價는 은 1냥당 면포 4필에서, 이후 동 37년(1542)에 면포 0.67필 수준으로 급락하고 있었다(앞의 주 39, 41 참조).

94) 《明宗實錄》 卷2, 明宗 即位年 11月 丙子, 19冊, 366쪽.

95) 朴平植, 앞의 〈15世紀 後半 對外貿易의 擴大〉.

96) 일본은의 대량 유입 이후에도 倭使들의 남방산 胡椒 所持와 무역 요구는 간헐적으로 계속되고 있어서(《明宗實錄》 卷5, 明宗 2年 3月 癸丑, 19冊, 488쪽 ; 《明宗實錄》 卷5, 明宗 2年 4月 己亥, 19冊, 497쪽 ; 《明宗實錄》 卷12, 明宗 6年 10月 戊寅, 20冊, 48쪽), 이를 활용한 중계무역 또한 여전히 계속되었을 개연성은 높다. 다만 그 비중에서 15세기 이래 호초의 위상을 이제 倭銀이 대체하게 되었던 것이다.

각국 상인의 처지와 정부의 通商 정책이 대치하는 가운데, 중국과 일본, 그리고 조선과 일본 사이에 무역을 둘러싼 葛藤 구조가 형성되고 또 작동하여 갔다.

## 4. 東아시아 交易環境과 對日貿易의 葛藤

16세기 대일무역은 조선과 일본 사이의 교역 관계였지만, 이 양국의 정치·사회적 동향에 크게 영향을 받는 한편으로 중국과 유구 등을 포함한 東아시아의 교역 환경 속에서 물화가 거래되고 상인들이 왕래하였다. 특히 앞 장에서 살펴본 바와 같이, 이 시기 조선 상인들의 중계무역이 이 같은 동아시아 국제교역의 환경을 배경으로 하여 전개되고 있었던 만큼, 이에 대한 분석과 정리는 16세기 대일무역의 추이와 갈등 양상의 입체적 조명을 위해서도 반드시 필요한 선결 과제라 하겠다.

이 시기 동아시아 국제교역의 중심에 있던 중국은 洪武帝의 明 개창 이래 조선을 비롯한 주변국과의 국제 관계를 朝貢과 冊封의 체제로 수립하면서 이를 뒷받침하기 위해 海禁 정책을 일관되게 추진하며 朝貢貿易을 유일한 교역 질서로 주변 나라에 강제하였고, 이 같은 방침을 16세기에도 큰 변동 없이 정책으로서 지속하였다. 이런 가운데 16세기에 들어서면 이들 東아시아만이 아니라 南·西아시아를 포함한 아시아 전체, 더 나아가 이 무렵 이 지역에 진출하기 시작한 포르투갈·스페인·네덜란드 상인들을 매개로 구축되기 시작한 全 세계 차원의 '상업의 시대', '교역의 시대'가 이들 조선과 중·일을 포함한 동아시아 권역에서도 본격 시작되고 있었다.[97]

조선은 전통적인 明 중심의 동아시아 교역 체계, 곧 조공무역의
체제에서 중국 주변의 여러 국가들 중에서도 가장 유리한 교역 여건
을 구비하고 있었다. 일본이 10年 1回, 대부분의 주변국이 3년 1회,
琉球가 2년 1회의 對明 定期 使行을 허용받고 있던 데 비해 조선
은 국초 이래 1년 3회의 부경 사행을 파견할 수 있었고,[98] 여기에
덧붙여 進賀·奏聞使 등 수많은 비정기 사행의 파견도 계속되었던
것이다.

그리하여 국초 이래 17세기 중반 仁祖朝까지 총 1천 2백여 회를
상회하는 사행을 북경에 파견하였고, 그 파견 횟수가 15세기 성종조
까지는 연평균 약 6.6회에 달했으며 16세기 이후에도 연평균 약 3.5
회의 정기·비정기 사행을 파견하였다.[99] 대명 사행의 파견이 곧 무
역의 기회였던 상황에서, 조선이 누리고 있던 이 같은 국제교역의 여
건은 앞에서 살펴본 바와 같이 조선 상인들이 이 시기 대일무역에서
중계무역을 통해 商利를 확보할 수 있었던 배경이기도 하였다.[100]

---

97) 서구와 일본 학계를 중심으로 이에 대한 연구는 기왕에 數多하게 축적되어 왔
다. 본고에서 이미 인용한 참고 논저는 그 최소한의 것들이다(주 1, 20, 33의 諸 논
고). 특히 이와 관련하여 일본 학계의 이 시기 동아시아 交易史 이해 체계가 갖는
문제점을 점검하고, 이를 토대로 16세기 對明貿易의 특징을 정리한 구도영의 논문
이 유의된다(앞의 〈16세기 동아시아 질서에서 본 조선 對明貿易의 특징과 위상〉).

98) 구도영, 앞의 〈16세기 동아시아 질서에서 본 조선 對明貿易의 특징과 위상〉,
196쪽 〈표 1〉 참조.

99) 朴成柱, 〈高麗·朝鮮의 遣明使 研究〉, 東國大 博士學位論文, 2004.

100) 明 왕조 시기, 일본이 進貢 사절을 중국에 보낸 횟수는 총 19회에 불과하였
고, 그나마 寧波의 亂(중종 18, 1523) 이후 이를 주관하였던 大內氏의 몰락과 함
께 1547년(명종 2)에 중단되고 말았다(주 1, 33의 논고 참조). 陸路를 이용한 조선
의 사행에 비해 일본의 조공이 선박을 이용하여 이루어져 그 규모가 좀 더 컸을
것임을 고려하더라도, 이와 같은 사행, 곧 무역 기회의 큰 격차가 이 시기 동아시
아 교역사에서 갖는 의미는 매우 크다 할 것이다.

한편 조선 국가는 국초 이래 농업 중심의 '抑末'정책을 경제 분야의 각종 施策에서 확고하게 천명하여 왔고, 위와 같은 국제 정세와 연동되어 대외무역에 대한 국가의 통제를 한층 강화시키고 있었다. 그리하여 대일무역과 관련하여서는 '交隣'의 원칙 하에 三浦를 개항하여 교역을 허용하되, 授圖書·書契·文引 등의 제도와 癸亥約條를 통해 파견 使行과 歲遣船의 숫자 등을 매우 세세하게 규정하고 이의 遵行을 강조하였다. 그럼에도 불구하고 대일무역 부문에서는 대중무역에서와 마찬가지로 15세기 후반 성종조 이후 그 양적 성장이 두드러지게 노정되고 있었다.[101]

동철·유황을 비롯한 일본산 광물과 남방산 호초·소목, 각종 향료 등이 조선산 직물 및 곡물 등과 교역되던 조선과 일본 사이의 대일무역은, 특히 이 시기에 들어 일본 상인의 조선 면포에 대한 수요와 청구가 급증하면서 크게 신장되었다. 그리하여 성종 중반 이후 그 回奉額이 한 해에 50만 필을 내려가지 않을 정도로 확대되었고, 이 같은 추세는 대일무역의 중개를 담당하던 삼포 恒居倭人의 숫자에서도 거듭 확인된다. 세종조 계해약조에서 60여 호로 규정되었던 삼포왜의 숫자는, 성종 말년경에 이르면 규정보다 10여 배 이상 늘어 5백여 戶 3천여 人을 상회하고 있었던 것이다.[102]

이 같은 대일무역의 상황에서, 反正 후 정치 사회의 일대 革新을 천명하고 있던 중종 정부는 廢朝의 失政 捄弊 차원에서도 대외무역 일반에 대한 통제에 적극 나섰다. 그리하여 대일무역과 관련하여서도 중종 3년(1508) 8월 영상과 우상, 호조와 예조판서 등은 지난

---

101) 李鉉淙, 앞의 《朝鮮前期 對日交涉史硏究》 ; 朴平植, 앞의 〈15世紀 後半 對外貿易의 擴大〉.

102) 朴平植, 앞의 〈15世紀 後半 對外貿易의 擴大〉.

庚申年(연산군 6, 1500)에 왜인들이 가져온 동철 11만 5천 근 중에서 이때까지 代價 결제가 이루어지지 않았던 2/3 분량의 銅鐵價를 庚申年價의 면포로 지불해 달라는 왜인들의 요청에 대해 丙寅年(중종 원년, 1506)에 이어 거푸 불허 방침을 통보하였다.[103] 交隣의 원칙에도 불구하고 왜 동철의 대량 유입에 따라 국내의 동철 가격이 하락하자 이를 일본과의 공무역 가격에 반영하려 하였고, 대마도가 이를 거절하자 단호하게 공무역 불허 방침을 통보하였던 것이다.

대일무역에 대한 중종 정부의 원칙에 입각한 대응은 이후 불법 사무역과 밀무역의 중심지였던 三浦에 대한 시책에서도 그대로 이어지고 있었다. 예컨대 중종 4년(1509) 3월에는 삼포 왜인의 불법 행위에 효과적으로 대처하기 위해 삼포 지역의 守令을 堂上官급으로 격상하여 파견하는 방안을 鹽浦와 東萊에 이어 薺浦가 소재한 熊川에도 새로 확대하여 적용하고 있었다.[104] 그 다음 달에는 삼포의 倭里, 곧 항거왜인들이 거주하는 지역을 단속해 이들의 불법 활동을 방지하는 방안, 제포 인근 報平驛의 驛吏들과 웅천현 城底의 백성들이 왜인들과 벌이는 밀무역을 예방하기 위해 보평역을 혁파하여 인근 역에 병합시키고 웅천성을 새로 신축하여 성 밖 백성들을 성안으로 이주시키는 방안 등이 논의되었다.[105]

---

103) 《中宗實錄》卷6, 中宗 3年 8月 丙子, 14冊, 272쪽.
　　庚申年의 왜 동철 11만 5천 근 중의 1/3은 그해에 면포 1匹 半당 동 5斤 半의 가격, 곧 면포 1필당 동 약 3.7근으로 대가가 지불되었고, 이후 壬申年(연산군 8, 1502)에 그 1/3에 대해 면포 1필당 동 5근의 가격이 제시되었으나 왜사가 종전 경신년의 가격을 주장하며 대가 수령을 거부한 바 있다. 대마도는 이 같은 동철가의 경신년 舊價 지급 요청을 반정 직후인 중종 원년(1506)에도 다시 해 왔었다.
104) 《中宗實錄》卷8, 中宗 4年 3月 甲辰, 14冊, 316쪽.
105) 《中宗實錄》卷8, 中宗 4年 4月 癸亥, 14冊, 323쪽.

모두 삼포에서 이루어지고 있던 왜인과의 불법 무역을 근본에서 차단하기 위한 방안들이었다. 북방과 달리 남방 지역의 武藝 取才에 상인들이 대거 응모하여 변방의 軍官職을 사무역 활동을 위해 활용하는 실태가 거론되며, 그에 대한 단속과 대처가 조정에서 논의되었던 것도 바로 이 무렵이었다.[106]

中宗反正 이후 이처럼 삼포를 중심으로 한 대일무역에 대한 조선 국가의 통제와 관장의 提高 노력이 경주되고 있을 즈음인 중종 5년(1510) 4월, 삼포의 왜인들과 대마도가 연계, 擧兵하여 薺浦와 釜山浦의 성을 함락시킨 이른바 三浦倭亂이 일어났다.[107] 이 왜란의 직접적인 발발 원인으로는 이 사태를 처음 중앙에 보고한 경상우도 병마절도사 金錫哲의 장계에서 이미 파악되어 있듯이, 1) 부산포 첨사의 소금(鹽)·기와(瓦) 제조용 吐木의 왜인 督納, 2) 웅천 현감의 왜인 興利 금지와 倭料 미지급, 3) 제포 첨사의 왜인 海採 시의 射官 파견 불허와 4인의 왜인 誤認 殺害 등이 거론되고 있었다.[108]

이 경상우도 병마절도사의 馳啟를 두고 벌어진 조정의 첫 논의 자리에서 영의정 金壽童은 이 사태의 배경을 두고 다음과 같은 분석을 하고 있어 주목된다. 이날 영상은 "倭奴들이 憤을 품은 지가 이미 오래인데, 지금 마침내 變이 일어났다."[109]며, 위의 절도사의

---

106)《中宗實錄》卷8, 中宗 4年 5月 己未, 14冊, 337쪽 ;《中宗實錄》卷8, 中宗 4年 6月 辛酉, 14冊, 338쪽.

107) 李鉉淙, 앞의《朝鮮前期 對日交涉史研究》; 村井章介, 이영 역,《중세 왜인의 세계》, 도서출판 소화, 2003.

108)《中宗實錄》卷11, 中宗 5年 4月 癸巳, 14冊, 422~423쪽.
　　이 같은 삼포왜란 발발의 직접적인 동기는 이후 대마도의 書契나, 사건 조사를 위해 파견된 敬差官의 보고에서도 大同小異하게 다시 거론되고 있다(《中宗實錄》卷11, 中宗 5年 4月 乙未, 14冊, 423~424쪽 ;《中宗實錄》卷11, 中宗 5年 4月 丙申, 14冊, 425쪽 ;《中宗實錄》卷11, 中宗 5年 4月 壬寅, 14冊, 431쪽).

보고에서 거론된 구체적인 사태 원인보다 좀 더 포괄적인 배경에 유
의하고 있다. 이 같은 인식은 며칠 뒤에 作亂의 주역이 東萊縣令에
게 보낸 서계에서도 다시 확인된다. 삼포왜란을 주동한 對馬島 代
官 宗兵部 盛親은, 조선과 대마도 사이의 和親의 견고한 定約이 최
근 10년 사이에 每事에서 變換되고 있음을 강조하였던 것이다.[110]

앞의 영의정 김수동의 사태 파악과 더불어 作亂 주역의 이 같은
인식은, 요컨대 중종 5년(1510)의 이 庚午倭變이 결코 당시 삼포를
관장하는 지방관의 부당한 왜인 대우나 일시적인 대처에서 비롯된
사변이 아니었음을 잘 보여 준다. 다시 말해 동아시아 국제교역 환
경에서 대일무역을 둘러싼 조선과 일본의 處地, 그리고 반정 이후
15세기 후반 이래 대일무역의 확대 국면에도 불구하고 세종조 癸亥
約條에서 규정된 기본 章程을 준수하여 이에 대한 국가의 통제력을
다시 제고하려 하였던 중종 정부의 대일본 무역정책을 배경으로 발
생한 왜인들의 作亂이 바로 삼포왜란이었던 것이다.

16세기 동아시아 국제교역의 환경에서 일본이 처해 있던 위치와,
반정 이후 중종 정부가 '抑末'의 국가정책을 더욱 원칙에서 강행하
던 시점에서, 그와 같은 국제교역상의 不利를 挽回하고자 하였던
일본(대마도)의 시도로서 삼포왜란은 이처럼 실패로 귀결되고 만다.
2년 뒤인 중종 7년(1512), 壬申約條의 체결을 통해 대마도주의 歲
遣船과 歲賜米太가 반감되고(50隻→25隻, 2백 石→1백 石), 특송선
의 파견과 加德島 來泊이 불허되는 한편으로 기왕의 여러 授職·授
圖書者에 대한 세견선과 賜米 조처가 철회되거나 조정되어, 이로써
조선과의 무역에서 일본, 특히 대마도가 입은 피해는 적지 않은 것

109) 《中宗實錄》卷11, 中宗 5年 4月 癸巳, 14冊, 423쪽.
110) 《中宗實錄》卷11, 中宗 5年 4月 乙未, 14冊, 423~424쪽.

이었다.111)

그러나 이 시기 왜인들의 공급 物貨 중에는 銅鐵과 같이 또한 조선 사회의 필수품도 포함되어 있었을 뿐만 아니라, 여기에 朝·日 교역의 정상화를 위한 일본 정부와 대마도의 집요한 외교적 노력이 덧붙여짐으로써, 중종조의 대일무역은 反正 직후 발생한 삼포왜란의 波瀾에도 불구하고 이내 이전 수준을 회복해 갔다. 임신약조 체결 2년 뒤인 중종 9년(1514) 11월 사헌부는 庚午倭變〔三浦倭亂〕 이후 매우 귀한 물품이 되었던 銅鐵이, 그 사이 상인들의 사무역이 漸增한 결과 지금 도성내 시전의 동철의 많음이 예전과 다름없다는 분석을 내보였다.112) 일본의 국가 차원에서도, 특히 衣食의 기초 자원을 조선에 절대 의존하고 있던 대마도의 처지에서도 그 葛藤 양상에도 불구하고 조선과의 교역은 불가피한 상황이었기 때문에, 이와 같은 대일무역의 再開는 必至의 결과였다 하겠다.

이후 일본으로부터 임신약조의 개정을 통한 通商 기회의 확대 노력이 계속되는 가운데,113) 한편에서는 일본과의 공무역에서 조선이 지불해야 할 綿布의 過多와 그에 따른 재정 문제가 거듭하여 논란이 되고 있었다.114) 특히 이 시기 왜인 공무역가로 우선 충당되고 있던 경상도 소재 면포의 부족 사태가 우려되면서, 왜와의 공무역가를 시중 물품가에 맞추어 引下 調定하려는 조선 정부와 高價로 결제

---

111) 주 107과 같음.
112) 주 73과 같음.
113)《中宗實錄》卷21, 中宗 10年 3月 甲戌, 15冊, 65쪽 ;《中宗實錄》卷45, 中宗 17年 7月 己酉, 16冊, 140쪽 ;《中宗實錄》卷54, 中宗 20年 4月 癸卯, 16冊, 408쪽.
114)《中宗實錄》卷48, 中宗 18年 7月 甲午, 16冊, 249쪽 ;《中宗實錄》卷55, 中宗 20年 9月 壬戌, 16冊, 451쪽 ;《中宗實錄》卷55, 中宗 20年 9月 辛巳, 16冊, 455쪽 ;《中宗實錄》卷55, 中宗 20年 10月 癸巳, 16冊, 459쪽.

받았던 舊價를 고집하는 倭使 사이의 갈등이 더욱 고조되는 형국이
었다.115) 중종 말년경 日本銀이 대거 유입되기 전부터 이처럼 일본
國王使를 비롯하여 九州 지역의 여러 巨酋, 그리고 대마도주가 조
선과의 공·사무역에 매진하였던 배경에는, 일본 국내에서 戰國時代
의 본격 전개에 따라 각 大名 세력 사이에 領國의 軍備 확장을 위
한 경제 진흥책의 일환으로 대외무역에 적극 나섰던 風潮가 자리하
고 있었다.116)

그런데 이 시기 동아시아 국제교역의 환경에서 일본 내 각 大名
세력들의 海外貿易에 불리한 여건이 거듭하여 추가되었다. 앞에서
살펴본 바와 같이 이 시기 明나라는 '10年 1貢'의 勘合貿易 형태
로 일본의 進貢과 무역을 허용하고 있었고, 그마저도 중종 18년
(1523) 이 기회를 둘러싼 大內氏와 細川氏의 충돌이 寧波의 亂으
로 이어지면서 마침내는 중단되고 말았던 것이다.117) 이 시기 조선
정부 또한 이 같은 情況을 정확하게 파악하고 있었는데, 중종 31년
(1536) 10월 영사 金安老는 일본이 명나라에서의 作賊 이후 대중
국 직접 교역이 불가능해지면서, 대신 唐絲 등의 중국 물화를 조선
상인을 통해 貿入해 가던 실태를 전하였다.118) 이는 앞의 3장에서
확인한 것처럼 조선 상인에게 중국과 일본을 잇는 중계무역에 적극
나설 수 있게 하는 조건이었고, 이로 인해 조선의 물화만이 아니라
唐物까지도 조선 상인의 중계무역을 거쳐 모두 일본으로 轉賣되고

---

115) 《中宗實錄》卷65, 中宗 24年 2月 戊子, 17冊, 103쪽.
116) 村井章介, 손승철·김강일 편역, 《동아시아속의 중세한국과 일본》, 景仁文化社,
    2008 ; 佐伯弘次, 손승철·김강일 편역, 《조선전기 한일관계와 博多·對馬》, 景仁
    文化社, 2010.
117) 앞의 주 33, 116의 諸 논고 참조.
118) 주 87과 같음.

있는 실정이었다.[119]

　15~16세기 동아시아 국제교역에서 일본이 처했던 이 같은 위상과 일본 상인의 교역 형태는, 일본산 銀의 대량 생산과 유통 이후 일대 전환을 보이게 된다. 이와 관련하여서는 중종 36년(1541) 11월 예조에서 올린 다음 계문에 유의할 필요가 있다. 당시 예조는 전에는 왜인들이 銀을 가지고 와서 우리나라에 팔기 때문에 法을 세워 엄금하였는데, 近者에는 왜인들이 이 은을 중국의 남쪽 지방[南徽]에서 판매하여 더 큰 이익을 얻게 되면서 도리어 조선의 은을 반대로 사 가기까지 하는 전혀 새로운 상황을 보고하고 있었다. 이에 국왕 또한 왜인들이 우리나라에 은을 판매한다는 얘기는 들어왔지만 買入한다는 소문은 들어본 바 없다며, 그 상황에 궁금증을 나타냈다.[120] 倭銀이 대거 유입되면서 국내의 은가가 폭락하는 가운데 이 銀을 이용한 부경 사무역이 急增하고 있던 당대 현실의 한편에서,[121] 전혀 반대로 조선의 銀마저 일본 상인들이 貿入해 가는 이 새로운 은 유통 흐름은 이 시기 다른 조선의 官人 儒者들에게도 주목되고 있었다.

　중종~명종조의 관인 魚叔權은 그의 문집 《稗官雜記》에서 조선 상인들에 의해 鉛銀分離의 造銀法이 일본에 교습된 이후 왜은이 국내에 대거 유입되어 銀價가 폭락하고 이어 持銀 부경 사무역이 번성하게 된 실정을 소개하였다. 그러면서 그는 1) 그런데 이후 왜인들이 은을 배에 실어 중국의 寧波府에 가서 매도하기 시작하고, 2) 이어 명나라 福建 浙江의 상인들이 일본을 몰래 왕래하며 왜은을

---

119) 위와 같음.
120) 《中宗實錄》 卷96, 中宗 36年 11月 丙午, 18冊, 524쪽.
121) 韓相權, 앞의 〈16世紀 對中國 私貿易의 展開〉 ; 이태진, 앞의 〈16세기 국제교역의 발달과 서울상업의 성쇠〉 ; 본고 2장 참조.

무입하고, 3) 이 과정에서 일본으로 가던 중국인들이 풍랑을 만나 전라도에 漂泊한 경우가 잦았는데 그 乘船 인원이 2백~3백 명에 이르렀으며, 4) 이후로 국내에서 왜은이 점차 희귀하게 된 사정, 5) 그리고 중국 福建人들이 이 銀 무역 과정에서 銃砲를 왜에 전하여 이로부터 倭人〔倭寇 – 필자 주)들의 放砲가 시작된 실정 등을 전하며, 결국 이 모든 사태가 조선 상인들이 造銀法을 왜인들에게 傳習시킨 데서 비롯한 것이었음을 恨歎調로 기록했다.122)

어숙권의 이 같은 분석에 따르면, 日本銀의 대거 유입과 함께 형성된 동아시아 국제교역에서 은의 유통 흐름, 곧 '일본 → 조선 → 명'의 유통 체계는, 명나라와 일본의 海上을 통한 불법 무역과 함께 '일본 → 명'의 유통 경로가 새롭게 추가되었으며〔1), 2)〕, 이후 조선 내 왜은이 희귀해졌다는 분석에서 드러나듯이〔4)〕, 前者보다 後者의 새로운 은 유통 경로가 더욱 활발해졌다. 그리고 이 과정에서 중국과 일본의 銀 貿易船이 조선의 해안에 漂泊하는 경우가 늘고 있었으며〔3)〕, 또한 왜인들이 총포를 求得하게 된 계기도 중국과의 이 은 무역이라는 분석이었다〔5)〕.

중종과 명종조의 당대를 살았던 어숙권의 倭銀과 관련한 위 기록은 1)~5)의 실태 파악과 분석 내용이 현재 국내외 학계의 연구 성과와 정확하게 일치한다. 중국 내의 漸增하는 은 수요를 노리고서 이처럼 조선을 거치지 않고 일본은의 명나라 유입 과정을 매개하던 상인들과 그들의 무역 행위는, 그러나 海禁의 국가정책을 견지해 오던 明나라에서는 당연히 不法의 행태였다. 중종 말년경부터 연안에 출몰하기 시작한 이 '唐·倭 不辨'의 선박을 조선에서는 '荒唐船'이라 불렀고, 《실록》에 등장한 그 최초 사례는 중종 35년(1540) 정월

---

122) 魚叔權, 《稗官雜記》 1(《大東野乘》 卷4).

황해도 豊川府 沈方浦에 來泊한 중국 선박이었다.[123] 이미 서해에서 왜선에 의한 船商 劫掠을 경험하고 있었던 조선 조정의 처지에서,[124] 이 시기 이들 황당선의 연이은 출현은 매우 중대한 현안으로 인식되고 있었다.

중종 39년(1544) 6월 충청도 해안에 도착한 황당선은 처음부터 通商을 위해 일본으로 항해하다 표류한 것으로 추정되었다. 이후 조사 과정에서 이들은 모두 福建 상인들로, 李王乞 이하 150여 명의 선원들이 貿銀을 위해 일본으로 가다 漂泊한 것으로 밝혀지면서 그 송환 방법을 둘러싼 논의가 조정에서 계속되었다.[125] 그런데 당시 이들 황당선과 관련된 국내의 각종 膽錄 기록들을 조사한 좌의정 洪彦弼의 보고가 유의된다. 그에 따르면, 그간 중국 蘇州·杭州의 선상들이 倭寇의 노략을 당하거나 풍랑을 만나 한 배에 탄 2백여 명의 선인들이 우리나라에 표착하여 遼東 移咨를 거쳐 송환된 사례가 한둘이 아니며, 그 가운데는 火砲를 쏘며 抗戰하거나 조선인을 살해하여 처음에 거의 海賊으로 간주된 사례도 있었다. 이에 대해 우의정 尹仁鏡은, 이번 황당선이 또한 다른 표류의 사례와 달리 우리나라 사람들을 살해하고 衣糧을 겁탈하여 水賊과 다름없음을 들어, 遼東 移咨의 방법이 아니라 부경 사행 편에 붙여 명나라 禮部에 직접 奏聞하는 방법을 건의하고 나섰다.[126]

한편 조선 조정은 이들 황당선들이 비록 海賊 활동을 하지 않았

---

123) 《中宗實錄》卷92, 中宗 35年 正月 壬子, 18冊, 373쪽.

124) 《中宗實錄》卷48, 中宗 18年 6月 辛亥, 16冊, 233쪽 ; 《中宗實錄》卷48, 中宗 18年 7月 丙子, 16冊, 246쪽.

125) 《中宗實錄》卷103, 中宗 39年 6月 辛卯, 19冊, 107쪽 ; 《中宗實錄》卷103, 中宗 39年 6月 壬辰, 19冊, 107쪽.

126) 《中宗實錄》卷104, 中宗 39年 7月 丙辰, 19冊, 113쪽.

다 하더라도, 海禁 조처를 어기고 일본과 貿銀 교역에 나선 船商
행태 자체가 명나라에서 불법임을 잘 인지하고 있었다. 명종 즉위
년(1545) 8월 일본을 향하던 唐船이 전라도 馬島에 정박과 통상을
요구하였을 때, 사간원에서는 이들 漂泊 唐人들을 두고 일본과 交
通하여 이익을 추구하는 무리들로 下海를 국법으로 금지하고 있는
중국의 罪人이므로, 이들을 평상인의 漂流와 같이 응대할 수 없음
을 강력하게 주장하고 나섰다.127) 조선 연안에 출몰하는 이들 황당
선이 논란되는 와중에서, 중국인과 일본인의 銀을 매개로 한 船商
활동과 그에 따른 조선 표류는 이후 명종조에도 계속되고 있었
고,128) 조정에서는 이 같은 양국 선상의 "往來絡繹"의 상황에서 어
찌 그 표류인들을 일일이 奏聞하여 송환하겠느냐는 탄식이 나오는
지경이었다.129)

이처럼 조선의 연안에 황당선으로 지칭되던 商船들이 거푸 출현
하고 있을 즈음, 곧 중종 말년에서 명종 초년의 시기는 東아시아
해역에서 '嘉靖大倭寇'로 부르던 倭寇들의 활동이 또한 極盛을 이
루던 시기였다.130) 따라서 조선 정부 또한 이들 황당선의 출몰을
예의 주시하면서 그에 대한 對處에 골몰하고 있었다. 명종 8년
(1553) 7월 朝講 자리에서 영경연사 沈連源은, 일본에서 은이 대
량 생산된 이후 명나라 상인들이 왜인과 왕래하면서 무역을 하거
나, 혹은 풍랑으로 표류하여 우리나라 해변에서 作賊하는 실태를

---

127) 《明宗實錄》卷1, 明宗 卽位年 8月 庚子, 19冊, 287쪽.
128) 《明宗實錄》卷2, 明宗 卽位年 9月 甲申, 19冊, 343쪽 ; 《明宗實錄》卷6,
　　明宗 2年 8月 癸巳, 19冊, 524쪽 ; 《明宗實錄》卷13, 明宗 7年 7月 癸未,
　　20冊, 92쪽.
129) 《明宗實錄》卷4, 明宗 元年 8月 戊子, 19冊, 435쪽.
130) 윤성익, 앞의 《명대 왜구의 연구》 ; 村井章介, 앞의 《중세 왜인의 세계》.

전하면서, 조선 정부가 이들을 窮追할 경우 더 큰 變을 우려하여 끝까지 추적하지 않게 한 기왕의 방침이 매우 타당하다는 의견을 제시했다.131)

이 시기 조선 연안에 출몰하였던 중국 선박이 그 所載 물화가 적지 않고 船隻이 매우 完固한 형태여서132) 遠洋 항해를 감당할 수 있었을 뿐 아니라, 자체 내에 銃砲로 무장까지 하고 있는 경우가 많아133) 貿易商船이자 동시에 作賊을 서슴지 않는 海賊이기도 하였던 상황에서 나온 조선 정부의 대처였다. 실제 위 심연원의 지적이 있고 난 지 불과 2년 뒤인 명종 10년(1555) 전라남도 해안 일대를 습격하였던 해적 집단은 종래의 왜구가 아니었다. 이 乙卯倭變은 일본 九州의 고토(五島)를 근거로 하여 海商과 海賊 활동을 통해 세력을 넓혀 가고 있던 중국인 王直과 그 휘하의 왜인들이 70여 척의 선박을 동원하여 벌인 掠奪 행위였던 것이다.134) 이들은 16세기 명나라의 연안 일대를 횡행하며 습격과 노략을 거듭하고 있던 이른바 '嘉靖大倭寇'이자 '後期倭寇' 집단이었다.

石見銀山을 비롯한 일본산 은의 대량 생산에 이어 전개되고 있던 중국과 일본 상인들 사이의 이와 같은 연계와 불법 海上交易 및 海賊 활동은, 기왕의 銀 流通經路上에 있던 상인 세력에게 심대한 타격일 수밖에 없었다. 그와 같은 집단으로는 우선 조선과 일본 각지의 교역 활동을 중개하고 있던 對馬島가 있다. 명종 5년(1550) 7월 조정 대신들의 논의 과정에서 거론된 대마도의 서계에는 다음 내용이 포함되어 있어 주목된다. 당시 명나라의 商船 중에 일본인들을

---

131) 《明宗實錄》 卷15, 明宗 8年 7月 辛未, 20冊, 152쪽.
132) 《明宗實錄》 卷2, 明宗 卽位年 9月 甲申, 19冊, 343쪽.
133) 《中宗實錄》 卷104, 中宗 39年 7月 丙辰, 19冊, 113쪽 ; 주 122와 같음.
134) 윤성익, 〈'後期倭寇'로서의 乙卯倭變〉(앞의 《명대 왜구의 연구》에 수록).

이끌고 求利 활동, 곧 무역이나 해적 활동을 하는 자들이 수없이 많은데, 이들은 모두 일본의 大賊黨이니 잡히는 대로 다 살육하여 마땅하다는, 조선 정부에 대한 通知이자 요청 내용이었다.135) 앞서 소개한 을묘왜변을 일으킨 九州 五島 근거의 王直이나 薩摩를 중심으로 활동하였던 徐海처럼, 중국인을 首長으로 하고 여기에 왜인들이 대거 가세하여 형성한 海商·海賊 집단, 곧 後期倭寇 세력의 일본은을 매개로 한 무역 활동이나 이른바 '倭寇'로서의 약탈 행위로 인해 가장 큰 피해를 입은 세력이 대마도였던 현실에서 나온 당연한 반응이었다.136)

이 시기 대일무역의 仲介者로서 대마도의 곤경은 여기에 그치지 않았다. 후기왜구로 상징되는 일본 내 경쟁 세력만이 아니라, 조선 정부 또한 중종조 내내 대일무역에 대한 관장과 통제의 提高 방침을 일관되게 강화해 가고 있었다. 反正 직후 그 같은 종종 정부의 '抑末' 방침에 반발하여 三浦倭亂을 기도하였지만 이내 좌절되었고, 겨우 재개한 壬申約條를 통해서도 무역 규모의 대폭 축소를 수용할 수밖에 없었던 대마도였다. 이후 대마도는 여러 경로를 통해 중종 연간 끊임없이 축소된 歲遣船 숫자와 교역 조건을 복구하기 위한 시도를 거듭하였지만, 성과는 크지 않았다.137)

---

135) 《明宗實錄》 卷10, 明宗 5年 7月 壬寅, 19冊, 706쪽.
136) 이 시기 후기왜구로서 이들 王直, 徐海 집단의 활동에 대해서는 앞의 주 130의 논고 참고.
　　대마도와 九州 五島 사이의 이 같은 긴장 관계에 대하여는, 중종 35년(1540) 9월, 일찍이 풍랑으로 五島 인근의 섬에 표류하였다가 이때 돌아온 濟州人 姜衍恭의 송환 과정에서, 兩 島主의 作嫌 때문에 五島의 왜인들이 대마도인이 많은 薺浦 대신 경상도의 다른 포구 정박을 모색하고 있는 사례에서도 흥미롭게 확인된다(《中宗實錄》 卷93, 中宗 35年 9月 丙午, 18冊, 412쪽).
137) 《中宗實錄》 卷21, 中宗 10年 3月 甲戌, 15冊, 65쪽 ; 《中宗實錄》 卷45,

오히려 조선 정부는 漸增하는 일본 국왕사를 비롯한 왜인들의 공·사무역 요구를 특히 代價로서 면포의 受給 사정을 들어 축소하거나, 민간의 市場價를 반영하여 공무역가의 減下를 곧잘 시도하고 있어 교역을 둘러싸고 대마도를 비롯한 왜인들과 갈등이 더욱 빈번해졌다.[138] 중종 최말년인 39년(1544)에 발발한 蛇梁鎭 倭變은 그 같은 갈등의 한 국면이었다. 그러나 대마도는 이 왜변 2년 후인 명종 2년(1547), 이제는 개항장을 부산포 한 곳으로 축소하고 항거왜인의 체류조차 허용받지 못하는 조건에, 더욱 축소된 무역 규정을 丁未約條의 형태로, 그것조차 일본 국왕사의 중재를 거쳐 수용하지 않으면 안 되었다.[139]

한편 일본산 銀이 合法이나 非합법의 형태를 통해, 특히 후기왜구들의 중개를 거쳐 종래의 '일본 → 조선 → 명'의 경로를 대체하여 이제 '일본 → 명'으로 직접 유입되기 시작하면서, 16세기 후반에 들면 그간 조선 상인들이 누려 왔던 중국과 일본을 연계하는 中繼貿易의 立地와 利益 또한 크게 축소되기 시작하였다. 이와 관련하여서는 명종 19년(1564) 10월의 다음 사간원의 啓聞 내용이 매우 유의된다. 당시 사간원은 대일무역과 관련한 수령과 邊將, 상인들의 貪風을 질타하고 있었는데, 당시 倭寇들이 海路를 통해 중국과 通한 이래 明珠·寶貝·珍錦繡·金銀 등이 모두 釜山浦에 모여들고

---

中宗 17年 7月 己酉, 16冊, 140쪽 ;《中宗實錄》卷54, 中宗 20年 4月 癸卯, 16冊, 408쪽.

138)《中宗實錄》卷48, 中宗 18年 7月 甲午, 16冊, 249쪽 ;《中宗實錄》卷55, 中宗 20年 9月 辛巳, 16冊, 455쪽 ;《中宗實錄》卷55, 中宗 20年 10月 癸巳, 16冊, 459쪽 ;《中宗實錄》卷65, 中宗 24年 2月 戊子, 17冊, 103쪽.

139)《明宗實錄》卷5, 明宗 2年 2月 乙未, 19冊, 484쪽.

　사량진 왜변의 구체 경위와 정미약조에 대해서는 李鉉淙, 앞의《朝鮮前期 對日交涉史研究》; 村井章介, 앞의《중세 왜인의 세계》참조.

있던 실정을 거론하고 있었다.[140]

사간원은 다시 말해, 후기왜구 집단의 海商이나 海賊 활동을 통해 중국산 사치품들이 이제 조선 상인의 중개를 거치지 않고 이들 왜구들에 의해 부산포를 비롯한 조선의 포구에 몰려들고, 이를 둘러싼 奢侈와 貪風, 불법 밀무역이 성행하고 있던 실태를 고발하고 있었던 것이다. 이는 이 시기 선상이나 왜구를 통한 일본은의 대거 중국 유입이 기왕 조선 상인들이 누려 왔던 중계무역의 이익까지 일정 부분 축소시키며 진행되고 있었던 실정을 例證하는 한 사례라 하겠다.

그런데 16세기 후반에 들어 東아시아 교역 환경은 또다시 일대 轉換을 맞이하게 된다. 명종 14년(1559) 최대의 후기왜구 집단의 수장이었던 왕직이 명나라에서 斬刑에 처해지고, 이를 전후하여 이른바 '가정대왜구'의 鎭定을 보게 되면서, 중국 정부는 국초 이래의 海禁을 완화하여 자국 商船들의 해외 활동과 외국 상인들과의 通商을 허용하기에 이르렀다. 일본 또한 織田信長에 의해 오랜 戰國時代의 내전이 수습되고 이후 豊臣秀吉로 이어져 統一政權이 수립되자, 이제까지의 領國 단위 대외무역에 대한 통제 노력을 본격화하기 시작하였다.[141]

그러므로 16세기 최말기의 壬辰倭亂은, 결국 동아시아 국제교역의 저와 같은 葛藤과 轉變을 배경으로 이제 새롭게 수립된 일본의 통일 정권이 그간의 대중국·대조선 교역에서 처해 있던 不利의 환경을 일거에 극복하여 그 교역의 주도권을 장악하면서, 동시에 이들

---

140)《明宗實錄》卷30, 明宗 19年 10月 壬辰, 20冊, 707~708쪽.

141) 앞의 주 1, 20, 33의 諸 논고 ; 박경수,《전근대 일본유통사와 정치권력》, 논형, 2012.

지역을 政治·軍事上으로도 석권하려는 목적에서 도발한 貿易戰爭, 經濟戰爭으로서의 성격을 아울러 지니는 사건이라 하겠다.[142]

## 5. 結 語

16세기 對日貿易의 展開와 그 葛藤 양상을 日本銀의 量産을 전후하여 구축되고 있던 東아시아 국제교역의 환경을 고려하면서 정리하면 이상과 같다. 이제 그 내용을 요약하고, 이 세기 최말의 壬辰倭亂이 동아시아 교역사에서 갖는 의미를 새기는 것으로 본 작업을 마무리하고자 한다.

中宗朝 후반, 그 최말년경에 시작된 日本産 銀의 대량 유입은 조선 사회에 수많은 경제 사회적 파장을 불러일으켰다. 15세기까지 銀은 대일무역에서 유입되는 경우보다 일본의 요청에 따라 유출되는 경우가 많았던 품목이었으나, 연산조에 조선에서 개발된 鉛銀分離法이 상인의 매개를 거쳐 일본으로 傳授되면서, 石見銀山을 비롯한 일본은의 대량 생산으로 이어졌다. 중종 33년(1538)에 375斤에 달하는 대량의 은을 처음으로 倭使가 소지한 이래, 불과 몇 년 후인 동 37년(1542) 일본 國王使가 가져온 銀은 무려 8만 兩(3천 2백 킬로그램)에 이르는 엄청난 규모였다. 이렇게 대량 유입된 日本銀은 조선산 면포와의 교환이 주로 요청되었고, 향후 대일무역의 일대

---

142) 李泰鎭, 앞의 〈16세기 東아시아의 경제 변동과 정치·사회적 동향〉 ; 이헌창, 〈임진란과 국제무역〉, 《壬辰亂7周甲紀念 壬辰亂硏究叢書》 1, 2013 ; 須川英德, 〈동아시아 해역 국제경제 질서와 임진왜란 - 해역 질서 및 화폐의 관점에서〉, 《류성룡의 학술과 경륜》, 태학사, 2008.

전환점이 되고 있었다. 海禁을 천명하고 있던 明나라와 극히 제한된 朝貢 기회를 허용받고, 그마저 寧波의 亂(중종 18, 1523) 이후 對中貿易의 합법적 경로가 축소되고 있던 일본의 처지에서, 이 시기 대거 增産된 銀의 주된 販路는 조선일 수밖에 없었던 결과였다.

일본은의 대량 유입은 우선 조선과 일본 사이의 수출입 품목의 구성, 곧 조선산 織物(綿紬·麻布·綿布)과 穀物 對 일본산 鑛産物(銅鐵·硫黃 등)과 남방산의 胡椒·蘇木·각종 香料 등으로 편성되었던 종래의 교역품 구성을, 일거에 '朝鮮産 綿布 對 日本銀'으로 전환시켰다. 물론 대일 수출품으로 여전히 면포 외 직물과 곡물 등이 활용되고, 또 일본 상인들 역시 硫黃이나 호초와 같은 남방산의 특산물을 소지하고는 있었으나, 그 규모나 빈도에서 이제 조선 면포와 일본은으로 단순화되는 경향은 뚜렷하였다. 한편 이 같은 일본은의 대량 유입에 따라 국내 銀價가 폭락하여, 종종조 최말기 4년 사이에 공무역가 기준으로 종전의 1/6 수준으로 급락하였고, 국내의 주요 銀 産地의 採鑛 수익률이 현저하게 떨어지면서 마침내 端川마저 採銀이 중단되기에 이르렀다. 그러나 왜은의 유입이 가져온 가장 큰 변화는 이를 활용한 赴京 사무역의 번성이었고, 그와 같은 持銀 대중국 사무역의 激增의 정도가 이제 "倍萬於前"으로 표현되면서, 한 使行 휴대 은량이 수천 냥에서 만여 냥(4백 킬로그램)에 이른다는 분석이 나오고 있었다.

16세기 대일무역을 주도하고 있던 상인들은 京中 富商大賈로 흔히 지칭되던 京商이나 開城商人들이었다. 이들은 대일무역, 특히 사무역과 밀무역에 따르는 商利 확보를 위해 三浦 인근의 지방에 主人家를 설정하여 2~3년씩 接主하며, 이들 主人의 중개 하에 대일무역에서 활약하고 있었다. 또한 이들은 이 같은 불법 무역의 원활한 수행을 위해 직접 倭通事職에 진출하거나 이들과 적극 연대하였으며, 심지어는 남쪽 변방의 武藝 取才에 응모하여 萬戶와 같은 軍職을 자신들의 대일무역을 위한 기회로 적극 활용하기도 하였다. 삼포만이 아니라 도성에서도 이들은, 東平館의 官屬이나 왜통사들과 적극 연대하여 市廛을 배경으로 한 대규모 사무역을 수행했다. 나아가 이들은 삼포와 도성 외에도, 倭使들의 上京 행로상의 외방에서도 왜인들과 불법 무역을 실행하여 논란이 되기도 하였다.

한편 이 시기 조선 상인들은 대일무역의 수출입 품목들을 대중무역과 연계하여 중국과 일본의 物貨를 잇는 中繼貿易의 공간을 적극 확보하고, 이를 통해서 자신들의 商利益을 더욱 확대시키고 있었다. 여러 명의 大商人들이 資本을 合資하여 '同務'를 결성하고, 이렇게 조성한 대규모 資産에 토대하여 일본산 물품, 특히 금은을 貿入하여 이를 赴京使行 편으로 중국에 보내 綵段과 白絲 등 사치품을 구입하여 국내에서 처분하거나 그 일부를 다시 일본 상인에게 매도함으로써, 이러한 대일과 대중무역의 과정을 거쳐 二重의 商利를 획득하는 형태였다. 일본은이 본격 유입되면서 이제 중계무역의 주요 물품은 예전의 남방산 胡椒에서 倭銀으로 대체되었고, 이를 활용한 持銀 赴京 사무역은 조선 정부의 일관되고 적극적인 단속 의지에도 불구하고 極盛의 수준으로 번성하였으며, 이에 따른 조선 상인들의 중계무역의 기회와 이익 규모 또한 확대되는 형편이었다. 특히 일본의 대중국 직접 교역의 기회가 명나라의 海禁 정책과 寧波의 亂 등으로 인해 매우 제한된 여건에서, 조선 상인들이 벌이는 이 같은 중–일을 연계하는 중계무역의 공간은 더욱 확장되고 있었다. 여기에 일본은의 대량 유입 이후 나타난 국내 銀價의 폭락에 따라 당대 중국의 은가가 조선보다 15배에서 25배 이상 高價였던 상황은 이 같은 조선 상인들의 二重의 중계무역 이익 확보의 주된 원천이 되었고, 반면 일본 상인의 처지에서는 이에 따른 불만이 점증해 가는 형국이었다.

국초 이래 조선은 明을 중심으로 구축된 東아시아 朝貢貿易의 체제에서 주변국, 특히 일본에 비해 국제교역의 여건에서 매우 우호적인 환경을 누리고 있었다. 10년 1회 進貢의 일본과 달리, 1년 3회의 定期 使行에 수시의 非정기 사행까지 포함하여 15세기에는 연 평균 6.6회, 16세기 이후에도 약 3.5회의 赴京 사행을 매년 파견하면서 그에 수반한 무역 기회를 확보하고 있었던 것이다. 여기에 反正初 중종 정부는 前朝 弊政의 革新을 내세우며, 대일무역에서도 세종조의 癸亥約條에 준거하여 국가의 관장과 통제를 提高하는 '抑末' 정책에 주의를 傾注하였고, 이에 따랐던 三浦倭亂(중종 5, 1510)은 必至의 사세였다. 우호적인 동아시아 국제교역의 여건을 배경으로, 여기에 덧붙여진 조선 정부의 '억말' 정책에 따라 조선 상인들의 대일무역에서의 商利가 더욱 확대되어 가는 반면, 대마도를 비롯한 일본 상인들의 不利가 중종 초년 구조적으로 강제되는 상황에서 삼포왜란이라는 騷亂이 극단적으로 표출되었던 것이다.

한편 동아시아 국제교역의 환경에서 큰 변화가 중종 최말년경, 일본은의 대량 생산 이후 조성되기 시작하였다. 명나라의 海禁 조처와 영파의 난 이후 그나마 차단되었던 일본의 對中國 交易의 통로를 대신하여, 日本銀이 중국 상인과 일본 상인 또는 倭寇 세력과의 연계와 직접 교역을 거쳐, 당시 銀 수요가 매우 컸던 명나라로 대거 유입되기 시작하였던 것이다. 海禁의 원칙에 따라 중국에서 이 같은 銀 유통은 물론 불법이었지만, 이제 商物에 銃砲까지 구비한 선박이 日本銀의 무역을 위해 '荒唐船'의 형태로 조선 연안에 다수 출몰하였고, 심지어는 일본 상인이 朝鮮銀을 매입하여 중국에 판매하는 실정까지 보고될 정도였다. 종래의 '일본 → 조선 → 중국'을 경유하였던 倭銀의 유통 경로가 이제 '일본 → 중국'으로 대체되는 상황이었고, 그 중심에는 '後期倭寇'로 지칭되는 집단이 크게 역할하고 있었다. 이들은 王直·徐海 일당과 같이 중국인 首長과 倭寇 성격의 왜인 다수로 구성되어, 九州 일대를 근거지로 삼아 한편으로 海商 활동을, 다른 한편으로 海賊의 擄掠을 일삼던 집단이었다. 명종 10년(1555) 전라도 연해 일대를 휩쓸었던 乙卯倭變은 바로 九州 五島 일대에 본거를 둔 이 王直 세력의 소행이었다.

이 같은 후기왜구의 熾盛은 조선과의 무역을 일본 내에서 중개하던 對馬島와 그간 중·일 사이의 중계무역에 따르는 商利를 누려 왔던 조선 상인들에게는 위기이자 큰 타격일 수밖에 없었다. 더욱이 왕직의 斬刑(명종 14, 1559)에서 상징되듯이 중국에서 이른바 '嘉靖大倭寇'가 鎮定되면서 海禁 정책이 완화되고, 여기에 한 세기 이상 지속되어 왔던 일본의 戰國時代 內戰 상황이 織田信長과 그를 이은 豊臣秀吉에 의해 수습되어 각 領國을 통합한 中央集權의 統一政權이 일본에서 출현하면서, 이제 16세기 최말 동아시아 국제교역의 환경은 또 한 차례 急變을 맞이하게 되었다. 그것이 바로 壬辰倭亂이었다. 임진왜란은 16세기 세계사 차원, 그리고 동아시아를 포함한 아시아에서도 海域을 중심으로 바야흐로 勃興하고 있던 '상업의 시대', '교역의 시대'에 즈음하여, 그간 일본이 처했던 국제교역의 不利를 일거에 轉倒시켜 이를 국내의 정치·사회문제와 연계하여 통일정권의 경제 기반으로 삼으려 한 貿易戰爭이자 經濟戰爭이기도 하였던 것이다.

# Ⅱ. 貨幣政策과 貨幣流通의 推移

朝鮮前期의 貨幣論

朝鮮初期의 貨幣政策과 布貨流通

朝鮮前期의 麤布流通과 貨幣經濟

# 朝鮮前期의 貨幣論

## 1. 序 言

　　조선 왕조의 개창 이후, 조선 정부는 집권적 국가 체계의 정비와 더불어 '務本抑末', '利權在上'論에 기초한 상업정책을 신국가의 경제정책의 일환으로 펼치고 있었다.[1] 그리고 이와 같은 경제정책, 상업정책의 연장에서 '貨權在上'論에 바탕을 둔 국가발행 화폐의 제조와 보급을 시도하였다. 태종조의 楮貨, 세종조의 銅錢 발행과 그 보급 시도는 이 같은 화폐인식에 따른 정책이었다.[2]

---

1) 朴平植, 《朝鮮前期商業史研究》, 지식산업사, 1999.
2) 李能植, 〈麗末鮮初의 貨幣制度(一)〉, 《震檀學報》 16, 1949 ; 李鍾英, 〈朝鮮初 貨幣制의 變遷〉, 《人文科學》 7, 1962(《朝鮮前期社會經濟史研究》(혜안, 2003)에 수록) ; 權仁赫, 〈朝鮮初期 貨幣流通 研究 - 特히 太宗代 楮貨를 中心으로〉, 《歷史敎育》 32, 1982 ; 田壽炳, 〈朝鮮 太宗代의 貨幣政策 - 楮貨流通을 中心으로〉, 《韓國史研究》 40, 1983 ; 유현재, 〈조선 초기 화폐 유통의 과정과 그 성격 - 저화 유통을 중심으로〉, 《朝鮮時代史學報》 49, 2009 ; 宮原兎一, 〈朝鮮初期の楮貨について〉, 《東洋史學論集》 3, 1954 ; 須川英德, 〈朝鮮時代の貨幣〉, 《歷史學研究》 711, 1998 ; 須川英德, 〈朝鮮前期の貨幣發行とその論理〉, 《錢貨 - 前近代日本の貨幣と國家》, 靑木書店, 2001.

집권국가의 운영과 관련하여 국가정책상에서 '貨權'을 통해 경제
운영의 권한을 장악하려는 이 같은 화폐인식은 儒敎 고유의 경제이
념이었으며, 이미 고려전기 숙종조의 화폐 발행과 그 보급 과정에서
국왕과 주전론자들은 국가의 재정확충과 왕권강화의 한 기반으로서
이를 공유하고 있었다.3) 그러나 고려후기에 들어서면서, 이 같은 화
폐인식에 근거하여 발행되었던 동전과 銀甁 등의 화폐는 惡貨의 출
현과 더불어 교환경제의 현장에서 점차 그 사용이 기피되며 제 기능
을 상실하고 있었다. 고려 최말기에 다시 새로운 화폐로서 銀錢, 또
는 저화의 발행과 유통론이 등장한 것도 이 같은 배경에서였다.4)

본 연구는 고려후기의 화폐문제와 화폐논의를 시야에 넣고서, 조
선 왕조 개창 이후 국왕과 집권 관인들 사이에서 '利權在上'論에
입각한 貨權 인식과 화폐론이 대두하게 되는 경위와 그 성격을 정
리하고, 나아가 국초에 정립된 이 같은 화폐론의 추이를 15~16세기
에 추진된 국가의 구체적인 화폐유통정책을 배경으로 하여 분석해
보려는 작업이다. 신왕조의 경제정책 수립과 정비 과정에서 제기되
고, 이후 국가주도 경제 운영론의 일환으로 줄곧 강조된 이들 화폐
론과 화폐인식에 대한 규명을 통해, 조선전기 화폐정책의 이론적인
토대를 명확하게 하고자 하는 연구가 되겠다. 그러므로 이 연구는

---

3) 蔡雄錫, 〈高麗前期 貨幣流通의 기반〉,《韓國文化》9, 1988 ; 정용범, 〈高麗時
  代 中國錢 流通과 鑄錢策 - 성종·숙종 연간을 중심으로〉,《지역과 역사》4, 1997 ;
  이경록, 〈高麗前期 銀幣制度의 成立과 그 性格〉,《韓國史의 構造와 展開》, 혜
  안, 2000.

4) 田炳武, 〈高麗 恭愍王代 銀錢鑄造論의 擡頭와 그 性格〉,《北岳史論》6, 國民大
  學校, 1999 ; 이경록, 〈高麗時代 銀幣制度의 展開過程〉,《泰東古典研究》17,
  2000 ; 李康漢, 〈고려후기 元寶鈔의 유입 및 유통 실태〉,《韓國史論》46, 2001 ;
  須川英德, 〈高麗末から朝鮮初における貨幣論の展開 - 專制國家の財政運用と楮
  貨〉, (武田幸男 編)《朝鮮社會の史的展開と東アジア》, 山川出版社, 1997.

조선전기 화폐유통의 단계와 성격을 규명하기 위한 화폐사 연구의 도론·입론이자, 나아가 이 시기 상업사의 체계를 그 구조에서 정리하기 위한 작업의 하나이기도 하다.

## 2. 高麗後期의 貨幣問題와 貨幣論

고려시기 화폐는 국가운영에서 무엇보다 우선하는 과제로, 國用을 넉넉하게 하고 民力을 여유롭게 하기 위한 핵심 사안이었다.[5] 《高麗史》食貨志의 서두에서 천명된 이 같은 화폐인식은 동양 전래의 貨幣觀으로, 역대 고려 왕조의 어느 시기에서나 동일하게 반복하여 강조되었다.[6] 그리하여 성종조 鐵錢 주조 이후, 12세기 숙종조에 이르러서는 本位貨幣이자 소액화폐로서 銅錢이, 보조화폐이자 고액화폐로서 銀甁이 각기 제조되어 유통되기 시작하였다.[7]

大覺國師 義天의 〈鑄錢論〉을 이론적 근거로 하여 추진된 숙종조의 화폐 보급정책은 海東通寶 등 동전의 보급에는 실패하여 예종조 이후 그 통용이 중단되었으나, 고려조의 독특한 銀幣로서 은병만큼은 이후에도 널리 유통되었다. 고려 정부는 국가에서 조폐권을 장악한 이 은병을 보급하여 물가를 조절하고 국가의 상업통제를 실현

---

5)《高麗史》卷79, 志33, 食貨2, 貨幣, 中冊, 736쪽.
　　"貨幣之制 爲國所先 蓋以贍國用 而裕民力也."
6) '贍國用', '裕民力'을 위한 화폐제 운용의 원칙은 '富國利民'(숙종조), '富國便民'(예종조), '備災患 便民用'(공양왕대) 등으로 그 표현을 달리하고는 있으나, 《고려사》 식화지 화폐조의 역대 기사에서 지속적으로 강조되고 있다.
7) 이경록, 앞의 〈高麗前期 銀幣制度의 成立과 그 性格〉.

했으며, 나아가 이를 국가재정 확보의 주요 수단으로 삼음으로써 숙종조 왕권강화의 정책기반으로 활용하고 있었다.[8]

동전의 유통 실패에도 불구하고 숙종조 이래 국가발행 화폐로서 기능하고 있던 은병은, 그러나 고려후기 특히 元 간섭기 이후 국내 상업과 대외무역의 발달을 배경으로 화폐로서 그 지위가 크게 변동하고 있었다. 왕실·사원·권세가 등 諸 특권세력이 주도하던 고려후기의 상업발달은 국내외 교역을 막론하고 '反同'과 같은 抑賣買, 금은의 광범위한 대외 유출과 국가재정의 고갈 등을 초래하면서 농민층의 대규모 몰락과 유망, 그리고 逐末風潮가 점차 확산되는 계기가 되었다.[9]

고려후기 이 같은 상업발달, 특히 대외무역의 번성은 또한 고려사회의 화폐제도에도 적지 않은 영향과 변화를 가져오고 있었다. 銀의 대량 유출에 따른 銀價의 상승과 그에 수반하여 전개된 은병에 대한 銅 和鑄의 증대, '盜鑄'로 표현되던 은병 私鑄의 확산이 가져온 銀瓶價의 지속적인 하락 현상이었다. 또한 이러한 은병가 하락의 한편에서는 국가발행 화폐가 아닌 稱量貨幣로서 碎銀의 유통이 시중에서 더욱 확대되고 있었다.[10]

애초 숙종조에 민간에서 유통되고 있던 은병을 국가발행 화폐로 標印하여 주조할 때 은병 1口(또는 事)는 은 12兩 半에 동 2兩 半을 넣어 이를 1斤, 곧 16兩으로 유통시키고 있었다.[11] 따라서 12세기 이래 유통된 국가주조 每 은병 1구에는 각기 은 3냥 반씩의 주

---

8) 주 3의 논고 ; 李炳熙, 〈大覺國師 義天의 鑄錢論〉, 《天台學硏究》 4, 2002.

9) 朴平植, 〈高麗末期의 商業問題와 抹幣論議〉, 《歷史敎育》 68, 1998(《朝鮮前期 商業史硏究》에 수록).

10) 이경록, 앞의 〈高麗時代 銀幣制度의 展開過程〉.

11) 孫穆, 《鷄林類事》 ; 이경록, 앞의 〈高麗前期 銀幣制度의 成立과 그 性格〉, 417쪽.

조이익이 내재되어 있었고, 이는 은병의 제조와 보급을 통해 국가 재정의 확보를 도모하는 고려 정부의 재정확충의 원천이었다. 그런데 고려후기, 특히 원 간섭기에 접어들면서, 이들 은병 1구에 들어가는 純銀의 양이 줄어들고 합주되는 銅의 양이 늘어나는 銅 和鑄 현상이 국가의 재정난과 은 확보난에 비례하여 더욱 일반화되고 있었다.

이 시기 元나라는 銀 兌換通貨였던 元寶鈔의 가치 유지 및 대외무역 결제에 막대한 양의 은이 필요하였음에도 불구하고 만성적인 은 부족에 시달리고 있었다.[12] 이에 따라 특히 원 간섭기 이후에 원의 요구에 따른 進貢 형태, 고려 왕의 入朝비용 마련을 위한 科斂, 대원무역의 발달에 따른 대규모 무역역조 등의 형태로 많은 양의 은이 중국으로 유출되고 있었다.[13] 이 시기에 원나라의 고려 은 확보 시도는 매우 다양하여, 직접 고려 안에서 은 채굴을 시도하기도 하였고,[14] 鷹坊 등을 통해서도 또한 다량의 은을 확보해 갔다.[15]

이와 같이 원 간섭기 이후 對元 은 유출이 전에 없이 확대되는 가운데, 극심한 재정난에 직면하게 된 고려 정부는 官鑄 은병의 동 함유량을 늘려가는 방안을 채택함으로써 은병의 유통 질서에 큰 혼란을 야기하였다. 이른바 "銀甁이 날로 변하여 銅에 이르는"[16] 사태

12) 愛宕松男, 〈韓脫錢とその背景 - 十三世紀モンゴル=元朝における銀の動向〉 上·下, 《東洋史硏究》 32-1·2, 1973.

13) 朴鍾進, 〈忠宣王代의 財政改革策과 그 性格〉, 《韓國史論》 9, 1983 ; 위은숙, 〈원간섭기 對元貿易 - 《老乞大》를 중심으로〉, 《지역과 역사》 4, 1997 ; 田炳武, 앞의 〈高麗 恭愍王代 銀錢鑄造論의 擡頭와 그 性格〉 ; 이경록, 앞의 〈高麗時代 銀幣制度의 展開過程〉 ; 李康漢, 앞의 〈고려후기 元寶鈔의 유입 및 유통실태〉.

14) 《高麗史》 卷30, 世家30, 忠烈王 15年 2月 壬戌, 上冊, 620쪽 ; 《高麗史》 卷30, 世家30, 忠烈王 15年 7月 壬午, 上冊, 621쪽.

15) 《高麗史》 卷28, 世家28, 忠烈王 3年 7月 丙申, 上冊, 576쪽.

로서, 官鑄 은병은 이제 거의 '銅甁'이라 이를 정도로 은 함유량이
낮아져 그 명목가치에 비해 실제 통용가치가 더욱 하락하였다. 여기
에 은가의 상승에 더욱 자극받아 민간, 특히 권세가의 불법적인 은
병 私鑄와 盜鑄 현상이 한층 빈번해지면서 銀甁價 하락을 가속화
하였다.17)

그 결과, 원 간섭 초기였던 충렬왕 3년(1277) 2월에 米 50여 석
에 이르던 은병가는 동왕 8년(1282) 6월에는 개경의 경우 미 15~16
석, 외방의 경우에는 미 18~19석으로 하락하였으며, 그 이듬해인
동왕 9년(1283) 7월에는 정부의 公示價가 이전 20석에서 10여 석
으로 조정되기에 이르렀다.18) 14세기에 접어들어서는 그 하락폭이
더욱 커져, 충숙왕 15년(1328) 12월에는 上品 은병이 實布 10匹,
貼甁의 경우는 8~9필로 하락하였다.19)

이처럼 官鑄 은병의 和銅과 불법적인 私鑄·盜鑄의 확산에 따라
은병의 명목가치와 교환가치 사이의 폭이 커지면서 화폐로서의 지위
가 흔들려 가자, 교환시장에서는 이내 은병 통용 이전부터 칭량화폐
로 유통되어 왔던 碎銀이 다시 널리 쓰이기 시작하였다. 그러나 이
쇄은 역시 충렬왕 13년(1287) 4월에 이미 시중의 '銀銅合鑄'가 금

---

16) 《高麗史》卷79, 志33, 食貨2, 貨幣, 恭愍王 5年 9月, 中冊, 738쪽.

17) 《高麗史》卷122, 列傳35, 崔世延, 下冊, 663쪽 ; 《高麗史》卷34, 世家34, 忠
　宣王 3年 7月 乙亥, 上冊, 690쪽.

18) 《高麗史》卷79, 志33, 食貨2, 貨幣 市估, 中冊, 739쪽.

19) 위와 같음. 이 시기 布 1필의 가격을 미 2斗로 잠정하면(田村專之助, 〈高麗朝
　における米價의 變動について〉, 《東方學報》13-3, 東京, 1942), 위 충숙왕대의 은
　병가는 각기 20두, 16~8두에 불과하여 그 하락폭이 더욱 커졌음이 확인된다. 한
　편 충숙왕대의 은병가를 공민왕 11년(1362)의 米布價, 곧 포 1필＝미 4두로 환
　산하면 그 액수는 각기 40두, 32~36두가 된다(《高麗史》卷79, 志33, 食貨2, 貨幣
　市估, 恭愍王 11年 11월, 中冊, 740쪽).

지되고 있는 데서 보듯이,[20] 은병과 마찬가지로 和銅에 따른 교환 가치의 하락을 피할 수 없었다.

충숙왕 15년(1328) 12월이 되면 당시 은병이 "銀少銅多"한 까닭에 官에서 비록 그 가격을 公定하더라도 시장에서 사람들이 모두 따르지 않는 지경에 이르렀다.[21] 사주·도주된 은 함량이 낮은 惡貨 은병과 칭량화폐로서 和銅된 쇄은이 良貨였던 定量의 은병과 쇄은을 驅逐하는 상황이 교환시장에서 일반화하고 있었던 것이다. 여기에 이 시기 왕실과 권세가 세력만이 아니라, 재정난에 직면한 고려 정부마저도 품위가 하락된 이들 은병을 이용하여 도성 시장과 외방에서 '反同'으로 부르던 대규모 抑賣買에 나서고 있어 시장과 민간에서는 은병 기피풍조와 은병가 하락 추세가 더욱 만연해 갔다.[22]

원 간섭기 이후 이처럼 은병의 교환가치가 하락해 가자, 고려 정부는 충혜왕 원년(1331) 4월에 새로운 小銀瓶을 주조하여 그 가치를 5實布 15필로 설정하고, 종래의 舊은병 통용을 금지시키기도 하였다.[23] 이 소은병의 보급은 한때 전국의 寺院으로 하여금 그 규모에 따라 유통이 금지된 舊은병을 적어도 30구 이상씩 進貢하도록 하는 등의 조처를 통해 일시적으로 시중 통용 은병가의 안정을 가져오기도 하였으나,[24] 당시 계속되고 있던 은병가의 하락 추세를

20)《高麗史》卷79, 志33, 食貨2, 貨幣, 忠烈王 13年 4月, 中冊, 737쪽.

21)《高麗史》卷79, 志33, 食貨2, 貨幣 市估, 忠肅王 15年 12月, 中冊, 740쪽.

22)《高麗史》卷84, 志38, 刑法1, 職制, 忠烈王 22年 5月, 中冊, 843쪽 ;《高麗史》卷84, 志38, 刑法1, 職制, 忠肅王 5年 5月, 中冊, 845쪽 ;《高麗史》卷79, 志33, 食貨2, 科斂, 忠肅王 15年 12月, 中冊, 745쪽.

23)《高麗史》卷79, 志33, 食貨2, 貨幣, 忠惠王 元年 4月, 中冊, 737쪽.
　　이 소은병 1구의 무게를 白南雲은 2냥으로, 이경록은 8냥으로 각기 추정하고 있다(白南雲, 하일식 옮김,《朝鮮封建社會經濟史》上-2, 改造社, 1937(이론과 실천, 1993), 341쪽 ; 이경록, 앞의 〈高麗時代 銀幣制度의 展開過程〉, 26쪽).

막지는 못하였다.

원 간섭기 이래 원의 요구에 따른 進貢이나 국왕의 親朝와 원 체재비용, 그리고 대원무역에 따른 유출 등으로 인해 은 수요가 급 증한 데 반해, 12세기 후반 이후 전개되고 있던 銀所의 해체 추세 는 국가의 재정난과 더불어 官鑄用 은의 확보를 더욱 어렵게 하고 있었다.25) 결국 충혜왕대 소은병의 주조·보급과 舊은병 통용 금지 는 이 같은 현실 속에서 은병의 造幣權을 여전히 국가에서 장악함 으로써 이를 통해 국가재정의 확보를 도모하려는 숙종조 이래 고려 역대 정부의 화폐정책에 따른 조처였지만, 이로써 은병의 화주·도 주 현상과 그에 따른 은병의 교환가치 하락의 추세를 막아낼 수는 없었다.

이상에서 살핀 바와 같이, 은병과 쇄은이 銅 和鑄로 인해 실질가 치가 하락하면서 교환경제에서 通貨로서의 가치와 지위가 흔들리고 있는 한편에서는, 이제 布貨가 定量化하면서 은병을 대신하여 교환 경제에서 價値尺度로서의 기능을 대신해 가고 있었다. 米와 더불어 우리 역사상 매우 이른 시기부터 민간의 거래에서 교환수단으로 활 용되어 왔던 각종 布는, 이미 고려전기인 현종 20년(1029)에 벌써 '布貨'26)라고 지칭되는 데서 보듯이 일찍부터 교환수단, 곧 화폐로 서 인지되면서 시중에서 통용되고 있었다. 12세기 초 숙종조 이후 국가에 의해 소액의 기준통화로서 동전이 보급되면서 그 通貨上의 위치에 잠시 위협이 가해지기는 하였지만, 이후 동전 보급의 실패와

---

24) 《高麗史》 卷79, 志33, 食貨2, 貨幣 市估, 忠惠王 後4年 7月, 中冊, 740쪽.
   《고려사》에는 이때 진공된 은병을 '古銅瓶'이라 표현하고 있으나, 의미상 이는 和銅으로 인해 이미 '銅多銀少'하게 된 舊은병을 가리키는 표현임에 틀림없다.
25) 田炳武, 〈高麗時代 銀流通과 銀所〉, 《韓國史硏究》 78, 1992.
26) 《高麗史》 卷5, 世家5, 顯宗 20年 9月 甲子, 上冊, 112쪽.

더불어, 특히 원 간섭기를 전후하여 교환경제에서 통화로서 포화의 지위는 확고해졌던 것이다.

여기에 국가의 收稅와 재정운용이 五升布를 활용하게 되면서 이들 포화, 그중에서도 오승포는 이제 고려 사회에서 基準通貨로서의 지위를 지니게 되었다.[27] 공민왕 5년(1356) 9월 화폐제 개혁을 논의하던 都堂에서 고려의 화폐사를 정리하면서 나온 "본국은 近古 이래 쇄은으로써 은병의 무게를 달아 화폐로 사용하는 한편으로, 오승포로 이를 보조하도록 하여 왔다."[28]는 표현이 저간의 사정을 잘 요약하고 있다. 다시 말해 고액의 거래에서는 은병과 쇄은이 유통된 반면, 민간의 교환경제에서는 오승포가 기준통화로 정착하여 유통되고 있었던 것이다.

이처럼 종래 七綜布, 白苧布, 廣苧, 廣布 등[29] 다양하게 통용되고 있던 포화는, '五綜布'곧 五升布의 용례가《고려사》에 처음 등장하는 충숙왕·충목왕대를 전후로 하여 오승포 형태의 定量貨幣로 표준화되어 갔다.[30] 이들 오승포는 이내 민간의 교환경제만이 아니라 국가의 재정운용에서도 役價의 기준으로 활용되거나,[31] 각종 科斂의 주된 징수품목이 됨으로써[32] 이 시기 교환경제에서 실제적인 기준통화로서의 지위를 차지하게 되었다.

파탄에 이른 재정난을 배경으로 시행되었던 충선왕대의 鹽 전매제

---

27) 이경록, 앞의〈高麗時代 銀幣制度의 展開過程〉; 須川英德, 앞의〈高麗末から朝鮮初における貨幣論の展開〉.

28)《高麗史》卷79, 志33, 食貨2, 貨幣, 恭愍王 5年 9月, 中冊, 737쪽.

29)《高麗史》卷82, 志36, 兵2, 驛站, 忠烈王 5年 6月, 中冊, 802~803쪽.

30) 주 27과 같음.

31)《高麗史》卷85, 志39, 刑法2, 禁令, 忠穆王 元年 5月, 中冊, 865쪽.

32)《高麗史》卷79, 志33, 食貨2, 科斂, 辛禑 5年 3月, 中冊, 746쪽.

실시의 결과가 은병이 아닌 포로 추산되고 있던 현실은, 형식상 鹽
－銀의 折價가 먼저 언급되고 있지만 실제의 전매 현실은 대부분
鹽－布의 형태로 전국에서 거래가 이루어졌음을 잘 보여 준다.³³⁾
나아가 이 같은 추세는 이후 공민왕대에 염–포의 거래만이 이루어
지는 데서 보듯이 더욱 확산되고 있던 형편이었다.³⁴⁾ 아울러 이 시
기 충혜왕이 왕실의 사적인 재정기반 확충을 꾀하면서 義成·德泉·
寶興庫 등의 창고와 新宮을 통해서 각종 布貨의 수집과 그를 활용
한 財富 증대에 주력하였던 사정도 또한 크게 주목된다.³⁵⁾

요컨대 원 간섭기 이래 고려의 교환경제에서는 銀의 대외 유출과
생산 감소로 인해 은병과 쇄은의 실질가치와 교환가치가 크게 하락
하여 그 통용이 축소되는 반면에, 종래 米와 더불어 민간거래에 쓰
여 왔던 布貨가 5升 麻布의 형태로 정량화폐화하는 가운데, 이들
오승포가 민간의 교환경제만이 아니라 수세 및 국가재정 부문에서도
기준통화로서의 위치를 강화해 가고 있었다. 이는 숙종조 이래 고려
국가가 동전과 은병으로 추구해 왔던, 조폐권 장악을 통한 국가재정
확보와 경제운용권 장악이라는 화폐정책의 기조가 일대 위기에 봉착
하였음을 의미하는 것이기도 하였다. 공양왕 3년(1391) 7월 도평의
사사에서 당대의 화폐운용 사정을 두고, "그 폐단으로 말미암아 동
전과 은병은 모두 폐지되어 유통되지 않고, 오직 五綜布만을 화폐
로 專用하고 있다."³⁶⁾ 함은 바로 이 같은 실정을 잘 정리하여 묘사

---

33) 《高麗史節要》 卷23, 忠宣王 元年 2月, 595~596쪽 ; 《高麗史》 卷79, 食貨2,
   鹽法, 忠宣王 元年 2月, 中冊, 741쪽.
34) 《高麗史》 卷79, 食貨2, 鹽法, 恭愍王 11年 10月, 中冊, 742쪽 ; 《高麗史》
   卷79, 食貨2, 鹽法, 恭愍王 12年 5月, 中冊, 742쪽.
35) 전병무, 〈고려 충혜왕의 상업활동과 재정정책〉, 《역사와 현실》 10, 1993.
36) 《高麗史》 卷79, 志33, 食貨2, 貨幣, 恭讓王 3年 7月, 中冊, 739쪽.

한 평가였다.

고려후기, 특히 원 간섭기 이후에 이와 같이 숙종조 이래 추진된 국가의 화폐정책 기조가 동전만이 아니라 은병 유통에서도 무너지고, 이를 대신하여 포화 그중에서도 오승포가 기준통화로서 국가발행 본위화폐의 기능을 대신해 가자, 고려 정부의 일각에서는 국가 조폐권의 확보를 전제로 하는 화폐정책의 일대 更新을 요구하는 목소리가 높아져 갔다. 특히 이 시기를 전후하여 원을 통해 性理學을 수용하여 이를 학문과 국정 운용, 사회 질서 재편의 근간으로 삼고자 하였던 新興儒臣 新進士大夫 사이에서 그 같은 모색이 심화되고 있었다. 이와 관련하여서는 우선 충목왕 3년(1347) 10월에 李穀이 同知貢擧로서[37] 출제한 화폐제에 대한 科擧의 다음 策問 내용이 주목된다.

여기에서 그는 우선 동전이 통용되지 않는 상황에서 그간 사용해 오던 銀幣마저 화주·도주 등의 폐단으로 말미암아 날로 가벼워져 지금은 통용되지 않는 현실을 지적하였다. 그리고 國用이 날로 匱乏해지고 민생이 점차 窘塞해 가는 실정이 모두 이 은폐의 폐지에서 비롯되지 않았는가를 물으면서, 祖宗의 成憲이자 成法으로서 고려 화폐제의 갱신 방안을 물었다.[38] 조폐를 통해 국용의 보충과 민생의 안정을 추구해 왔던 국가의 화폐정책이 동전만이 아니라 은폐에서조차 무너지면서 오히려 국용의 부족과 민생의 궁핍을 가져왔다는 분석이었고, 따라서 당대 국가재정의 문제와 교환시장의 안정을 위해서는 새로운 국가 화폐정책의 모색과 마련이 절실하다는 문제의식의 표출이었다.

---

37)《高麗史》卷73, 志27, 選擧1, 科目1, 忠穆王 3年 10月, 中冊, 610쪽.

38)《稼亭集》卷1, 策問(《韓國文集叢刊》, 1冊, 105~106쪽).

14세기 신흥 유신층의 화폐제 혁신에 대한 논의와 현실의 정책
마련은 공민왕 5년(1356) 9월 都堂에 올린 諫官들의 헌의에서 그
구체상을 확인할 수 있다.[39] 당시 간관들은 우선 당대 화폐유통의
현실을 분석하면서 은병과 쇄은이 和鑄로 인해 銅으로 변하고, 이
를 대신해 통용되면서 기준화폐가 되었던 오승포 또한 점차 추악해
져 포를 이룰 수 없는 麤布까지 유통되는 현실을 지적하였다. 이런
상황에서 그들은 銀瓶은 1근이 포 1백여 필에 이르는 고액화폐여서
항간에 1필을 축적하고 있는 民家조차 드문 현실에서 통용에 적합
지 않고, 銅錢은 國俗에서 不用한 지가 오래되어 반드시 민의 반발
을 가져올 것이며, 碎銀은 민간에서 散出되는 까닭에 標誌가 없고
화폐의 운용에 관한 권한[貨幣之權]이 국가[上]에 있지 않음을 구체
적 이유로 들면서 이들 화폐의 復用이나 유통에 부정적이었다.

따라서 간관들은 官에서 標誌를 넣은 銀錢을 그 兩數와 輕重에
따라 여러 종류로 주전하여 國幣로 삼고, 아울러 이들 은전과 함께
오승포를 병용시키되, 丁酉年(공민왕 6, 1357) 이후부터는 민간의 모
든 오승포들을 관에서 標印한 후에 사용할 수 있도록 하자고 건의
하였다. 그리고 이를 위해 구체적인 은의 확보 방안과 오승포의 納
官과 標印을 위한 세부 절차를 또한 자세하게 제시하고 있었다.[40]
요컨대 공민왕 5년에 제시된 이 화폐개혁안의 핵심은 새로 주조할
銀錢과 官印된 민간 오승포의 겸용이었고, 그 주장의 근거는 '貨權

---

39) 공민왕 5년에 이 화폐제 개혁안을 올린 간관들이 李穡, 田祿生 등 신흥 유신층
　이었을 가능성이 크며, 이들은 앞서 충목왕 3년 화폐문제가 策問으로 출제된 科
　擧에서 등용된 李茂方, 李岡, 韓脩 등의 성리학적 소양을 갖춘 신진 관료들과도
　같은 부류였을 것으로 추정된다(田炳武, 앞의 〈高麗 恭愍王代 銀錢鑄造論의 擡頭
　와 그 性格〉).
40)《高麗史》卷79, 志33, 食貨2, 貨幣, 恭愍王 5年 9月, 中冊, 738쪽.

在上'의 이념이었다.

조폐의 권한을 국가에서 장악하여 이를 바탕으로 국가재정을 보충하고 민생의 안정을 꾀한다는 유교 전래의 화폐론은 고려전기 성종·숙종조 이래, 그리고 충혜왕대의 각 화폐 보급 과정에서 이념상 강조되었을 것이지만, 이제 고려말기에 이르러 그것은 '貨權在上'의 표현으로 정돈되면서 구체적으로 전면에 표방되고 있었다. 盜鑄 은 병이나 민간에서 널리 통용되고 있던 鐵錢, 그리고 이들을 대신하여 기준통화의 역할을 하고 있던 오승포가 그대로 국가화폐로서 공인될 수 없는 까닭은 그것이 모두 '貨幣之權', 곧 화폐의 제조와 보급, 그에 따른 利益 장악이나 경제운용의 권한을 국가가 아닌 민간이 좌우하는 형태였기 때문이었다.

그러므로 새로 주전하는 은전을 본위화폐이자 고액통화로 삼고 국가에서 관인하는 오승포를 보조화폐로서 민간 교환경제의 기준통화로 위치시키려는 이 같은 발상은, 이미 민간에서 통용되고 있던 오승포의 유통을 허용하되 官印과 그에 따른 收稅의 과정을 거치게 함으로써, 현실 교환경제의 通貨秩序를 전면 부정하거나 개혁하지 않으면서 그간 실종되어 왔던 국가의 貨權을 재장악하여 상업과 경제운영 전반에 대한 국가의 관장과 통제력을 일층 제고하려는 정책 구상이기도 하였다. 이 방안은 그대로 실행된다면 화폐제 문란으로 인한 당대 교환경제의 혼란상을 어느 정도 수습하고 상업의 활성화에도 도움이 될 수 있었으나, 공민왕대 反元 개혁정책의 좌절과 함께 실제 정책으로 실행되지는 못하였다.

이처럼 공민왕대 간관들에 의해 제시된 '화권재상'의 화폐론은 정책으로 실현되지는 못하였지만, 이후 고려 최말기에 이르러 개혁파 官人, 儒者들의 '利權在上', '務本抑末'論에 근거한 화폐론으로 계승되었다. 공양왕 3년(1391) 3월 中郞將 房士良은 일련의 時務를

상소하는 가운데, 당대 화폐제의 개혁 방안도 그중 하나로 제기하고
있었다. 여기에서 그는 士·農·工·商 四民 사이의 유통수단으로서
銅錢의 편리성과 유용함을 역대 중국의 사례를 들어 설명하고, 반면
당시 고려 사회에서 麤布의 형태로 통용되고 있던 布貨의 불편함을
강조하였다. 그리고 내구성을 감안하여 동전의 통용과 아울러 楮幣
의 화폐 사용을 강력하게 주장하고, 이를 위해 통용 추포의 일절 금
지를 건의하였다.[41]

그러므로 방사량의 화폐론은 布貨의 금지를 전제로 하는 銅錢과
楮貨 겸용론으로, 공민왕대 간관들의 은전, 관인 오승포 겸용 방안
과 대비되는 주장이었다. 다시 말해 布로 이용할 수 없는 2~3승포
로까지 분화되어 유통되는 오승포 등 포화의 통용을 일절 금지하
고,[42] 대신 본위화폐로 동전, 보조화폐이자 고액권으로 저화를 통용
시키자는 주장으로서, 화폐의 제조와 유통에 관한 민간의 介在를 일
절 부정하고, 貨權을 철저하게 국가에서 장악하는 통화 질서를 전면
수립하자는 건의였다.

기실 공양왕 3년의 화폐제 개혁에 대한 방사량의 주장은 이 시기
경제와 상업 일반에 대한 그의 인식과 연동하여 파악되어야만 한다.

---

41) 《高麗史》 卷79, 志33, 食貨2, 貨幣, 恭讓王 3年 3月, 中冊, 738쪽.
42) 방사량이 금지를 주장한 麤布가 고려말에 등장하고 있던 '麻縷日麤', '布縷麤
　　疎'의 2~3승포를 의미하는지, 아니면 '細布'와 대비되는 개념으로 당시 기준통화
　　로 통용되고 있던 오승포를 의미하는지는 불분명하다. 그러나 전체 문맥상 여기에
　　서의 추포는 오승포로서 常用布貨를 지칭하는 것으로 보아야 하고, 그러할 때라
　　야 그의 동전·저화 겸용론 주장과 다른 화폐론과의 선명한 대비가 가능하다. 참고
　　로 조선초에도 시중의 통용 포화인 오승포는 일상적으로 '추포'로 지칭되었다(《太
　　宗實錄》 卷3, 太宗 2年 2月 丁卯, 1冊, 225쪽 ; 《太宗實錄》 卷19, 太宗 10年 5月
　　辛巳, 1冊, 550쪽 ; 《太宗實錄》 卷20, 太宗 10年 10月 辛酉, 1冊, 568쪽 ; 《太宗實
　　錄》 卷20, 太宗 10年 11月 甲子, 1冊, 569쪽).

이때 일련의 時務 건의를 통해 그는 '務本抑末'論에 근거한 경제구조의 전면적인 재편과, '貨權'의 장악을 통한 국내외 교역 및 그 주체로서 諸 특권세력과 대상인층의 상업활동에 대한 국가적인 파악과 통제를 강조하였다.[43] 다시 말해 국가재정의 고갈과 농민의 流離를 야기하는 대외 사무역의 통제를 통해서 농업 중심의 경제구조를 다시 안착시키고, 한편으로 이를 통해 고려 舊귀족 등 특권세력이나 개혁 반대세력의 경제기반 약화를 기도하기도 하였던 것이다. 바로 두 달 뒤 공양왕 3년(1391) 5월에 취해진 새로운 科田法의 제정,[44] 대중국 互市의 전면 금지 조처[45] 등과 동일한 맥락에서 구상된 화폐정책이었다.

한편 역성혁명을 둘러싼 양 세력 사이의 政爭이 반전을 거듭하는 고려 최말기의 정국에서, 고려 화폐제 개혁론의 마지막 방안이 그해(공양왕 3년, 1391) 7월 都評議使司에 의해 제기되었다. 이때 도평의사사는 중국과 고려의 역대 화폐제의 역사를 개관한 다음, 은병과 포화를 '子母相權'으로 겸용해 오던 고려의 화폐유통은 최근 동전과 은병이 모두 폐지되고 五綜布만이 통용되고 있다고 보았다. 그리고 이 과정에서 布로서 효용성이 없는 2~3승포까지 유통됨으로써 상거래가 문란해지고 물가가 踊貴하는 등의 폐단이 일고 있던 당대 교환경제의 현실을 지적하면서, 아울러 水旱·軍旅 등에 대비한 국가재정의 예비를 강조하였다.

결국 도평의사사는 은과 동이 본국의 소산이 아님을 근거로 하여 종래의 은병 대신 중국의 會子와 寶鈔를 모방한 '高麗通行楮貨'를

---

43) 朴平植, 앞의 〈高麗末期의 商業問題와 抹幣論議〉.

44)《高麗史》卷78, 志32, 食貨1, 田制, 祿科田, 恭讓王 3年 5月, 中冊, 723쪽.

45)《高麗史節要》卷35, 恭讓王 3年 5月, 890쪽.

印造·유포하여 기왕의 오승포와 더불어 겸용시키자고 주장하고 나
섰다. 그리고 이들 楮貨와 오승포를 민간의 교환경제만이 아니라 경
外의 倉庫에 折納하는 米貢과 諸色物貨 등 국가의 收稅體系에서
도 활용케 하자고 제안하면서, 대신 麤疎한 포화의 사용은 엄금할
것을 건의하였다.[46]

공양왕 3년 7월의 이 도평의사사의 화폐 개혁안은, 은전의 발행
을 저화로 대체한 점을 제외하면 그 대체적인 구상에 있어 이전 공
민왕 5년(1356) 9월에 제기된 간관들의 화폐개혁 방안을 계승하는
것이었다. 이미 교환경제에서 기준통화로서 통용되고 있던 오승포의
화폐로서의 기능 인정을 바탕으로 추소한 포화의 유통을 금지하고,
국가재정의 확충과 교환경제 활성화를 위해 원료의 확보가 어려운
은전을 대신하여 국가발행 본위화폐이자 고액권으로 새로 저화를 印
造하여 보급하자는 방안이었던 것이다.

이후 고려 정부는 실제 저화의 인조에 착수하였다. 그러나 이듬
해인 공양왕 4년(1392) 4월, 鄭夢周가 피살되는 등 신왕조 개창을
둘러싼 양 세력 사이의 격동의 정국 속에서 侍中 沈德符 등의 상
언에 따라 資贍楮貨庫가 혁파되고 이미 인조된 저화가 모두 폐기되
면서 그 印板마저 불태워지고 만다.[47] 이로써 고려 국가의 마지막
화폐개혁 구상이었던 저화 발행계획은 인조한 저화가 시중에 보급되
지도 못한 채 중단되고 말았다.

이상에서 살펴본 바와 같이, 고려후기 화폐개혁에 대한 諸 방안
은 원 간섭기 이후 특히 심화된 은병·쇄은의 通貨로서의 가치 폭
락에 기인하여 구상된 방안들이었다. 숙종조에 본위화폐로서 구상된

---

46)《高麗史》卷79, 志33, 食貨2, 貨幣, 恭讓王 3年 7月, 中冊, 738~739쪽.
47)《高麗史》卷79, 志33, 食貨2, 貨幣, 恭讓王 4年 4月, 中冊, 739쪽.

동전이 더 이상 유통되지 않는 상황에서, 오승포의 경우에서 보듯이 시중 및 국가재정에서 통용통화가 이제 銀에서 布貨로 전환되고 있던 현실을 배경으로 하여 제기된 개혁 방안이었던 것이다. 그러므로 고려 최말기에 들어서면 그와 같은 화폐논의는 은과 동의 공급이 충분치 않은 현실도 고려되면서, 이제 본위화폐이자 고액권으로 새로 楮貨를 발행하고 시중의 통용 화폐였던 오승포를 국가적으로 인정하여 보조화폐로 삼음으로써 국가재정의 확보와 교환경제의 활성화를 도모하는 방향에서 개선책이 모색되고 있었으나, 격동의 정국 속에서 그 구체 방안의 마련은 신왕조의 몫으로 넘어가게 되었다.

## 3. 國初의 '利權在上'論과 貨權掌握

신왕조 조선의 개창은 정치·경제·사회의 諸 부면에서 前朝 고려의 舊질서에서 야기되어 누적된 각종 사회문제의 수습과 신국가의 체계에 근거한 재편을 당면 과제로 제기하였고, 이는 화폐의 통용문제와 화폐정책에서도 마찬가지였다. 앞서 살펴보았듯이 고려후기에서 최말기에 이르기까지 제기된 화폐론과 그에 따른 화폐정책은 대체로 다음과 같은 두 계통으로 정리된다. 우선 첫 번째 유형은 국가 발행 본위화폐로서 銀錢이나 楮貨의 발행을 전제로 민간의 통용 오승포를 관인과 수세 절차를 거쳐 보조화폐로 인정함으로써 貨權의 관장과 교환경제의 활성화를 도모하자는 방안으로, 공민왕 5년(1356)의 도당 간관들과 공양왕 3년(1391) 도평의사사의 화폐제 구상이었다.

두 번째 유형은 본위화폐이자 소액과 고액화폐로서 각각 銅錢과 楮貨를 국가에서 직접 발행하는 대신, 민간 전래의 교환수단으로 특히 고려중기 이래 정량화 과정을 거치며 부세수납을 비롯한 국가의 재정체계에서까지 基準通貨로 통용되고 있던 오승포와 포화의 유통을 전면 금지하는 화폐제 구상이었다. '貨權在上'의 이념에 충실하여 국가의 철저한 화권장악을 실현하고, 장차 '이권재상', '무본억말'의 경제정책과 상업정책으로 이어질 이 방안은 고려 최말기인 공양왕 3년 중랑장 房士良에 의해 제기된 화폐제 개혁 방안이었다.

조선 왕조의 건국 이후 국왕과 집정 관인들은 이제, 저와 같은 고려말기의 화폐인식과 화폐론을 토대로 구체적인 화폐정책을 구상하면서 현실의 교환경제를 신국가의 경제정책에 따라 새롭게 재편하여야만 하였다. 태조 3년(1394) 7월 戶曹典書 李敏道의 錢幣 발행 주장은 그와 같은 노력의 첫 시작이었고,[48] 이후 태종조에 들어 저화 통용론으로 이어지면서 구체의 화폐정책으로 본격 실행되기에 이른다. 이렇게 펼쳐진 국초 태종조의 화폐정책은 앞서 고려 최말기에 제기되고 있던 화폐론 가운데 後者, 곧 민간 포화의 통용을 일절 금지하고 국가발행 화폐만을 전용하자는 화폐론의 연장선상에서 모색되고 있었다.

태종 원년(1401) 國幣로서 楮貨의 발행을 모색하고 있던 국왕과 관인들의 화폐인식은 고려 이래, 그리고 유교 전래의 貨幣效用論을 계승하고 있었다. 예컨대 同年 4월 사헌부 대사헌 柳觀 등은 저화 발행을 두고, "楮幣는 官에서 나오는 것이기에 그 산출이 무궁한 반면 布匹은 민인들이 짜는 것이기에 그 완성이 심히 어려워, 저화로 포화를 대체하면 참으로 국가에 이익이 있고 민간에 매우 편리할

---

48) 《太祖實錄》卷6, 太祖 3年 7月 乙卯, 1冊, 66쪽.

것"[49]이라는 인식을 상소를 통해 내보였다. 이렇듯 저화의 발행과 통행을 "有利於國 甚便於民"한 것으로 이해하는 이 같은 국폐 보급에 대한 인식은 이듬해(태종 2, 1402) 9월 사헌부 사간원 兩司의 상언에서도 다시 "국가에 무궁한 利益이 되고 민간 物貨의 輸貯(輸送과 貯藏)에 심히 편리한", 곧 "裕國裕民"의 良法이라는 인식으로 반복되고 있었다.[50] 태종 3년(1403) 8월에도 사헌부에서는 저화를 두고 "裕國用 足民食"이라 하여 동일한 인식을 표출했다.[51]

이는 저화라는 국폐의 보급이 민간의 교환경제에 가져오는 편리함과 더불어 國富의 증진과 국가이익에 기여하는 바에 무엇보다 주목하는 화폐인식으로서, 당대의 저화 발행을 두고 이를 "生財之門"[52]이나 "以贍國用"[53]의 조처로 이해하였던 것도 마찬가지의 인식이었다. 세종 4년(1422) 12월의 화폐논의에서 소개된 태종조의 대표적인 화폐론자 河崙의 화폐인식, 곧 "국가가 백성들에게 소용하는 것을 저화로 지급하고, 백성들이 국가에 납부하기를 미곡으로 하면 국가가 부유할 수 있다."[54]는 인식 또한, 저화 보급을 國富 창출의 한 수단으로 파악하는 저와 같은 국초 화폐인식의 전형적인 형태라 하겠다.

교환경제에서 역할하는 화폐의 기능보다 조폐권의 국가독점에서 보장되는 국부 증진과 국가재용의 補塡에 주목하는 이 같은 유교 전래의 화폐인식은, 조선 왕조의 개창 이후 그것이 人主, 곧 國王과

---

49) 《太宗實錄》 卷1, 太宗 元年 4月 丁丑, 1冊, 202쪽.

50) 《太宗實錄》 卷4, 太宗 2年 9月 甲辰, 1冊, 247쪽.

51) 《太宗實錄》 卷6, 太宗 3年 8月 乙亥, 1冊, 275쪽.

52) 《太宗實錄》 卷2, 太宗 元年 10月 丙子, 1冊, 215쪽.

53) 《太宗實錄》 卷19, 太宗 10年 5月 辛巳, 1冊, 550쪽.

54) 《世宗實錄》 卷18, 世宗 4年 12月 丁亥, 2冊, 514~515쪽.

그의 國家가 독점하여야 하는 고유의 '貨權'이자 '利權'으로 정리
되면서 자연스럽게 신생 집권국가의 화폐제와 상업재편, 나아가 경
제정책 전반에 걸친 운영론의 핵심 機制로서 그 성격을 분명히 해
갔다. 태종조에 접어들면 조폐권의 국가독점을 의미하는 "貨幣之
權 在乎國家"55)의 표현은 이제 관인들 사이에서 일상의 인식으로
자리했고, 이 '화권'은 다시 '이권'으로 달리 표현되면서 그 의미와
기능이 더욱 심화·확대되고 있었다. 이와 관련하여서는 태종 원년
(1401)부터 추진되어 이듬해 시행에 들어간 저화유통정책이 상인과
백성들의 반발로 실패하자, 태종 3년(1403) 8월에 저화제의 再施行
을 건의하며 올린 사헌부의 다음 상소 내용에 주목할 필요가 있다.

　이때 사헌부는 우선 人主, 곧 임금의 利權이 하루라도 廢하여서
는 안 된다는 점을 전제로 하여 역대 중국의 화폐제도를 차례로 열
거하면서, 특히 당대 明나라 태조가 신왕조의 개창 이후 服色과 徽
號를 모두 바꾸어 천하의 耳目을 一新하면서도 유일하게 元나라의
楮幣法만은 그대로 계승하였던 까닭은 바로 '利權之在上'을 취한
것임을 강조하였다. 반면 조선은 삼국 이래 고려에 이르기까지 마포
를 화폐로 하여 오승포를 通貨로 사용하여 왔으나 그 사용이 오래
되어 오승포가 삼승포로 바뀌면서 그 가치가 賤해졌음을 언급하며,
당시 國人들이 산업 운영의 이익을 토대로 租賦를 내어 軍國의 수
요에 支供함을 알고는 있으나 "이권이 오로지 人主에 달려 있음(利
權之在人主)"을 알지 못하는 현실을 지적하였다.

　이런 상황에서 태종이 국초의 혼란을 수습하여 政兵의 권한을
摠括한 다음, 이권의 不行을 염려하여 대신과 의논하고 중국의 사
례를 참고하여 저화제를 시행하였음에도 백성들이 불신하여 그 통용

---

55)《太宗實錄》卷21, 太宗 11年 6月 庚寅, 1冊, 583쪽.

에 실패한 사정을 토로하였다. 결국 사헌부는 국왕에게 군주의 이권
이 결코 廢하여서는 안 됨을 환기시키면서 "裕國用 足民食"의 제
도로서 저화제를 재시행할 것을 강력하게 주청한 것이다.[56)

한편 그해(태종 3, 1403) 9월에도 사헌부는 시중에 통용 중인 포
화의 '三難 三不可用' 속성을 저화의 '三便 三可用'과 비교하면서,
저화제의 폐지가 "廢法이 아닌 廢利"임을 강조하며 국왕에게 "利權
之不可廢"를 유념하여 저화제의 復行을 강력하게 요청하였다.[57) 이
처럼 국초 태종조에 들어와 논의되기 시작한 利權은 조폐권의 국가
독점을 의미하는 단순한 차원의 貨權이 아니었다. 이는 신왕조의 개
창 이후 농업과 상업 등 경제정책 전반에 걸쳐 원칙으로서 설정되었
던 '務本抑末' 이념과 짝하여, 집권국가의 지향을 이들 경제정책에
서 하나의 運營論으로 관철한 또 다른 경제이념, 곧 '利權在上'論
의 바로 그 '이권'이었다.

다시 말해 화폐나 상품유통과 관련하여 생겨나는 이권을 최종적
으로는 국가·군주가 장악하여 관리함으로써 상업을 포함한 경제운
영 전반에 국가와 군주가 적극 간여하여야 한다는 '이권재상'의 이
권이었던 것이다.[58) 때문에 태종 3년(1403) 9월 하륜의 인식과 같
이, 그와 같은 이권이 백성들에게 있어서는 절대 안 되는 것이었다
〔利權在民 不可〕.[59) 또한 이 시기 관인들은 역대 중국 왕조마다 銅
錢·皮幣·貨貝·交子 등으로 화폐제도가 같지 않았으나, 그 要諦는
모두 민인들에게 利柄, 곧 이권을 조종하지 못하게 하는 데 있었다고

---

56) 《太宗實錄》 卷6, 太宗 3年 8月 乙亥, 1冊, 275쪽.
57) 《太宗實錄》 卷6, 太宗 3年 9月 庚辰, 1冊, 276쪽.
58) 국초 '利權在上'論의 의미 일반에 대해서는 朴平植, 〈朝鮮初期의 商業認識과
    抑末策〉, 《東方學志》 104, 1999(《朝鮮前期商業史硏究》에 수록) 참조.
59) 《太宗實錄》 卷6, 太宗 3年 9月 乙酉, 1冊, 277쪽.

인식하고 있었다.[60]

태종조의 화폐론과 利權 인식이 이와 같다면, 구체적인 화폐제도의 시행방안에서 고려 최말기에 등장하고 있던 오승포 겸용론은 채택될 수 없었다. 태종 2년(1402)에 실행된 첫 저화 통용시기에 국왕은 시행 초기에는 일시적으로 저화와 포화의 겸용을 허용하기도 하였으나,[61] 이내 楮貨專用의 방침을 천명하였다. 동년 3월 태종은 저화의 印出이 충분하여 백성들이 모두 저화를 求得한 연후에는 기한을 정하여 포화의 사용을 금지하는 방침을 하나의 구상으로 제시하였고,[62] 실제 다음 달 4월에 들어 京中은 그해 5월 1일, 外方은 15일부터 오승포의 사용을 금하는 방침이 확정되었다.[63]

물론 이 저화 전용방침은 그해(태종 2, 1402) 5월 다시 경중은 7월 15일, 외방의 近道는 8월 15일, 遐道는 9월 15일로 각각 그 시행 시기가 늦추어지고 있었으나,[64] 한편에서는 國庫 저화로 시중의 오승포를 사들여 이를 截斷 분급함으로써 포화의 사용 중단과 저화 전용에 대한 국가의 강력한 의지를 천명하는 조처가 연이어졌다.[65] 저화 전용방침은 태종 10년(1410)에 재개된 제2차 저화 보급 시에도 처음부터 강조되고 있었다. 그해 8월 민간의 常오승포 직조가 금지된 이래[66] 9월에는 麤布의 통용이 금지되었으며,[67] 그 뒤에도 계

---

60)《太宗實錄》卷19, 太宗 10年 6月 甲子, 1冊, 556쪽.

61)《太宗實錄》卷3, 太宗 2年 4月 戊午, 1冊, 231쪽.

62)《太宗實錄》卷3, 太宗 2年 3月 庚寅, 1冊, 227쪽.

63)《太宗實錄》卷3, 太宗 2年 4月 辛未, 1冊, 232쪽.

64)《太宗實錄》卷3, 太宗 2年 5月 丙午, 1冊, 234쪽.

65)《太宗實錄》卷3, 太宗 2年 5月 壬寅, 1冊, 234쪽 ;《太宗實錄》卷3, 太宗 2年 6月 壬戌, 1冊, 237쪽.

66)《太宗實錄》卷20, 太宗 10年 8月 丙辰, 1冊, 562쪽.

67)《太宗實錄》卷20, 太宗 10年 9月 戊寅, 1冊, 564쪽.

속하여 저화 전용의 방침이 재천명되는 가운데[68] 태종 10년(1410) 11월과 11년(1411) 정월에는 다시 국고의 추포를 절단하여 甲士들에게 나누어 주거나 도성 시장에 널리 보임으로써 민간에 국가의 확고한 저화 전용 의지를 재천명하기도 하였던 것이다.[69]

태종조 조선 정부의 이 같은 貨權掌握의 노력과 정책 시도는 따라서 단순한 조폐권의 국가독점을 통한 國富의 증대에 그 목표가 설정된 것이 아니었다. 楮貨專用策으로 나타난 국가의 화권장악은 단순한 '화권'의 독점이 아니라 화폐와 교환경제, 그리고 이를 매개로 전개되는 경제운용 전반을 국왕, 국가가 관장하고 통할하여야 한다는 '利權在上'論의 '이권'이었으며, 이 같은 이권의 국가, 군주 장악을 통하여 신왕조의 경제구조를 '務本抑末'의 체계로 安着시키려는 신생 집권국가의 국가 운영구상의 한 표현이었다.[70]

그러므로 국초 교환경제의 영역에서 '이권재상'론은 화폐제 개혁을 통해 고려말 이래 諸 특권세력이나 이들과 연계된 대상인들이 국내외 교역활동에 근거하여 이루고 있던 財富의 축적을 그 근본에서 약화시키고, 이를 다시 국가에서 장악하려는 의도가 내재한 정책론이기도 하였다. 이 시기 대외무역에 대한 철저한 통제와 국가관장,[71] 한양 천도 이후 도성시전을 중심으로 새로운 상업 체계를

---

68) 《太宗實錄》卷20, 太宗 10年 9月 壬辰, 1冊, 565쪽 ; 《太宗實錄》卷20, 太宗 10年 10月 甲午, 1冊, 566쪽 ; 《太宗實錄》卷20, 太宗 10年 10月 壬戌, 1冊, 568~569쪽.

69) 《太宗實錄》卷20, 太宗 10年 11月 甲子, 1冊, 569쪽 ; 《太宗實錄》卷21, 太宗 11年 正月 甲子, 1冊, 572쪽.

70) 朴平植, 앞의 〈朝鮮初期의 商業認識과 抑末策〉 ; 須川英德, 〈朝鮮初期にお ける經濟構想〉, 《東洋史研究》 58-4, 2000.

71) 朴平植, 〈朝鮮初期의 對外貿易政策〉, 《韓國史研究》 125, 2004(本書 Ⅰ부 제1논문).

재편하면서 나타났던 개성상업의 일시적 위축,[72] 한양 시전의 체계
적 조성 사업,[73] 국초 行商課稅를 비롯한 상인 통제정책[74] 등에서
추구되었던 '무본억말', '이권재상' 상업정책의 근간이자 핵심 기제로
서의 화폐제 개혁과 저화 도입 노력이었던 것이다. 때문에 개성을
중심으로 한 舊特權·대상인 세력의 상업활동과 재부 축적의 수단이
었던 은병·쇄은 등의 銀幣와 오승포를 비롯한 포화는 새로운 국가
정책에 따라 전면 그 사용이 금지되었고,[75] 대신 새로운 국가발행
화폐인 저화의 유일한 專用이 널리 강조되었다.

　태종 2년(1402)에 이어 동 10년(1410)에 거듭 시행되었던 정부의
저화 전용정책은 국왕과 하륜을 비롯한 저화 유통론자들의 투철한
의지와 정책 마련에도 불구하고 결국은 실패하고 말았다. 정부가 저
화와 포화의 兼用을 허용한 이후, 실제적으로 교환경제에서 저화가
퇴출당하였던 것이다. 이와 관련하여서는 이제까지 화폐정책의 일관
성 부재나 저화 兌換政策의 미비 등 화폐제도상의 문제와 더불어
이 시기 교환경제의 未成熟 등이 주요 배경으로 거론되었으며, 그
중 특히 후자인 화폐통용을 위한 교환경제의 기반 부재가 가장 근본

---

72) 朴平植, 〈朝鮮前期의 開城商業과 開城商人〉, 《韓國史硏究》 102, 1998(《朝鮮
　　前期商業史硏究》에 수록) ; 朴平植, 〈朝鮮前期 開城商人의 商業活動〉, 《朝鮮時
　　代史學報》 30, 2004(《朝鮮前期 交換經濟와 商人 硏究》(지식산업사, 2009)에 수록).
73) 朴平植, 〈朝鮮初期 市廛의 成立과 '禁亂'問題〉, 《韓國史硏究》 93, 1996(《朝
　　鮮前期商業史硏究》에 수록) ; 徐聖鎬, 〈15세기 서울 都城의 商業〉, 《서울상업
　　사》, 태학사, 2000.
74) 朴平植, 〈朝鮮前期의 行商과 地方交易〉, 《東方學志》 77·78·79合輯, 1993
　　(《朝鮮前期商業史硏究》에 수록).
75) 국초 이후 조선 정부는 고려조 이래의 은병 유통을 공식 금지하였을 뿐만 아니라
　　(《增補文獻備考》 卷160, 財用考7, 金銀銅), 중국의 과중한 進獻 요구를 경계하여
　　민간의 金銀 유통을 전면 금지하고 있었다(朴平植, 앞의 〈朝鮮初期의 對外貿易政策〉).

적인 배경으로 더욱 강조되어 왔다.[76] 그러나 태종조 저화의 통용실
패 배경에는 위의 요인들과 더불어 이 무렵 보급된 고액통화로서의
저화의 성격 자체에도 큰 문제가 있었다.

고려 최말 저화가 새로운 화폐로서 구상될 때, 저화는 기본적으
로 고액 거래에서 통용되는 화폐로 설정되었다. 예컨대 공양왕 3년
(1391)에 제안된 房士良의 화폐제 구상인 '저화+동전 겸용'안(布
貨 금지)이나 도평의사사의 구상인 '저화+오승포 겸용'론, 그 어느
형태에서도 저화는 본위 또는 기준통화로 설정된 동전이나 오승포와
달리 고액의 거래에서 활용되는 화폐로 구상되었고,[77] 조선 왕조의
개창 이후 실제 보급에 들어간 저화 역시 그 명목가치가 고액인 화
폐였다.

태종 15년(1415) 6월 상품 유통세로서 30분의 1의 布帛稅를 시
행하기 위한 방안의 하나로 동전의 사용이 논란되고 있을 때, 저화
보급의 주창자였던 하륜은 다음과 같이 술회하였다. 즉 중국에서는
동전 1천 文 명목의 저화 외에도 각기 9백 문에서 1백 문에 이르는
소액 저화가 발행된 반면, 조선에서는 이 같은 小楮幣의 발행이 후
속되지 못함으로써 지금은 고액 저화만 있고 소액화폐가 없는 "有
重無輕"의 화폐 상황이라는 것이었다.[78]

실제 이때 동전 朝鮮通寶의 발행 논의에서 저화 1장은 1백 錢
의 가치로 설정될 만큼 그 명목가치가 고액인 화폐였다.[79] 때문에
비록 실행에 옮겨지지는 않았지만, 태종은 당시 저화 행용에서 1장
이하의 소액 거래가 가장 어려운 실정임을 인정하고, 새로 동전을

---

76) 주 2의 여러 논고 참조.
77) 주 41과 46 참조.
78) 《太宗實錄》 卷29, 太宗 15年 6月 丙子, 2冊, 69쪽.
79) 《太宗實錄》 卷29, 太宗 15年 6月 辛巳, 2冊, 70쪽.

주조하여 저화와 더불어 겸용하는 방안의 검토를 지시하고 있었다.[80] 바로 공양왕 3년 방사량이 제안하였던 '동전(소액) + 저화(고액)' 화폐제의 재추진 구상이었으나, 이후 별다른 진척 없이 중단되고 말았다.

이처럼 태종조 두 차례에 걸쳐 강력한 국왕의 의지 아래 진행된 저화 보급정책은, 오승포를 비롯한 포화의 화폐유통을 일절 금지한 상황에서 고액권으로 설정된 저화의 유통을 추진한 것이었다. '화권재상'으로 관념되던 유교 전래의 화폐인식이 '이권재상', '무본억말'론으로 표방되는 강력한 군주 국가 중심의 집권적 경제정책의 추진 노선과 맞물리면서, 고려 중엽 이래 교환경제에서 기준통화로 기능하여 온 오승포 및 포화의 사용을 전면 금지하고, 국가발행 저화만을 유일한 통용화폐로 설정한 정책이었던 것이다.

태종조 국가발행의 유일 화폐인 저화로 화폐제를 개편하려는 조선 정부의 노력은 결국 실패하였다. 저화를 사용하지 않는 자에 대한 重罪 처벌, 저화를 이용한 收稅, 戶楮貨와 태환보증을 위한 國庫米 방출 등 각종 지속적인 저화 통용정책에도 불구하고[81] 태종 2년(1402) 정월 1장당 오승포 1필 또는 미 2斗로 책정되었던 楮貨價는 시중에서 지속적으로 하락하여, 태종 15년(1415) 6월경에는 1장당 미 2승에 불과할 정도로 폭락하였다.[82] 마침내 태종 12년(1412) 6월 도성에서 斗升 이하의 곡물거래에 雜物의 사용이 허용되고,[83] 동 15년(1415) 정월에는 외방의 收贖을 제외한 일반 매매

80)《太宗實錄》卷29, 太宗 15年 6月 壬午, 2冊, 71쪽.

81) 주 2의 여러 논고 참조.

82)《太宗實錄》卷3, 太宗 2年 正月 壬辰, 1冊, 223쪽 ;《太宗實錄》卷29, 太宗 15年 6月 丙戌, 2冊, 72쪽.

83)《太宗實錄》卷23, 太宗 12年 6月 戊辰, 1冊, 640쪽.

에서 포화의 사용이 허용됨으로써 실질적으로 저화의 전용방침은 중단되고 있었다.[84]

태종조 저화 유통 실패의 가장 큰 배경은 민간 교환경제의 불신과 반발이었다. 태종 11년(1411) 정월 당시 富商 佛丁은 5백 필을 은닉한 자의 경우 典刑에 처하는 국가의 엄격한 常布 은닉자 처벌 규정에도 불구하고 麤布 1천 5백여 필을 다른 집에 옮겨 두었다가 적발되어 조정에서 크게 문제가 되었다.[85] 이 시기 富商大賈 세력의 저화 不用과 오승포 사용은 일상적인 것이었으나, 그에 대한 단속과 처벌은 별다른 실효를 거두지 못하고 있었다.[86] 은병과 쇄은 등 고려시기에 유통되었던 고액화폐가 고려 최말기에 이르러 惡貨로 추락하여 通貨로서의 지위를 상실한 현실에 국초 엄격하게 추진된 金銀 유통 금지방침이 더해지면서, 이 시기 대상인들에게 재부 축적 수단으로서 오승포 등 포화의 확보와 비축이 그만큼 절실하였기 때문이다.

한편 斗升 이하의 거래로 식량을 포함한 朝夕의 생필품을 구입해야 하는 당대 민인 일반의 下層 교환경제에서 저화는 지나치게 고액의 화폐였다. 고려후기 이래 점차 성장하고 있던 오승포·추포에 근거한 하층 교환경제와 그 구성원들에게, 저와 같은 저화 통용방침은 강제성에도 불구하고 실현 불가능한 정책일 수밖에 없었다.[87]

---

84) 《太宗實錄》卷29, 太宗 15年 正月 乙卯, 2冊, 51쪽.

85) 《太宗實錄》卷21, 太宗 11年 正月 壬午, 1冊, 575쪽.

86) 《太宗實錄》卷21, 太宗 11年 正月 甲子, 1冊, 572쪽 ; 《太宗實錄》卷21, 太宗 11年 正月 癸卯, 1冊, 574쪽.

87) 이 시기 화폐로서 '麤布'에 기반하여 성장하고 있던 하층 교환경제에 대해서는 朴平植, 〈朝鮮前期의 麤布流通과 貨幣經濟〉, 《歷史學報》 234, 2017(本書 Ⅱ부 제3논문) 참조.

태종 11년(1411) 정월 "부상대고들이 米布를 가지고 서로 몰래 교
역하는 반면, 貧乏人들은 저화를 사용할 수 없어 원망과 한탄이 날
로 심하여 간다."[88]는 국왕의 판단은 바로 이 같은 실정에 대한 토
로였다. 요컨대 저화의 고액권으로서의 성격은 이 시기 성장하고 있
던 하층 교환경제에 적합한 화폐일 수 없었고, 이윽고 조선 정부는
이에 대한 새로운 국가적 대처를 하지 않을 수 없었으니, 곧 銅錢의
유통 시도였다.

세종조의 경제정책, 특히 상업정책은 집권국가의 체제를 정비하
는 방향에서 태종조의 그것을 충실히 계승하여 펼쳐졌고, 화폐에 대
한 인식이나 구체적인 화폐정책의 경우에도 그 추세는 마찬가지였
다.[89] 태종조 저화 전용정책이 실질적으로 실패로 귀결된 이후에도
조선 정부는 여전히 국폐 저화를 활용한 貨權의 관장과 '이권재상'
의 경제운영권 확보를 기도하고 있었다. 그러나 현실 교환경제에서
저화 사용은 더욱 기피되었고, 이 같은 추세는 세종조에 들어서도
개선되지 않았다.

국왕의 거듭된 저화 不用 실태에 대한 대책 마련 지시에도 불구
하고,[90] 세종 4년(1422) 10월《實錄》의 史臣에 따르면 당시 상인들
은 모두 저화를 쓰지 않고 米布로써 매매하고 있었고, 이로 인해 물
가가 등귀하고 저화의 가치가 날로 賤해지는 상황이었다.[91] 그달 국
왕 세종의 첫 銅錢通用 검토 지시는 이 같은 실정에서 나오고 있었
다.[92] 세종 정부의 동전 통용방침은 同 5년(1423) 9월 '朝鮮通寶'의

---

88)《太宗實錄》卷21, 太宗 11年 正月 甲子, 1冊, 572쪽.

89) 朴平植, 〈세종 시대의 교환 경제와 상업 정책〉,《세종문화사대계》3, 2001(《朝
    鮮前期 交換經濟와 商人 研究》에 수록).

90)《世宗實錄》卷7, 世宗 2年 2月 癸亥, 2冊, 375쪽.

91)《世宗實錄》卷18, 世宗 4年 10月 丁酉, 2冊, 508쪽.

발행이 결정된 이래,93) 이후 鑄錢用 銅 확보와 주전사업을 거쳐 마침내 세종 7년(1425) 2월 그 첫 行用이 시작되기에 이르렀다.94)

세종조 조선 정부의 화폐인식은 태종조를 계승하여 이를 확대·심화시키는 방향에서 전개되었다. 세종 2년(1420) 4월 호조는 경중의 物價에 따라 저화의 斂散을 달리함으로써 저화의 興用과 민생안정을 이룰 것을 주청하여 허락받고 있었다.95) 저화가 단순히 조폐이익의 국가독점 측면에서 논의되지 않고, 이를 통한 물가의 조정과 민생의 안정 실현이라는 '이권재상'의 차원에서 그 한 방안으로 주목되고 있었던 것이다.

이어 세종 4년(1422) 12월에도 《실록》의 史臣은 애초 저화유통이 태종조에 國富의 창출과 그 斂散을 통한 물가의 조절 목적에서 시도되었으나, 이때에 이르러 저화가가 미 1승에 3장에 이를 정도로 추락하고 교환경제에서 상인들에게 기피되자, 마침내 이로부터 저화를 대신할 동전 통용론이 대두하였음을 전하고 있다.96) 이는 저화와 그를 대신한 동전 통용론이 모두 조폐권의 독점을 통한 국가재정의 보충이라는 목적과, 동시에 이를 이용한 물가의 조절과 경제통제권의 장악이라는 '이권재상'의 관점에서 제기된 것이었음을 잘 보여주는 평가라 하겠다.

이후 동전 보급 시도가 그 노력에도 불구하고 성과를 보이지 못

---

92) 《世宗實錄》 卷18, 世宗 4年 10月 庚子, 2冊, 509쪽.
93) 《世宗實錄》 卷21, 世宗 5年 9月 甲午, 2冊, 556쪽.
94) 《世宗實錄》 卷27, 世宗 7年 2月 戊午, 2冊, 654쪽.
   세종조 동전의 보급 시도와 그 구체 내역에 대해서는 李鍾英, 앞의 〈朝鮮初 貨幣制의 變遷〉과 朴平植, 앞의 〈세종 시대의 교환 경제와 상업 정책〉 참조.
95) 《世宗實錄》 卷8, 世宗 2年 4月 乙巳, 2冊, 378쪽.
96) 《世宗實錄》 卷18, 世宗 4年 12月 丁亥, 2冊, 514~515쪽.

하는 현실에서, 세종 20년(1438) 2월 조정의 화폐논의에 참여한 權
採의 화폐론은 세종조 화폐인식의 한 전형이기에 매우 주목된다. 당
시 권채는 '懋遷有無', 곧 교환경제가 백성들이 삶을 의뢰하는 영역
임을 전제로 하고, 그러나 布帛은 尺寸으로의 분할이 불가하고 米
등의 穀粟은 斗升이라도 헛되이 낭비되어서는 안 되기에 錢幣를
만들어 이로써 교환의 매개로 삼고, 또 그 운용을 통하여 貧富를 균
등히 하여 왔다고 인식하였다. 그러나 지금은 錢法이 무너져 오승포
를 통용하고 있으니 이는 백성들이 스스로 경제를 운용하여 利權이
四方에 흩어진 상황으로, 국가에서 이들 교환경제와 경제 전반을 管
攝할 방안이 없는 매우 잘못된 상황임을 극력 토로하였다.[97]

동전이 저화를 대신하여 교환경제의 매개수단이자 집권국가의 利
權掌握, 곧 경제운용의 핵심 기제였음을 분명히 보여 주는 화폐인
식이었다. 한편 당일의 화폐논의에서 李堅基·金敦 등의 대신들 또
한, 저화와 뒤이은 동전의 통용정책이 고려시기 오승포의 유통에 따
른 '利權之在下'에 대한 염려에서 비롯된 것임을 밝히고 있어,[98]
세종조 관인 일반이 지니고 있던 '이권재상' 정책의 실현 기제로서
화폐의 위상과 역할을 잘 표현하고 있었다.

이처럼 국초 楮貨와 銅錢의 조폐권 독점과 그에 근거한 국가의
화폐정책은 단순한 國富의 증대 방안에 그치지 않았다. 그것은 태
종~세종조를 거치면서 이제 이익독점의 화권장악을 넘어 '이권재
상', '무본억말'에 기초하여 경제영역, 특히 교환경제에서 집권적인
국가 질서를 실현하는 이념이자 구체적인 방안으로서 높이 천명되고
있었다. 세종 27년(1445) 11월 집현전 직제학 李季甸이 화폐제 개

---

97) 《世宗實錄》卷80, 世宗 20年 2月 戊辰, 4冊, 131쪽.
98) 위와 같음.

편을 요청하는 상소에서 "백성들이 造幣를 조종하는 형세는 옛 사람들이 경계하던 것으로, 이를 미리 염려하지 않을 수 없다."[99]고 하였던 까닭 역시, 화권이 단순히 조폐에 따른 이익 장악에 국한되지 않음을 잘 보여 주고 있다.

세종 31년(1449) 정월 세자를 경유하여 내린 傳旨에서 세종은 저화의 통용 목적이 '以通有無'의 교환경제를 뒷받침하고 또한 궁극에는 '利權在於上'의 실현에 있음을 분명하게 천명하였다.[100] 이는 비록 동전의 보급이 실패로 귀결된 후 다시 저화 통용방침을 복구하면서 나온 국왕의 인식이지만, 동전이나 저화 어느 형태이든 그것이 국가발행 화폐로서 기능하여야 할 역할과 위상을 명확히 보여 주는 것이라 하겠다.

또한 실패로 귀결되었지만, 세종조 동전의 보급 시도는 태종조의 그것보다 더욱 강화된 '이권재상'의 관점에서 추진된 것이었다. 앞서 살펴보았듯이 태종조의 저화유통은 저화의 高額券으로서의 성격 탓에 민간 교환경제의 下層을 포섭하기에는 근본적인 한계가 있었다. 斗升 이하의 거래를 통해 朝夕을 마련하고 일상 생필품을 求得하여야 하는 일반 백성들의 처지에서, 애초 布 1필이나 米 2두 이상의 가치가 책정되어 있던 저화[101]는 기존의 미포를 대체하는 유통수단이 될 수 없었다.

그런데 세종 7년 이후 실제 통용에 들어간 朝鮮通寶 1문의 가치는 미 1승으로 책정되어 보급되었다.[102] 저화와 달리 동전은 이처럼 소액의 거래에 활용될 수 있도록 그 화폐단위가 낮았고, 그 소재

---

99)《世宗實錄》卷110, 世宗 27年 11月 庚寅, 4冊, 645쪽.

100)《世宗實錄》卷113, 世宗 31年 正月 戊申, 5冊, 114쪽.

101) 주 82와 같음.

102)《世宗實錄》卷28, 世宗 7年 5月 戊寅, 2冊, 668쪽.

가치와 명목가치 사이의 격차 역시 저화에 비해 현저하게 적었기에, 만약 그 통용에 성공한다면 조선 정부가 이를 통해 이제 민간의 하층 교환경제까지 효과적으로 '이권재상'의 정책 안에서 장악·통제할 수 있는 화폐였다.

세종조에 동전은 애초 저화와 겸용하는 방안으로 모색되었고, 또 실제 보급 과정에서도 겸용방침이 적용되었다.[103] 그렇다면 이 방안은 고려 최말기 공양왕 3년(1391) 房士良에 의해 제안된 화폐 유통책과 동일한 형태였다.[104] 저화를 고액화폐로 삼고 동전을 소액화폐로 활용하는 대신 민간 5승 포화의 유통을 전면 금지하는 이 방안은, 결국 麗末鮮初에 제안되거나 구상된 화폐유통 방안 중에서 가장 '이권재상'론에 충실한, 그래서 집권국가의 상업과 경제 통제책으로 유효한 것이었다. 만약 세종조에 실제로 이 '저화–동전' 겸용의 유통 방안이 실현되었다면, 집권국가의 면모는 일상의 교환경제와 상업 전반에서 더욱 분명하게 조성될 수 있었겠다.

그러나 세종조 화폐유통의 현실은 여의치 못하였다. '저화–동전' 겸용의 초기 화폐 보급정책에서 저화가의 지속적인 하락에 따라 銅錢 專用 정책이 채택된 뒤, 동전의 보급을 위해 동전 不用者에 대한 엄격한 처벌이 강제되고 동전에 대한 국가의 체계적인 태환보증과 각종 和賣정책이 거듭 추진되었다. 그럼에도 銅錢專用策 역시 종국에는 실패로 귀결되었다. 저화 보급에서 이미 경험한 민간 교환경제의 불신과 더불어 鑄錢 원료인 銅의 부족이 가장 큰 배경이었다.[105]

여말선초를 거치면서 오승포와 포화에 근거하는 하층 교환경제가

---

103)《世宗實錄》卷23, 世宗 6年 2月 癸丑, 2冊, 579쪽 ;《世宗實錄》卷25, 世宗
    6年 7月 己亥, 2冊, 615쪽 ;《世宗實錄》卷27, 世宗 7年 2月 戊申, 2冊, 652쪽.
104) 주 41 참조.
105) 주 94의 李鍾英, 朴平植 논고 참조.

점차 성장하고 있던 현실에서, 동전유통의 기반은 어느 정도 갖추어 져 있었다.[106] 그럼에도 불구하고 세종조 교환경제의 현실에서 동전 은 부상대고나 일반 민인 모두에게서 앞서의 저화 보급정책에서 그 러하였듯이 한결같이 불신받고 있었고, 여기에 국가정책상에서는 고 려 최말에 이어 동전 원료인 동의 안정적인 확보 방안이 마련되지 못함으로써 그 보급에 실패하고 만다.

이 밖에도 동전은 저화의 경우와는 반대로 그 중량 탓에 고액의 거래에서 유통수단으로 심각한 한계를 지니고 있었다. 동전보급 초 기인 세종 7년(1425) 12월 조정은 家·奴·馬·金銀 등의 고액 거래 에서 錢 10貫 외에는 잡물의 겸용을 허용했다.[107] 물론 이 조처는 아직 동전의 보급이 두루 이루어지지 못한 상황에서 내려진 한시 조 처이기는 하였지만, 고액화폐로서 저화가 통용되지 않고 포화의 유 통이 금지된 상황에서 이 같은 문제는 해결책을 찾지 못하였다. 따 라서 세종 27년(1445) 10월 이계전에 따르면, 당시 풍속에서 모든 매매는 縣布로 가격을 정하되, 만약 면포가 부족하면 他物로 충당 하였다.[108] 고액 거래에서 동전은 근본적인 한계를 갖는 소액화폐였 고, 저화가 유통되지 않는 현실에서 그와 같은 거래는 면포와 같은 포화가 대신하고 있었던 것이다.

결국 국초 태종~세종조에 펼쳐진 화폐론과 그에 따른 화폐정책 은, 그 의욕적인 추진에도 불구하고 저화나 동전 중 어느 것의 보급 에도 실패한 채 끝내 교환경제의 현실에서 오승포와 면포 등 포화 와의 겸용을 허용할 수밖에 없었다. 고려시기 이래 교환경제의 上·

---

106) 朴平植, 〈朝鮮初期의 貨幣政策과 布貨流通〉, 《東方學志》 158, 2012(本書 Ⅱ부 제2논문).

107) 《世宗實錄》 卷30, 世宗 7年 12月 丙子, 2冊, 706쪽.

108) 《世宗實錄》 卷110, 世宗 27年 10月 壬子, 4冊, 641쪽.

下層 전반에서 성숙되어 가던 布貨經濟의 발전을 '화권장악', '이권 재상'에 근거한 국가정책의 집권성이 극복·통할하지 못하는 상황이 었던 것이다.

그러므로 국초 저화 동전의 보급 실패는 결코 이 시기 교환경제 의 未熟에 기인하는 것이 아니었다. 이 시기 조선은 이미 布貨(五 升布, 正布, 綿布)에 기초한 화폐경제의 단계에 진입해 있었으며, 따라서 저화 동전의 보급 실패는 오히려 국가권력에 맞서 商權과 資産의 손실을 가져올 國幣의 일방적 발행에 저항하면서, 기왕의 포화에 근거한 경제구조를 유지하였던 또 다른 강력한 유통 체계와 대상인층의 존재를 역으로 증명하는 것이었다.109)

세종 20년(1438) 2월 동전 전용정책에 따른 銅 부족 문제를 해 소하고자 鐵錢의 발행과 저화의 復用이 모색되고 있을 때, 孟思誠· 皇甫仁 등 조정의 일부 대신들은 그 모든 방안을 반대하면서 차라 리 오승포를 復用하자고 주장하였다. 비록 이 같은 조처가 '利權在 下'의 방안이기는 하지만, 이미 綿紬나 正布 등도 모두 민간에서 산출되어 유통되는 처지이므로 오승포의 복용만이 민심에 따르는 방 책이라는 것이 이들의 견해였다.110) 오승포나 포화에 기초한 교환경 제는 이 시기에 이만큼 성숙하여 조정에서도 이를 부정할 수 없는 지경에 도달해 있었던 것이다.

그럼에도 불구하고 조선초기 농민층을 중심으로 한 하층 교환경제 의 성장은 米布의 유통수단을 넘어 동전과 같은 명목화폐의 도입을 실현하기에는 아직 여러 부문에서 한계가 있었다. 세종 15년(1433)

---

109) 이에 대한 자세한 내용은 朴平植, 앞의 〈朝鮮初期의 貨幣政策과 布貨流通〉; 朴平植, 앞의 〈朝鮮前期의 麤布流通과 貨幣經濟〉 참조.
110) 《世宗實錄》 卷80, 世宗 20年 2月 戊辰, 4冊, 131쪽.

정월 동전 興用 방안의 하나로 외방의 開市를 적극 주창하였던 申商의 지적처럼,[111] 이 시기 농민적 하층 교환경제는 외방에서 아직 독자의 유통 체계를 갖출 만큼 성숙하지는 못하였다. 그리고 미포는 이 수준에서 국가의 이권장악에 직접 포섭되지 않으면서 피지배 농민층의 교환 요구에 부응하는 교환수단으로 별다른 문제없이 기능하고 있었던 것이다.

## 4. 貨幣論의 推移와 그 性格

세종 27년(1445) 12월 호조와 의정부의 의결에 따라 그간의 銅錢專用 방침이 중단되고 저화의 復用이 결정되자,[112] 현실의 교환경제에서 이제 國幣로서의 저화·동전과 더불어 민간의 布貨가 通貨로 널리 유통되었다. 동전 전용정책이 철회된 그달(세종 27년 12월) 조정은 시전 내 각종 물화의 가격을 국가에서 告示하는 市准法을 시행하면서 그 통화로 포화·저화·동전 등을 아울러 통용하도록 조처했다.[113]

기실 태종조의 저화 전용 때와 마찬가지로, 세종조 동전의 전용이 추진되었던 同 7년(1425)에서 27년(1445)에 이르는 시기에 민간 교환경제에서 가치의 척도, 교환의 수단으로 실제 널리 통용되고 있던 통화는 포화, 그중에서도 綿布였다. 예컨대 생필품으로서 가장

111) 《世宗實錄》 卷59, 世宗 15年 正月 壬申, 3冊, 439쪽.
112) 《世宗實錄》 卷110, 世宗 27年 12月 癸卯, 4冊, 645~646쪽.
113) 《世宗實錄》 卷110, 世宗 27年 12月 壬子, 4冊, 647쪽.

거래가 많았을 米價는 일반적으로 면포로 그 가격이 논란되었고, 고
액의 거래였을 馬價와 住宅價, 그리고 보병, 수군, 기인 등의 役價
의 경우에도 그 가격은 동전이 아닌 면포로 일상 표기되고 있었
다.114) 15세기 중반에 이르러서도 교환경제의 실제 통화로는 국폐가
아닌 포화, 특히 면포가 주로 통용되고 있었던 것이다.

이 같은 형편에서 세종조 말기에 저화의 복용이 결정된 이후 조
선 조정은 다시 국폐인 저화의 보급에 심혈을 기울였다. 저화가의
하락이 조정에서 자주 문제 되면서 그에 따른 楮貨興用策이 논의되
었고,115) 科擧 시험에서 策題의 하나로 저화의 흥용 방안이 거듭하
여 출제되기도 하였다.116) 그만큼 시중에서 국폐 저화는 상인과 백
성들에게 기피되고 있었고, 반면 포화의 통화로서 기능은 강화되고
있었다. 이런 상황에서 세조 4년(1458) 3월에 제기된 申叔舟의 건
의를 수용하여,117) 그해 11월 국왕은 마침내 저화와 紬布·綿布·正
布 등 각종 포화의 겸용을 허용하기에 이른다.118) 포화의 공식적인
國幣 승인이었고, 그 배경은 교환경제의 현실에서 저화의 불통용과
民情과의 괴리에 있었다.119)

세조 6년(1460) 7월 당대 《經國大典》의 편찬과정에서 戶典이
우선 완성되어 頒行되었을 때,120) 이 《경국대전》의 국폐조에는 오

---

114) 李正守, 〈16세기 物價變動과 民의 動向〉, 釜山大 博士學位論文, 1997의
〈표 2〉, 〈표 7〉, 〈표 12〉~〈표 16〉 참조.
115) 《文宗實錄》卷5, 文宗 元年 正月 丙寅, 6冊, 351~352쪽 ; 《世祖實錄》卷4,
世祖 2年 5月 乙亥, 7冊, 130쪽.
116) 《文宗實錄》卷4, 文宗 卽位年 10月 戊寅, 6冊, 297쪽 ; 《世祖實錄》卷6,
世祖 3年 正月 庚寅, 7冊, 174쪽.
117) 《世祖實錄》卷12, 世祖 4年 3月 癸丑, 7冊, 264쪽.
118) 《世祖實錄》卷14, 世祖 4年 11月 戊戌, 7冊, 301쪽.
119) 《世祖實錄》卷14, 世祖 4年 12月 甲戌, 7冊, 305쪽.

승포를 上等, 삼승포를 中等, 그리고 저화를 下等으로 구분하여 三
等幣를 규정하고, 아울러 이들 포폐의 양단에는 '朝鮮通幣'의 官印
을 찍어 이 삼등폐를 贖罪 등에서 수납하도록 규정하였다.[121] 그리
고 이듬해(세조 7, 1461) 2월에는 이들 布幣, 곧 正布와 常布의 官
印時에 '20分의 1'의 收稅를 저화로 할 것을 세세하게 추가 규정하
였다.[122]

수세를 거친 官印布貨의 인정과 저화의 통용으로 정리될 세조
6년의 이 국폐 규정은, 따라서 고려 최말 공양왕 3년(1391) 도평의
사사에 의해 고려 왕조 최후의 화폐제 구상으로 제기된 바 있는 화
폐유통 방안이 국초의 강력한 '利權在上'에 근거한 저화·동전 유통
론의 실패에 뒤이어 다시 제기된 형태라 하겠다. 이후 이 세조조
《경국대전》의 국폐 규정은, 성종 16년(1485)에 최종 정비된 《경국대
전》에 이르러, 국폐의 포화·저화 겸용을 전제로 '정포 1필 = 상포 2
필, 상포 1필 = 저화 20장, 저화 1장 = 미 1승'의 准價 규정으로 최
종 정비되었다.[123]

그런데 세조 10년(1464) 8월, 국왕 세조가 의정부와 육조의 참판
이상 고위 관인들을 불러 모은 자리에서 새 국폐의 하나로 화살촉
모양의 鐵製 箭幣를 추가 통용시킬 것을 제안하면서 스스로 작성한
御製 〈泉布論〉을 제시하고 있어 주목된다. 국왕으로서 그의 화폐인
식과 화폐론을 전면 피력한 이 〈천포론〉에서, 세조는 貴賤貧富에
관계없이 '有無互市'의 교환경제가 모두에게 生生의 방도임을 전제
로 1) 화폐는 반드시 貴物이 아닌 민생의 일용품으로 제조하여야

---

120) 《世祖實錄》 卷21, 世祖 6年 7月 辛卯, 7冊, 407쪽.
121) 《世祖實錄》 卷21, 世祖 6年 8月 乙卯, 7冊, 421쪽.
122) 《世祖實錄》 卷23, 世祖 7年 2月 戊寅, 7冊, 447쪽.
123) 《經國大典》 戶典, 國幣條.

한다는 원칙(民生日用 而制其財), 2) '利權在國', 곧 '이권재상'의 실
체가 바로 국가임을 명확히 하면서 화권·이권을 국가에서 장악하여
야 한다는 원칙(因其財 而制其利), 3) 이 같은 이권의 확보를 통해서
나라의 禮義를 定立하여야 한다는 원칙(因其利 而制其禮)을 강조하
였다.124)

　　貨權의 관장을 통해서 국가가 利權을 독점하고, 이를 바탕으로
국왕·국가 위주의 집권적 경제정책을 추구하였던 국초의 화폐론은,
이처럼 그 소기의 성과와는 관계없이 15세기 중반에 이르러서는 국
왕에게 이제 이를 통한 禮義의 확립과 그로써 구현되는 군주 중심의
집권적 국가 질서·사회기강의 수립을 모색하는 토대로까지 인식되
고 있었던 것이다.

　　성종조 이후 15세기 후반을 경유하며, 국왕 및 관인들의 화폐인
식과 화폐론은 이 무렵 교환경제의 전반적인 성장 사정을 계기로 조
성된, 이전에 없던 국폐통용 환경에 조응하여 새롭게 펼쳐지기 시작
했다. 收租權의 축소·소멸과 농업생산력의 발전, 인구의 증가, 각종
부세의 代納과 防納, 군역·역역의 代立과 收布制 등이 확산되면
서,125) 이 시기 교환경제는 도성과 외방 모두에서 국초와 다른 양상
으로 성장과 발전을 지속하고 있었다.

　　우선 도성에서는 성종 3년(1472) 日影臺에서 連池洞 石橋에 이
르는 오늘날 종로 4가 구역이 새롭게 시전구역에 포함되는 시전구
역 확장이 있었고,126) 이어 동 16년(1485)에는 전면적인 市廛再編,

---

124) 《世祖實錄》 卷34, 世祖 10年 8月 己亥, 7冊, 646쪽.

125) 李景植, 《朝鮮前期土地制度研究》, 一潮閣, 1986 ; 李景植, 《朝鮮前期土地
　　制度研究》Ⅱ, 지식산업사, 1998 ; 이지원, 〈16·17세기 前半 貢物防納의 構造와
　　流通經濟的 性格〉, 《李載龒博士還曆紀念韓國史學論叢》, 한울, 1990 ; 田川孝
　　三, 《李朝貢納制の研究》, 東洋文庫, 1964.

市肆移轉 사업이 후속되면서 이에 따른 商權 변동을 우려한 鐵物
廛 등 시전상인들의 반발이 시전만이 아니라 조정에도 큰 파란을
불러일으켰다.[127] 이 와중에 16세기에 들면 도성에는 외방의 인구가
모여들어 교환시장이 형성되면서 시전 이외에 각 지역에 시장이 서
지 않는 곳이 없다는, 그야말로 "曲坊委巷 無不出市"의 형세가 펼
쳐지고 있었다.[128]

아울러 외방에서는 이 시기 수조권의 축소와 소멸, 국초 이래 농
업생산력의 발전 등을 배경으로 하여 성종초 전라도 일대에서 농민
적 교역기구로서 場市가 처음 출현한 이래, 국가의 금지에도 불구하
고 16세기에 들어 경상·충청도를 비롯하여 전국으로 장시의 개설
추세가 확산되고 있었다.[129] 여기에 덧붙여 이 시기에 상하의 신분
층 모두와 전국에 걸쳐 殖貨·逐末 풍조가 만연해 가면서, 국초 이
래의 '務本抑末'의 경제정책 기조에서 '以末補本'에 기초한 새로운
상업인식·상업론이 분기해 가며 抑末策의 퇴조가 완연해지는 한편
에서, 末業을 이용한 국가의 적극적인 財政補用 정책 또한 주목되
고 있었다.[130]

15세기 후반 성종조 이후, 특히 16세기에 들어 더욱 본격화된 이

126) 朴平植, 〈朝鮮前期 市廛의 發展과 市役 增大〉, 《歷史敎育》60, 1996(《朝鮮
　　前期商業史硏究》에 수록).
127) 朴平植, 〈朝鮮 成宗朝의 市廛再編과 官·商 葛藤〉, 《典農史論》7, 2001(《朝
　　鮮前期 交換經濟와 商人 硏究》에 수록).
128) 《中宗實錄》卷21, 中宗 9年 11月 癸酉, 15冊, 42쪽 ; 《中宗實錄》卷31, 中宗
　　13年 正月 壬子, 15冊, 387쪽.
129) 李景植, 〈16世紀 場市의 成立과 그 基盤〉, 《韓國史硏究》57, 1987(《朝鮮前
　　期土地制度硏究》Ⅱ에 수록).
130) 朴平植, 앞의 《朝鮮前期商業史硏究》제5장 〈商業의 發達과 商業政策의 變
　　化〉 참조.

같은 전국에 걸친 교환경제의 성장과 발전은 이 시기 화폐와 그 통용 부문에서도 새로운 양상을 노정시켰다. 요컨대 그것은 각종 尺短布의 등장과 함께 麤惡綿布, 곧 '麤布'로 부르던 2~3승 면포의 출현과 그 확산 현상이었다. 기준포 35尺에 미치지 못하는 33~34척의 척단포와, 심지어 單絲로 麤織하여 포목으로서의 효용성이 거의 없는 추포가 논란이 되면서 그 금지 방안이 조정에서 처음 논의된 것은 성종 2년(1471) 11월의 일이었다.[131]

이 시기 상업에서 이 같은 尺短麤布의 등장은, 도성내 開市 공간의 확대나 전국에 걸친 장시의 확산에서 드러나고 있던 農民的 下層 交換經濟의 성장과 발전을 또한 증명하는 현상이었다. 성종 21년(1490) 정월 관인들의 술회처럼 그것은 "尺의 長短에 따라 가격의 高低가 결정"되고, "綿布의 尺이 길면 가격이 높고 尺이 짧으면 가격이 낮은",[132] 다시 말해 35척의 기준포가 다양하게 단할되어 소액 거래에서 그에 걸맞은 포폐로 활용되었던 것이다. 이처럼 이 시기 척단포는 貧民들이 그 長短에 따라 受價하는 소액화폐였기에[133] 35척포가 3~4단의 端布로 나뉘어 유통되기도 했고, 또 이를 連作한 형태로도 유통되었다.[134]

麤布, 곧 麤惡綿布는 16세기에 들어 더욱 교환경제의 일반적 等價物, 통용화폐로 자리 잡아 갔다.[135] 이 같은 면포의 麤疎化는 연

---

131)《成宗實錄》卷13, 成宗 2年 11月 庚戌, 8冊, 610쪽.

132)《成宗實錄》卷236, 成宗 21年 正月 丁丑, 11冊, 565~566쪽.

133)《燕山君日記》卷21, 燕山君 3年 正月 戊辰, 13冊, 188~189쪽.

134)《成宗實錄》卷199, 成宗 18年 正月 甲子, 11冊, 180쪽.

135) 宋在璇,〈16세기 綿布의 貨幣機能〉,《邊太燮博士 華甲紀念 史學論叢》, 三英社, 1985 ; 李正守,〈16세기 綿布流通의 이중화와 貨幣流通 논의,《朝鮮時代史學報》25, 2003(《조선의 화폐와 화폐량》(경북대학교 출판부, 2006)에 수록〕; 朴平植, 앞의〈朝鮮前期의 麤布流通과 貨幣經濟〉.

산군 집정기를 거치면서 더욱 만연하여, 중종 10년(1515) 6월에 이르러서는 벌써 單織 三綜綿布와 추악 면포의 행용이 이미 오래되어 民命이 여기에 의존하고 있다고 할 정도로 그 통용이 광범위하게 확산되어 있었다.[136] 급기야 중종 17년(1522) 정월에는 경중에서 이승포까지 통용되고 있던 실정이 보고되었고,[137] 명종조에 들어서서는 官에서 이들 3승 면포인 常木을 廢하고 오직 5~6승의 回俸木만을 통용하게 하여 교환경제와 민생을 더욱 곤란하게 한다는 지적이 나오고 있었다.[138] 추포의 금지에 따른 통화체계의 혼란이 민생난으로 이어지고 있었던 것이다. 때문에 명종 6년(1551) 9월, 영상과 좌상, 이조판서 등 조정의 대신들은 麤惡常木은 여전히 금지하되 3승 면포는 예전처럼 그 유통을 허용하는 방안을 국왕에게 주청하였다.[139]

이처럼 성종조 이후, 특히 16세기에 접어들면서 교환경제가 발전하는 가운데《경국대전》에서 국폐로 규정한 通貨 가운데 포화, 그중에서도 면포가 '尺短麤惡'의 추포 형태로 농민적 하층 교환경제를 중심으로 확산되면서 일반적 등가물이나 거래수단으로 자리하여 가고 있었다. 이는 수세를 거친 官印 포화와 저화를 통해 화권을 장악하고, 이를 토대로 상업과 국가경제를 통할한다는 국초 이래의 '이권재상' 화폐정책의 운용기조에 비추어 볼 때 큰 문제가 아닐 수 없었다. 조선 조정은 이제 새롭게 변화하는 경제 환경, 특히 교환경제의 성장 사정을 고려하면서도 화권의 국가장악을 위한 방안을 모색하는 데 골몰하고 있었다.

136)《中宗實錄》卷22, 中宗 10年 6月 癸酉, 15冊, 87~88쪽.
137)《中宗實錄》卷43, 中宗 17年 正月 癸酉, 16冊, 94쪽.
138)《明宗實錄》卷12, 明宗 6年 9月 甲午, 20冊, 40쪽.
139)《明宗實錄》卷12, 明宗 6年 9月 壬寅, 20冊, 41~42쪽.

성종 3년(1472) 10월《경국대전》의 '저화 1장 = 미 1승'의 准價 규정에도 불구하고 여전히 저화가 興用되지 못하는 실정에서,140) 이듬해(성종 4년, 1473) 2월 국왕은 이미 국폐로 통용 중인 면포의 踏印 방안을 강구할 것을 신료들에게 지시하였다.141)《경국대전》 국폐 규정에 따라 저화를 興用시키고 면포의 官印收稅를 관철함으로써 '이권'의 국가장악 실현을 도모하려는 성종의 의지였다.

이날 鄭麟趾를 비롯한 다수의 대신들이 국왕의 요청에 "別無他策"의 고식적 자세로 일관한 데 비하여, 申叔舟는 우리나라에서 泉幣가 不行하는 것은 도성을 제외한 외방에 市鋪가 없기 때문이니 京外에 모두 시포를 열고 특히 외방의 場市를 허용하여 泉幣의 유통기반을 닦을 것, 면포의 官印 收稅時에 수세를 포화가 아닌 저화로 할 것, 租入이 풍부한 중국에서도 오히려 1년 경비의 많은 부분을 泉貨 발행에서 확보하듯이 우리 역시 화폐의 발행과 화권장악을 통해 財用을 보충할 것 등을 국왕에게 주청하였다.142)

특히 이날 신숙주는 지난 庚寅年(성종 원년, 1470)의 凶荒 시에 전라도 일대에서 처음 등장한 場門, 곧 場市를 나주목사 李永肩을 제외한 조정의 모든 관인들이 반대하여 그 開市를 금지시킨 것이야말로 화폐유통을 위한 '千載一機'를 놓친 애석한 조치였다고 여겼다.143) 교환경제의 성장, 특히 하층 농민적 교역기구로서 장시의 개시가 화폐유통과 화권의 국가장악을 위한 좋은 기회였음에도 이를 失機한 데 대한 안타까움이었다.

이런 상황에서 성종 4년(1473) 5월, 국폐 저화는 이미 교환경제

---

140)《成宗實錄》卷23, 成宗 3年 10月 丁丑, 8冊, 690쪽.
141)《成宗實錄》卷27, 成宗 4年 2月 壬申, 9冊, 8쪽.
142) 위와 같음.
143) 위와 같음.

에서 그 賤價와 민간의 不用으로 인해 장차 '廢絶'할 것으로 치부
되고 있었다.[144] 다음 날 領事 曹錫文은 "국가를 위해 반드시 錢幣
를 통행한 뒤에야 국가의 財力이 펴지고 國用이 풍부해질 것이다
."[145]라며, 앞선 신숙주의 견해에 동의를 표명했다. '富國', 곧 국가
재정의 확충을 위한 국폐 발행의 필요성에 대한 강조였다. 성종초
국폐 발행과 화권장악에 대한 국왕과 일부 조정 관인들의 의지는 이
윽고 저화의 新造 발행으로 이어졌다.

애초 세조조에 편찬된 《경국대전》의 국폐조에는 저화가가 '저화
1장 = 미 1승'으로 규정되어 있었다.[146] 이는 국초 태종조의 '저화
1장 = 미 2두'의 准價와 비교할 때[147] 현실 교환경제의 실정을 고
려하여 저화가의 명목가치를 대폭 하향 조정한 것으로, 세조조 《경
국대전》에 이르러 저화는 정포·상포에 이은 '下等'의 국폐로 규정되
고 있었다.[148] 이 같은 저화가의 현실화 조처에도 불구하고 성종초
에 이르면 저화가는 벌써 심하게는 미 1승에 15~16장으로, 그리고
최근에도 미 1승당 5~6장에 이를 정도로 추락하면서 국가의 통용
노력을 무력화시키고 있었다.[149]

이에 따라 성종 5년(1474) 9월 정부는 '저화 1장 = 미 1승'의 화
폐가치 유지를 위해 저화의 新造 발행을 결정하고, 저화로 수납하는
국가의 徵贖과 稅貢에서 乙未年(성종 6, 1475)에 처음 5分의 1을

---

144) 《成宗實錄》 卷30, 成宗 4年 5月 乙未, 9冊, 22쪽.

145) 《成宗實錄》 卷30, 成宗 4年 5月 丙申, 9冊, 23쪽.

146) 《成宗實錄》 卷23, 成宗 3年 10月 丁丑, 8冊, 690쪽 ; 《成宗實錄》 卷30, 成宗
　　4年 5月 乙未, 9冊, 22~23쪽.

147) 《太宗實錄》 卷3, 太宗 2年 正月 壬辰, 1冊, 223쪽.

148) 주 121과 같음.

149) 《成宗實錄》 卷30, 成宗 4年 5月 丙申, 9冊, 23쪽.

新造楮貨로 수취하고, 이후 차례로 그 양을 늘려 己亥年(성종 10, 1479)에는 모든 수세 저화를 신저화를 전용하는 방침을 확정하였다.[150] 당대 시장과 상인들의 반발에도 불구하고, 저화 신조를 통해서 그 명목가치를 유지하면서 화권의 장악을 기도하였던 것이다. 그 결과 성종 20년(1489) 3월에는 司贍寺 소장의 新저화가 10만 1,078장, 舊저화가 372만 2,903장으로 파악되고 있었다.[151]

이 신조 저화 발행량은 당대 교환경제에 비추어 충분한 양이 아니었다. 때문에 이후 신조 저화 專用策이 펼쳐지면서 일시적으로 신저화의 求得難이 나타나고, 그 명목가치가 잠시나마 상승하기도 하였다.[152] 신조 저화의 발행량이 현저하게 부족하였고, 이에 따라 마련한 '舊저화의 踏印 後 行用'방침마저 경외에서 제대로 시행되지 못한 데 따른 일시적인 현상이었다.[153] 이에 조정에서는 踏印 없는 구저화의 통용 건의가 잇따랐고,[154] 결국 신저화의 발행 이후 시행하였던 踏印 없는 구저화의 不用 조처를 해제하고 그 전면 통용을 허용하기에 이른다.[155]

그러나 이로써 성종조 조정의 저화 보급과 이를 통한 화권장악의 시도가 성공하지는 못하였다. 官印받지 않고, 따라서 물론 납세의 절차도 거치지 않은 면포, 그것도 尺短麤布가 민간의 교환경제를 석권하는 가운데 성종 말년인 23년(1492) 11월경에는 "외방에서는

---

150) 《成宗實錄》 卷47, 成宗 5年 9月 辛未, 9冊, 147쪽.

151) 《成宗實錄》 卷226, 成宗 20年 3月 乙亥, 11冊, 457쪽.

152) 《成宗實錄》 卷225, 成宗 20年 2月 庚戌, 11冊, 448쪽 ; 《成宗實錄》 卷226, 成宗 20年 3月 乙亥, 11冊, 457쪽.

153) 《成宗實錄》 卷238, 成宗 21年 3月 丙寅, 11冊, 579쪽.

154) 《成宗實錄》 卷238, 成宗 21年 3月 丁巳, 11冊, 577쪽.

155) 주 153과 같음.

저화가 어떤 물건인지 알지도 못한다."156)는 한탄이 추포의 만연 실
태와 더불어 토로되었다. 성종조에 최종 정리된 《경국대전》 호전의
국폐 조항, 곧 저화와 포화의 겸용 규정은 이처럼 그 마련과 동시에
현실의 교환경제 通貨秩序와의 괴리를 노정하고 있었다.

16세기 중종조에 들어서서도 저화는 여전히 민간에서 통용되지
못하였다. 중종 7년(1512) 정월 朝講에서 당시 호조판서였던 特進
官 張順孫은 저화의 법이 《대전》에 실려 있음에도 불구하고 근래
專廢하여 불용하는 실태를 토로했다.157) 반면 추포의 유통은 연산
조 이후 더욱 확대되어, 중종 10년(1515) 6월에 이르면 조정에서 制
書有違律로 다스리는 추포 사용자 처벌 규정이 주로 朝夕의 마련
에 급급한 窮民에게만 적용되는 현실을 들어 그 완화를 주장하는
견해까지 제기되고 있었다.158) 추포는 이제 궁민으로 표현된 하층
농민적 교환경제의 통화 수단으로 경외에서 널리 통용되고 있었던
것이다.

이런 상황에서 그해(중종 10, 1515) 6월, 대사헌 權敏手와 사간
李荇 등은 上箚를 통해 麤布 대신 저화와 銅錢을 행용할 것을 건
의하고 나섰다. 저화가 근래 폐지되어 오직 면포만을 전용하는 실정
에서 추포가 국가의 巨弊가 되고 있다는 현실인식을 토대로 고려와
조선 국초의 錢貨 略史를 소개하며, 저화만이 아니라 세종조 이래
처음으로 동전의 행용을 주장하였던 것이다.159) 이렇게 시작된 중종
조의 첫 화폐논의는 6월 중순, 의정부와 육조, 한성부와 홍문관 등
조정의 주요 고위 대신들이 모인 자리에서 거듭 재론되었고, 크게

---

156) 《成宗實錄》 卷271, 成宗 23年 11月 甲戌, 12冊, 236쪽.
157) 《中宗實錄》 卷15, 中宗 7年 正月 丙寅, 14冊, 554쪽.
158) 《中宗實錄》 卷22, 中宗 10年 6月 己未, 15冊, 84쪽.
159) 《中宗實錄》 卷22, 中宗 10年 6月 癸亥, 15冊, 85쪽.

보아 추포의 금지를 공동 전제로 하여《경국대전》의 규정에 따른
포화와 저화의 겸용론 주장을 한 軸으로, 그리고 다른 한편에서는
저화·동전의 겸용론으로 나뉘어 전개되었다.160)

그달 말까지 계속된 논의 과정에서 국왕 중종은 두 견해 가운데
前者, 곧 현행《경국대전》국폐 규정을 준수하여 麤布를 금지하는
대신 포화와 함께 저화를 다시 통행시키는 방침을 지지하였고, 마침
내 중종조의 화폐논의는 기왕 국폐 규정의 준수·재확인으로 결정되
었다.161) 곧 '申明舊法'162)의 방침이었다. 이윽고 다음 달인 중종
10년(1515) 7월 조정은 총 8개조에 이르는 楮貨行用節目을 새로
마련하였고, 이를 통해 徵贖·決訟作紙·次知徵闕·藥材賣買 등에서
저화의 전용방침과, 惡布〔麤布〕의 禁斷 후 正綿布·楮貨의 병용 방
침 등을 천명하였다.163)

이처럼 중종 10년(1515) 6~7월에 걸쳐 마련된, 추포유통의 금지
를 전제로 저화·포화〔正綿布〕의 겸용을 규정한 중종 정부의 화폐정
책은 이후 실현되지 못하였다. 우선 추포의 금지는 그 定限期限의
촉박함과 이를 활용하는 窮民의 생계문제가 논란되면서 그 실시 시
기가 거듭하여 순연되었고,164) 이런 와중에서 동 17년(1522) 정월에
는 2승 면포의 통용이 보고될 정도로 惡布의 통용이 더욱 만연하여

---

160)《中宗實錄》卷22, 中宗 10年 6月 壬申, 15冊, 86~87쪽 ;《中宗實錄》卷22,
    中宗 10年 6月 癸亥, 15冊, 87~88쪽.
161)《中宗實錄》卷22, 中宗 10年 6月 乙亥, 15冊, 88쪽 ;《中宗實錄》卷22, 中宗
    10年 6月 庚辰, 15冊, 90쪽.
162)《中宗實錄》卷22, 中宗 10年 6月 辛巳, 15冊, 90쪽.
163)《中宗實錄》卷22, 中宗 10年 7月 甲午, 15冊, 93쪽.
164)《中宗實錄》卷22, 中宗 10年 8月 丙辰, 15冊, 96쪽 ;《中宗實錄》卷23, 中宗
    10年 11月 辛卯, 15冊, 120쪽 ;《中宗實錄》卷24, 中宗 11年 4月 壬戌, 15冊,
    156~157쪽 ;《中宗實錄》卷24, 中宗 11年 4月 甲子, 15冊, 158쪽.

갔다.165) 더욱이 이들 악포를 가장 많이 비축한 세력은 당대 부상대
고였으나,166) 이들은 국가의 禁令을 전혀 奉行하지 않으면서도167)
시중의 궁민들과는 달리 犯禁으로 처벌받는 자가 거의 없는 현실이
었다.168)

　　중종 10년 이후에도 저화의 통용은 조정의 의지와 달리 지지부
진을 면치 못했다. 경중에서 먼저 저화를 통용시킨 뒤 외방에서 행
용한다는 단계적 보급정책에도 불구하고169) 상인들과 일반 백성들
은 저화 사용을 기피하였으며,170) 심지어는 한성부·형조·사헌부에서
조차 徵贖 등에서 모두 저화 대신 면포를 수납하는 형편이었다.171)
동 11년(1516) 5월에 대사헌 趙元紀가 저화의 未行用에 대한 檢察
의 책임을 지고 辭職을 청원하였던 것도 이 때문이었다.172) 중종
정부의 정책 의지와 달리, 저화가 통용되지 않는 대신 추포가 통화
로서 시중의 일반적인 등가기준으로 기능하는, 이른바 "지금 시장에
서 통용되는 것은 모두 麤布뿐"173)이라는 형국은 이후 중종조 후반
기에도 별다른 변화 없이 계속되고 있었다.

　　《경국대전》의 국폐 규정 재천명과 저화 발행을 통한 貨權 장악의

---

165) 《中宗實錄》 卷43, 中宗 17年 正月 癸亥, 16冊, 94쪽.

166) 《中宗實錄》 卷49, 中宗 18年 9月 辛未, 16冊, 259쪽.

167) 《中宗實錄》 卷50, 中宗 19年 2月 辛酉, 16冊, 289쪽.

168) 《中宗實錄》 卷55, 中宗 20年 8月 乙巳, 16冊, 446~447쪽.

169) 《中宗實錄》 卷22, 中宗 10年 8月 丙辰, 15冊, 96쪽.

170) 《中宗實錄》 卷23, 中宗 10年 11月 辛卯, 15冊, 120쪽 ; 《中宗實錄》 卷25,
　　中宗 11年 5月 戊戌, 15冊, 173쪽.

171) 《中宗實錄》 卷25, 中宗 11年 5月 戊子, 15冊, 167쪽.

172) 《中宗實錄》 卷25, 中宗 11年 5月 庚寅, 15冊, 169쪽.

173) 《中宗實錄》 卷24, 中宗 11年 4月 壬戌, 15冊, 157쪽 ; 《中宗實錄》 卷24,
　　中宗 11年 4月 甲子, 15冊, 158쪽.

시도가 중종조에도 이처럼 거듭하여 실패로 돌아갔음에도 불구하고, 16세기에 들어서는 조정 관인들의 화폐인식에 이전과 다른 양상이 대두하고 있어 주목된다. 중종 10년(1515) 6월 대사헌 권민수와 사간 이행 등은 上箚의 내용에서 "역대 왕조에 모두 錢幣가 있었던 것은 물화를 유통시켜 백성들의 용도를 편리하게 하기 위함"이었음을 강조하며, 지금부터라도 《대전》에 실려 있는 저화의 행용을 통해서 '以通物貨', 곧 물화의 유통에 기여하자는 주장을 펼치고 있었다.174) 국폐의 보급을 국초와 같이 富國, 곧 화폐제조를 통한 국가재정의 보충과 화권의 장악이라는 관점에서 파악하기보다, 그를 통한 물화의 유통과 그로 말미암은 '便民'의 용도에 주목하는 화폐인식이었다.

이와 같은 인식은 그 며칠 뒤에도 조정 관인들에 의해 거듭하여 표명되었다. 저화 통용을 논의하는 같은 달의 조정 논의에서, 盧公弼은 동전의 주조에 반대하면서 저화 행용의 목적이 '以通物貨'에 있음을 거듭하여 강조하였다. 특히 이날 논의에서 저화만이 아니라 동전의 겸용을 주장한 尹珣 등은, 국초 이래 저화가 국가의 강력한 행용 의지에도 불구하고 통용되지 못한 배경을 두고 "국초에는 저화 1장의 가치가 錢 1貫에 준하였고, 그 후에는 정포 1필로, 그리고 다시 미 1승의 가치로 책정되었으니, 처음에는 저화의 가치가 너무 무거워(太重) 행용되지 못하였다면, 지금은 너무 가벼워(太輕) 통용되지 못한다."175)고 분석하였다.

당대 교환경제에서 저화가 유통되지 못한 가장 큰 이유가 국초이래 저화의 명목가치 설정 문제에 있었음을 지적한 이 견해 역시

---

174)《中宗實錄》卷22, 中宗 10年 6月 癸亥, 15冊, 85쪽.
175)《中宗實錄》卷22, 中宗 10年 6月 癸酉, 15冊, 87~88쪽.

國富의 수단과 화권장악을 위한 국폐의 기능과 역할보다는 민간 교환경제에서 화폐가 지녀야 할 효용, 즉 교환수단으로서의 기능에 유의하는 인식으로서, 이전까지 강조되거나 주목되지 않았던 새로운 화폐론의 한 모습이었다. 이처럼 화폐의 교환수단으로서의 역할을 강조하는 견해는 이후에도 이어져, 국초 이래 보급되었던 저화와 동전 등의 화폐가 모두 '貿遷之資', 곧 교환경제에서 효과적인 유통수단의 기능을 목표로 한 것이었음이 거듭해서 강조되었다.176)

민간 교환경제에서 만연하고 있던 추포 유통 속에서, 그 폐단을 방지하고 국폐의 행용을 통해서 화권을 장악하려는 조선 정부의 화폐인식은 16세기 중반 명종조에 이르러서도 마찬가지로 펼쳐지고 있었다. 명종 6년(1551) 5월 朝講 자리에서 지경연사 鄭世虎에 의해 처음 저화 행용에 대한 건의가 있은 이래,177) 그해 9월 헌부는 당시 민생의 곤궁이 흉년 때문만이 아니라, 국가에서 삼승포인 常木의 유통을 금지하고 5~6승포인 回俸木만을 허용하면서 薪蒭·魚鹽·菜果 등과 같은 작은 물화의 斗升 이하의 소액 거래가 불가능해진 탓이라고 당대 교환경제의 현실을 진단하면서, 상목을 포함하여 저화·동전의 유통방안에 대한 논의를 건의하고 나섰다.178) 정부의 추포 유통 금지조처로 인해 결국 5승 이상의 良布인 면포만 그 통용이 허용되면서 나타난 하층 교환경제의 거래 불능과 교란 사태를 계기로, 이들 영역에서 교환수단의 기능을 수행할 수 있는 화폐의 보급이 필요하다는 주장이었다.

같은 달 중순 영의정 沈連源, 좌의정 尙震, 이조판서 尹漑 등은

---

176)《中宗實錄》卷22, 中宗 10年 6月 庚辰, 15冊, 90쪽.
177)《明宗實錄》卷11, 明宗 6年 5月 乙未, 20冊, 25쪽.
178)《明宗實錄》卷12, 明宗 6年 9月 甲午, 20冊, 40쪽.

삼승포를 포함한 면포와 더불어 저화를 다시 통용시키자는 주장과
함께 6개항에 이르는 楮貨行用策을 제시하였다.[179] 성종조《경국
대전》의 국폐 규정을 다시 재천명한 주장이었고, 당시 국왕에 의해
수용되면서 경중은 10월 11일, 외방은 明年 정월 1일부터 저화를
강제 행용시킨다는 방침이 결정되었다.[180] 그러나 명종 정부의 저
화 행용방침에 대한 시중의 반응은 특히 시전상인을 중심으로 격렬
한 반대 일색이었다. 조정의 저화 행용방침 논의에 대해 5백~6백
명의 시전상인들이 대신들의 출근길을 가로막고 항의하기도 하였으
며,[181] 행용방침이 결정된 후에도 민간과 상인들의 반발은 끊이지
않았다.[182]

당시 시전상인들은 저화가 통용되면 외방의 미곡이 도성에 들어
오지 않아 도성의 穀物需給에 큰 지장이 초래된다는 점과, 저화를
이용한 官府의 抑買 사태를 우려하고 있었다.[183] 중종조 이전 여러
차례의 저화 통용 강행에 잇따랐던 시중의 문제들을 몸소 체험하고
있던 시전상인들에게, 특히 관부의 억매 사태는 심각한 우려 대상이
아닐 수 없었다. 국초 이래 조폐권의 장악을 통한 國富의 증진, 국
가재정의 補用 방안이 모두 이 같은 市廛抑買의 형식으로 실현되
고 있던 실정 아래에서 이들은 貨權의 국가장악에 결코 동의할 수
없었던 것이다.

---

179)《明宗實錄》卷12, 明宗 6年 9月 壬寅, 20冊, 41~42쪽.

180)《明宗實錄》卷12, 明宗 6年 9月 癸丑, 20冊, 45쪽 ;《明宗實錄》卷12, 明宗
6年 9月 甲寅, 20冊, 46쪽.

181)《明宗實錄》卷12, 明宗 6年 9月 癸丑, 20冊, 45쪽.

182)《明宗實錄》卷12, 明宗 6年 9月 甲寅·戊午, 20冊, 46쪽 ;《明宗實錄》卷12,
明宗 6年 10月 己未, 20冊, 47쪽.

183)《明宗實錄》卷12, 明宗 6年 11月 己酉, 20冊, 59쪽.

그런데 명종조의 화폐인식과 화폐논의에서 주목되는 현상은 銅錢流通論의 새로운 등장이었다. 물론 궁극적으로 채택되지는 못하였지만, 세종조 동전유통의 실패 이후 처음으로 집정 관인층과 더불어 시중의 상인들 가운데서 동전의 통용을 희망하는 사람들이 나타나고 있었던 것이다. 명종 6년(1551) 9월 헌부는 상목과 저화의 화폐로서의 장단점을 소개하면서, 동전에 대해서는 이를 반대하는 자가 거의 없고 "그 행용을 반기는 사람들이 열에 여덟이나 됨〔樂之者居十之八〕"을 거론하며, 이로써 화폐에 대한 시중의 物情을 알 수 있다고 보고하였다.[184] 이때 세종조와 마찬가지로 그 편리성은 인정하나 銅이 我國所産이 아니라는 등 공급 문제가 거론되며 결국 유통화폐로 다시 채택되지는 못하였으나,[185] 그해 11월 명종은 저화에 대한 백성들의 반발이 큰 상황에서 동이 비록 본국의 소산이 아니라 하더라도 백성들의 행용 희망에 따르는 것이 어떨지를 다시 대신에게 묻고 있다.[186]

아울러 同 8년(1553) 4월에도 중국 측의 사정에 밝은 漢學訓導 朴光侙이 상소를 통해 동전이 유통되면 국가에 이익이 되고 백성에게 편리할 것이라며, 다시 그 통용을 주청하고 나섰다.[187] 원료인 銅의 공급 문제 탓에 여전히 국가정책으로 채택되지는 못하였지만, 16세기에 들어 교환경제의 성장, 특히 장시로 대표되는 하층 농민적 교환경제의 발전에 따라, 집권 관인 내부와 시중에서 국가의 조폐권을 전제로 하면서도 물화의 유통에 편리한 교환수단으로서 동전 효용론이 새롭게 재등장하고 있었던 것이다.

---

184)《明宗實錄》卷12, 明宗 6年 9月 甲午, 20冊, 40쪽.
185)《明宗實錄》卷12, 明宗 6年 9月 壬寅, 20冊, 41~42쪽.
186)《明宗實錄》卷12, 明宗 6年 11月 壬寅, 20冊, 58쪽.
187)《明宗實錄》卷14, 明宗 8年 4月 乙巳, 20冊, 132쪽.

한편 조선 정부의 동전 유통론은 선조조 壬辰倭亂의 발발 이후
전혀 새로운 국면을 배경으로 다시 펼쳐졌다. 선조 31년(1598) 4월
조정은 참전 중인 明將 楊鎬의 鑄錢 건의를 둘러싸고 고심을 거듭
하고 있었다. 이때 經理 양호는 지금과 같은 재정의 枯渴 시기에
'通貨殖財之策'으로서 명나라의 萬曆通寶와 같은 동전의 주조와
보급을 강력하게 건의하였다.188) 이에 대해 국왕 선조가 시종일관
주전용 동의 부족을 이유로 부정적인 견해를 거듭 표명하는 가운
데,189) 호조에서는 한편으로 奴婢身貢·雜稅·百官散料·工匠口糧
등에서 동전 활용을 건의하기도 하였으나,190) 결국은 전란에 따른
銅 措備의 어려움과 그에 따른 동전유통의 곤란함을 들어 楊經理
를 설득하는 방향으로 결정되고 있었다.191)

선조조 동전유통을 둘러싼 화폐논의는 임란의 파탄을 수습하려는
여러 노력 가운데 다시 시작되어, 선조 36년(1603) 5월 夕講에서
특진관 成泳이 錢幣의 試用을 건의하면서 다시 재개되었다.192) 같
은 달 하순, 호조가 전후 국가재정과 민생이 모두 어려움에 처한 현
실에서 '裕民足國'의 방책이 절실하다는 견해를 피력하는 가운데,
좌상 尹承勳은 당대 조선이 貧國인 사정은 화폐 외에도 鹽·蔘과
같은 대소의 利柄, 곧 利權이 公家에 있지 않고 私家에 있기 때문
이라며 이의 국가 환수를 주청하고 나섰고, 여러 대신들 역시 이 자
리에서 錢貨의 유통에 찬성하는 입장을 개진했다.193) 전란으로 인

---

188)《宣祖實錄》卷99, 宣祖 31年 4月 丙辰, 23冊, 408쪽.
189) 위와 같음 ;《宣祖實錄》卷99, 宣祖 31年 4月 辛酉, 23冊, 409~410쪽.
190)《宣祖實錄》卷99, 宣祖 31年 4月 壬戌, 23冊, 410쪽.
191)《宣祖實錄》卷99, 宣祖 31年 4月 癸亥, 23冊, 411쪽.
192)《宣祖實錄》卷162, 宣祖 36年 5月 己巳, 24冊, 479쪽.
193)《宣祖實錄》卷162, 宣祖 36年 5月 戊寅, 24冊, 482~483쪽.

한 국가재정의 어려움을 배경으로, 국초 이래 화폐론의 중심에 있다가 15세기 후반 이후 교환경제의 성장과 더불어 후퇴하였던 '이권재상'에 근거한 造幣와 화폐 유통론이 이제 저화에서 동전으로 국폐의 종류를 달리하면서 다시 대두하고 있었던 것이다. 이에 국왕 선조는 그해 5월 말 行錢을 위한 事目의 마련과 동전행용 준비를 命하기에 이른다.[194]

그러나 이 선조 36년(1603)의 行錢 시도는 분분한 논의 끝에 중단되고 말았다. 동 6월 호조가 마련한 行錢事目을 둘러싸고 국왕의 명에 따라 궐내에 모인 2품 이상의 대신들은 각기 贊反으로 나뉘어 격론을 벌였다. 영상 李德馨을 비롯한 14인의 행전 찬성론자들은 '이권재상'이 실현된 연후에야 국가의 회계가 용도를 감당하고 兵餉이 갖추어질 수 있음을 거론하며 행전에 찬성하였으나, 좌상 윤승훈을 비롯한 17인은 그 취지에는 동감하면서도 주전용 銅 辦出의 현실적 어려움을 거론하며 행전 신중론을, 그리고 우상 柳永慶은 동이 我國所産이 아님을 근거로 행전에 극력 반대하였고, 결국 국왕 선조가 유영경의 견해를 따름으로써 또다시 행전 논의는 중단되고 말았다.[195]

이후 선조 39년(1606) 2월에 국가 경비의 板蕩으로 인해 명나라 사신의 支待物을 시전에게 강제 責辦시키는 현실에서, 다시 호조에 의해 生財의 한 방안으로 銀鑛 개발과 더불어 鑄錢論이 제기되기도 하였으나 국가정책으로 수용되지는 못하였다.[196] 요컨대 임진왜란 중과 그 후에, 국가재정 보충 방안의 하나로 또다시 국초의 '이권

---

194) 《宣祖實錄》 卷162, 宣祖 36年 5月 甲申, 24冊, 486쪽.
195) 《宣祖實錄》 卷163, 宣祖 36年 6月 己酉, 24冊, 496쪽 ; 《宣祖修正實錄》 卷37, 宣祖 36年 6月 丙戌, 25冊, 690쪽.
196) 《宣祖實錄》 卷196, 宣祖 39年 2月 辛亥, 25冊, 162쪽.

재상'론에 근거하는 行錢論이 16세기 중반 명종조 이래 교환경제의 성장에 의거한 동전 유통론의 형태로 제기되었으나, 주전용 동의 확보가 여의치 않은 조건 속에서 채택되지 못하였던 것이다.

이상에서 살펴본 바와 같이, 조선전기에는 조폐권의 국가장악을 전제로 하는 '이권재상'에 근거한 집권국가의 화폐론과 화폐정책이 저화와 동전의 보급 실패에서 보듯이 국초 이래 거듭하여 실패하고 있었다. 그러나 이 같은 國幣 보급의 좌절에도 불구하고, 현실의 교환경제에서는 고려후기 이후 5승 麻布에 기초한 通貨秩序가 수립된 이래 국초의 棉作 보급에 힘입어 이제 綿布에 기초한 布貨經濟의 기반이 점차 확대되고 있었다.

15세기 후반 성종조 이후, 특히 16세기에 들어 본격화한 교환경제의 성장과 그에 따른 場市와 麤布의 전국적 확산은 결국 이 시기 화폐의 유통이 '麤布經濟'라는 새로운 화폐경제 단계에 진입하였음을 의미하는 것이었다.197) 나아가 16세기 중종·명종조에 들어 조정에 등장하였던 교환수단으로서의 국폐의 필요성에 대한 주목과 동전 유통에 대한 지지의 확산 추세는, 따라서 주전 원료인 銅의 공급 문제가 해결되면 언제든지 국가정책과 민간의 교환경제 모두에서 銅錢이 유통될 수 있는 화폐유통의 기반이 그만큼 확대되고 있었음을 잘 보여 주는 것이기도 하였다.

---

197) 조선전기 布貨의 유통과 그에 근거한 화폐경제의 단계 구분에 대해서는 朴平植, 앞의 〈朝鮮前期의 麤布流通과 貨幣經濟〉 참조.

# 5. 結 語

　고려말기의 화폐문제와 그 수습방안의 연장에서 추진된 조선전기의 화폐인식 및 화폐론을 이 시기에 펼쳐진 화폐정책을 배경으로 하여 정리하면 이상과 같다. 이제 그 내용을 요약하여 정리하면서 조선전기 화폐론의 추이와 그 성격을 吟味하는 것으로 本稿를 맺고자 한다.

　화폐의 발행을 통해 국가재정을 보충하고 민생의 편리함을 도모한다는 화폐인식은 유교 전래의 고유한 화폐론이었고, 고려조의 화폐정책 또한 이 같은 차원에서 펼쳐졌다. 성종조의 鐵錢 주조에 이어 숙종이 銅錢과 銀甁의 보급에 나섰지만, 동전은 이내 교환경제에서 퇴출되고 은병만이 이후 유통되고 있었다. 그러나 이렇게 시중에 통용되고 있던 은병은 元 간섭기 이후 전개된 특권세력·대상인 중심의 대외무역 발달과 국내 抑賣買의 성행 추세 속에서 화폐로서의 지위가 크게 흔들리게 되었다. 국가적으로 은병에 대한 銅의 和鑄가 증대하는 한편, 함량 미달의 은병이 대량 盜鑄됨으로써 은병의 명목가치가 지속적으로 하락하여 이제는 '銅甁'으로 지칭될 정도였던 것이다. 사정이 이러하자 舊來의 칭량화폐였던 碎銀이 널리 유통되었으나, 그마저 和銅의 추세를 피하지 못하였다. 충혜왕대 小銀甁의 제조와 보급은 이 같은 추세 속에서 조폐권의 국가 장악을 통해서 국가재정을 보충하고 화폐 주도권을 국가가 다시 확보하려는 노력이었으나, 실패하고 말았다. 이처럼 은병과 쇄은의 가치 하락에 따라 通貨로서의 지위가 흔들리는 한편에서는 일찍부터 민간에서 교환수단으로 널리 활용되어 오던 각종 布貨, 그중에서도 五綜(升)布가 통화로서의 기능이 강화되면서 민간 교환경제와 국가재정의 운용에서 모두 基準通貨로 널리 통용되고 있었다.

고려후기, 특히 원 간섭기 이후 펼쳐진 이와 같은 화폐유통의 현실에서, 이제 조폐권의 국가 回收를 통한 국가재정의 보충과 화폐제 更新은 시급한 국정의 과제가 되고 있었다. 14세기 중반 충목왕대 李穀이 출제한 科擧의 策問에서 고려 화폐제의 개혁방안을 물은 것이 그러한 노력의 시작이었다. 이후 공민왕 5년(1356) 도당에서는 銀錢의 발행과 官印 오승포의 겸용 방안을 통해서 국가가 화권을 독점하고 이를 통해 경제운용 전반을 통괄하여야 한다는 '貨權在上'의 이념을 처음으로 구체화하였다. 한편 고려 최말기인 공양왕 3년 (1391) 개혁파 관인 房士良은 국폐로서 楮貨와 銅錢을 겸용하면서 민간 통용 오승포를 전면 금지시키는 '利權在上', '務本抑末'論에 근거한 강력한 국가주도 화폐정책을 제기하며, 고려의 舊특권세력·대상인 등의 경제기반 약화를 도모하기도 하였다. 화폐문제를 둘러싼 이 같은 분분한 논쟁 끝에 그해 7월에는 도평의사사에 의해 楮貨의 신규 발행과 민간 오승포의 겸용을 내용으로 하는 고려 최후의 화폐제 갱신안이 제기되어 저화의 印造에도 착수하였으나, 이듬해 중단되고 말았다.

조선 왕조의 개창 이후 국초 태종조에 펼쳐진 화폐정책은 民間 布貨의 통용을 일절 금지하고 국가발행 楮貨만을 본위화폐로 유통시켜 국가가 철저하게 貨權을 장악하는 방안이었다. 그 화폐인식에서는 저화의 보급을 통한 國富의 증진과 국가재정 보충이 우선 강조되었지만, 태종조에 '화권'은 이제 '利權'으로 새롭게 관념되면서 '利權在上', '務本抑末'論에 기초한 집권국가의 화폐제 운용, 상업편제, 국가경제 운용의 핵심 기제로서 의미가 확대·심화되고 있었다. 이 '이권재상'론은 화폐나 상품유통과 관련한 이익을 최종적으로는 국가 군주가 장악하고, 이를 국가 전체의 公益을 고려하여 운용하여야 한다는 관념이었다. 따라서 '이권재상'론은 당대 경제정책의 또 다른 이념이었던 '무본억말'론과 짝하여 신생 국가의 경제를 본업인 농업 위주로 편제하여 민인들을 안착시키고, 화폐제 개혁을 통해 대상인 등이 주도하였던 국내외 교역활동을 국가에서 통제하고 관장하려는 정책론이기도 하였다. 그러나 태종조 두 차례에 걸친 저화 보급정책은 실패하고 말았다. 여기에는 태종 정부의 일관된 화폐정책의 부재, 교환경제의 미성숙 등의 배경도 작용하였으나, 고액의 명목가치를 갖는 저화만 있고 소액화폐가 없는 이른바 "有重無輕"의 저화유통 상황에서 빚어진 결과이기도 하였다. 소액화폐로서 銅錢의 유통론은 이러한 상황을 배경으로 출현하였다.

　세종조의 화폐정책과 화폐인식은 국초 이래 추진된 집권국가의 체제를 정비하는 방향에서 태종조의 그것을 충실하게 계승하며 마련되었다. 이윽고 세종 7년(1425), 정부는 '朝鮮通寶'라는 동전을 소액화폐로 주조·보급하고, 여기에 태종조 이래의 저화를 고액권으로 겸용하여 유통시키기에 이른다. '이권재상', '무본억말'에 기초한 집권적 국가 질서를 경제 영역에서 貨權의 장악을 통해 실현하되 동전의 보급을 통해 민간 하층의 교환경제까지도 장악·통제하려는, 일층 진전된 집권국가의 정책 방향이었다. 그러나 세종조의 동전 보급정책 역시 민간 상업계의 반발 분위기에 鑄錢用 銅의 부족이 심각하게 문제 되면서 실패하고 말았다. 결국 국초 태종~세종조에 대두한 화폐인식과 그에 따른 저화·동전 보급정책의 실패는 고려후기 이래 전개되어 오던 민간 布貨經濟의 성숙을 '이권재상'에 근거한 국가정책의 集權性이 관장해 내지 못하는 상황을 보여 주는 것이었다. 또한 이러한 국가권력에 맞서 商權과 資産의 변동을 초래할 國幣 발행을 저지하고 포화에 근거한 기왕의 경제구조를 유지할 수 있었던 조선 상업계 내의 유통 체계와 상인층의 존재를 증명하는 것이기도 하였다.

세종 27년(1445) 저화의 復用 방침이 다시 채택되었으나, 민간
교환경제에서는 布貨의 유통, 특히 棉作의 확산에 따른 綿布 유통
이 점점 더 그 기반을 넓혀 가고 있었다. 마침내 세조 4년(1458) 조
정은 화폐정책에서 저화와 함께 포화의 통용을 公認하기에 이르렀
고, 이윽고 세조조에 편찬된《經國大典》에는 오승포, 삼승포, 저화
로 구성된 三等 國幣가 규정되었다. 그 후 布幣에는 '朝鮮通幣'의
官印과 '20分의 1稅' 수납 규정이 추가되었고, 이것이 성종조《경국
대전》에 正布·常布와 더불어 저화를 국폐로 설정한 최종 형태로 정
리되었다. 官印 포화의 국폐 인정과 저화를 통해 이권을 관장하겠다
는 화폐정책의 방향이었고, 이는 '利權在國'을 표방하며 화폐의 운
용을 통해 국가·군주 위주의 집권적 국가 질서의 수립을 표방하였
던 국왕 세조의 화폐론〈泉布論〉을 통해서도 다시금 확인된다. 이
런 가운데 15세기 후반 이후 조선 상업계는 도성과 외방 모두에서
교환경제의 성장을 노정하고 있었다. 성종초 시전구역의 확대와 재
편, 場市의 등장과 확산 등에서 확인되는 민간 교환경제의 발달과,
방납·대납 등에서 조성된 부세수납을 둘러싼 유통경제의 성장은 이
제 교환경제의 현실에서 저화의 완전한 퇴조와 함께, 기준통화로서
5승 면포와 이를 斷割한 尺短布, 특히 '單織 三綜布'와 같은 소액
화폐로서 麤布의 광범한 유통 사태를 야기하였다. 교환경제에서 국
폐 저화가 실질적으로 퇴출된 상황에서 尺短麤布의 일반적 유통은
'이권재상'의 화폐인식, 화폐정책론에 비추어 국가의 貨權喪失이라
는 측면에서 큰 문제가 아닐 수 없었다.

성종 5년(1474)의 新楮貨 제조와 보급, 중종 10년(1515)에 전개
된 저화의 재보급과 동전유통 논의, 그리고 명종 6년(1551)에 거듭
하여 다시 논란된 저화 復用과 동전유통 건의는, 따라서 15세기 후
반 이후 특히 16세기에 들어 더욱 진전되고 있던 교환경제의 성장

추세 속에서 貨權의 재장악을 통해 '무본억말', '이권재상'에 기초한
집권국가의 경제 질서를 다시 정립하고자 하는 시도였다. 그러나 逐
末風潮가 성행하고 抑末政策이 퇴조하고 있던 현실에서, 이상과 같
은 화권의 국가장악 시도가 성공할 수는 없었다. 더욱이 중종조 이
후에는 그 화폐론조차 국폐의 발행을 통해서 國富를 도모하고 국가
재정을 보완한다는 화폐인식보다는, 민간 교환경제의 불편 해소와
교환수단으로서 화폐의 효용성에 화폐통용 논의의 초점이 맞추어지
고 있었다. 그리하여 주전용 銅의 확보 문제로 세종조 이래 오랫동
안 거론되지 않았던 동전의 유통논의가 일반 백성과 상인들의 지지
속에서 집권 관인들 사이에서 다시 대두하였다. 이 동전 유통론은
이후 임진왜란이라는 미증유의 국가위기, 특히 재정의 파탄 속에서
'이권재상'을 통한 국가재정의 보충이 다시금 강조되면서, 저화를 배
제하고 唯一한 국가발행 가능 화폐로서 그 지위를 확립해 갔다.

요컨대 국초 이래 조선전기에는 집권국가의 '화권재상'의 화폐론
이 그 정책에서 제대로 구현되지 못하는 가운데, 15세기 후반 이후
특히 16세기에 들어 당대 '麤布經濟'의 현실이 보여 주듯이 화폐유
통의 기반이 점차 확대되었다. 몇몇 여건의 조성 여하에 따라서는
국가와 민간의 교환경제가 모두 동의하는 國幣로서의 銅錢이 언제
든지 유통될 수 있는 역사적 조건이 점차 갖추어져 갔던 것이다.

# 朝鮮初期의 貨幣政策과 布貨流通

## 1. 序 言

조선전기, 국가에서 公定한 화폐 곧 國幣는 楮貨와 布貨였고,
이는 《經國大典》의 규정이기도 하였다. 그러나 저화는 국초 이래
국가의 지속적인 보급 노력에도 불구하고 실제 교환경제의 현장에
서 일찍부터 그 교환가치가 폭락하면서 화폐로서의 기능을 상실한
상황이었기 때문에, 이 시기 민간에서 일반적인 等價基準과 교환수
단으로 널리 유통된 것은 물품화폐인 포화, 그중에서도 麻布와 綿
布였다.[1]

그러므로 이제까지 우리나라 貨幣史에서 조선전기는, 銅錢과
銀瓶 등이 제조·통용되었던 고려시기와 常平通寶라는 금속화폐가
전국적으로 유통된 조선후기 사이에 개재된, '포화'라는 물품화폐의
전형적인 유통시기로 규정되어 왔다. 나아가 이 같은 조선전기 화

---

1) 李鍾英, 〈朝鮮初 貨幣制의 變遷〉, 《人文科學》 7, 1962〔《朝鮮前期社會經濟史研
   究》(혜안, 2003)에 수록〕; 金柄夏, 〈李朝前期의 貨幣流通－布貨流通을 中心으로〉,
   《慶熙史學》 2, 1970 ; 須川英德, 〈朝鮮時代の貨幣〉, 《歷史學研究》 711, 1998.

폐사에 대한 파악은 이 시기 상업사를 또한 자급자족의 自然經濟
단계로 이해하여 왔던 종래의 역사인식 체계에 부응하는 것이기도
하였다. 곧 자급과 물물교환에 기초하는 자연경제 단계에 조응하여
펼쳐진 물품화폐의 통용기라는 성격 규정이었다.[2]

　본 연구는 조선전기에 일반적인 등가기준과 교환수단으로서 국가
재정과 민간의 교환경제 영역에서 공히 유통되고 있었던 布貨의 화
폐로서의 성격을 규명하고, 이를 바탕으로 이 시기 화폐경제의 단계
를 再설정해 보려는 작업의 一端이다. 이를 위해 본고에서는 우선
시기를 국초로 제한하여 당시 통용되고 있던 포화의 다양한 유형을
그 用例를 통해 구분하여 정리하고, 이를 바탕으로 태종·세종조 국
가의 저화·동전 유통정책에도 불구하고 여전히 교환경제의 현장에
서 일반적인 基準通貨로서 통용되고 있던 각종 포화의 실체를 밝혀
보고자 한다. 이를 통해 국초 정부의 강력한 저화와 동전 보급정책
에도 불구하고 여전히 고려말 이래 포화가 기준통화로서 유통될 수

---

2) 국초 태종·세종조의 저화와 동전 보급실패의 배경에 대하여, 기왕의 연구자들은
　세세한 이견이 있으나 대체로 이 시기 교환경제의 미숙성에서 그 주요 원인을 찾
　는다. 다음은 앞의 주 1의 논문과 더불어 그 대표적인 논고들이다.
　　李能植, 〈麗末鮮初의 貨幣制度(一)〉,《震檀學報》16, 1949 ; 權仁赫, 〈朝鮮
　初期 貨幣流通 硏究-特히 太宗代 楮貨를 中心으로〉,《歷史敎育》32, 1982
　〔《조선시대 화폐유통과 사회경제》(경인문화사, 2011)에 수록〕; 田壽炳, 〈朝鮮 太宗
　代의 貨幣政策-楮貨流通을 中心으로〉,《韓國史硏究》40, 1983 ; 유현재, 〈조선
　초기 화폐 유통의 과정과 그 성격-저화 유통을 중심으로〉,《朝鮮時代史學報》49, 2
　009 ; 宮原兎一, 〈朝鮮初期의 楮貨について〉,《東洋史學論集》3, 1954 ; 須川
　英德, 〈朝鮮前期の貨幣發行とその論理〉, 《錢貨-前近代日本の貨幣と國家》,
　靑木書店, 2001.
　　다만 유현재는 위 논문에서 화폐의 단선적인 발전을 전제로 한 기왕의 논리들을
　비판하면서, 저화와 동전을 이 시기 교환경제에서 유통되었던 여러 화폐 중의 하
　나로서 국가적 필요성에서 보급되었다가 실패한 화폐로 규정하고 있다.

있었던 배경에 대한 해명과 더불어, 15세기 후반 이후, 특히 16세기에 들어 본격 전개된 이른바 '麤布經濟'[3]의 역사적 前提로서 이 시기 교환경제의 현실에 대한 화폐사 차원의 究明이 가능할 것이기 때문이다.

## 2. 國初의 流通布貨와 用例區分

고려후기 사회에서는 특히 元 간섭기 이후 숙종조 이래 국가정책으로 추진되었던 고려왕조의 화폐보급정책이 銅錢에 이어 銀甁 부문에서도 和鑄와 盜鑄가 만연하고 교환가치가 하락하면서 그 기조가 무너져 가자, 이제 민간의 교환경제 영역만이 아니라 국가의 부세체계에서도 새로이 五升麻布가 정량화되는 형태를 보이면서 기준통화의 역할을 수행하고 있었다.[4] 일찍이 문종조부터 '平布' 또는 '貢平布'의 형태로 포화가 납세수단으로 규정되면서 규격화가 진행되어 일반적 等價物로 활용되기 시작하였고,[5] 이윽고 충혜왕 원년 (1331)에 이르러서는 이처럼 정량화된 일반적 등가물로서 '五升 (綜) 布'의 사용 용례가 처음 《高麗史》에 등장했던 것이다.[6]

---

3) 조선전기 '麤布經濟'의 실체와 그 의미에 대해서는 朴平植, 〈朝鮮前期의 麤布 流通과 貨幣經濟〉, 《歷史學報》 234, 2017(本書 Ⅱ부 제3논문) 참조.

4) 이경록, 〈高麗時代 銀幣制度의 展開過程〉, 《泰東古典研究》 17, 2000 ; 須川 英德, 〈高麗末から朝鮮初における貨幣論の展開 － 專制國家の財政運用と楮貨〉, 武田幸男 編, 《朝鮮社會の史的展開と東アジア》, 山川出版社, 1997.

5) 須川英德, 앞의 〈高麗末から朝鮮初における貨幣論の展開〉, 371~373쪽.

6) 《高麗史》 卷79, 志33, 食貨2, 貨幣, 忠惠王 元年 4月, 中冊, 737쪽.
　　각종 布貨의 규격을 나타내는 '升'은 '綜'으로도 표기되며, 1승은 80올의 날실 이후 14세기 중반 공민왕 5년(1356) 9월 諫官들의 헌의에 따르면, 이 같은 추세는 은병이 교환경제의 현장에서 배척되는 세태 속에서 近古 이래 碎銀이 은병을 대체하는 稱量貨幣로 활용되는 한편, "이제 오승포가 이를 보조하여 통행되고 있다."[7]고 묘사되었다. 마침내 고려 최말기인 공양왕 3년(1391) 7월, 도평의사사는 당대의 화폐 사정을 두고 "동전과 은병이 모두 폐지되어 통행되지 않는 형편에서 오로지 五綜布만이 화폐로서 專用되고 있다."[8]고 표현하였다. 이처럼 고려 최말기, 5승 마포는 여타의 고려조 금속화폐들이 통용에 실패한 상황에서 이제 국가의 부세체계와 민간 교환경제 모두에서 유일한 교환수단이자 등가기준으로 기능하면서 기준통화의 기능을 수행하고 있었다.

아울러 이 같은 고려후기에서 최말기에 이르는 기간의 오승포 확산과 통용의 실태는, 동 시기 고려의 사회경제, 특히 상업 부문에서 대외무역의 熾盛과 사치 풍조의 만연 등을 통해 확인되는 귀족적 상층 교환경제의 발달 추세의 한편으로[9] 농민적 하층 교환경제 역시 꾸준히 성장해 가고 있었음을 교환수단과 화폐경제의 측면에서 잘 보여 주고 있다. 앞서 인용한 공민왕 5년(1356) 9월 都堂의 화

---

로 구성된다. 따라서 오승(종)포는 4백 올의 날실로 짜인 布物을 의미하며, 이 升數가 높을수록 細布가 된다. 이에 대한 자세한 내용은 다음 논고 참조.

周藤吉之, 〈高麗末期より朝鮮初期に至る織物業の發達〉, 《社會經濟史學》 12-3, 1942 ; 澤村東平, 《朝鮮棉作綿業の生成と發展》, 朝鮮纖維協會, 1941.

7) 《高麗史》 卷79, 志33, 食貨2, 貨幣, 恭愍王 5年 9月, 中冊, 737쪽.

8) 《高麗史》 卷79, 志33, 食貨2, 貨幣, 恭讓王 3年 7月, 中冊, 739쪽.
"銅錢銀瓶 俱廢不行 遂專用五綜布爲貨."

9) 朴平植, 〈高麗末期의 商業問題와 抹弊論議〉, 《歷史敎育》 68, 1998(《朝鮮前期商業史研究》(지식산업사, 1999)에 수록) ; 朴平植, 〈高麗後期의 開京商業〉, 《國史館論叢》 96, 2002.

폐제 논의 가운데, 당시 일각에서 은병의 復用을 주장하자 간관들은 "은병은 무게가 1斤이고 그 가치가 1백여 필에 이르는 반면 지금 민가에서는 1필의 布를 축적하고 있는 집안도 드문 현실인데, 만약 은병을 복용하게 되면 백성들이 어찌 貿易을 할 수 있겠느냐?"며 반대하고 있었다.10)

요컨대 은병과 쇄은 등이 고액화폐로서 주로 상층 귀족층 중심의 교환경제에서 통용되는 현실에서, 오승포의 유통을 금지하게 되면 농민층 중심의 하층 교환경제가 크게 타격을 입을 것을 우려한 판단 이었다. 때문에 이들은 당대 화폐문제 抹弊의 방안으로 고액화폐로 서 銀錢의 주조 보급과 동시에 소액의 기준화폐로서 오승포의 並用 을 건의하였다.11) 이 시기 부세체계와 민간의 교환경제에서 일반적 인 등가기준과 교환수단으로 대두하여 널리 통용되고 있던 오승포의 보급이, 바로 고려후기에 펼쳐진 피지배 하층 농민층 교환경제의 성 장 추세와 그 軌를 같이 하는 것이었음을 잘 보여 주는 분석이라 하겠다.

고려후기 이래 국가재정과 피지배 하층을 포함한 민간 교환경제 에서 오승포가 널리 통용되고 있던 실정은 조선 왕조 개창 직후에 도 마찬가지였다. 예컨대 태조 원년(1392) 9월에 규정된 度牒價,12) 동 4년(1395) 4월 국왕의 檜巖寺 下賜布,13) 동 7년(1398) 6월 형 조에서 개정한 奴婢價14) 등에 한결같이 오승포가 활용되고 있었던 것이다. 여말선초 이 같은 등가기준 교환수단으로서 오승포의 통용

---

10) 주 7과 같음.

11) 위와 같음.

12) 《太祖實錄》卷2, 太祖 元年 9月 壬寅, 1冊, 31쪽.

13) 《太祖實錄》卷7, 太祖 4年 4月 庚辰, 1冊, 77쪽.

14) 《太祖實錄》卷14, 太祖 7年 6月 壬戌, 1冊, 128쪽.

실정에 대하여는 당대의 관인들도 널리 인지하여 오던 바였다.

태종 3년(1403) 8월 사헌부는 삼국에서 前朝에 이르는 시기에
모두 마포인 오승포를 화폐로 삼아 백성들이 이를 편하게 여겼음을
언급하였으며,15) 세종 20년(1438) 2월에도 화폐문제를 논의하는 조
정에서 李堅基 등은 국초 이래 조선에서 고려의 舊習에 따라 오종
(승)포를 통용하여 왔으나 아직까지 그 폐단이 없었음을 강조하였
다.16) 신왕조 개창을 전후한 대변혁의 와중에도 국가재정과 민간의
교환경제에서는 전조 고려에 이어 5승 마포가 일반적인 등가기준과
교환수단으로 널리 통용되고 있었던 것이다.

이처럼 국초 오승포가 국가재정과 민간의 교환경제에서 모두 등
가기준·교환수단으로 기능하고 있었기에, 이 오승포는 이제 사용가
치를 지닌 물품보다는 그 교환가치에 주목하여 일반적으로 '布貨'17)
또는 '布幣'18)로 지칭되었다. 다시 말해 布의 형태를 가졌지만 '貨'
와 '幣', 곧 '貨幣'로서 인식되면서 실제 민간에서 그렇게 통칭되었
던 것이다. 그중 특히 세종 4년(1422) 12월의 "우리나라는 예부터

---

15) 《太宗實錄》卷6, 太宗 3年 8月 乙亥, 1冊, 275쪽.
　　물론 오승포가 일반적 교환수단으로 널리 유통되기 시작한 시기는 앞서 살펴본 바
　　와 같이 고려후기 이후부터이다. 따라서 그 사용 시기를 삼국시기까지 거슬러 언
　　급한 상기 진술은 당대 관인들의 잘못된 파악이다.
16) 《世宗實錄》卷80, 世宗 20年 2月 戊辰, 4冊, 131쪽.
17) 《太宗實錄》卷2, 太宗 元年 10月 丙子, 1冊, 215쪽 ; 《世宗實錄》卷5, 世宗
　　元年 8月 甲戌, 2冊, 329쪽 ; 《世宗實錄》卷27, 世宗 7年 2月 戊午, 2冊, 654쪽 ;
　　《世宗實錄》卷80, 世宗 20年 2月 戊辰, 4冊, 131쪽 ; 《世宗實錄》卷110, 世宗
　　27年 12月 壬子, 4冊, 647쪽.
18) 《太宗實錄》卷29, 太宗 15年 6月 辛巳, 2冊, 70쪽 ; 《世宗實錄》卷18, 世宗
　　4年 10月 庚子, 2冊, 509쪽 ; 《世宗實錄》卷18, 世宗 4年 12月 丁亥, 2冊, 514쪽 ;
　　《世宗實錄》卷28, 世宗 7年 4月 癸丑, 2冊, 664쪽 ; 《世宗實錄》卷110, 世宗
　　27年 10月 壬子, 4冊, 640쪽.

布幣를 사용하여 왔다."[19]는 표현이나, 동 27년(1445) 10월 "우리나라에서 포폐를 專用하여 온 것은 그 유래가 매우 오래다."[20]는 언급에서 등장하는 '포폐'는, 물품으로서 布物이 아닌 교환수단인 화폐로서 오승포의 성격을 더욱 명확하게 보여 주는 지칭이다.

물론 고려조와 마찬가지로, 국초에 이처럼 通貨로서 유통된 포화, 포폐가 마포인 오승포에 국한된 것은 아니었다. 고려말에서 조선초기에 이르는 이 시기 우리나라 직물업은 전래의 絹織物, 麻織物 생산 외에도 木縣의 도입과 함께 새로이 綿織物 생산이 발달하면서 일층 다채로워졌다.[21] 그리하여 전세와 공물의 형태로 正布·綿布·綿紬·苧布 등의 포물 외에도 綿子나 綿花 등이 국가의 부세체계 운용과정에서 유통되고 있었다.[22] 15세기 중반 세조 4년(1458) 11월 저화와 더불어 이들 포폐를 國幣로서 처음 공인할 때도 국폐로 승인된 포는 紬布·저포·면포·오승포〔常布〕 등이었다.[23] 이후 성종 16년(1485)에 완성된《經國大典》에서도 田稅布를 각기 주포·면포·저포·정포 등으로 규정하고 있었다.[24]

이처럼 고려시기 이래 마포 외에도 주포·저포 등이 널리 유통되고, 여기에 공민왕대 처음 전래된 木縣이 그 재배에 성공하고 이후 棉作 지역이 확대되어 가면서 면포의 유통과 보급 또한 확산되고 있었다. 그러나 그중에서도 이 시기 국가의 부세체계나 민간 교환

---

19)《世宗實錄》卷18, 世宗 4年 12月 丁亥, 2冊, 514쪽.

20)《世宗實錄》卷110, 世宗 27年 10月 壬子, 4冊, 640쪽.

21) 周藤吉之, 앞의〈高麗末期より朝鮮初期に至る織物業の發達〉; 澤村東平, 앞의《朝鮮棉作綿業の生成と發展》.

22) 周藤吉之, 앞의〈高麗末期より朝鮮初期に至る織物業の發達〉.

23)《世祖實錄》卷14, 世祖 4年 11月 戊戌, 7冊, 301쪽 ;《世祖實錄》卷14, 世祖 4年 12月 甲戌, 7冊, 305쪽.

24)《經國大典》戶典, 徭賦.

경제의 현장에서 가장 일반적인 등가기준이자 교환수단인 화폐, 곧 通貨로서 널리 통용되고 있던 포폐는 마포였다. 다른 布貨의 호칭은 모두 '紬'나 '苧', 또는 '綿'과 같이 그 素材 포물의 명칭을 부기하였던 반면, 마포는 마찬가지 방식으로 '麻布'로 부르기도 하였지만25) 보다 일반적으로는 '正布', '五升布', '常布' 등으로 호칭하였다. 다른 포화와 달리 마포가 여러 포화 중에서도 대표적인 포폐의 기능을 수행하면서 국가재정이나 민간 상업에서 공히 유통되고 있던 형편에서 유래한 명칭이었던 것이다.

이와 같이 조선초기 국가재정과 민간 교환경제의 현장에서 일반적인 등가기준과 교환수단인 화폐로서 널리 통용되고 있던 布幣는 여러 포화 중에서도 특히 마포였고, 여기에 새롭게 면포의 유통이 점차 확대되는 추세였다. 그런데 이 시기 화폐로서 이들 포폐를 지칭하는 용어가 매우 다양하였고, 또 시기에 따라 그 用例나 의미가 달라지는 경우가 있어 조선전기 포화유통이나 포화의 화폐기능을 분석하고 정리하는 데 있어 매우 유의되는 바가 많다. 예컨대 '正布', '正五升布', '常布', '常五升布', '五升布', '五綜布', '麤布' 등의 용례를 그 실체와 속성에 대한 명확한 구분과 해명 없이 사용할 경우, 이 시기 교환경제·화폐경제의 실제를 제대로 파악할 수 없을 뿐 아니라 그 의미의 분석 또한 제한적일 수 있는 것이다. 따라서 아래에서는 우선 이들 일반적인 通用布幣들의 명칭을 그 用例로서 구분하여 정리하고, 이를 기반으로 조선초기 포폐 중심 화폐유통의 실태에 접근하여 보고자 한다.

먼저 正布는 15세기 후반에는 "正布則出於農夫田稅"26)라는 표

---

25) 《太宗實錄》 卷3, 太宗 2年 2月 丁卯, 1冊, 225쪽 ; 《太宗實錄》 卷6, 太宗 3年 8月 乙亥, 1冊, 275쪽.

현에서 보듯이 농부인 일반 백성들이 田稅로서 국가에 납부하는 麻布를 지칭하는 이른바 '田稅布子'였다. 성종 2년(1471)에는 그 규격이 길이가 35尺에 그 양단에 靑絲로써 着標한 양식으로 직조하여 상납하도록 규정된 포화였음이 확인된다.[27] 이후 이 정포를 포함한 전세포의 규격은 성종 16년(1485) 《경국대전》에서는 그 길이를 35척으로, 그리고 그 升數는 해당 貢案에서 규정하는 것으로 마련되어 있었다.[28] 아마도 오승포에 길이가 35척인 규격이었을 것이다.[29]

그러나 《경국대전》 반포 직후인 성종 21년(1490) 7월, 국왕은 諸道 관찰사들에게 내린 교지를 통해서, 당시 田稅正布가 본래 오승포로 규정되어 있음에도 관리들이 통상 육승포로 濫收하여 백성들이 고통받는 실태를 지적하며 그 근절을 지시했다.[30] 요컨대 15세기 후반 성종조에는 정포의 규격이 오승포 35척의 길이였음에도 불구하고, 실제 수세의 과정에서는 곧잘 육승포나 길이가 더 긴 포화가 징수되는 실정이었던 것이다.

그렇다면 국초의 正布 규격은 어떠하였을까? 우선 태종 16년(1416) 8월 정포는 당시 '正五升布'로도 불렸음이 확인된다. 조정에서 "'정오승포' 한 필의 가격이 얼마나 되느냐?"는 국왕의 질의에 대해 판서 黃喜가 鈔, 곧 저화 5장이라고 답하자, 태종이 당시 심혈을

---

26) 《成宗實錄》卷196, 成宗 17年 10月 戊寅, 11冊, 147쪽.
27) 《成宗實錄》卷10, 成宗 2年 5月 丁酉, 8冊, 573쪽.
28) 《經國大典》戶典, 徭賦.
29) 성종 23년(1492)의 《大典續錄》에서 당시 모든 公私行用의 면포 규격을 설정하여, 5升 35尺에 폭 7寸 이상의 포로 규정하였던 것도 이 시기 정포의 규격을 확인하는 데 참고된다(《大典續錄》戶典, 雜令).
30) 《成宗實錄》卷242, 成宗 21年 7月 癸丑, 11冊, 611쪽.

기울여 보급을 추진하고 있던 저화가의 안정을 위해 '정포' 1만 필
로 시중 저화 5만 장의 回收 의사를 밝혔던 것이다.³¹⁾ 여기에서 확
인되듯이 '정포'는 곧 '정오승포'였다. 국초 전세포로서 정포는 오승
포였기에 정오승포라고도 지칭되었던 것이다.

이 같은 사정은 세종 7년(1425)에 완성된 《慶尙道地理志》에서
속현을 포함하여 총 111개 군현의 貢賦條에 나타나는 '정오승포'가
단종 2년(1452)에 편찬된 《世宗實錄地理志》의 경상도 厥賦條에는
그냥 '정포'로 표기되어 있던 실정이나, 또는 위 《세종실록지리지》의
각 道 田稅 표기에서 여타의 포화와 함께 거론된 麻布를 경기·충
청도에서는 '정오승포'로 기재한 반면, 경상·강원도에서는 이를 다시
'정포'로 표기하고 있는 데서도 거듭 확인된다.³²⁾

한편 국초 이 5승 마포의 길이 규격은 35척이었다. 이는 태종 원
년(1401) 4월 대사헌 柳觀 등의 상소,³³⁾ 동 15년(1415) 6월 知申
事 柳思訥의 제안,³⁴⁾ 세종 2년(1420) 11월 前 교수관 李潤 등이
올린 便宜事目 내용³⁵⁾ 등에서 거듭하여 확인되고 있다. 따라서 세
조조에 국폐의 하나로 저화와 더불어 여러 포화를 공인할 때, 정포
를 포함한 이들 布幣 1필의 길이는 35척으로 규정되었다.³⁶⁾ 요컨대
국초 정포, 곧 정오승포는 오승포로서 35척의 길이로 규정된 田稅
麻布가 법적인 규격이었으나, 앞서 살펴본 바와 같이 실제 전세나

---

31) 《太宗實錄》 卷32, 太宗 16年 8月 辛巳, 2冊, 132쪽.
32) 《慶尙道地理志》와 《世宗實錄地理志》, 慶尙道 부분 참조. 모두 《全國地理志》
   1卷(亞細亞文化社, 1983)에 수록.
33) 《太宗實錄》 卷1, 太宗 元年 4月 丁丑, 1冊, 202쪽.
34) 《太宗實錄》 卷29, 太宗 15年 6月 丙子, 2冊, 69쪽.
35) 《世宗實錄》 卷10, 世宗 2年 11月 己巳, 2冊, 414쪽.
36) 《世祖實錄》 卷23, 世祖 7年 2月 戊寅, 7冊, 447쪽.

貢賦의 수납과정에서 육승포 또는 35척 이상의 규격이 백성들에게
자주 강제되고 있었던 것이다.

다음으로 국초 정포와 더불어 가장 널리 화폐로 통용되고 있던
'常布'는 어떤 포화였을까? 먼저 상포는 정포 또는 정오승포와 분명
하게 구분되는 마포였다. 태종 7년(1407) 8월 국왕은 世子의 親朝
길을 수행하는 完山君 李天祐와 우정승 李茂에게 米 1백 석과 함
께 정포와 상포 각 1백 필씩을 하사하였다.[37] 세조 4년(1458) 12월
통용이 허용된 국폐로서의 포화 종류에 주포·면포·정포와 더불어
상포가 거론되었다.[38] 이를 통해 볼 때, 정포와 상포는 분명 서로
다른 마포였다. 또한 태종 원년(1401) 4월 대사헌 유관 등이 저화
대신 '布幣'의 사용을 건의하면서 올린 상소에서도 상포가 정오승포
와는 다른 마포였음이 거듭 확인된다.[39]

국초의 이 시기, 상포는 마포로서 오승포를 지칭하였다. 태조 7년
(1398) 4월 刑曹典書의 건의를 받아들인 국왕은,《明律》의 贖錢
규정을 원용하여 적용할 때, 중국의 錢 1貫을 조선의 '常布' 5필로
환산해 오던 관례를 바꾸어 이를 상포 15필로 조정하였다.[40] 그런
데 이 환산 규정은 태종 2년(1402) 9월에는 錢 1관당 '오승포' 15
필로 다시 확인되고,[41] 또한 동 6년(1406) 3월에는 明 錢 1관을 조
선의 '오승포' 10필로 재조정하는 방침이 확정되었다.[42] 상포가 곧
오승포였음이 거듭 확인되는 셈이다.

---

37)《太宗實錄》卷14, 太宗 7年 8月 己丑, 1冊, 409쪽.
38)《世祖實錄》卷14, 世祖 4年 12月 甲戌, 7冊, 305쪽.
39)《太宗實錄》卷1, 太宗 元年 4月 丁丑, 1冊, 202쪽.
40)《太祖實錄》卷13, 太祖 7年 4月 丁酉, 1冊, 120쪽.
41)《太宗實錄》卷4, 太宗 2年 9月 癸未, 1冊, 244쪽.
42)《太宗實錄》卷11, 太宗 6年 3月 丁酉, 1冊, 351쪽.

아울러 세조 4년(1458) 11월 저화와 더불어 국폐로 통용이 허용
되는 포화를 열거한 자료에서 이를 주포·면포·정포와 '오승포'로 기
록한 반면,[43] 그 다음 달의 다른 자료에서는 이를 주포·면포·정포
와 '상포'로 나열하고 있다.[44] 이 시기 오승포가 곧 상포였음이 다
시금 확인되는 것이다. 나아가 고려후기와 마찬가지로[45] 상포인 이
오승포는 국초에 또한 '五綜布'로 부르기도 하였다.[46]

이처럼 국초에 상포는 바로 오승(종)포였고, 따라서 '常用五升
布',[47] 곧 상용하는 오승포라는 의미에서 보다 일반적으로는 '常五
升布'로 달리 부르고 있었다. 태종 2년(1402) 5월 조정은 楮貨專用
방침을 전국에서 강행하면서 기왕의 민간 通貨 수단으로서 오승포
에 대한 특단의 금지조처를 강구하였는데, 같은 기사에서 이 오승포
는 '상오승포'로도 병기되었다.[48] 이어 동왕 10년(1410) 10월에도
조정은 다시금 저화 보급을 추진하면서 상오승포에 대한 사용금지에
나섰는데, 같은 자료에서 '상오승포'는 또한 '오승포'로도 섞여 표기
되었다.[49] 요컨대 국초의 시기에 상포는 5승 마포로서 그 길이가

---

43) 《世祖實錄》卷14, 世祖 4年 11月 戊戌, 7冊, 301쪽.
　"遂傳旨戶曹曰 楮幣之法 不能通行 有無乖於民情 今後紬布綿布正布與五升
　布楮幣等雜貨 隨其情願 貿易有無."
44) 《世祖實錄》卷14, 世祖 4年 12月 甲戌, 7冊, 305쪽.
　"刑曹啓 曾奉傳旨 楮幣之法 不通有無 乖於民情 今後紬布綿布正布與常布
　楮貨等 隨其情願 以通貿易."
45) 《高麗史》卷79, 志33, 食貨2, 貨幣, 忠惠王 元年 4月, 中冊, 737쪽 ; 《高麗
　史》卷79, 志33, 食貨2, 貨幣, 恭讓王 3年 7月, 中冊, 739쪽.
46) 《太宗實錄》卷3, 太宗 2年 3月 庚寅, 1冊, 227쪽 ; 《世宗實錄》卷30, 世宗
　7年 10月 辛巳, 2冊, 696쪽 ; 《世宗實錄》卷80, 世宗 20年 2月 戊辰, 4冊, 131쪽.
47) 《太祖實錄》卷14, 太祖 7年 閏5月 辛丑, 1冊, 126쪽.
48) 《太宗實錄》卷3, 太宗 2年 5月 丙午, 1冊, 234쪽.
49) 《太宗實錄》卷20, 太宗 10年 10月 甲午, 1冊, 566쪽.

35척의 규격이었고,50) '상오승포', '오승포', '오종포' 등으로도 각기 異稱되고 있었던 것이다.

때문에 국초에 오종(승)포는 곧 정포가 아니었으며,51) 승수가 같은 5승 마포임에도 불구하고 상오승포와 정오승포는 같은 포화가 아니었다. 세종 3년(1421) 9월, 예조의 건의에 따라 기왕에 '상오승포'로 만들었던 表箋의 겉을 싸는 黃紅色袱을 '정오승포'로 교체시킨 조처는52) 상포인 상오승포와 정포인 정오승포가 5승의 동일한 마포임에도 불구하고 다른 포화였던 실정과 더불어, 그 의미상 後者인 정포가 前者 상포보다 좀 더 옷감으로서 細品이었던 당대의 형편을 잘 보여 주고 있다 하겠다. 이 시기 정포가 주로 田稅布나 貢賦의 형태로 공급이 이루어지면서 그 품질과 규격이 官의 인증을 거친 好品이었던 것과 달리, 상포는 오승포임에도 불구하고 민간의 교환경제에서 교환수단으로 공급되어 유통됨으로써 상대적으로 麤惡하거나 그 규격이 공증의 절차를 거치지 않았던 사정에서 비롯한 결과였다.53)

이상과 같이 국초에 正布가 곧 정오승포인 마포였고, 常布가 상

---

50) 상포가 길이가 정포의 그것과 마찬가지로 35척이었던 사정은, 앞서 살펴본 태종 15년(1415) 6월 우리나라에서 통용되는 포필의 尺數가 35척이라고 언급한 지신사 유사눌의 발언(주 34와 같음), 세조 7년(1461) 2월 국폐로서 幣布 1필의 길이를 35척으로 규정한 조처(주 36과 같음) 등에서 그 근거를 확인할 수 있다.

51) 《世宗實錄》卷30, 世宗 7年 10月 辛巳, 2冊, 696쪽.

52) 《世宗實錄》卷13, 世宗 3年 9月 丁卯, 2冊, 450쪽.

53) 15세기 전반 이처럼 正布와 常布가 각기 정오승포와 상오승포의 麻布를 지칭하였던 것과 달리, 16세기에 들면 이제 정포는 正綿布, 곧 5승 면포를 가리키기도 하고(《中宗實錄》卷23, 中宗 10年 11月 辛卯, 15冊, 120쪽), 상포는 常木綿, 다시 말해 3승 면포를 異稱하는 표현으로 일반적으로 사용되고 있어(《中宗實錄》卷31, 中宗 12年 12月 丁卯, 15冊, 371~372쪽 ; 《中宗實錄》卷34, 中宗 13年 11月 甲辰, 15冊, 489쪽) 그 이해에 신중이 요구된다.

오승포, 오승포, 오종포 등으로도 달리 부른 마포였다면, 이 시기 자료상에 또한 자주 등장하는 이른바 '麤布'의 실체는 무엇이었을까? 일단 이 용례가 처음 등장하는 고려전기의 자료에서, 麤布는 어느 특정한 升數나 규격의 포화를 지칭하는 용어라기보다 '細布'의 개념과 대비하여 사용되는, 통상의 교환수단으로서 마포를 가리키는 표현이었다.54) 그러나 오승포가 일반적인 등가기준이나 교환수단이 되었던 고려 최말기에 접어들면, 추포는 바로 이 5승 마포를 지칭하여서도 사용되기 시작하였다.55) 그리고 조선 왕조 개창 직후에 사용된 '麤布'의 개념은 고려조의 이 두 가지 개념과 용례를 그대로 이어가면서 활용되고 있었다.

먼저 細布와 대비되는 포화를 지칭하는 일반적인 개념으로서 국초 麤布의 용례를 살펴보면 다음과 같다. 즉 세종 원년(1419) 10월 公私奴婢의 신공포를 일러 '추포 1~2단'으로 지칭한 사례,56) 이듬해 11월 강원도의 예전 神稅布를 두고 '추포 10여 척'이라고 표현한 사례,57) 이 시기 대중국 또는 대일본 무역과 관련하여 활용된

---

54) 《高麗史》 卷79, 志33, 食貨2, 貨幣, 穆宗 5年 7月, 中冊, 736쪽 ; 《高麗史》 卷79, 志33, 食貨2, 貨幣 市估, 顯宗 5年 6月, 中冊, 739쪽.

55) 《高麗史》 卷79, 志33, 食貨2, 貨幣, 恭讓王 3年 3月, 中冊, 738쪽.
　　공양왕 3년 기사에 등장하는 이 麤布가 당대 일반적인 기준통화로 활용되던 5승 마포로 추정되는 점에 대하여는 朴平植, 〈朝鮮前期의 貨幣論〉, 《歷史敎育》 118, 2011(本書 Ⅱ부 제1논문) 주 42 참조. 한편 고려말기에는 이 같은 5승 마포로서 추포 외에도 '麻縷日麤', '布縷麤疎' 같은 표현에서 보듯이 포로 사용할 수 없는 2~3승 마포까지 일부에서 유통되고 있었다(《高麗史》 卷79, 志33, 食貨2, 貨幣, 恭愍王 5年 9月, 中冊, 738쪽 ; 《高麗史》 卷79, 志33, 食貨2, 貨幣, 恭讓王 3年 7月, 中冊, 739쪽 ; 《太宗實錄》 卷6, 太宗 3年 8月 乙亥, 1冊, 275쪽).

56) 《世宗實錄》 卷5, 世宗 元年 10月 乙未, 2冊, 342쪽.
　　이 시기 노비의 신공포는 정오승포로 수납하였다(《世宗實錄》 卷28, 世宗 7年 6月 壬子, 2冊, 673쪽). 그러므로 이 추포는 정포를 가리키는 표현이었다.

포화나 回賜布를 '추포'로 지칭한 사례,[58] 그리고 세종 12년(1430) 7월 京中의 자손이나 친족이 없는 70세 이상 노인에게 秋節衣로서 특별히 지급한 제용감 '추포'[59] 등의 용례가 여기에 해당한다고 판단된다. 다시 말해 특정한 승수나 규격의 포화를 가리키는 개념이 아니라, '세포'에 대비되는 형태로서 통상 사용되는 포화를 포괄하여 일러 표현한 형태가 이들 용례의 추포였던 것이다.

그러나 조선초기에 사용된 '麤布'가 가리키는 보다 일반적인 용례는 바로 常布, 곧 상오승포를 지칭하는 개념이었다. 태종 2년 (1402) 2월 국왕의 저화 보급정책에 반대하고 있던 사헌부는, 당시 백성들이 국가의 저화정책에도 불구하고 저화를 사용하지 않고 舊習에 따라 '喜用麤布'하던 실정을 근거로 예전과 같이 추포의 통용을 건의하였다.[60] 《實錄》에서 확인되는 첫 추포 용례인 이 기사에서 의미하는 추포는, 따라서 고려후기를 거쳐 국초인 이 시기에 국가재정이나 민간 교환경제의 현장에서 일반적인 通貨로서 여전히 유통되고 있던 5승 마포를 가리키는 개념이었다. 이는 동왕 10년 (1410) 5월 국초의 화폐사정을 두고 "前朝의 末弊에 젖어 지금 추포를 그대로 사용하고 있으니 未便함이 매우 심하다."[61]는 의정부의 啓文에서 거듭 그 실체가 확인되고 있다 하겠다.

국초의 추포가 일상의 통행화폐인 상포, 곧 상오승포 내지 오승포를 가리키고 있는 용례는 다음 자료에서 더욱 분명하게 확인된다.

---

57)《世宗實錄》卷10, 世宗 2年 11月 己巳, 2冊, 414쪽.

58)《世宗實錄》卷13, 世宗 3年 10月 己亥, 2冊, 456쪽 ;《世宗實錄》卷58, 世宗 14年 11月 癸未, 3冊, 428쪽 ;《世宗實錄》卷66, 世宗 16年 10月 甲子, 3冊, 597쪽.

59)《世宗實錄》卷49, 世宗 12年 7月 甲辰, 3冊, 244쪽.

60)《太宗實錄》卷3, 太宗 2年 2月 丁卯, 1冊, 225쪽.

61)《太宗實錄》卷19, 太宗 10年 5月 辛巳, 1冊, 550쪽.

태종 10년(1410) 7월 조정은 저화의 2차 보급을 추진하면서, 호조
의 건의에 따라 임시 방침으로 麤布의 통용도 허용하고 있었다.[62]
그런데 석 달 후인 그해 10월 조정은 다시 저화의 專用 방침을 확
정하면서 민간의 상오승포 禁用令을 내렸는데, 당시《실록》의 史臣
은 이제까지 저화와 함께 통용이 허용되어 왔던 이 포화를 두고 '오
승포'였다고 표현하였다.[63] 그 뒤 5년이 지난 태종 15년(1415) 6월
判書 代言 등 조정의 관인들 역시, 동왕 10년 당시 저화와 더불어
잠시 통용이 허용되었던 포화를 마찬가지로 '오승포'로 지칭하고 있
었다.[64]

이처럼 국초 추포는 곧 상포를 대표 명칭으로 하여 함께 불렀던
상오승포나 오승포를 일컫는 또 다른 명칭이었다. 다시 말해 국초
추포는 당대 일상의 行用布貨로서 국가재정이나 민간 교환경제에서
일반적인 통화로 유통되었던 常用의 5승 마포를 가리키는 용례로
사용되는 것이 보편적이었던 것이다.[65] 때문에 추포는 상포로서, 정
포와 구분하여 사용되는 것이 일반이었다. 태종 8년(1408) 정월 太
上王이 자신의 병세에 차도가 있음을 치하하여 담당 醫員 楊弘迪
과 平原海에게 麤布 5백 필을 賞으로 하사하자, 당시 국왕은 이들

---

62) 《太宗實錄》卷20, 太宗 10年 7月 丙寅, 1冊, 556쪽.
"復楮貨通行之法…戶曹啓請 與麤布通行 許之."
63) 《太宗實錄》卷20, 太宗 10年 10月 甲午, 1冊, 566쪽.
"禁用常五升布…先是 令五升布與楮貨通行 於是民間不用楮貨 全用布 物價
湧貴 乃下是令."
64) 《太宗實錄》卷29, 太宗 15年 6月 壬午, 2冊, 70쪽.
65) 국초에 이처럼 일상의 통행화폐로서 상포인 5승 마포를 지칭하였던 추포의 개
념은, 면포의 보급이 일반화하면서 15세기 후반 이후 특히 16세기에 들어 '升麤尺
短'의 綿布를 가리키는 표현으로 그 용례가 완전히 바뀌게 된다. 이에 대한 자세
한 내용은 朴平植, 앞의 〈朝鮮前期의 麤布流通과 貨幣經濟〉 참조.

에게 正布 2백 필을 추가로 하사하였다.66)

추포와 정포는 이 자료에서 보듯이 별개의 포화였고, 결국 국초의 추포는 위에서 언급한 바와 같이 상포로서 5승 마포였음이 다시 한 번 확인된다. 일찍이 태조 7년(1398) 윤5월 대사헌 成石璘의 표현처럼, 常用의 오승포인 상포가 "重而難輸 麤而不用"67)한 포화, 곧 무거워서 운반이 어렵고 麤疎해서 實用할 수 없는, 密織하지 않은 마포였기에 이 시기에 추포로도 지칭되고 있었던 것이다.

그러면 이상에서 살펴본 조선초기 流通布貨들의 상호 比價는 어떠하였을까? 먼저 국가재정과 민간 교환경제에서 주축의 通貨 기능을 수행하고 있던 正布와 常布의 比價를 살펴보자. 세종 19년(1437) 2월 당대 布貨位田의 田結 면적 조정 논의의 와중에, 국초에는 정포 1필의 가격이 오종포 4필에 상당하였음이 거론되고 있다.68) 일찍이 태종 7년(1407) 정월, 혁파한 寺社奴婢의 신공을 상정하면서 奴婢相婚者의 경우 정오승포 각 1필을 납부하게 하였던 노비신공 규정이69) 이듬해 8월에는 奴子의 경우 추포 5필, 婢子의 경우 4필로 제안되고 있음을 보면,70) 국초 정포 1필은 오종포나 추포, 곧 상포 4~5필에 상당하였음을 확인할 수 있다 하겠다.

그러나 정포와 상포 사이의 이 같은 比價는 세종조를 전후하여 점차 '1 : 2' 수준으로 조정되어 간 것으로 보인다. 세종 18년(1436) 윤6월 의정부 참찬 河演은 田稅布價와 민간의 포가가 '1 : 3' 수준으로 책정되는 현실을 거론하면서 전세포가의 과다함을 지적하고,

66)《太宗實錄》卷15, 太宗 8年 正月 己卯, 1冊, 429쪽.
67)《太祖實錄》卷14, 太祖 7年 閏5月 辛丑, 1冊, 126쪽.
68)《世宗實錄》卷76, 世宗 19年 2月 己巳, 4冊, 53쪽.
69)《太宗實錄》卷13, 太宗 7年 正月 丁卯, 1冊, 382쪽.
70)《太宗實錄》卷16, 太宗 8年 8月 癸卯, 1冊, 448쪽.

이를 '1 : 2' 수준으로 조정할 것을 건의하였다.[71] 이는 당시 시중에서 전세포〔정포〕와 민간포〔상포〕의 비가가 통상 '1 : 2'로 형성되는 실정을 전제로, 국가의 부세체계 역시 이 같은 市價에 따를 것을 주장한 요구였다. 그 뒤 세조 7년(1461) 2월에 이르면 國幣로서 布幣의 공인과 收稅 규정을 마련하면서 정포와 상포의 비가는 '1 : 2'로 확정되고 있었고,[72] 이는 성종 16년(1485)의《경국대전》호전, 국폐조에도 그대로 계승되어 수록되었다.[73]

한편 고려말 이래 보급이 시작된 綿布와 正布의 比價 역시 국초에는 '1 : 3'에서 '1 : 2' 수준으로 형성되고 있었다. 태종 15년(1415) 6월 지신사 유사눌의 布帛稅 시행을 위한 鑄錢 건의 내용을 분석하여 보면, 이 시기 木綿 1필의 가격은 정오승포 3필에 상당하였음을 확인할 수 있다.[74] 이후 세종 12년(1430) 2월 호조는 官鹽 판매가의 조정을 요구하면서, 지금 市價로 면포 1필이 정포 2필에 준하며 이는 京外가 모두 그렇다고 밝히고 있었다.[75] 세종조의 면포 대 정포의 이 같은 '1 : 2' 비가는 동왕 18년(1436) 7월과 29년(1447) 정월에도 마찬가지로 확인되며,[76] 그 뒤 성종 4년(1473) 8월과 중종 37년(1542) 7월에도 동일한 비가가 나타나는 것으로 보아[77] 국초만이 아니라 조선전기 내내 유지되었던 것으로 생각된다.

---

71)《世宗實錄》卷73, 世宗 18年 閏6月 甲申, 4冊, 18쪽.

72)《世祖實錄》卷23, 世祖 7年 2月 戊寅, 7冊, 447쪽.

73)《經國大典》戶典, 國幣.

74)《太宗實錄》卷29, 太宗 15年 6月 丙子, 2冊, 69쪽.

75)《世宗實錄》卷47, 世宗 12年 2月 乙亥, 3冊, 215쪽.

76)《世宗實錄》卷74, 世宗 18年 7月 甲寅, 4冊, 24쪽 ;《世宗實錄》卷115, 世宗 29年 正月 癸酉, 5冊, 1~2쪽.

77)《成宗實錄》卷33, 成宗 4年 8月 丙子, 9冊, 54쪽 ;《中宗實錄》卷98, 中宗 37年 7月 甲子, 18冊, 600쪽.

그렇다면 조선초기 '면포 : 정포 : 상포'의 比價는 국초의 일부 시기를 거치고 나면서 대체로 '1 : 2 : 4'로 조정되었고, 이것이 15세기 후반 《경국대전》의 성립기를 거치면서 이후에도 대체로 유지되었던 셈이다. 아울러 세종 29년(1447) 정월에 확인되는 綿紬 대 면포의 비가 '1 : 1.5'와, 면주 대 정포의 비가 '1 : 3' 또한 참고된다.[78] 그리고 이를 반영하여 조선초기 여러 布貨들의 比價 관계를 다시 정돈하여 보면, '면주 : 면포 : 정포 : 상포'의 비가가 '1 : 1.5 : 3 : 6'이었음을 확인할 수 있겠다.

결국 이를 통해 더 이상 銀幣가 유통되지 않는 현실에서[79] 조선초기 일상의 통용포화들 중에서 綿紬[紬布]와 면포가 상대적으로 고액의 通貨로 기능하였고, 정포와 상포, 특히 5승 마포였던 상포가 포화로서 米와 더불어 일반 백성들의 소액 거래가 이루어지는 교환경제에서 주축 통화로 유통되었던 실정을 확인할 수 있다 하겠다. 이제 이와 같은 국초 유통포화의 실체와 용례구분에 대한 논의를 기반으로 태종조의 구체적인 포화유통 상황에 접근하여 보기로 한다.


## 3. 太宗朝의 楮貨普及과 布貨流通


조선 왕조 개창 직후, 새로운 국가의 국정운영을 둘러싼 정치적 갈등이 극단으로 표출된 王子의 亂을 수습하며 즉위하였던 태종은,

---

78) 《世宗實錄》卷115, 世宗 29年 正月 癸酉, 5冊, 1~2쪽.

79) 국초 조선 정부는 對明 進獻 문제와 관련하여 민간의 金銀流通을 전면 금지하였고, 태종 8년(1408)에는 銀瓶도 폐지하여 그 통용을 중단시켰다(《增補文獻備考》卷160, 財用考7, 金銀銅).

18년여의 재위기간 동안 총 세 차례에 걸쳐 國幣의 도입을 시도한
군주였다. 즉위 직후 원년(1401) 4월부터 추진하다 3년(1403) 9월에
중단하고 다시 동 10년(1410) 7월부터 재추진하였던 두 차례의 楮
貨 보급정책과, 저화 통용이 실패하는 와중에 동 15년(1415) 6월에
일시 모색하였던 銅錢 주조와 통용시도가 바로 그것이었다.[80]

　이와 같이 태종조에 펼쳐진 저화 보급 시도는 고려말 이래 강조
된 造幣權의 국가독점을 의미하는 '貨權在上'의 화폐인식이 이제
'利權在上'의 이념, 곧 貨權을 장악하여 화폐나 상품유통에 관련한
利權에 국가·군주가 적극 간여하여 최종으로 파악·관리함으로써 상
업과 경제 전반을 公共의 이익 차원에서 운용하여야 한다는 경제이
념에 따른 것이었다.[81] 태종 3년(1403) 8월, "국초의 혼란을 수습하
여 政兵의 권한을 摠括한 국왕 태종이 이제 利權의 不行을 염려하
여 여러 대신들과 논의하고 중국의 사례를 참고하여 시행한 제도가
바로 저화제"[82]였다고 한 사헌부의 상소 내용은 이 같은 사정을 잘
정리하여 보여 주고 있었다.

　이처럼 태종조의 저화 보급정책은 단순히 조폐권인 貨權의 장악
을 통한 국가재정의 補塡에 그 목적이 그치지 않았다. 국폐로서 저
화의 채택과 보급 과정은 단순히 화폐제 차원만의 문제가 아니었다.
농업중심 경제구조의 安着과 이를 위한 末業 분야의 관장과 통제
라는 보다 심원한 정책 목표, 곧 '務本抑末', '利權在上'의 실현이
라는 경제정책의 이념에 따라 집권국가가 추진하는 것이었다. 다시
말해 국초 新都인 한양 市廛의 체계적 정비와 舊都 개성 시전의

---

80) 태종조 저화 보급정책의 구체적인 始末에 대해서는 앞의 주 1, 2의 諸 논고,
　　특히 李鍾英, 權仁赫, 田壽炳의 논문에 자세하다.

81) 朴平植, 앞의 〈朝鮮前期의 貨幣論〉.

82) 《太宗實錄》 卷6, 太宗 3年 8月 乙亥, 1冊, 275쪽.

재편, 행상을 비롯한 상인층에 대한 파악과 課稅, 특히 고려말의 성황과 대비되는 국초 대외무역에 대한 철저한 관장과 엄격한 사무역 통제정책 등으로 모색하고 있던 집권국가 조선 왕조의 일관된 경제정책과 상업정책에 따라 채택·구현되었던 것이 태종조의 國幣 저화 보급정책이었던 것이다.[83]

따라서 태종조의 저화 보급은 조폐권의 유일한 국가장악을 전제로 하고, 제1·2차 보급 과정에서 고려후기 이래 유통되고 있던 각종 포화, 특히 通貨로서 오승포의 사용금지와 楮貨專用을 모두 공통되게 표방하며 전개되었다.[84] 그러나 조선 정부의 이 저화 전용 시도는 처음부터 난관에 봉착하였다. 태종 원년(1401) 10월 보급용 저화를 조폐 중이던 司贍署의 폐지를 주장하는 상소를 올리면서, 사헌부는 아직 저화가 민간에 보급되지 않았음에도 불구하고, "우리나라는 예부터 저화를 쓰지 않고 포화를 익히 통용하여 왔기에 사람마다 저화를 싫어할 것"[85]이라고 예상하고 있었다.

또한 당일 국왕의 부름에 응하였던 掌令 朴翔 역시, 저화법을 시행하려면 오승포를 금지하여야 할 터인데, 우리나라 백성들이 소중하게 여기는 것은 米布뿐이며, 더욱이 포화를 금지하기 위해 경상도와 전라도의 貢布를 모두 米로 대납시키게 되면 그로 인한 백성들의 폐단이 이보다 큰 것이 없을 것이라며, 장차 저화 보급에 대한

---

83) 이 시기 조선 왕조가 추구하였던 경제정책, 상업정책의 이념과 그 실제에 대하여는 다음 논고 참조.

朴平植, 《朝鮮前期商業史研究》, 지식산업사, 1999 ; 朴平植, 《朝鮮前期 交換經濟와 商人 研究》, 지식산업사, 2009 ; 須川英德, 〈朝鮮初期における經濟構想〉, 《東洋史研究》 58卷 4號, 2000.

84) 주 80, 81의 논고 참조.

85) 《太宗實錄》 卷2, 太宗 元年 10月 丙子, 1册, 215쪽.

부정적인 전망을 처음부터 피력하였다.86)

저화 보급에 대한 사헌부의 부정적인 예상은 실제 태종 2년
(1402) 저화의 민간보급 이후 사실로 확인되기 시작하였다. 그해 2
월《실록》의 史臣은, 저화유통을 위해 정부가 豊儲倉 米 외에 추가
로 경상·전라도의 미 3천 석을 放賣하였음에도 저화의 유통이 원활
치 않자 사헌부가 다시 사섬서의 폐지를 주청한 사실을 전하면서,
당시 백성들의 정서가 舊習에 익숙하여 시중에서 저화를 사용하지
않고 여전히 麗布, 곧 오승포를 즐겨 사용하는 형편임을 밝혔다.87)
두 달 뒤인 그해(태종 2, 1402) 4월에 京外에서 오승포의 사용금지
를 5월 1일과 15일로 각각 날짜를 정하여 확정하였던 것도, 또한
시중의 상인들이 정부의 의도와 달리 저화를 행용하지 않기 때문이
었다.88)

이후 저화 전용을 위해 오승포 사용금지와 포화 사용자에 대한
엄격한 처벌규정과 시중 오승포에 대한 각종 還收 방안이 마련되어
갔음에도 불구하고89) 결국 태종 2년(1402) 9월 저화와 상오승포의
兼用이 다시 허용되면서 저화 전용방침은 후퇴하고 있었다.90) 이윽
고 다음 해인 태종 3년(1403) 8~9월에는 조정 신료들의 거듭되는
저화 통용건의를 국왕이 거듭 물리치고, 마침내 저화 주관 부서인
사섬서마저 폐지함으로써 태종 정부의 제1차 저화 보급 노력은 실
패하고 말았다.91)

---

86) 위와 같음.
87)《太宗實錄》卷3, 太宗 2年 2月 丁卯, 1冊, 225쪽.
88)《太宗實錄》卷3, 太宗 2年 4月 辛未, 1冊, 232쪽.
89)《太宗實錄》卷3, 太宗 2年 5月 壬寅·丙午, 1冊, 234쪽 ;《太宗實錄》卷3,
　　太宗 2年 6月 壬戌, 1冊, 237쪽.
90)《太宗實錄》卷4, 太宗 2年 9月 甲辰, 1冊, 247쪽.

한편 태종 10년(1410) 5월 의정부의 건의와 논의를 거쳐 그해 7월 복구된 楮貨通行法은, 1차 보급 시도 때와 마찬가지로 常布의 금지를 전제로 저화의 전용을 표방하고, 동시에 저화의 兌換保證을 위한 和賣所 설치, 잉여 국고물자의 放賣, 각종 稅貢과 贖錢의 저화 징수정책 등과 함께 기왕에 유통 중인 상포, 추포에 대한 엄격한 단속과 사용자 처벌 방침을 동반하며 국폐 저화의 통용을 더욱 치밀하게 강행하는 방안이었다.[92] 그러나 국왕 태종의 강력한 의지를 바탕으로 추진된 제2차 저화 보급 시도 또한, 태종 12년(1412) 6월 도성의 斗升 이하 米穀 거래에서 저화 이외 雜物의 사용이 허용되고,[93] 나아가 동 15년(1415) 정월에는 贖罪收納 규정을 제외하고 외방의 민간무역에서 포화의 사용이 허용됨으로써 실질적으로 실패하고 말았다.[94]

이 태종조 제2차 보급 시도에서도 저화 전용의 실패는 일찍부터 예견되고 있었다. 태종 10년(1410) 9월 그 재보급 초기부터 市井의 무리들은 서로 이르기를 "지난 壬午年(태종 2, 1402)의 저화 보급 시도도 실패하였으므로 이번의 저화 專用令 또한 믿을 바 없다."면서 시중의 거래에서 저화의 사용을 일상 기피하고 있었다.[95] 그해 10월 상오승포의 사용을 일절 금하고 公·私무역에서 모두 저화를 전용하는 방침이 채택되었던 것도, 당시 국가정책에도 불구하고 민간에서는 저화를 쓰지 않고 "布物을 全用"하여 물가가 오르는 데

---

91) 《太宗實錄》卷6, 太宗 3年 8月 乙亥, 1冊, 275쪽 ; 《太宗實錄》卷6, 太宗 3年 9月 庚辰, 1冊, 276쪽 ; 《太宗實錄》卷6, 太宗 3年 9月 乙酉, 1冊, 277쪽.
92) 주 80과 같음.
93) 《太宗實錄》卷23, 太宗 12年 6月 戊辰, 1冊, 640쪽.
94) 《太宗實錄》卷29, 太宗 15年 正月 乙卯, 2冊, 51쪽.
95) 《太宗實錄》卷20, 太宗 10年 9月 壬辰, 1冊, 565쪽.

따른 조처였다.96) 이후 정부의 강력한 저화 전용정책에도 불구하고
민간에서는 "몰래 상포를 사용하는[暗用常布]"97) 분위기가 여전하였
고, 정부의 단속이 집중적으로 이루어지는 도성시전을 피해 상포를
가지고 외방에서 행상에 종사하거나,98) 또는 거래 상대방을 시전이
아닌 자기 집으로 유치하여 저화 대신 米布로써 교역하는 실태가
더욱 문제 되고 있었다.99)

  이처럼 태종 10년(1410)에 재개된 제2차 저화 보급 시도가 도리
어 뭇 백성들의 의혹을 증대시키는 분위기 아래에서,100) 다음 해인
태종 11년(1411)에 이르러서도 시전 내 상인과 工匠 세력의 저화
기피와 여전한 麤布 사용이 더욱 문제 되었다. 이해 정월 조정은 개
성과 한양의 濟用監 소장 추포 각 1,250필과 2천 필을 市街에서
三斷하여 추포금단과 저화 전용 의지를 안팎에 천명하였으나, 국왕
의 견해에 따르면 당시 저화의 不通用은 모두 시중의 商賈와 工匠
層, 그중에서도 특히 富商大賈 세력의 저화 기피와 불법적이고 은
밀한 米布 사용 때문이었다.101)

  그러나 이러한 조처에도 불구하고 부상대고와 諸 장인층이 국법

---

96) 《太宗實錄》 卷20, 太宗 10年 10月 甲午, 1冊, 566쪽.
97) 《太宗實錄》 卷20, 太宗 10年 10月 丁巳, 1冊, 567쪽.
98) 《太宗實錄》 卷20, 太宗 10年 10月 庚申, 1冊, 567~568쪽.
99) 《太宗實錄》 卷20, 太宗 10年 10月 壬戌, 1冊, 568쪽.
100) 《太宗實錄》 卷20, 太宗 10年 12月 丙申, 1冊, 571쪽.
101) 《太宗實錄》 卷21, 太宗 11年 正月 甲子, 1冊, 572쪽.
  이와 같이 추포금단과 저화 전용 의지를 널리 알리기 위해 민간에서 매입한 오
승포나 정부 소유 상포를 3~4단으로 절단하여 廣示하는 조처는 제1·2차 저화 보
급 시기 전체를 통하여 여러 차례 반복되었다(《太宗實錄》 卷3, 太宗 2年 5月 壬寅,
1冊, 234쪽 ; 《太宗實錄》 卷3, 太宗 2年 6月 壬戌, 1冊, 237 ; 《太宗實錄》 卷20, 太宗
10年 10月 壬戌, 1冊, 568쪽 ; 《太宗實錄》 卷20, 太宗 10年 11月 甲子, 1冊, 569쪽 ;
《太宗實錄》 卷21, 太宗 11年 正月 甲子, 1冊, 572쪽).

을 가벼이 여기고 몰래 미포로 교역하면서 저화를 불용하는 실태는
이후에도 여전하였다.102) 이에 따라 이들 저화 불사용자에 대한 처
벌 규정이 더욱 강화되어, 제1차 보급시기에 이어 이때도 그 규정이
重犯者는 典刑(死刑), 경범자의 경우도 杖 1백에 水軍 充定과 '家
産沒官'으로 처벌하는 엄형으로 다스렸다.103) 아울러 이와 함께 상
포 隱匿者에 대한 단속과 처벌도 더욱 자주 논란이 되었다.104)

한편 제1·2차 저화 보급기를 막론하고 태종조 저화의 不用과 상
포와 米를 활용한 교역행태는 도성과 더불어 외방에서도 마찬가지
거나, 그 정도가 더욱 극심하였다. 저화 보급정책에 따라 이 시기
지방에도 저화가 각 도에 차등적으로 分賜되고 있었지만,105) 애초
부터 그 액수가 많지 않았던 듯하다. 태종 11년(1411) 6월 前 헌납
張弛는 상서를 통해 외방의 楮貨贖罪法 시행에도 불구하고 도성과
의 거리가 천여 리에 이르는 지방 군현에서 金玉으로도 저화를 구
득하지 못해 농부가 쟁기를 놓고 도성에 가서 필요 저화를 구입하는
실태를 고발하고 있었다.106)

이 같은 외방의 저화 사정 탓에 태종 14년(1414) 12월 호조는
당시 외방의 매매에서 저화를 사용하지 않고 미포를 전용하는 실태
를 거론하며, 향후 금은과 馬匹을 제외한 그 나머지 매매에서 저화의
並用 방침을 건의하여 승낙받았다.107) 다음 해인 태종 15년(1415)

---

102)《太宗實錄》卷21, 太宗 11年 正月 癸酉, 1冊, 574쪽.

103)《太宗實錄》卷3, 太宗 2年 4月 戊午, 1冊, 231쪽 ;《太宗實錄》卷3, 太宗
　　2年 5月 丙午, 1冊, 234쪽 ;《太宗實錄》卷20, 太宗 10年 11月 甲子, 1冊, 569쪽 ;
　　《太宗實錄》卷21, 太宗 11年 正月 癸酉, 1冊, 574쪽.

104)《太宗實錄》卷21, 太宗 11年 正月 壬午, 1冊, 575쪽 ;《太宗實錄》卷21,
　　太宗 11年 2月 戊戌, 1冊, 576쪽.

105)《太宗實錄》卷4, 太宗 2年 8月 己巳, 1冊, 244쪽.

106)《太宗實錄》卷21, 太宗 11年 6月 庚寅, 1冊, 583쪽.

정월 마침내 외방에서 저화 전용방침이 먼저 폐기된 데는 이 같은 전국 각 군현의 저화 사정이 배경으로 자리하고 있었고,[108] 이후에 도 외방 상인들의 "專用米布 不用楮貨"[109] 실태는 거듭하여 논란 이 되는 형편이었다.

이상에서 살펴본 바와 같이 국초 이래 태종조에는, 심지어 국폐 로서 저화 보급이 강력하게 추진되면서 저화 전용과 그 不使用者에 대한 엄중한 처벌이 이루어지고 있던 시기에조차 京外를 막론하고 민간의 교환경제에서 일상적인 교환수단으로 기능하였던 通貨가 여 전히 米布였다. 그중에서 米가 영세 소민층과 소상인의 朝夕 마련 을 위한 거래에 주로 사용되었을 것임을 고려하면, 결국 일반적인 등가기준이나 교환수단으로 이 시기 교환경제에서 통용되었던 화폐 는 포화로서, 正布 또는 常布·麤布로 지칭되고 있던 5승 마포였다. 실제 국초 이래 公私를 막론하고 각종의 등가기준으로는 주로 상포 인 오승포가 활용되었는데, 태조조의 경우 度牒 규정이나 贖錢 규 정, 그리고 민간의 奴婢價, 馬價 등이 모두 오승포로 그 가격이 표 기되고 있었음을 확인할 수 있다.[110]

이 같은 오승포의 등가기준으로서의 역할은 태종조의 저화 보급 기에도 변함없이 계속되고 있었다. 우선 태종 원년(1401) 10월 중국 에서 공무역 馬價로 지급받은 明나라 段子·官絹·緜布 등을 국내 가로 환산하여 분급할 때, 그 가격은 모두 상오승포로 告示되고 있 었다.[111] 태종 2년(1402) 9월 流罪 收贖法을 정비할 때도 의정부는

---

107)《太宗實錄》卷28, 太宗 14年 12月 戊戌, 2冊, 48쪽.
108) 주 94와 같음.
109)《太宗實錄》卷29, 太宗 15年 正月 丁巳, 2冊, 51쪽.
110)《太祖實錄》卷2, 太祖 元年 9月 壬寅, 1冊, 31쪽 ;《太祖實錄》卷13, 太祖 7年 4月 丁酉, 1冊, 120쪽 ;《太祖實錄》卷14, 太祖 7年 6月 壬戌, 1冊, 128쪽.

그해 5월에 내려진 저화 專用令에도 불구하고[112] 《明律》의 錢 1貫을 저화가 아닌 오승포 15필로 환산 적용하고 있었고,[113] 이러한 收贖 규정의 明錢 대비 오승포 환산 방침은 그 액수의 차이는 있었지만 이후에도 지속되었다.[114]

아울러 그해(태종 2, 1402) 정월 저화를 처음 보급하기 시작하면서 楮貨價를 고시할 때도 그 가치가 '저화 1장 = 상오승포 1필 = 미 2두'로 규정되고 있어, 등가기준은 바로 상포와 미였다.[115] 태종 15년(1415) 6월 知申事 柳思訥의 언급처럼, 저화 보급정책에서 저화의 信文, 곧 저화가를 나타내는 등가기준으로는 여전히 布匹인 오승포가 활용되고 있었던 것이다.[116]

이 같은 포화, 그중에서도 오승포의 등가기준 교환수단으로서의 기능은 각종 부세를 포함한 국가의 재정운용 등 公的 영역에서만이 아니라 민간의 私的인 교환경제 부문에서도 마찬가지였다. 세종 19년(1437) 2월 국왕은 호조에 내린 傳旨를 통해 국초의 穀價가 대개 오종(승)포 1필에 미 3~4斗, 豆 7~8두 정도였음을 언급하였다.[117] 고려시기, 특히 그 후기에 시중의 米價가 통상 布, 곧 5승 마포를 기준으로 하여 파악되었던 것과 마찬가지로,[118] 국초 조선 왕조

---

111) 《太宗實錄》 卷2, 太宗 元年 10月 戊午, 1冊, 214쪽.

112) 《太宗實錄》 卷3, 太宗 2年 5月 丙午, 1冊, 234쪽.

113) 《太宗實錄》 卷4, 太宗 2年 9月 癸未, 1冊, 244~245쪽.

114) 《太宗實錄》 卷11, 太宗 6年 3月 丁酉, 1冊, 351쪽 ; 《太宗實錄》 卷30, 太宗 15年 8月 丁丑, 2冊, 81쪽.

115) 《太宗實錄》 卷3, 太宗 2年 正月 壬辰, 1冊, 223쪽.

116) 《太宗實錄》 卷29, 太宗 15年 6月 丙子, 2冊, 69쪽.

117) 《世宗實錄》 卷76, 世宗 19年 2月 己巳, 4冊, 53쪽.

118) 《高麗史》 卷55, 志9, 五行3, 土, 饑饉, 中冊, 238쪽 ; 《高麗史》 卷79, 志33, 食貨2, 貨幣 市估, 恭愍王 11年 11月, 中冊, 740쪽.

에서도 각종 물가의 표준 역할을 하였을 곡가가 바로 5승 마포를 등가기준으로 하여 표기되고 있었던 것이다. 뿐만 아니라 태종 10년 (1410) 10월 도성의 시전상인들이 정부의 저화 전용방침에 저항하여 시전에서 영업을 하지 않은 채 외방에서 행상에 종사하여 문제가 되었을 때, 이들이 행상활동을 위해 다량 구비하였던 교환수단 역시 바로 常布였다.119)

요컨대 태종조 저화 전용을 강제하였던 제1·2차 저화 보급시기를 포함하여 국초에 국가의 재정체계나 민간의 교환경제 모두에서, 京外를 막론하고 일반적 등가기준으로서 설정되고 일상의 교환수단으로 활용되고 있던 通貨는 여전히 고려후기와 마찬가지로 布貨, 그중에서도 특히 상포인 5승 마포였다. 물론 이들 상포 외에도 正布와 綿布 역시 태종조에 公私의 경제영역에서 아울러 유통되고는 있었다. 그러나 정포는 그 원천이 田稅布였던 데서 나타나듯이120) 주로 국가의 부세체계나 녹봉, 하사 등 국가재정과 관련한 영역에서 주로 통용되었으며,121) 그 부분적인 유통에도 불구하고 면포는 태종조까지는 아직 일반적인 교환수단이나 등가기준으로 민간의 교환경제에서 역할하지 못하고 있었다.122)

---

119)《太宗實錄》卷20, 太宗 10年 10月 庚申, 1冊, 567~568쪽.
120) 주 26, 27 참조.
121)《太宗實錄》卷9, 太宗 5年 5月 丁巳, 1冊, 327쪽 ;《太宗實錄》卷10, 太宗 5年 10月 乙亥, 1冊, 340쪽 ;《太宗實錄》卷13, 太宗 7年 正月 辛未, 1冊, 382~383쪽 ;《太宗實錄》卷14, 太宗 7年 8月 己丑, 1冊, 409쪽 ;《太宗實錄》卷15, 太宗 8年 正月 己卯, 1冊, 429쪽 ;《太宗實錄》卷23, 太宗 12年 4月 丙寅, 1冊, 631쪽 ;《太宗實錄》卷27, 太宗 14年 5月 辛卯, 2冊, 18쪽 ;《太宗實錄》卷32, 太宗 16年 8月 辛巳, 2冊, 132쪽.
122)《太宗實錄》卷3, 太宗 2年 2月 丁卯, 1冊, 225쪽 ;《太宗實錄》卷17, 太宗 9年 正月 辛酉, 1冊, 472쪽 ;《太宗實錄》卷35, 太宗 18年 6月 乙巳, 2冊, 236쪽.

그렇다면 국왕 태종의 큰 관심과 '이권재상'론에 근거한 강력한 정책 추진에도 불구하고, 태종조에 국폐로서 저화의 전용과 그 보급이 실패하고 의연 상포가 추포로서 일반적으로 유통되었던 배경과 이유는 무엇이었을까? 이와 관련하여서는 이미 기왕의 연구를 통해서도 많은 요소들이 지적되어 왔다. 예컨대 兌換保證과 和賣所 부족 등 화폐 보급정책의 합리성과 일관성 不在 문제, 저화 자체의 크기와 紙質 문제, 저화의 고액화폐 성격으로 인한 소액 거래의 어려움, 그리고 근본적으로는 조선 정부의 抑商政策과 自給 단계에 그친 교환경제의 미성숙 사정 등이 다양하게 그 배경으로 거론되어 왔던 것이다.[123]

필자는 그중에서도 저화의 고액화폐로서의 성격이 야기한 문제에 가장 주목하고자 한다. 태종 2년(1402) 정월 처음 저화를 민간에 보급하기 위하여 의정부의 요청에 따라 國庫米를 방출하여 저화를 매입하였을 때, 국가에서 설정한 저화가는 '저화 1장 = 상오승포 1필 = 미 2두'였고,[124] 이 저화가는 그해 8월 외방 각 도에 차등을 두고 저화를 分賜할 때도 다시 한 번 적용된 사례가 확인된다.[125] 그러나 태종조에 보급된 저화의 실제 公定 가치는 이보다 더 고액이었을 것으로 판단된다.

태종 2년(1402) 6월 저화 전용과 유통을 위해 민간의 오승포 2만 4천 6백 필을 저화로 매입하여 截斷하였던 조처에서, 애초의 저화가는 1장당 오승포 4필로 규정되어 있었다. 그런데 이 거래에

---

면포가 상포를 대신하여 국초 通貨體系의 핵심으로 자리하게 되는 시기는 세종조 이후이다. 이에 대하여는 다음 장에서 詳述한다.

123) 주 80과 같음.

124)《太宗實錄》卷3, 太宗 2年 正月 壬辰, 1冊, 223쪽.

125)《太宗實錄》卷4, 太宗 2年 8月 己巳, 1冊, 244쪽.

응하는 백성들이 없자, 국왕이 특명으로 저화 1장의 가격을 오승포 1필로 낮춤으로써 2만여 필의 거래를 성사시켰다.[126] 아울러 그해 9월 사헌부와 사간원이 함께 올린 상언에서는, 근래 국가재정의 匱 乏에 따라 各品 녹봉으로 지급하는 포화를 이른바 '장당 상포 4필에 해당하는 저화(准四匹 楮貨)'로 代給하였던 사실이 확인된다.[127]

결국 이상의 네 사례를 통해, 태종조 저화의 公定 准價는 '1장당 오승포 4필'이었으나, 저화를 민간에서 선호하지 않는 추세 아래 정부에서 그 보급과 유통을 위해 종종 '1장당 오승포 1필'의 가격으로 화매 형태로 방출하였다고 볼 수 있겠다. 이처럼 태종조에 보급된 저화 1장의 공정 준가가 상포 4필에 해당하였다면, 이 저화는 高額券 화폐일 수밖에 없었다. 실제 고려 최말기 처음으로 저화의 보급이 구상되고 있었을 때 논자에 따라 '저화＋오승포' 또는 '저화＋동전'의 組合으로 그 유통이 모색되었는데, 어느 경우이든 저화는 오승포와 동전에 비하여 고액의 화폐였다.[128]

태종은 이와 같이 고액화폐인 저화의 유통을 모색하면서도 제1·2차 보급 시도에서 모두 저화 전용의 방침을 고수하면서, 저화 不使用者만이 아니라 오승포 등 포화의 소지나 이를 이용한 거래활동을 일절 엄금하였다. 집권국가의 경제정책을 '이권재상'론에 의거하여 강력하게 추진하던 태종에게 조폐권의 국가독점은 매우 중요한 사안이었고, 그런 측면에서 민간에서 제조하여 유통되고 있던 오승포를 國幣로 승인할 수는 없는 노릇이었다. 태종조 저화 보급의 실패 여건은 바로 여기, 즉 소액화폐가 없이 강제되는 고액권만의 유통 시

---

126) 《太宗實錄》 卷3, 太宗 2年 6月 壬戌, 1冊, 237쪽.
127) 《太宗實錄》 卷4, 太宗 2年 9月 甲辰, 1冊, 247쪽.
128) 朴平植, 앞의 〈朝鮮前期의 貨幣論〉 2장 참조.

도라는 점에서 그 근본 조건이 형성되고 있었다.

주지하듯이 고려시기의 교환경제는 재화 수취자인 상층 귀족층의 그것과 재화 생산자로서 하층 농민층의 그것으로 양분되고 있었다.[129] 고려후기, 특히 최말기에 이르면 前者 귀족층이나 이들과 연계된 대상인층이 주도하는 교환경제는 사치품을 중심으로 한 대외무역만이 아니라 국내교역에서도 크게 熾盛하면서 銀瓶이나 碎銀 등의 화폐체계를 형성해 가고 있었다.[130] 반면 後者 재화 생산자, 영세 소상인층의 교환경제는 미와 포, 그중에서도 오승포를 주된 교환수단으로 하는 화폐경제로 성장해 갔다. 그런데 元 간섭기 이래 지속된 銀의 對元 유출과 국내의 생산 부진에 따라 은병과 쇄은 등에서 銅 함량이 높은 惡貨가 늘어나면서, 고려 최말기에 이르면 이제 상층 귀족층이나 대상인층의 교환경제에서도 이들 銀幣 대신 오승포가 주된 화폐로서 위치를 점유하게 되었다.[131]

국초 태종 정부의 오승포 금지와 저화 보급정책은, 이상과 같은 고려말 조선초의 상업체제 화폐경제에서 저화라는 국폐의 조폐권 국가독점을 통해 국가·군주의 상업과 경제운용 전반에 대한 관장과 통제력을 제고함으로써 농업 중심의 새로운 집권국가의 경제 질서를 모색하기 위한 노력이었다. 이를 위해 조선 정부는 태종조에 들어

---

129) 李景植, 〈16世紀 場市의 成立과 그 基盤〉, 《韓國史硏究》 57, 1987(《朝鮮前期土地制度硏究》Ⅱ(지식산업사, 1998)에 수록) ; 蔡雄錫, 〈高麗前期 貨幣流通의 基盤〉, 《韓國文化》 9, 1988 ; 蔡雄錫, 〈高麗後期 流通經濟의 조건과 양상〉, 《韓國 古代·中世의 支配體制와 農民》(金容燮教授停年紀念韓國史學論叢 2), 지식산업사, 1997.

130) 朴平植, 앞의 〈高麗末期의 商業問題와 抹幣論議〉 ; 朴平植, 앞의 〈朝鮮前期의 貨幣論〉.

131) 이경록, 앞의 〈高麗時代 銀幣制度의 展開過程〉 ; 須川英德, 앞의 〈高麗末から朝鮮初における貨幣論の展開〉.

고려조 이래의 은병 유통을 공식 금지하였을 뿐 아니라, 당시 明의
과중한 進獻 요구를 물리치기 위해 金銀의 민간유통 또한 전면 금
지하고 있었다.132) 이러한 조건을 토대로 하여 上·下層의 교환경제
전체를 장악하는 수단으로 오승포 금지와 저화의 전용정책을 강행하
였던 것이다.

이처럼 집권국가의 강력한 '이권재상' 정책에 따라 국폐로서 저화
가 보급되어 갔지만, 교환경제의 실제에서 大小의 상인만이 아니라
기층 백성들도 저화를 기피하고 있었다. 우선 대상인층을 비롯한 資
産계층에게 저화는 정부의 방침에 따라서 언제든지 그 가치가 추락
하거나 전면 부정될 수 있는 화폐였다. 예컨대 태종 3년(1403) 9월
제1차 저화 보급정책의 실패를 선언하고 담당 관서인 사섬서를 혁
파하면서도, 조선 정부는 기왕에 민간에 보급된 저화에 대한 어떠한
보상책도 마련하지 않았다.133)

이 문제는 당시에도 크게 문제 되어 조정에서 '奪民財', '負民債'
의 사안으로 심각하게 논란되었지만, 결국 구체적인 보상책은 강구
되지 못한 채 민간에 散在되어 있던 저화는 일거에 그 가치를 잃고
말았다.134) 이 시기 부상대고로 불리던 대상인층을 비롯해 상인계층
일반에게 이 같은 정부의 화폐정책에 대한 불신과 우려는 매우 심각
한 것이었다. 때문에 이들 상인층은 교환경제의 실무 담당자들이었
음에도 불구하고 국폐 저화의 보급에 누구보다 반대하였고, 오히려
국법에 위반되는 麤布, 곧 상포인 오승포의 축적에 적극 나섰다.135)

---

132) 주 79와 같음.
133)《太宗實錄》卷6, 太宗 3年 9月 乙酉, 1冊, 277쪽.
134)《太宗實錄》卷6, 太宗 3年 9月 庚辰, 1冊, 276쪽.
135)《太宗實錄》卷21, 太宗 11年 正月 壬午, 1冊, 575쪽 ;《太宗實錄》卷21,
   太宗 11年 2月 丁酉, 1冊, 576쪽.

반면 영세 소상인이나 기층 小民層에게 저화는 너무 고액의 화폐였다. 이 시기 "시정 거리의 상인들이 겨우 한 되의 쌀을 얻어 그 생계를 이어 간다."136)고 묘사되던 영세 소상인이나 소민층에게, 장당 오승포 4필의 공정가인 저화는 일상으로 통용될 수 있는 단위의 화폐가 아니었다. 강력한 저화 전용방침을 모색하던 태종 정부가 동 12년(1412) 6월 의정부의 발의로 총 7개 조항의 楮貨興用策을 마련하면서도 斗升 이하의 미곡 거래자에 대하여는 처벌을 유보하였던 것은137) 이처럼 저화가 소액 거래에서 갖는 근본적 어려움을 고려한 조처였다. 그리고 마침내 태종 15년(1415) 5월에는 이 같은 문제의 해결과도 관련하여 銅錢의 주조와 유통 건의가 조정에서 대두하고 있었다.138)

이해 태종 15년(1415) 6월 시중의 流通布帛에 대한 1/30의 課稅 방안, 이른바 '布帛着稅'의 구상과 관련하여 동전유통 방침이 논의되는 자리에서, 국왕과 더불어 저화 보급의 주역이었던 晋山府院君 河崙은 당대 유통 중인 저화를 두고 '有重無輕'의 화폐라는 점을 시인하고 있었다. 즉 1천 文에서 1백 文에 이르는 다양한 단위의 화폐가 통용되는 중국과 달리 조선에서는 단지 1종의 저화만이 유통되고 있어 문제가 있으니, 앞으로 9백 문에서 1백 문에 이르는 9종의 小楮幣를 추가로 발행하여 布帛收稅와 더불어 민간의 數升 단위 소액 거래에도 활용할 수 있게 하자는 건의였다.139) 며칠 후

---

136) 《太宗實錄》 卷29, 太宗 15年 6月 丙戌 2冊, 72쪽.

137) 《太宗實錄》 卷23, 太宗 12年 6月 戊辰 1冊, 640쪽.

138) 《太宗實錄》 卷29, 太宗 15年 5月 壬戌 2冊, 66쪽.

139) 《太宗實錄》 卷29, 太宗 15年 6月 丙子 2冊, 69쪽.
　　실제 元나라의 楮幣는 中統寶鈔의 경우 동전가 10문에서 2貫(2천 문)에 이르는 총 9종이 발행되었고, 至元寶鈔의 경우에는 5문에서 2관에 이르는 총 11종이

에는 태종 역시, "지금 국가에서 저화를 통용시키는 것은 前朝 이래
의 布幣 사용을 혁파함으로써 백성들이 이익을 보게 하고자 함인데,
실제 저화의 보급 과정에서 未盡함이 있었다."140)며 동전 朝鮮通寶
의 주조와 보급방침을 천명하고 나섰다.

다음 날 태종은 "저화의 行用 과정에서 가장 어려운 문제는 바
로 1장 이하 단위의 거래 문제"141)라며, 전날 자신이 언급한 저화
보급정책의 미진함이 곧 저화가 고액의 화폐인 까닭에 그 액면가 1
장 이하의 거래에서 활용될 수 없는 점이라는 사실을 실토하였다.
그러나 이 태종 15년(1415)의 동전 발행계획은 실행에 옮겨지지 못
하였다. 저화 보급에 따른 여러 폐단에 덧붙여 大旱의 흉년 상황을
문제 삼은 사간원의 반대에 부딪혀 鑄錢 방침의 정지를 명하였던
국왕 태종은, 한편으로 자신의 行錢 계획의 타당함을 확신하면서
"후에 반드시 明君이 나와 이를 행하게 될 것"이라고 확언하기까지
하였다.142)

결국 실행에 이르지는 못하였지만, 제1·2차 저화 보급 시도에 이
어 그 晩年에 태종이 세 번째로 모색한 위 行錢 계획을 포함하여
보면, 국초 태종이 세운 화폐제의 최종 구상은 저화와 동전을 並行
유통시키는 방안이었다. 곧 고액화폐로서 저화를 유통시켜 고려말
이래 대상인·귀족층의 상층 교환경제를 관장하여 통제하고, 여기에
동전을 유통시킴으로써 영세 소민과 농민층의 하층 교환경제까지 아
울러 장악하여 '이권재상', '무본억말'에 기초한 집권국가의 경제정책

---

발행되었다(加藤繁, 《中國貨幣史研究》, 東洋文庫, 1991, 218쪽).
140) 《太宗實錄》 卷29, 太宗 15年 6月 辛巳, 2冊, 70쪽.
141) 《太宗實錄》 卷29, 太宗 15年 6月 壬午, 2冊, 71쪽.
  "教曰 楮貨行用之際 一張以下貿易 最難."
142) 《太宗實錄》 卷29, 太宗 15年 6月 丙戌, 2冊, 71쪽.

과 상업재편 방침을 완수하겠다는 정책 구상이었던 것이다.

국초에 이러한 화폐정책이 나올 수 있을 만큼, 고려후기 이래 상층의 교환경제만이 아니라 하층 농민층의 교환경제 역시 장기적인 成長을 거듭하고 있었다. 고려후기의 교환경제는 화폐로서 오승포를 중심으로 통합되어 가는 추세 속에서, 그 최말기에 이르러 오승포 유통의 한편에서 그 麤疎化 경향이 진행되면서 이제 2~3승의 마포까지 등장했다.143) 이 같은 2~3승 마포의 출현과 유통은 일상의 교환경제에서 오승포가 감당할 수 없는 소액 거래를 米와 더불어 이들 2~3승 마포가 중개하고 있던 당대의 실정을 잘 보여 주는 것이었다. 고려 최말기에 이어 국초에도 계속되었을 이러한 교환경제의 실정과 오승포에 기초한 화폐경제의 상황은, 그러므로 논자에 따라서는 "未見其弊" 또는 "萬歲之無弊"한 화폐경제의 모습으로 이해되기도 하였다.144)

국초 태종조의 저화 보급정책은 이러한 교환경제의 현실을 국폐의 발행과 독점을 통해 관장함으로써 집권국가의 '무본억말', '이권재상'의 경제정책을 실현하려는 방향이었다. 그러나 고려 최말기 이래 상·하층 교환경제 모두에서 일상적인 등가기준과 교환수단의 기능을 충실히 수행하여 오던 각종 布貨, 그중 특히 상포·추포로서 5승 마포의 역할을 저화가 교환경제의 현장에서 驅逐해 내지 못함으로써 실패하고 말았다. 이제 장기적인 성장을 지속하여 오던 이들 상·하층의 교환경제 전반을 國幣로써 조정하고 통제하는 화폐제의 모색은 여타 분야에서 추진된 집권화의 국가정책과 더불어 세종조의

---

143) 《高麗史》卷79, 志33, 食貨2, 貨幣, 恭愍王 5年 9月, 中冊, 738쪽 ; 《高麗史》卷79, 志33, 食貨2, 貨幣, 恭讓王 3年 7月, 中冊, 739쪽 ; 《太宗實錄》卷6, 太宗 3年 8月 乙亥, 1冊, 275쪽.

144) 《世宗實錄》卷80, 世宗 20年 2月 戊辰, 4冊, 131쪽.

과제로 넘어가고 있었다.

## 4. 世宗朝의 貨幣政策과 綿布流通의 擴大

세종조의 화폐정책은 태종조의 그것을 계승하여, 國幣로서 저화
와 동전의 발행과 보급을 통해 교환경제의 주도권을 장악하고 이를
바탕으로 집권국가의 농업 중심 경제정책을 완수하는 데 초점이 맞
추어져 있었다.[145] 태종조에 저화 전용을 전제로 2차에 걸쳐 펼쳐진
저화 보급정책이 실질적으로 실패로 돌아갔음에도 불구하고 이후 조
선 정부는 여전히 저화 전용방침을 고수하였고, 이는 세종조에도 마
찬가지였다.[146] 그러나 현실에서는 "商賈들이 죄다 저화를 사용하지
않고 모두 米布로서 매매하는 형편"[147]이었고, 이에 따른 처벌 역
시 부상대고들이 아닌 貧窮民이나 외방 출신의 飢寒民들에게만 집
중되는 상황이었다.[148]

세종 4년(1422) 10월, 국왕의 銅錢 行用에 관한 첫 의지 표명은
이러한 상황에서 나온 것이었다.[149] 이어 동 5년(1423) 9월 동전
朝鮮通寶의 발행 방침이 결정되었고,[150] 이후 여러 차례의 鑄錢

---

145) 朴平植,〈세종 시대의 교환 경제와 상업 정책〉,《세종문화사대계》3, 2001(《朝
鮮前期 交換經濟와 商人 硏究》에 수록);朴平植, 앞의〈朝鮮前期의 貨幣論〉.

146)《世宗實錄》卷11, 世宗 3年 3月 丙戌, 2冊, 426쪽.

147)《世宗實錄》卷18, 世宗 4年 10月 丁酉, 2冊, 508쪽.

148)《世宗實錄》卷18, 世宗 4年 12月 丁亥, 2冊, 514~515쪽;《世宗實錄》卷19,
世宗 5年 正月 戊戌, 2冊, 521쪽.

149)《世宗實錄》卷18, 世宗 4年 10月 庚子, 2冊, 509쪽.

150)《世宗實錄》卷21, 世宗 5年 9月 甲午, 2冊, 556쪽.

과정을 거쳐 마침내 세종 7년(1425) 2월 동전의 始用에 들어갔
다.151) 이때 보급에 들어간 동전은 세종 6년(1424) 2월의 "錢楮兼
行之法"152)이라는 표현에서 보듯이 저화와 兼用하도록 규정되었
고,153) 이 사항은 그해, 곧 甲辰年 11월자의 受敎 내용을 통해 다
시 한 번 확인되고 있다.154)

따라서 세종 7년(1425)에 보급에 들어간 국폐체계, 곧 布貨 금
지를 전제로 한 '저화＋동전' 유통방안은 앞서 살펴본 태종 15년
(1415)에 일시 모색된 것과 내용상 동일한 체계였다.155) 다시 말해
고액화폐로서 저화와 소액화폐인 동전을 국폐로서 함께 유통시켜
상하층에 걸친 교환경제 전반을 장악함으로써 '利權在上', '務本抑
末'에 기초한 집권국가의 경제구조를 실현하기 위한 화폐제 구상이
었던 것이다.

그러나 세종조 포화 금지를 전제로 추진된 이 같은 저화·동전
兼用 정책은 이내 중단될 수밖에 없었고, 대신 銅錢專用 정책이 채
택되었다.156) 태종조 첫 보급 당시 애초의 公定價値가 '저화 1장＝
상오승포 1필＝미 2두'의 가치로 보급되었던 저화가는,157) 이 시기
시중에서 그 가치가 미 1승, 심지어는 미 1승당 저화 3장으로까지
추락해 있었다.158) 당시 보급에 들어간 동전 1文의 가치가 미 1승

---

151)《世宗實錄》卷27, 世宗 7年 2月 戊午, 2冊, 654쪽.

152)《世宗實錄》卷23, 世宗 6年 2月 癸丑, 2冊, 579쪽.

153)《世宗實錄》卷25, 世宗 6年 7月 己亥, 2冊, 615쪽 ;《世宗實錄》卷27, 世宗
    7年 2月 戊申, 2冊, 652쪽.

154)《世宗實錄》卷28, 世宗 7年 4月 癸丑, 2冊, 664쪽.

155) 본고 3장 참조.

156)《世宗實錄》卷28, 世宗 7年 4月 癸丑, 2冊, 664쪽.

157) 주 124와 같음.

158)《世宗實錄》卷16, 世宗 4年 7月 癸亥, 2冊, 487쪽 ;《世宗實錄》卷18, 世宗

으로 시중의 저화가와 차이가 없었음을 고려하면,159) 태종조에 이어
세종 정부가 구상하였던 국폐체계, 곧 '저화－고액화폐, 동전－소액
화폐' 방안은 이 같은 교환경제의 현실에서 실현될 수 없었고, 이에
대한 세종의 판단 역시 그러하였던 것이다.160) 이처럼 저화·동전 並
用 정책을 포기하면서 세종 정부는 민간의 유통저화를 1장당 동전 1
문의 시중가격으로 환수하는 조처를 아울러 실시하였다.161)

   이후 세종 정부는 포화 금지를 전제로 한 동전 전용방침의 실효
를 거두기 위하여, 동전 불사용자에 대한 처벌, 각종 稅貢의 동전
납부, 국고물자의 和賣 정책, 주전용 銅 확보를 위한 銅器의 新造
금지, 舊鑄 銅器의 시중거래 금지 등 다양한 정책들을 구사하였
다.162) 그러나 이 같은 세종 정부의 노력에도 불구하고 동전의 유통
은 지지부진하였고, 일반 백성들과 상인층의 국폐인 동전에 대한 불
신과 기피는 태종조의 저화 보급 때와 마찬가지였다. 우선 세종 7년
(1425) 2월 동전의 始用을 전하는 기사 끝에 《실록》의 史臣은, "이
때부터 小民들이 법을 두려워하여 포화로 米를 구입하는 자들이 絶
無하게 되었으니, 백성들의 끼니 구하기의 어려움이 바로 이때부터
비롯하였다."163)고 하여, 동전 전용정책에 따른 백성들의 어려움을
전하고 있었다.

   동전 불사용자에 대한 엄격한 처벌이 계속되었지만164) 상인과

---

   4年 12月 丁亥, 2冊, 514쪽 ; 《世宗實錄》 卷21, 世宗 5年 9月 甲午, 2冊, 556쪽.
159) 《世宗實錄》 卷28, 世宗 7年 5月 戊寅, 2冊, 668쪽 ; 《世宗實錄》 卷28,
   世宗 7年 6月 甲寅, 2冊, 673쪽.
160) 《世宗實錄》 卷28, 世宗 7年 4月 癸丑, 2冊, 664쪽.
161) 위와 같음.
162) 權仁赫, 앞의 《조선시대 화폐유통과 사회경제》 ; 李鍾英, 앞의 〈朝鮮初 貨幣
   制의 變遷〉 ; 朴平植, 앞의 〈세종 시대의 교환 경제와 상업 정책〉.
163) 《世宗實錄》 卷27, 世宗 7年 2月 戊午, 2冊, 654쪽.

백성들의 동전 기피는 더욱 일상화하고 있었다.[165] 급기야 세종 8년
(1426) 2월에는 국왕 자신이 "錢法은 그 자체 聖人이 세운 것임에
도 불구하고, 지금은 그것이 公私 모두에 어떤 유익함이 있는지 발
견할 수 없다."[166]며, 그 실태를 개탄하기에 이르렀다. 그 이듬해(세
종 9, 1427) 10월에도 세종은 "錢法이 지금 수년이 되지 않아 백성
들이 즐겨 쓰지 않고, 그 소용없음이 저화와 차이가 없다."[167]며 백
성들의 동전 기피와 보급정책의 실패를 시인하였다. 이런 가운데 동
전가의 하락은 더욱 가속화되었고,[168] 극형에 처하는 금령에도 불구
하고 동전을 녹여 銅器를 제작하거나 일본 상인들에게 상품으로 매
도하는 자들이 잇따르는 실태였다.[169]

　　세종조 정부의 동전 보급정책은 결국 이 같은 상황 속에서 그

164) 《世宗實錄》 卷28, 世宗 7年 6月 甲寅, 2冊, 673쪽 ; 《世宗實錄》 卷29, 世宗
　　7年 8月 己丑, 2冊, 689~690쪽 ; 《世宗實錄》 卷31, 世宗 8年 2月 庚寅, 3冊,
　　10쪽 ; 《世宗實錄》 卷32, 世宗 8年 4月 壬午, 3冊, 21쪽.
165) 《世宗實錄》 卷28, 世宗 7年 6月 己酉, 2冊, 673쪽 ; 《世宗實錄》 卷29, 世宗
　　7年 7月 乙酉, 2冊, 682쪽 ; 《世宗實錄》 卷30, 世宗 7年 12月 癸酉, 2冊, 704쪽.
166) 《世宗實錄》 卷31, 世宗 8年 2月 壬辰, 3冊, 11쪽.
167) 《世宗實錄》 卷38, 世宗 9年 10月 丙寅, 3冊, 97쪽.
168) 세종조 米 1승당 동전가는 세종 7년(1425) 5월 애초의 공정가 동전 1문에서
　　(《世宗實錄》 卷28, 世宗 7年 5月 戊寅, 2冊, 668쪽), 그해 8월 4문으로(《世宗實錄》
　　卷29, 世宗 7年 8月 丙戌, 2冊, 689쪽), 동 9년(1427) 정월 7~8문으로(《世宗實錄》
　　卷35, 世宗 9年 正月 丙申, 3冊, 55쪽), 동 11년(1429) 9월 12~3문으로(《世宗實錄》
　　卷45, 世宗 11年 9月 丙寅, 3冊, 198쪽), 그리고 동 27년(1445) 10월에는 7~8문
　　에서 13문으로 급격한 하락 추세를 보였다(《世宗實錄》 卷110, 世宗 27年 10月 壬子,
　　4冊, 641쪽).
169) 《世宗實錄》 卷43, 世宗 11年 正月 丁卯, 3冊, 162쪽 ; 《世宗實錄》 卷57, 世宗
　　14年 7月 甲戌, 3冊, 402쪽 ; 《世宗實錄》 卷57, 世宗 14年 9月 庚辰, 3冊, 418쪽 ;
　　《世宗實錄》 卷58, 世宗 14年 11月 乙丑, 3冊, 425쪽 ; 《世宗實錄》 卷59, 世宗
　　15年 正月 己巳, 3冊, 438쪽.

지속 여부를 둘러싼 분분한 논란 끝에, 시행에 들어간 지 20여 년
만인 세종 27년(1445) 12월 동전 전용정책을 중단하고 다시 저화를
復用하여 동전과 함께 並用시키게 됨으로써 실질적으로 중단되고
말았다.[170] 그렇다면 국왕과 정부의 강력한 의지에도 불구하고 태종
조에 이어 세종조의 동전 보급정책이 실패로 귀결된 이유와 배경은
무엇일까? 이와 관련하여서 우선 지적하여야 하는 문제는 주전용
銅의 공급난과 그에 따른 발행 銅錢量의 부족이다.

세종 7년(1425) 4월 처음 동전을 보급하였을 때, 정부에서 시중
에 반포한 錢文이 3천 貫이고, 정부가 보유한 留在錢文이 2만 4천
여 관으로 보고되었다.[171] 그런데 이 액수는 당시 1장당 錢 1문의
비율로 교환해 주기로 한 민간 散在 저화의 보상가 1천 관, 따라서
추정 저화 민간 유포량 1백만 장과 비교하여 볼 때 통행 국폐로서
충분한 양이 아니었다.[172] 이 같은 동전 주조액과 유통량의 부족 문
제는 그 뒤에도 쉽게 개선되지 않았다. 예컨대 동전보급이 어느 정
도 진행되었을 세종 9년(1427) 정월에도 그간의 總 주전액은 4만 관,
그중 실제 민간에서 유통되는 양은 1만 관으로 언급되고 있다.[173]

---

170) 《世宗實錄》卷110, 世宗 27年 12月 癸卯, 4冊, 645~646쪽.
171) 《世宗實錄》卷28, 世宗 7年 4月 癸丑, 2冊, 664쪽.
172) 태종조 이래 보급된 것으로 추정되는 이 저화 1백만 장을 국가의 실제 저화
보급가였던 1장당 미 2두로 환산하여 그 발행액을 추산하면(주 124 참조) 총 2백
만 斗, 약 13만 3천여 석으로 계산된다. 그런데 세종조에 처음 주조된 조선통보의
총액은 2만 7천여 관으로, 이를 '전 1문＝미 1승'의 동전가로 환산하면(주 159, 1
71 참조) 총 270만여 두, 약 18만여 석으로 추산되어, 앞 태종조의 저화 발행총액
과 비교하여 큰 차이가 없다. 여기에 저화와 마찬가지로 이후 동전가의 급격한 하
락 추세를 반영하면(앞의 주 168 참조), 이후의 추가 발행량을 감안하더라도 세종
정부의 동전 발행총액이 당대 국가재정과 민간의 교환경제에서 결코 충분한 액수
일 수 없다는 사실을 어렵지 않게 파악할 수 있다.
173) 《世宗實錄》卷35, 世宗 9年 正月 丙申, 3冊, 55쪽.

이 같은 동전 주전량의 부족, 곧 주전용 銅의 공급난은 세종 6년 (1424) 주전사업이 시작되면서 이미 심각한 문제로 대두하고 있었고,174) 동전보급 이듬해인 세종 8년(1426) 12월에는 동 확보를 위해 新舊 銅器의 제조와 유통을 전면 금지하고 위반자를 杖 1백에 水軍에 充定하는 방침이 마련되었다.175) 그러나 이후에도 민간의 錢文 부족 현상은 여전하여, 동 15년(1433) 2월에는 사섬서 보유 전문 1만 관을 화매의 형태로 공급하기도 하였으며,176) 동 19년 (1437) 12월에는 贖錢의 1/4을 布納시키는 방침이 후속되었다.177)

세종 20년(1438)과 26년(1444), 그리고 27년(1445)에 각각 동전 대신 鐵錢의 유통방안이 조정에서 거듭하여 제기되었던 것 또한 이 같은 동 부족상황 때문이었다.178) 세종 26년(1444) 7월 조정의 鐵錢 논의과정에서 나온 "우리나라는 銅이 없는" 반면 "産鐵은 이루 다 쓰기 어렵다."는 분석 역시, 저간의 주전용 동의 부족 실태를 잘 보여 주는 언급이었다.179)

---

따라서 앞의 각주 172의 계산방식에 따르면, 세종 9년 현재 총 주전량은 26만 7천여 석, 민간 유통량은 6만 7천여 석에 불과하게 된다. 더욱이 이를 같은 자료에 등장하는 당시 시중의 동전가 米 1승당 錢 7~8문의 가치로 환산하면, 그 액수는 각각 3만 6천여 석과 9천여 석에 불과하여 유통 동전량의 절대부족 상황을 잘 보여 주고 있다.

174) 《世宗實錄》 卷23, 世宗 6年 正月 乙未, 2冊, 574쪽 ; 《世宗實錄》 卷25, 世宗 6年 8月 丁未, 2冊, 616쪽.

175) 《世宗實錄》 卷34, 世宗 8年 12月 乙丑, 3冊, 51쪽.

176) 《世宗實錄》 卷59, 世宗 15年 2月 丁酉, 3冊, 444쪽.

177) 《世宗實錄》 卷79, 世宗 19年 12月 丙寅, 4冊, 117쪽.

178) 《世宗實錄》 卷80, 世宗 20年 2月 丙寅, 4冊, 130쪽 ; 《世宗實錄》 卷80, 世宗 20年 2月 戊辰, 4冊, 131쪽 ; 《世宗實錄》 卷105, 世宗 26年 7月 辛酉, 4冊, 569쪽 ; 《世宗實錄》 卷110, 世宗 27年 11月 庚寅, 4冊, 645쪽.

179) 《世宗實錄》 卷105, 世宗 26年 7月 辛酉, 4冊, 569쪽.

급기야 세종 27년(1445) 10월에는 호조가 동 부족에 따른 '錢幣
難繼'를 이유로 저화의 復用을 주장하고 나서기에 이르렀다.[180) 이
날 국왕의 부름에 응했던 李季甸 역시 상서를 통해, "銅이 바로 異
國의 소산으로 그 계속적인 공급이 어려운 물품"이라고 지적하며
호조의 견해에 동의하였다.[181) 두 달 뒤인 그해 12월에는 의정부
또한 호조의 啓文을 바탕으로, "銅은 본래 우리나라의 所産이 아니
어서 국가에 남아 있는 수가 많지 않아 (鑄錢과 같은) 經費 지출
에 감당하기 어렵다."[182)는 입장을 피력하고 있었다. 이 시기 조선
내의 銅 생산이 없었던 것은 아니지만, 그 수요량의 대부분을 日本
으로부터 수입하여 충당하고 있었기 때문이다.[183)

예컨대 세종 9년(1427) 5월, 정부가 경상도에서 주전용 銅을 확
보하기 위해 3개월에 걸쳐 채굴작업을 실시하여 확보한 동의 양은
고작 3백 근에 불과하였다.[184) 그런데 이듬해 10년(1428) 정월에
온 일본 사신이 한 번에 가져온 동철은 그 양이 무려 2만 8천 근에
이르렀다.[185) 국초의 엄격한 대외무역 통제 방침에도 불구하고 세종
20년(1438) 2월 三浦에서 京外의 상인들에게 禁物을 제외한 왜인
들과의 사무역을 일시 허용하였던 정부의 조처 역시, 바로 이들로부
터 鑄錢에 필요한 銅을 확보하기 위한 고식책이었다.[186)

이처럼 주전용 銅 부족이라는 구조적인 문제 탓에 국가에서 공급

180) 《世宗實錄》卷110, 世宗 27年 10月 壬子, 4冊, 640쪽.
181) 위와 같음.
182) 《世宗實錄》卷110, 世宗 27年 12月 癸卯, 4冊, 645쪽.
183) 李鉉淙, 《朝鮮前期 對日交涉史硏究》, 韓國硏究院, 1964 ; 金柄夏, 《朝鮮
　　前期 對日貿易 硏究》, 韓國硏究院, 1969.
184) 《世宗實錄》卷36, 世宗 9年 5月 庚戌, 3冊, 75쪽.
185) 《世宗實錄》卷39, 世宗 10年 正月 戊申, 3冊, 112쪽.
186) 《世宗實錄》卷80, 世宗 20年 2月 乙卯, 4冊, 130쪽.

하는 동전량이 충분치 않은 상황 외에도, 시중에서 특히 富商大賈
들이 동전을 기피한 데는 또 다른 배경도 있었다. 세종 7년(1425)
12월 조정은 家·奴·馬·金銀·珠玉 등의 거래에서는 동전 10관 외
에 雜物을 겸용할 수 있도록 조처하였다.[187] 이는 물론 아직 시중
에 전문이 충분히 공급되지 못한 형편을 고려한 조처였지만, 태종조
의 저화와는 반대로 소액화폐라는 동전의 속성 탓에 이 같은 高價
의 물품거래에서 교환수단으로서의 효용성이 떨어질 수밖에 없었음
을 잘 보여 준다. 그런데도 현실에서는 동전 전용의 엄격한 방침이
강제되었고, 이는 부상대고층을 비롯한 상층의 교환경제 담당자들에
게 동전이 적극 환영받지 못하는 주요한 이유의 하나였다.

이 같은 구조적인 문제에 덧붙여 태종조 저화 보급 실패의 경험
이 상인층만이 아니라 일반 백성들의 뇌리에 여전히 강하게 남아 있
는 상황에서, 貨權과 교환경제의 장악을 통한 '이권재상' 정책의 구
현이라는 세종 정부의 화폐정책은 결국 실패로 귀결되고 말았다. 동
전은 국가의 강력한 보급노력에도 불구하고 저화와 마찬가지로 여전
히 시중과 민간에서 "民不樂用",[188] "我國人心 皆惡之"[189]의 대상
으로 기피되는 가운데 그 가치가 폭락함으로써 通貨로서의 위치와
기능을 상실하였던 것이다.

세종조 정부의 국폐로서 동전 보급정책이 이처럼 실패하는 가운
데, 국가재정이나 민간의 교환경제에서는 의연 布貨가 기준화폐로
역할하며 일상 通貨의 기능을 담당하고 있었다. 그런데 이 세종조의
포화유통에서 주목되는 사항은, 고려후기 이래 公私의 교환경제에서

---

187) 《世宗實錄》 卷30, 世宗 7年 12月 丙子, 2冊, 706쪽.
188) 《世宗實錄》 卷29, 世宗 7年 7月 乙酉, 2冊, 682쪽.
189) 《世宗實錄》 卷30, 世宗 7年 12月 癸酉, 2冊, 704쪽.

공히 통화로서 사용되어 왔고, 조선 왕조의 개창 이후에도 여전히 시중에서 등가기준과 교환수단으로 활용되고 있던 常布, 곧 오승포가 세종조를 경유하면서 더 이상 민간에서 유통되지 않게 되었다는 점이다.

세종 27년(1445) 7월 국왕은 《經濟六典》의 元典에 규정된 度僧法의 丁錢 액수 오승포 1백 필 규정을 언급하는 가운데, 이 오승포가 지금은 '不用之物'임을 지적하며 이 규정을 正布 30필로 변경할 것을 지시하였다.[190] 그리고 4년 뒤인 동 31년(1449) 정월에는 의정부가 역시 같은 조항을 거론하면서, 丁錢 규정의 오승포가 지금 민간의 '不用物'이라며 이를 정포는 30필, 緜布로는 15필로 대체할 것을 주장하여 받아들여졌다.[191] 아울러 국초 度僧法의 이 규정은 이후 문종 원년(1451) 4월에도 다시 환기되는 가운데, 이 '오승포가 민간에 없는 布'라는 사실이 거듭하여 확인되고 있다.[192]

요컨대 세종조 후반에 이르면서, 고려 충혜왕 원년(1331) 4월 그 첫 용례가 확인된 이래[193] 오랫동안 국가재정과 민간 교환경제에서 主軸通貨 역할을 하여 왔던 오승포, 곧 상포·상오승포·오종포 등으로도 불러 왔던 5승 마포가 더 이상 민간에서 유통되지 않고 있었

---

190) 《世宗實錄》 卷109, 世宗 27年 7月 丁亥, 4冊, 626쪽.
　　 "傳旨承政院…度僧之法…丁錢 元典以五升布百匹爲定 然此布 今所不用之物 欲易以正布 酌定三十匹."
191) 《世宗實錄》 卷123, 世宗 31年 正月 庚戌, 5冊, 116쪽.
　　 "議政府啓 僧人度牒之法…然其丁錢許納五升布 今民間所不用 請代以緜布 正布則二十匹 緜布則十五匹…從之."
　　 이 원문의 정포 二十匹은, 앞의 주 190과 이 시기 면포와 정포의 比價가 통상 '1 : 2'였음을 고려하면(주 75, 76 참조) 三十匹의 誤植이다.
192) 《文宗實錄》 卷7, 文宗 元年 4月 己丑, 6冊, 378쪽.
193) 주 6과 같음.

던 것이다. 실제 세종 20년(1438) 2월 동전 보급정책이 현실적으로 실패하는 가운데 새롭게 鐵錢의 주조와 유통방안이 대두하였을 때, 다수의 관인들은 민심에 따라 五綜(升)布를 '復用'할 것을 건의하면서, 국초에 고려의 舊習에 따라 오승포를 사용하였으나 그 폐해가 아직 없었음을 강조하며 포화야말로 '萬歲無弊'의 화폐임을 거듭 주장하였다.[194] 여기에서 '복용'이라는 표현이 등장할 만큼, 세종 20년에 벌써 민간의 시중에서는 오승포가 이미 일반적으로 사용되지 않고 있었던 것이다.

태종조 이래 국가정책으로 강행되었던 국폐로서 저화·동전의 보급방침이 앞에서 살펴본 바와 같이 모두 '楮貨專用', '銅錢專用'의 원칙에 따라 실행되면서 기왕 민간에서 상용해 오던 麤布, 곧 상포의 통용이 엄격하게 금지된 결과, 그리고 후술하듯이 세종조에 이르러 棉作이 널리 보급되면서 오승포 대신 면포가 일반적인 등가기준과 교환수단으로 폭넓게 쓰이기 시작하면서 종래의 오승포가 더 이상 민간에서 '常布'로서 일상적으로 통용되지 않게 된 것이었다. 일찍이 태조 7년(1398) 윤5월 당시 상용중인 오승포를 두고 "무거워서 운반이 어렵고, 麤疎해서 實用이 어려운 布"[195]라고 묘사한 데서 드러나듯이, 면포에 비하여 무게가 무거워 운송에 어려움이 크고 또한 실용성도 떨어졌던 5승 마포가, 면작의 확대에 기반한 綿布의 常用化 추세와 더불어 민간 교환경제에서 일반적인 통화로서의 지위를 점차 면포에게 내주고 있던 실정을 잘 보여 준다 하겠다.

물론 이로써 상포인 오승포가 완전히 교환경제에서 퇴출된 것은

---

194) 《世宗實錄》 卷80, 世宗 20年 2月 戊辰, 4冊, 131쪽.
195) 《太祖實錄》 卷14, 太祖 7年 閏5月 辛丑, 1冊, 126쪽.
　　같은 마포인 正布 또한 16세기에 들어서면 "그 무게 때문에 통용되지 않는다."고 인식되었다(《中宗實錄》 卷22, 中宗 10年 6月 癸酉, 15冊, 87쪽).

아니었다. 예컨대 세조 4년(1458) 11월 저화 전용정책을 포기하고
저화 외에도 여러 布貨를 처음 國幣로 공인하였을 때, 그 포화로
면주·면포·정포와 더불어 오승포〔常布〕가 열거되었다.196) 또한 예종
원년(1469) 6월 공조판서 梁誠之가 올린 上書에는 土産에 따른
貢物分定의 원칙을 강조하면서 하삼도의 綿布, 평안·황해도의 綿
紬와 함께 강원도의 常布를 거론하고 있는데,197) 이 상포는 바로 5
승 마포를 지칭한 것임에 틀림없다. 아울러 성종조에 간행된《경국
대전》의 국폐조에도 포화를 국폐로 공인하면서 정포와 상포의 비가
를 '1:2'로 규정하고 있었다.198) 이처럼 15세기 후반에도 일부의
부세체계나 공식적인 比價 규정 등에서 아직 상포가 이용되고는 있
었으나, 이제 민간에서는 그 쓰임이 현저하게 퇴조하는 가운데 일
상 通貨로서의 기능은 면포가 대체하고 있었던 것이다.199)

　고려후기 공민왕대 文益漸에 의해 元나라로부터 木縣 종자가 처
음 도입된 이래, 棉作의 보급과 면직물 생산은 빠른 속도로 확산되
었다.200) 태조 7년(1398) 6월의《실록》에 실려 있는 문익점의 卒記

196)《世祖實錄》卷14, 世祖 4年 11月 戊戌, 7冊, 301쪽 ;《世祖實錄》卷14, 世祖
　　4年 12月 甲戌, 7冊, 305쪽.
197)《睿宗實錄》卷6, 睿宗 元年 6月 辛巳, 8冊, 395쪽.
198)《經國大典》戶典, 國幣.
199) 따라서 15세기 후반 이후에는 자료에서 더 이상 마포를 의미하는 '常布'나 '五
　　升布'의 표현을 찾기 어렵다. 반면 16세기 자료에 등장하는 상포나 오승포는 이제
　　각각 '3승 면포'와 '5승 면포'를 가리키는 용례이다(《成宗實錄》卷278, 成宗 24年
　　閏5月 辛丑, 12冊, 328쪽 ;《中宗實錄》卷31, 中宗 12年 12月 丁卯, 15冊, 371～
　　372쪽 ;《中宗實錄》卷34, 中宗 13年 11月 甲辰, 15冊, 489쪽 ;《中宗實錄》卷46,
　　中宗 18年 正月 壬戌, 16冊, 185쪽).
200) 周藤吉之, 앞의〈高麗末期より朝鮮初期に至る織物業の發達〉; 澤村東平,
　　앞의《朝鮮棉作綿業の生成と發展》; 高承濟,《近世韓國産業史硏究》, 大東文
　　化社, 1959.

는 그와 鄭天益에 의해 甲辰年(공민왕 13, 1364) 이래 晋州에서 種子가 확보되고, 綿織機 제작, 직조술의 연마 끝에 이미 고려말에 면작과 면직업이 두루 一國에 퍼졌다고 평가하고 있다.[201] 또한 태종조에 들어서서는 거푸 문익점에 대한 褒賞으로서 그의 子弟 敍用과 祠堂 건립 등이 주청되었고, 그 근거로서 "그에 의해 木緜이 널리 퍼짐으로써 上下의 백성들이 모두 면포로 옷을 입게 되었다."[202]거나, 또는 "위로는 卿士에서 아래로는 庶人에 이르기까지 上衣와 下裳을 모두 면포로 만든다."[203]는 사정 등이 거론되었다.

이처럼 고려말에서 조선 개국 초에 걸친 棉作의 확대와 면포의 생산 결과, 국초 이래 면포는 田稅나 貢物로서 국가에 수납되면서[204] 野人에 대한 하사품 등 국가재정에 소용되었고,[205] 민간에서도 상품으로서 전국에서 거래되고 있었다.[206] 그러나 조선초기에 면포가 기왕의 오승포를 대신하여 국가재정과 민간의 교환경제에서 일반적인 등가기준이나 교환수단으로 사용되면서 일상 通貨의 지위를 갖게 된 시기는 세종조 이후였다.

먼저 세종조에는 국가 차원에서 면작의 전국 보급에 심혈을 기울였으며, 특히 추운 날씨 탓에 면포의 필요성이 절박한 양계지방의 면작보급에 각별히 힘쓰고 있었다. 세종 17년(1435) 9월에는 국왕이

---

201)《太祖實錄》卷14, 太祖 7年 6月 丁巳, 1冊, 128쪽.
202)《太宗實錄》卷1, 太宗 元年 閏3月 庚寅, 1冊, 199쪽.
203)《太宗實錄》卷19, 太宗 10年 4月 甲辰, 1冊, 540쪽.
204)《太宗實錄》卷18, 太宗 9年 12月 壬子, 1冊, 520쪽 ;《太宗實錄》卷32, 太宗 16年 8月 乙丑, 2冊, 131쪽.
205)《太祖實錄》卷7, 太祖 4年 正月 辛丑, 1冊, 73쪽 ;《太宗實錄》卷9, 太宗 5年 2月 己丑, 1冊, 319쪽.
206)《太宗實錄》卷3, 太宗 2年 2月 乙丑, 1冊, 225쪽 ;《太宗實錄》卷35, 太宗 18年 6月 乙巳, 2冊, 236쪽.

예전 水田의 함길도 보급사례와 같이, 먼저 守令으로 하여금 시범
적으로 官에서 면작을 시행하여 그 확대를 도모하는 방안을 제시하
면서, 함길도로 보낼 목면 종자의 수합을 하삼도에 지시하였다.[207]
다음 해 정월에도 세종은 木緜이 평안·함길의 양계민에게 절용한
물품임에도 백성들이 경작하지 않는 실태를 거론하며, 지금 하사하
는 목면 종자와 그 種植法을 도내 수령으로 하여금 먼저 익히게 하
고 官에서 시험 경작하여 이를 백성들에게 보급할 것을 양계 감사
들에게 거듭하여 당부하였다.[208]

이 같은 국왕 세종의 강력한 의지에도 불구하고, 동 25년(1443)
6월에도 여전히 면포가 本道의 所産이 아니라는 함경감사의 보고가
이어졌다.[209] 그리고 이런 상황에서 세종 28년(1446) 8월에 국왕은
또다시 양계지방 목면 경작법 보급을 강조하며, 이를 위해 도내에
入居한 下三道民의 목면경작 經驗方을 확보하여 耕種 勸課에 활
용할 것을 특별히 諭示하기까지 하였다.[210] 특히 이때 국왕은, "목
면이 民用에 절실하여 諸道의 백성들이 거의 대부분 이를 耕種하
여 이익을 거두고 있는데, 유독 양계의 백성들만이 평소 목면 농사
를 짓지 않는다."[211]면서 당시 전국적인 棉作의 보급실태를 거론하
고 있어 매우 주목된다. 세종조 말기에 이르면 위의 지적과 같이 양
계를 제외한 전국에 면작이 보급되어 백성들이 면포 생산에 나섰으
며, 이것이 세종조에 기왕의 오승포를 대신하여 면포가 국가재정과
민간 교환경제에서 모두 일반적인 通貨로서 유통될 수 있었던 가장

---

207) 《世宗實錄》 卷69, 世宗 17年 9月 庚辰, 3冊, 651쪽.
208) 《世宗實錄》 卷71, 世宗 18年 正月 壬申, 3冊, 663쪽.
209) 《世宗實錄》 卷100, 世宗 25年 6月 戊戌, 4冊, 483쪽.
210) 《世宗實錄》 卷113, 世宗 28年 8月 壬寅, 4冊, 697쪽.
211) 위와 같음.

중요한 기반이었다.

　그러나 이 같은 세종조 면작의 보급사정에도 불구하고, 면작과 그에 따른 면포의 생산은 아직 水田 농사와 같이 전국에서 모두 일상적으로 이루어지는 단계는 아니었다. 예컨대 《世宗實錄地理志》에 따르면, 전국 군현 중에서 '土宜'로서 목면이 기재되어 있는 군현은 모두 하삼도에 국한되어, 전라도 총 56개 군현 중에서 27개 군현, 경상도 66개 군현 중에서 13개 군현, 그리고 충청도 55개 군현 중에서 3개 군현이었다.[212]

　전국 총 335개의 군현 중에서 약 13퍼센트에 불과하고, 그것도 三南에 국한된 43개 군현에서만 목면이 지역의 '土宜物産'으로서 재배되고 있었으며, 구체적으로 전라도 일원과 경상도의 일부, 그리고 충청도의 몇몇 군현만이 主産地였던 것이다.[213] 세종조에 편찬된 《農事直說》에 木縣條가 없는 사정 역시, 이미 목면의 種植法이 문서로서 작성되어 양계지방에 하사된 사례가 확인됨에도 불구하고[214] 아직은 목면의 재배가 주로 삼남지역, 그것도 전라·경상도 일대에 국한된 형편에서 비롯된 결과일 것이다.[215]

---

212) 澤村東平, 앞의 《朝鮮棉作綿業の生成と發展》, 44~45쪽.

213) 이러한 사정은 국초 섬유작물인 桑과 麻가 전국에서 '土宜'로서 골고루 생산되고, 苧가 충청·전라도의 일부 지방에서만 재배되고 있던 실정과 대비하여 매우 주목된다(澤村東平, 앞의 《朝鮮棉作綿業の生成と發展》, 49~52쪽 〈조선초기의 섬유작물 분포도〉 참조).

214) 주 208과 같음.

215) 金容燮, 《신정 증보판 朝鮮後期農學史硏究》, 지식산업사, 2009.
　　역대 농서 중에서 목면 재배법이 처음 기록된 책은 姜希孟(1424~1483)의 편찬으로 이해되는 《四時纂要抄》이나, 본격적인 경종법으로 증보된 책은 중종 35년(1540)경 간행된 것으로 추정되는 창평현 개간본 《농사직설》과 선조 23년(1590)에 간행된 조선판 복간본 《四時纂要》였다(金容燮, 위의 책 참조).

이처럼 세종조까지 아직 삼남 일대에 주산지가 국한된 棉作의
실태에도 불구하고, 이 시기 상품으로서 綿布의 보급과 그에 따른
면포의 通貨로서의 역할은 이전 시기와 확연히 대비되면서 그 유통
이 확대되고 있었다. 세종 원년(1419) 3월 형조판서 洪汝方이 저화
전용령에 따른 폐단을 들어 민간 거래에서 綿布의 허용을 건의해
오자, 국왕은 "만약 면포를 금지하지 않으면 모두 저화를 사용하지
않을 것이다."216)면서 이를 물리쳤다. 세종 원년 당시 이미 면포가
민간에서 일반적인 거래수단으로 사용되고 있었음을 보여 주는 내용
으로, 또한 태종조에 걸쳐 이루어진 면포의 생산과 보급증대의 결과
를 아울러 보여 주는 내용이라 하겠다.

세종조에 일반적인 통화로서 면포의 유통이 확대되었던 사정은
동 27년(1445) 10월 집현전 직제학 李季甸의 다음 上書 내용에서
더욱 분명하게 확인된다. 이 상서에서 이계전은, "우리나라의 풍속
에서 모든 매매는 반드시 綿布로 가격을 정하는데, 만약 면포가 충
분치 않으면 他物로 충당하는 由來가 매우 오래여서 갑자기 바꾸
기 어렵다."217)라고 전제하고 있었다. 그는 실례로 田莊과 第舍 등
을 사려고 할 경우 반드시 면포로 지불할 수밖에 없는 것은, 동전
으로 계산하면 비록 부상대고라 하더라도 수백여 관에 이르는 금액
을 쉽게 준비할 수 없기 때문이라고 설명하였다. 덧붙여 그는 일용
에 쓰임이 급박한 흔한 賣買物 중에서도 면포 수십 필에 이르는
물품이 많은 실정을 들면서, 동전 전용에 반대하고 동전·철전과 더
불어 포화인 면포와 정포의 겸용을 주장하였다.218)

---

216) 《世宗實錄》 卷3, 世宗 元年 3月 辛未, 2冊, 309쪽.
217) 《世宗實錄》 卷110, 世宗 27年 10月 壬子, 4冊, 641쪽.
　　"我國風俗 凡諸買賣 必以綿布定價 綿布未足 充以他物 其來尙矣 不可遽革也."
218) 위와 같음, 640~641쪽.

이처럼 세종조 全 기간에 걸쳐 강행된 정부의 동전 전용 또는 저화 겸용의 화폐정책에도 불구하고, 이 시기 민간의 교환경제에서, 특히 고액물품의 거래에서는 면포가 주된 通貨수단으로 널리 유통되었다. 이러한 사정은 비록 후대의 기록이기는 하지만 《增補文獻備考》에서 세종 28년(1446)의 화폐 사정을 두고, "이때 금은을 채굴하지 않고 동전 또한 통용되지 않아 면포로 화폐를 삼았는데, 35척을 1疋, 50필을 1同으로 하였다."[219]라고 기술한 데서 다시 한 번 분명하게 확인된다.

요컨대 세종조 일대를 거치면서, 면포는 오승포 35척의 규격을 지니면서[220] 고액물품 거래를 포함한 민간의 일상적인 거래에서 국폐인 동전이나 저화 대신 일반적인 通貨로서 사용되며 그 유통이 널리 확대되고 있었다. 세종조 민간 교환경제에서 화폐로서 면포 통용의 일반화를 무엇보다 잘 보여 주는 것은 米價의 면포 표시였다. 민간에서 가장 상품화의 빈도와 비중이 높았을 米穀의 가격은 고려후기 이래 태종조까지는 일상 오승포로 표기되어 왔는데,[221] 세종조에 들어와 확인되는 대부분의 사례에서 시중의 미가는 면포를 기준으로 그 가격이 표시되었다. 이 같은 경향은 도성

---

219) 《增補文獻備考》 卷160, 財用考 7, 布帛.

"世宗二十八年…是時 不採金銀 不行錢法 只以綿布爲貨 綿布三十五尺爲一疋 五十疋爲一同."

220) 세종조에 통용된 면포의 升數를 확인할 수 있는 기록은 아직 확인하지 못하였다. 그러나 15세기 후반 이 면포의 升數減縮에 따른 麤布化가 문제 되기 시작하였을 때 그 기준포가 오승포였던 사정이나(宋在璇, 〈16세기 綿布의 貨幣機能〉, 《邊太燮博士華甲紀念史學論叢》, 三英社, 1986) 당시 公私行用 면포의 승수가 5승이었음을 고려하면(앞의 주 29 참조), 면포의 추포화가 진행되기 이전 세종조의 통용 면포는 오승포였다고 판단된다.

221) 주 118과 본고 3장 내용 참조.

만이 아니라 외방의 미가 표시 역시 마찬가지였다.[222]

세종조에 이와 같이 면포가 민간의 교환경제에서 일반적인 通貨 수단으로 자리하는 것과 함께, 이제 각종 부세나 신역 등 국가재정 부문에서도 면포가 일반적인 등가기준으로 활용되면서 정부에 수납 되고 있었다. 예컨대 태종조에 常布와 米로 표시되었던 楮貨價가 이제 木縣과 米로 그 가격이 산정되었으며,[223] 銅錢價 역시 목면 으로 시중가치가 추산되면서 이전과 그 등락 상황이 비교되었다.[224] 이 외에도 其人·補充軍·皂隷·選上奴婢·船軍 등의 代立價,[225] 각 도 鹽場의 鹽價, 船稅, 외방의 各司奴婢 身貢,[226] 對日 下賜品,[227] 동전 전용책에 따른 각종 襃賞,[228] 그리고 외방 공물의 납입 과정 에서 벌써 문제 되고 있던 각종 代納貢物의 가격이나 貢吏들의 대

---

222)《世宗實錄》卷28, 世宗 7年 5月 癸未, 2冊, 669쪽 ;《世宗實錄》卷76, 世宗 19年 2月 己巳, 4冊, 52쪽 ;《世宗實錄》卷107, 世宗 27年 2月 癸酉, 4冊, 609쪽 ; 《世宗實錄》卷110, 世宗 27年 10月 壬子, 4冊, 641쪽 ;《世宗實錄》卷111, 世宗 28年 3月 甲戌, 4冊, 657쪽 ;《世宗實錄》卷113, 世宗 28年 9月 庚寅, 4冊, 701쪽.

　　시중 米價가 면포가 아닌 다른 포화, 곧 상포나 정포로 표시된 경우는 필자의 조사에 따르면 세종 18년(1436) 윤6월과 19년(1437) 2월의 두 사례뿐이고, 이 중 後者는 국초의 五綜布 가격표시와 비교하기 위한 正布價 표시이다(《世宗實錄》 卷73, 世宗 18年 閏6月 甲申, 4冊, 18쪽 ;《世宗實錄》卷76, 世宗 19年 2月 己巳, 4冊, 53쪽).

223) 주 115 ;《世宗實錄》卷21, 世宗 5年 9月 甲午, 2冊, 556쪽.

224)《世宗實錄》卷28, 世宗 7年 6月 甲寅, 2冊, 673쪽 ;《世宗實錄》卷29, 世宗 7年 7月 乙酉, 2冊, 682쪽.

225)《世宗實錄》卷87, 世宗 21年 11月 乙卯, 4冊, 251쪽.

226)《世宗實錄》卷46, 世宗 11年 12月 乙亥, 3冊, 207~208쪽.

227)《世宗實錄》卷10, 世宗 2年 10月 辛酉, 2冊, 412쪽.

228)《世宗實錄》卷34, 世宗 8年 12月 乙丑, 3冊, 51쪽 ;《世宗實錄》卷58, 世宗 14年 11月 乙丑, 3冊, 425쪽 ;《世宗實錄》卷59, 世宗 15年 正月 己巳, 3冊, 438쪽.

납을 위한 稱貸 수단 등이 이제 면포로 표기되거나 활용되면서,[229] 국가의 재정운영과 관련된 교환경제의 영역에서도 면포가 이제 일반적인 등가기준이자 통화체계로 기능하고 있던 실정을 잘 보여 준다.

물론 고려후기 이래 태종조까지 公私의 교환경제에서 기준통화역할을 해 오던 오승포, 곧 상포가 세종조에 들어 이처럼 현저하게 퇴조하는 상황에서, 이들 면포만이 유일한 통화로서 기능한 것은 아니었다. 국폐통용을 위한 엄격한 麤布禁斷 방침으로 인해 시중에서 더 이상 유통되지 않게 된 오승포와 달리, 세종조와 그 이후에도 정오승포로서 正布는 국가재정만이 아니라 민간의 교환경제 영역에서도 여전히 면포와 더불어 布貨·布幣 체계의 일원으로 기능하고 있었다.

우선 田稅布를 비롯하여 노비신공 등 각종 稅貢이 정포로 상납되는 현실에서,[230] 이렇게 국가재정에 편입된 정포는 이제 관리들의 녹봉과 같은 국가지출 외에도[231] 諸君의 第宅價 등 다양한 용도에 쓰임으로써 다시 민간과 시중에 유통되고 있었다.[232] 민간에서도 정포는 각종 물품의 등가기준으로서 역할 외에도[233] 官鹽價,[234]

---

229)《世宗實錄》卷89, 世宗 22年 5月 庚戌, 4冊, 285쪽 ;《世宗實錄》卷122, 世宗 30年 10月 辛酉, 5冊, 101쪽.

230)《世宗實錄》卷28, 世宗 7年 6月 壬子, 2冊, 673쪽 ;《世宗實錄》卷73, 世宗 17年 閏6月 甲申, 4冊, 18쪽 ;《世宗實錄》卷76, 世宗 19年 3月 己酉, 4冊, 60쪽 ;《世宗實錄》卷110, 世宗 27年 10月 壬子, 4冊, 641쪽 ;《世宗實錄》卷115, 世宗 29年 正月 癸酉, 5冊, 1~2쪽 ;《世宗實錄》卷123, 世宗 31年 正月 庚戌, 5冊, 116쪽.

231)《世宗實錄》卷82, 世宗 20年 7月 癸卯, 4冊, 155~156쪽.

232)《世宗實錄》卷110, 世宗 27年 10月 壬子, 4冊, 641쪽.

233)《世宗實錄》卷25, 世宗 6年 8月 己酉, 2冊, 616~617쪽 ;《世宗實錄》卷66, 世宗 16年 12月 戊申, 3冊, 603쪽 ;《世宗實錄》卷79, 世宗 19年 12月 丙寅, 4冊, 117쪽.

米價235) 등에서 면포와 더불어 기준통화로 활용되고 있었던 것이다.

布貨로서 면포와 정포의 이와 같은 兼用은 이들 두 포화가 각기 수행하는 화폐기능의 차이에서도 요구되었다. 요컨대 당시 '1:2'의 比價로서 통용되었던 면포와 정포는 각기 국가재정이나 민간의 교환경제에서 前者가 고액화폐, 後者가 소액화폐로 유통되고 있었던 것이다.236) 여기에 '斗升 이하'로 묘사되는 영세 소민층의 朝夕 마련을 위한 極少額 거래에 최소의 교환매체로 米가 여전히 사용되었음은 물론이다. 세종 6년(1424) 8월 국왕이 傳旨를 통해 《明律》에 근거한 收贖을 새로 주조하는 朝鮮通寶로 해당 속전액을 환산하도록 하면서 그 太多와 太少를 우려하여 정포 혹은 면포로 물가와 計准하도록 조처한 것은, 이 시기 민간과 시중의 교환경제에서 포화로서 이들 정포와 면포가 하고 있던 통화로서의 기능과 역할을 전제로 한 지시였다.237)

또한 세종 18년(1436) 7월 충청감사 鄭麟趾는 常平法의 시행을 제안하면서, 그 財源을 매 10결당 수납하는 면포·정포·동전으로 마련하자고 건의하였다.238) 동 27년(1445) 3월에도 국왕은 三南의 감사들에게 상평법 시행을 위해 우선 도내 민간의 米價와 穀價를 목면과 정포 1필 가격으로 조사하여 보고할 것을 지시하였다.239) 이처럼 면포와 정포는 세종조 국가재정과 민간의 교환경제 영역 모두에

---

234) 《世宗實錄》 卷45, 世宗 11年 9月 丙寅, 3冊, 198쪽 ; 《世宗實錄》 卷47, 世宗 12年 2月 乙亥, 3冊, 215쪽.

235) 《世宗實錄》 卷76, 世宗 19年 2月 己巳, 4冊, 53쪽 ; 《世宗實錄》 卷107, 世宗 27年 3月 庚寅, 4冊, 610쪽.

236) 본고 2장 참조.

237) 《世宗實錄》 卷25, 世宗 6年 8月 己酉, 2冊, 616~617쪽.

238) 《世宗實錄》 卷74, 世宗 18年 7月 甲寅, 4冊, 24쪽.

239) 《世宗實錄》 卷107, 世宗 27年 3月 庚寅, 4冊, 610쪽.

서 각기 고액과 소액화폐의 通貨로서 기능하며 널리 유통되고 있었으며, 이 과정에서 기왕의 추포로서 상포가 시장에서 점차 퇴조하고 있었던 것이다.

이상에서 살펴본 바와 같이 태종조에 이어 세종조에도 국가의 국폐 보급정책이 실패로 귀결되는 가운데, 포화로서 면포와 정포가 국가재정과 민간의 교환경제 兩 부문에서 공히 통화체계로서의 역할을 충실히 수행해 내고 있었다. 따라서 이 시기 저화와 동전의 연이은 보급정책의 실패 배경을 기왕의 견해에서 강조되는 바와 같이 화폐유통의 기반으로서 교환경제의 未熟性에서 찾을 수는 없다는 것이 필자의 견해이다.

오히려 國幣 보급의 실패는 이를 통해 집권국가가 추구하고 있던 '이권재상'의 경제정책에 대한 諸 상인층의 반발과, 상·하층의 교환경제를 막론하고 고액화폐로서 紬布와 綿布, 소액화폐로서 正布와 常布로 대표되는 이들 포화와 米의 충실한 화폐기능에서 유래된 것이었다. 때문에 15세기 후반에 들어 세조는 이 같은 포화의 화폐기능을 승인하여 이를 국폐로 모두 공인함으로써 현실의 교환경제와 그 통화체계를 수용하였으며,240) 이는 성종조에 《경국대전》의 규정으로 최종 수렴되기에 이르렀다.241)

국초 태종조에서 세종조에 이르는 이상의 布貨構成의 변동은 크게 보아 고려후기 이래 정립되어 있던 오승포의 기준통화 위치가 세종조 이후 면포로 대체되어 가는 것이자, 추포인 상포의 퇴조 과정이었다. 그런데 이처럼 오승포가 교환경제의 현장에서 사라짐에

---

240) 《世祖實錄》 卷14, 世祖 4年 11月 戊戌, 7冊, 301쪽 ; 《世祖實錄》 卷14, 世祖 4年 12月 甲戌, 7冊, 305쪽 ; 《世祖實錄》 卷23, 世祖 7年 2月 戊寅, 7冊, 447쪽.
241) 《經國大典》 戶典, 貨幣.

따라, 특히 이 시기 장기적인 成長 추세이던 하층 교환경제에서는
면포의 1/4, 정포의 1/2의 가치로 통용되던 소액화폐의 부족이라는
현실에 직면하게 되었다. 다시 말해 상포의 소액기능을 대체할 새로
운 화폐나 포화 체계의 출현이 절실한 상황이었던 것이다. 바로 15
세기 후반 이후 등장하는 면포의 升數 감축과 尺短化의 경향, 곧
국초와 같은 5승 마포가 아닌 '升麤尺短'의 면포로서 새로운 '麤布'
가 등장하는 화폐사적인 배경이었다.242)


## 5. 結 語


조선초기 통용되고 있던 다양한 布貨를 그 用例를 구분하여 정
리하고, 강력한 國幣 보급정책에도 불구하고 여전히 교환경제의 현
장에서 일반적인 등가기준이자 통화로서 기능하고 있던 이들 포화의
실체를 규명하여 보면 이상과 같다. 이제 그 내용을 요약하여 정리
하고, 국초의 포화유통이 우리의 화폐사에서 차지하는 위치를 조망
하는 것으로 본고를 맺고자 한다.

고려후기 이래 국가의 부세체계와 민간의 교환경제에서는 麻布
인 五升布가 공히 일반적인 등가기준과 교환수단으로 등장하였다.
이 오승포는 銀瓶·碎銀 등 귀족과 대상인층이 중심인 상층 교환경
제의 通貨체계와 대비되면서, 이 시기 장기적인 성장 추세를 보이고
있던 피지배 농민층 중심의 하층 교환경제의 발전과 더불어 고려 최

---

242) 15세기 후반 이후의 '麤布經濟'와 貨幣史上의 의미에 대해서는 朴平植, 앞의
〈朝鮮前期의 麤布流通과 貨幣經濟〉 참조.

말기의 사회경제에서 基準通貨로 자리 잡고 있었다. 조선 왕조의 개창에 따른 제반 정치 사회의 변동에도 불구하고 오승포의 이 같은 通貨 지위는 국초에 여전하였고, 태종·세종조에 걸쳐 楮貨와 銅錢 등 강력한 국폐 보급정책이 펼쳐졌던 배경도, 이처럼 민간에 남아 있는 貨權을 국가·군주가 회수하여 이를 새로운 집권국가의 '利權 在上'에 기초한 경제정책과 화폐정책으로 구성하기 위한 노력이었던 것이다. 국초에는 이처럼 前朝 이래 기준통화로 기능하던 5승 마포 외에도, 綿紬·苧布 등과 함께 공민왕대 이후 도입된 木緜의 보급과 더불어 綿布도 포화체계의 한 구성을 이루며 유통되고 있었다. 그러나 가장 일반적인 화폐기능은 그 명칭에서 보듯이 正布·常布로 지칭되고 있던 5승 마포가 담당했다.

그런데 국초 교환경제에서 통용되고 있던 布貨는 매우 다양한 用例와 명칭으로 혼재되어 자료상에 등장하는 까닭에, 이 시기 화폐경제를 정확히 이해하려면 우선적으로 각 포화의 用例에 대한 구분과 정리가 필수로 요구된다. 먼저 正布는 '正五升布'로도 부르는 5승 마포로서, 길이 35척, 폭 7촌 이상의 규격을 갖는 田稅布貨였다. 물론 현실에서는 곧잘 관리들에 의해 6승 이상, 그리고 35척이 넘는 길이의 전세포가 백성들에게 강요되었지만, 법적인 규정은 '정오승포'라는 명칭에서 보듯이 5승 35척이 公定 규격이었다. 한편 常布는 '常五升布', '五升布', '五綜布' 등으로도 불렸던, 이 시기의 대표적인 기준통화인 5승 마포를 지칭하였다. 정포와 마찬가지로 5승 35척의 규격이었으나, 민간에서 직조되어 통용되는 것으로서 정포와 같이 官認과 公證의 과정을 거치지 않은 포화였기에 정포와 상포의 比價는 '1:2'로 설정되었다. 麤布 역시 고려 최말기 이래 細布와 대비되는 일상 통용의 포화라는 용례도 있었지만, 보다 일반적으로는 이들 상포, 오승포의 異稱으로 쓰였다. 국초 이들 여러 포화들의

比價 관계는 '紬布 : 綿布 : 正布 : 常布'가 각기 '1 : 1.5 : 3 : 6'의 비율이어서, 주포와 면포가 고액화폐로, 그리고 정포와 상포가 米와 더불어 소액화폐로 각기 유통되고 있었다.

태종은 18년여의 국왕 재임기간에 두 차례의 저화 보급정책을 추진하였고, 그 만년에는 동전 발행을 계획하는 등 누구보다 국폐의 보급에 노력을 기울인 군주였다. 태종 원년(1401)부터 추진되다 3년(1403)에 중단되고, 다시 10년(1410)부터 재추진되었던 태종조의 저화 보급정책은, 貨權의 국가·군주 장악을 통해 국가재정의 보전을 도모할 뿐만 아니라, 이를 통해 교환경제와 경제운용에 대한 제반 권한을 파악하여 이를 公共의 이익을 전제하여 운영하겠다는 '利權在上', '務本抑末'의 경제이념의 체계 안에서 구상되고 추진되었던 화폐정책이었다. 따라서 楮貨專用과 상포인 추포의 사용 금지를 철저하게 강제하는 방향일 수밖에 없었고, 바로 이 점에 정책 실패의 근본 요소가 내재하고 있었다. 저화는 애초에 그 공정가가 상포 4필로 설정되었고, 실제 보급 과정에서 반발에 부딪히면서 그 가격이 상포 1필이나 米 2두로 책정되어 보급되고 있었다. 그러나 이는 오승포와 米와 같은 通貨체계로 유지되던 하층 교환경제의 참여층, 예컨대 영세 소상인과 일반 농민층에게는 실용하기에 지나치게 고액의 화폐였다. 반면 실제로 제1차 저화 보급정책이 중단된 이후에 나타났던 상황에서 확인되듯이, 부상대고를 비롯한 상층 교환경제의 주역들에게 저화는 '이권재상'의 국가정책에 따라 자신들의 資産을 통제할 뿐만 아니라 심지어 그 가치를 일거에 부정할 수조차 있는 국폐였기에, 이들은 그 도입과 보급에 극력 반대하였다.

태종 15년(1415) 저화 보급정책이 실질적으로 실패로 귀결된 가운데, 국왕에 의해 모색된 銅錢 발행과 이를 통한 저화·동전의 兼用 구상은 이상의 문제점에 대한 대책으로 나온 방안이었다. 곧 고액화폐로서 저화와 소액화폐로서 동전의 유통방안이었고, 이를 통해 상·하층의 교환경제 전체를 더욱 확고하게 장악하고 통제하려는 '이권재상'에 기초한 화폐정책의 企圖였던 것이다. 태종조 국폐보급과 관련한 최후의 이 노력마저 실현되지 못한 채, 현실의 교환경제는 상포인 오승포를 기준통화로 하고 여기에 정포와 면포, 그리고 米가 각기 보조의 통화체계로 활용되면서 펼쳐졌다. 고려후기 이래 오승포의 등장과 일반적 等價基準化의 배경으로 작동하고 있던 장기적 추세의 하층 농민층 교환경제의 成長 흐름이 지속되면서, 이들 영세 소상인이나 농민층의 경제활동에 적합한 통화체계로서 米布, 특히 상포나 추포로도 부르던 오승포가 국초 태종조 전반에 걸쳐 추진된 강력한 국가의 국폐 보급정책을 무력화시키면서 일상의 교환경제에서 일반적 등가기준으로 기능하였던 것이다.

　세종 정부는 태종조에 보급이 시도된 저화를 고액화폐로 삼고, 여기에 소액화폐로서 동전을 추가 발행함으로써 상·하층에 걸친 교환경제 전반을 더욱 확고한 '이권재상'의 방침에 따라 장악하고 통제하려는 구상에서 朝鮮通寶의 유통방안을 추진하였다. 그러나 거듭하는 저화가의 추락 속에서 결국 동전 전용방침으로 화폐정책이 전환되면서, 그 보급을 위해 태종조에 비해 훨씬 다채로운 지원과 유통방안을 마련하여 시행하였다. 동전 불사용자에 대한 엄격한 처벌을 구사하면서도, 한편으로 사용을 중단시킨 저화의 兌換保證과 각종 和賣 정책 등을 마련하여 민간에서 동전의 信認度를 높임으로써 국폐유통의 성공을 도모하였던 것이다. 그러나 20여 년에 걸친 노력에도 불구하고 세종조의 동전 통용정책 또한 실패하고 말았다. 가장 근본적인 배경에는 태종조 저화 보급정책의 실패를 경험한 민간 교환경제 주역들의 강한 不信과 저항이 자리하고 있었지만, 한편으로 鑄錢用 銅의 절대부족 상황 역시 핵심적인 요인이었다. 국내 생산이 매우 부족하였던 銅은 주로 일본으로부터 수입에 의존할 수밖에 없었고, 그 결과 세종조에 주조되거나 유통에 들어간 동전은 그 절대액수가 민간의 수요를 고려할 때 결코 충분치 못했다. 米價로 환산한 세종조의 동전 발행액은 公定價로 계산하더라도 약 18만여 석에서 26만여 석에 불과하였고, 당대 시중 동전가의 급격한 하락 추세를 고려하면 유통 중인 동전의 액수는 더욱 부족한 양일 수밖에 없었던 것이다.

이처럼 세종 정부의 동전 보급정책이 실패하는 가운데, 현실의 교환경제에서는 기왕의 通貨體系에 커다란 변화가 나타나고 있었다. 고려후기 이래 오랫동안 국가의 재정운영이나 민간의 교환경제 兩者에서 모두 기준통화의 역할을 하여 왔던 오승포가 退潮하여 시중에서 사라지는 추세 속에서, 새롭게 綿布가 그 역할을 대체하여 맡고 있었던 것이다. 고려후기 공민왕대 처음 도입된 木縣이 국초 조선에 들어 더욱 면작지대가 확산되고, 下三道를 중심으로 그 주산지가 형성되면서 면포의 생산 확대가 이루어진 결과였다. 무거워서 운반이 어렵고, 또한 麤疎한 탓에 布로서의 효용성이 떨어졌던 常布가 일부 국가의 부세체계나 등가기준 등에서는 아직 남아 기능하고 있었으나, 민간의 교환경제 현장에서는 더 이상 이전과 같은 기준통화의 지위를 갖지 못하게 되었다. 이제 면포가 각종 부세나 신역 등 국가의 재정운영이나, 米價 표시로 상징되는 민간의 교환경제 全 영역에서 이전 상포의 기능을 대체한 것이다. 5승 35척의 규격을 지녔던 면포가 이처럼 公私의 교환경제 모두에서 일반적인 등가기준과 교환수단으로 활용되는 가운데, 한편에서는 正布와 米 또한 소액화폐로서 통용되고 있었다. 그러므로 세조조에 내려진 여러 布貨들에 대한 國幣公認 조처는, 이처럼 국초 태종~세종조에 펼쳐진 상포와 면포를 포함한 포화들의 실제적인 화폐기능에 대한 국가적인 추인이었던 셈이다.

요컨대 고려후기 이래 5승 마포인 常布〔麤布〕가 일반적인 등가 기준과 교환수단으로 통용된 것은, 이 시기 농민적 하층 교환경제의 장기적인 성장 추세와 함께 나타난 貨幣界의 현상이었다. 조선 왕조 개창 이후 국폐로서 저화와 동전의 보급을 통한 국가의 貨權 장악 정책이 실패하는 이면에서, 국초 태종조에 이르기까지는 상포의 통용이 더욱 확산되었고, 세종조 후반을 거치면서 棉作의 확산과 더불어 綿布가 상포를 대체하며 교환경제에서 기준통화로서 새롭게 위치하게 되었던 것이다. 한편 이와 같은 세종조 후반 이후 상포의 퇴조와 소멸이라는 교환경제의 현실 속에서, 특히 민간의 하층 농민층의 교환경제 영역에서는 이제 이 상포를 대신할 새로운 소액화폐의 출현이 절실하게 요구되었다. 15세기 중반 이후 교환경제에 등장하는 '升麤尺短'의 면포, 이른바 새로운 '麤布'는 바로 이러한 화폐경제의 요구에 부응하여 유통되기 시작한 포화였고, 이 추포는 이전 태종조까지 5승 마포였던 상포와는 전혀 다른 포화로서 이후 교환경제에서 새롭게 기준통화의 역할을 하게 되었다.

# 朝鮮前期의 麤布流通과 貨幣經濟

## 1. 序 言

조선초기, 국가의 재정체계와 관련한 物貨의 유통이나 민간의 교환경제에서 교환의 매개, 等價基準의 역할을 하였던 것은 국가 公定의 화폐로서 楮貨·銅錢이 아니라 布貨였다.[1] 이 포화는 고려후기 이래 주로 麻布가 五升布의 형태로 유통되었고, 조선 왕조 개창을 전후하여 棉作이 보급되면서 세종조 이후에는 綿布가 마포를 대신하여 일반적인 교환수단으로 주로 사용되고 있었다.[2]

이처럼 고려후기부터 국초에 이르기까지 국가재정과 민간의 교환경제에서 일반적인 등가기준과 교환수단으로 통용되면서 基準通貨의 역할을 하였던 마포는, 紬布·면포 등의 고액화폐와 대비되는 소액화폐로서 正布와 常布로 나뉘어 당대 널리 유통되고 있었다.

1) 李鍾英, 〈朝鮮初 貨幣制의 變遷〉, 《人文科學》7, 1962〔《朝鮮前期社會經濟史硏究》(혜안, 2003)에 수록〕 ; 金柄夏, 〈李朝前期의 貨幣流通－布貨流通을 中心으로〉, 《慶熙史學》2, 1970 ; 須川英德, 〈朝鮮時代의 貨幣〉, 《歷史學硏究》711, 1998.
2) 周藤吉之, 〈高麗末期より朝鮮初期に至る織物業の發達〉, 《社會經濟史學》12-3, 1942 ; 澤村東平, 《朝鮮棉作綿業の生成と發展》, 朝鮮纖維協會, 1941.

그런데 세종조 연간 면작이 확대되면서 면포가 마포를 대체하여 새로운 기준통화로 자리매김하여 갔고, 급기야 세종조 후반에는 5승 마포인 상포가 교환경제에서 전면 退潮하기에 이르렀다.3) 아울러 15세기 중반 이 상포의 소멸과 동반하여, 교환경제에서는 이 무렵 처음 등장하기 시작한 '升麤尺短'의 면포인 '麤布'가 그간의 상포를 대체하여 민간의 하층 교환경제에서 소액통화로서 폭넓게 유통되기 시작하였다.4)

본 연구는 조선 왕조의 개창 이래 세종조 이후 국가의 재정체계와 민간의 교환경제에서 기준통화로서 일반적으로 통용되고 있던 면포, 그중에서도 특히 '추포'의 화폐로서의 실체를 규명하여 이들 布貨가 近者 새롭게 밝혀진 조선전기 교환경제의 성장과 발전에 어떻게 연계·조응하면서 변화해 갔는지를 파악하여 그 성격을 밝혀 보고자 한다.5) 그러므로 이는 우리나라 전근대 貨幣史의 전개를 체계적으로 규명하려는 시도이자, 동시에 이 시기에 전개된 상업의 확대와 발달 사정을 화폐사의 관점에서 점검·해명하는 작업이기도 하다.

---

3) 朴平植, 〈朝鮮初期의 貨幣政策과 布貨流通〉, 《東方學志》 158, 2012(本書 Ⅱ부 제2논문).

4) 위와 같음.

5) 조선전기 상업사에 대한 새로운 이해 체계에 대하여는 다음 拙著 참조.
    朴平植, 《朝鮮前期商業史研究》, 지식산업사, 1999 ; 朴平植, 《朝鮮前期 交換 經濟와 商人 研究》, 지식산업사, 2009.

## 2. 15世紀 後半 以後 麤布의 擴散實態

고려 최말기에서 조선 국초에 이르는 시기, 麤布는 당대 기준통
화의 역할을 담당하면서 일반적으로 '常布' 또는 '常五升布'로 부
르던 5승 麻布를 지칭하였다.6) 그런데 16세기에 들어 크게 사회문
제화되고 있던 추포는 국초의 이 같은 5승 마포가 아니라 '5승 35
척'의 일반적인 布貨 규정에서 벗어난 형태로 널리 유통되고 있던
면포를 가리키는 용례였다.7) 그리고 그 실체는 "短狹麤惡8), "麤
短"9), "尺短綿布"10), "麤惡綿布"11) 같은 표현에서 드러나듯이, 升
數가 오승포에 못 미치고 길이가 35척보다 짧은 채로 통용되는 이
른바 '升麤尺短'의 면포였다. 이 포화를 15세기 후반에는 통상 '추
포'로 불렀으나, 16세기 中宗朝 이후에는 일상적으로 '惡布'로도
지칭하였다.

이 같은 추포·악포는 燕山君 11년(1505)에 시작된 궁궐내 瑞葱
臺 공사에 동원된 백성들이 監役官들의 독촉에 시달려 입고 있던

---

6) 앞의 주 3 논문.

7) 16세기 면포로서 이 추포의 확산과 그 화폐적 기능에 대하여는 일찍이 다음 논
    문에서 주목한 바 있다.

    宋在璇, 〈16세기 綿布의 貨幣機能〉,《邊太燮博士 華甲紀念 史學論叢》, 三英
    社, 1985 ; 방기중, 〈17·18세기 前半 金納租稅의 성립과 전개〉,《東方學志》45,
    1984 ; 李正守, 〈16세기 綿布流通의 이중화와 貨幣流通 논의〉,《朝鮮時代史學
    報》25, 2003 ; 兪眩在, 〈16세기 麤布 유통과 그 성격〉,《韓國史論》52, 2006.

8)《成宗實錄》卷162, 成宗 15年 正月 甲辰, 10冊, 560쪽.

9)《成宗實錄》卷271, 成宗 23年 11月 甲戌, 12冊, 237쪽 ;《中宗實錄》卷65,
    中宗 24年 5月 己未, 17冊, 124쪽.

10)《燕山君日記》卷21, 燕山君 3年 正月 戊辰, 13冊, 188쪽.

11)《中宗實錄》卷24, 中宗 11年 4月 壬戌, 15冊, 157쪽.

옷의 실을 풀어 다시 짜 상납한 '麤惡', '陋惡'한 면포에서 유래한
것으로 당대에 인식되었고,12) 이런 파악은 中宗反正 이후 더욱 일
반화되고 있었다.13) 그러나 '승추척단'의 면포로서 추포가 민간에서
유통되기 시작한 것은 이보다 앞선 15세기 중반부터였고,《朝鮮王
朝實錄》의 그 최초 용례는 成宗 원년(1470) 5월의 기사이다. 富商
을 비롯한 여러 納布者들로부터 뇌물을 받은 후에 추포를 수납하고
正布를 지급한 제용감 僉正 金廷光에 대한 囚鞫 건의에서 언급된
추포였다.14)

관련 납포자가 330여 명에 이르고,15) 이후 오랫동안 조정에서
크게 논란되었던 이 사건에서 제용감이 수납한 포는 '升麤布', 곧
승수가 5승에 못 미치는 추포였고,16) 김정광이 뇌물을 받고 지급한
正布와의 比價는, 추포 630필을 납부하고 정포 1,260필을 수령한
사례에서 보듯이 추포 대비 정포 '1 : 2'이었다.17) 그런데 사건 관련
富商들 중 20여 명은 이 과정에서 조정의 조사가 시작되자, 자신들
의 불법 행위 자취를 없애고자 제용감 창고에 함부로 들어가 자신들
이 납부한 3천여 필에 이르는 升麤布 양단의 升數를 표시한 着表

---

12)《燕山君日記》卷61, 燕山君 12年 2月 癸亥, 14冊, 40쪽 ;《中宗實錄》卷22,
   中宗 10年 6月 癸酉, 15冊, 87쪽.
13) 수다한 사례의 몇을 적기하면 다음과 같다.
   《中宗實錄》卷2, 中宗 2年 正月 庚寅, 14冊, 115쪽 ;《中宗實錄》卷22,
   中宗 10年 9月 甲午, 15冊, 93쪽 ;《中宗實錄》卷24, 中宗 20年 7月 辛酉, 16冊,
   431쪽 ;《中宗實錄》卷65, 中宗 24年 5月 己未, 17冊, 124쪽.
14)《成宗實錄》卷5, 成宗 元年 5月 丁未, 8冊, 504쪽.
15)《成宗實錄》卷6, 成宗 元年 6月 癸丑, 8冊, 507쪽.
16)《成宗實錄》卷6, 成宗 元年 6月 甲寅, 8冊, 507쪽.
17)《成宗實錄》卷6, 成宗 元年 7月 壬午, 8冊, 514쪽.
   이 比價는 다른 기록에서도 거듭 확인된다(《成宗實錄》卷6, 成宗 元年 7月 己丑,
   8冊, 517쪽).

處를 모두 잘라내 버려 더욱 문제가 되었다.[18]

이 같은 사건 經緯에 비추어 볼 때, 애초 이 부상들의 제용감을 상대로 한 納布受價 거래가격은 '면포 1필당 정포(마포) 2필'이었고, 이는 이 시기 조선 정부의 공식적인 면포 대비 정포의 교환가격이기도 하였다.[19] 그런데 제용감 관리에게 뇌물을 준 330여 부상을 비롯한 납포자들이 5승의 正綿布 대신 升麤의 면포, 곧 추포를 납부하고 그 대가로 정면포가인 필당 2필의 정포를 수령하였던 것이 이들의 불법행위의 실체였다. 16세기 추포가 널리 확산된 이후 통상 정면포 1필 대비 麤布(惡布)價가 2필이었음을 고려하면,[20] 이 같은 불법을 통해 납포자들은 국가를 상대로 2배의 差益을 거두었던 셈이다. 이른바 '濫受正布'[21]의 범죄 행위였다.

이처럼 5승 35척의 정면포가 아닌, 麤惡綿布로서 '升麤尺短'의 麤布는 언제부터 시중에 유통되기 시작하였을까? 이와 관련하여서는 世祖 6년(1460)에 頒行된 《經國大典》 호전에 규정된 '오승포 - 上等, 삼승포 - 中等, 저화 - 下等'이라는 國幣 조문에 유의할 필요가 있다.[22] 국초 태종~세종조의 楮貨·銅錢 보급정책이 실패로 귀결된 후 세조는 布貨를 저화와 더불어 국폐로 승인하면서, 위와 같이 오승포와 더불어 삼승포의 통용을 허용하고 있었다.

---

18) 위와 같음.

19) 면포 대비 정포 '1：2'의 공식 교환가는 棉作이 널리 보급된 세종조 이래 16세기에 이르기까지 일관되게 유지되고 있었다(《世宗實錄》 卷47, 世宗 12年 2月 乙亥, 3冊, 215쪽 ；《世宗實錄》 卷74, 世宗 18年 7月 甲寅, 4冊, 24쪽 ；《成宗實錄》 卷33, 成宗 4年 8月 丙子, 9冊, 54쪽 ；《中宗實錄》 卷98, 中宗 37年 7月 甲子, 18冊, 600쪽).

20) 《中宗實錄》 卷22, 中宗 10年 7月 甲午, 15冊, 93쪽 ；《中宗實錄》 卷23, 中宗 10年 11 辛卯, 15冊, 120쪽.

21) 주 17과 같음.

22) 《世祖實錄》 卷21, 世祖 6年 8月 乙卯, 7冊, 412쪽.

이 5승과 3승의 포화가 마포를 지칭하는지, 또는 면포를 가리키는지는 명확하지 않다. 그러나 국초 정포와 함께 소액화폐로 유통되었던 常布가 5승 마포였던 사정, 당시 麤布로도 불리던 이 5승 마포가 세종조 후반 이후 교환경제에서 점차 퇴조하고 소멸해 갔던 실정,[23] 세종조를 전후한 棉作의 확산과 면포 유통의 확대 사정 등을 고려하면[24] 이 삼승포는 면포이거나 또는 면포와 마포 모두를 포괄하는 것으로 판단된다.

그렇다면 국초의 5승 마포였던 추포와 다른, 이 升麤尺短의 면포로서 새로운 추포의 등장 시기는 그 구체 용례가 처음 확인되는 앞의 성종 원년(1470)이 아니라, 세조조 연간 15세기 중반까지로 소급할 수 있겠다. 즉 세종조를 전후로 한 면작의 확산 결과, 5승 면포가 교환경제에서 널리 포화로서 통용되고 얼마 지나지 않아 升麤尺短의 면포인 새로운 추포 또한 세조 치세에 점차 유통되기 시작하였다고 여겨진다.[25]

이와 같이 15세기 중반에 등장하여 그 후반기인 성종조 이후 포화로서 널리 확산되고 있던 추포에는 다음과 같은 여러 유형의 면포가 포함되어 유통되고 있었다. 우선 '升麤'布로서 3~4승포이다. 세조조에 처음 그 실체가 확인되는 3승 면포는 16세기 초 연산군 8년(1502)에 이르면 이미 사승포와 더불어 "常用의 布貨"로 인식될 정

---

23) 朴平植, 앞의 〈朝鮮初期의 貨幣政策과 布貨流通〉.

24) 주 2의 논문 참조.

25) 한편 이처럼 추포가 국초와 달리 추악한 면포를 지칭하던 시기에도,《실록》에는 喪服에 사용되는 '升麤' 마포를 가리키는 추포의 용례(《世祖實錄》卷9, 世祖 3年 9月 甲子, 7冊, 218쪽 ;《中宗實錄》卷77, 中宗 29年 4月 庚戌, 17冊, 510쪽)나, '細布'와 대비되는 '거친 포'의 뜻을 지닌 추포의 사용례 또한 드물지만 여전히 계속 통용되었다(《端宗實錄》卷8, 端宗 元年 10月 甲午, 6冊, 625쪽).

도였고,26) 중종조 이후에는 통상 '常綿布', '常木' 또는 '常布'27)로
도 지칭되기에 이르렀다.

다음은 尺短布 형태의 추포이다. 성종 2년(1471) 기준포인 35척
에 못 미치는 33~34척의 척단포 유통이 조정에서 문제 된 이래,28)
이내 30척 이하 척단포가 나타나고,29) 同 18년(1487) 정월에는 심
지어 10여 척의 척단포를 이어 1필로 유통하는 추포까지 거론되고
있었다.30) 이처럼 기준포인 35척에 미달하는 30여 척, 10여 척 등
의 尺短麤布는 성종조 이후 연산군~중종조에 이르러서 도성만이
아니라 지방의 교환경제에서도 의연 활발하게 유통되고 있었음이 확
인된다.31)

이 시기 추포의 세 번째 유형은 이른바 單絲(織)布이다. 두 가
닥으로 꼰 실[絲] 대신, 홑실[單絲]로 방적함으로써 所用 면화의 양
을 반으로 줄인 이들 단사(직)포는, 성종 2년(1471) 처음 그 처벌
방침이 확인된 이래32) 중종 10년(1515) 6월이 되면 單織의 3승 면
포까지 시중에서 통용되었다.33) 후대인 孝宗 원년(1650)에 비변사
에서 문제 삼은 "포대로 만들면 콩이 새어 나오고, 휘장을 만들면
파리나 모기들이 드나들 정도"34)라고 하였던 추포가 바로 이 단사

---

26) 《燕山君日記》 卷45, 燕山君 8年 8月 己酉, 13冊, 508쪽.

27) 《中宗實錄》 卷34, 中宗 13年 11月 甲辰, 15冊, 489쪽.

28) 《成宗實錄》 卷13, 成宗 2年 11月 庚戌, 8冊, 610쪽.

29) 《成宗實錄》 卷32, 成宗 4年 7月 乙巳, 9冊, 37쪽.

30) 《成宗實錄》 卷199, 成宗 18年 正月 甲子, 11冊, 180쪽.

31) 《燕山君日記》 卷45, 燕山君 8年 8月 己酉, 13冊, 508쪽 ; 《中宗實錄》 卷44,
中宗 17年 3月 丙寅, 16冊, 107쪽 ; 《中宗實錄》 卷65, 中宗 24年 5月 己未, 17冊,
124쪽.

32) 《成宗實錄》 卷13, 成宗 2年 11月 庚戌, 8冊, 610쪽.

33) 《中宗實錄》 卷22, 中宗 10年 6月 癸酉, 15冊, 87쪽.

(직)포였다.

한편 면포의 升麤化 추세는 16세기에 들어 더욱 가속화하여, 삼승포에 이어 중종 10년(1515)에 이르면 2~3승 면포의 유통이 확인되고,[35] 계속 이어진 禁令에도 불구하고[36] 同 17년(1522)에는 이제 이승포까지 직조되어 통용되기에 이르렀다.[37] 이 시기 추포의 네 번째 유형으로서 2승 이하의 麤惡綿布였다.

요컨대 면포로서 추포가 15세기 중반에 처음 등장한 이래 성종조 연간까지는 ① 3~4승의 升麤布와 ② 尺短布, ③ 單絲(織)布 등이 유통되고 있었고, 조선 정부의 계속되는 금단 조처에도 불구하고 16세기 중종조 이후에는 위의 형태에 덧붙여 급기야 ④ 2승 이하의 극단적인 승추포까지 민간 교환경제에서 널리 통용되고 있던 실정이었다. 그리고 그중 ①유형의 추포, 곧 3승 면포는 '常木', '常木綿', '常布'로 불리며 민간 교환경제에서만이 아니라 국가의 재정 체계에서도 기준통화로 통용되거나 묵인되었다.

국초 5승 마포를 지칭하였던 '常布', 곧 시중의 常用之布가 3승 면포를 가리키는 표현으로 사용된 사례는 중종 13년(1518)에 처음 확인된다. 동 12년(1517) 12월에 애초 상목면 5필로 책정되었던 選上奴婢의 한 달 番價를 5승 목면 3필로 바꾼 방침을 두고 계속된 논란의 와중에서,[38] 金安國은 5승 면포를 '오승포'로, 상목면을 '상

34) 《備邊司謄錄》 14冊, 孝宗 元年 7月 30日, 2冊, 190쪽 ; 《增補文獻備考》 卷160, 財用考7, 附布帛.

35) 《中宗實錄》 卷22, 中宗 10年 7月 甲午, 15冊, 93쪽.

36) 《中宗實錄》 卷40, 中宗 15年 9月 庚午, 15冊, 690쪽.

37) 《中宗實錄》 卷43, 中宗 17年 正月 癸酉, 16冊, 94쪽.

38) 《中宗實錄》 卷31, 中宗 12年 12月 丁卯, 15冊, 371~372쪽 ; 《中宗實錄》 卷31, 中宗 12年 閏12月 戊寅, 15冊, 376쪽.

포'로도 각각 호칭하고 있었던 것이다.39) 이처럼 국초와 달리 상포
는 16세기에 들어 '상목면' 또는 '상목'을 지칭하였고, 그 실체는 明
宗 6년(1551) 9월의 기록에서 명확하게 확인되듯이 3승 면포였다.40)

이처럼 면작 보급 이후로 사라진 5승 마포를 대신하여 3승의 升
麤 면포를 '상포' 또는 '상목'으로 부르게 된 것은, 그것이 민간에서
일상적으로 유통되는 常用 布貨였기 때문이다.41) 중종 20년(1525)
9월에는 상목을 일컬어 '市准木'으로도 표현하였는데,42) 이는 그 또
다른 용례인 '市中行用'43), '市上行用'44) 또는 '市上常行加用'45)
의 면포에서 잘 드러나듯이 이들 3승 면포가 민간의 시중에서 일상
적인 기준통화의 역할을 충실히 수행하던 데서 비롯한 용례다.

반면 이 시기 5승 면포는 '正綿布', '正木', '正布'와 더불어46)
'常貢緜布'47) 또는 '官木', '官正木', '官木綿' 등으로 호칭되었다.48)

---

39) 《中宗實錄》 卷34, 中宗 13年 11月 甲辰, 15冊, 489쪽.

40) 《明宗實錄》 卷12, 明宗 6年 9月 甲午, 20冊, 40쪽.

41) 《燕山君日記》 卷45, 燕山君 8年 8月 己酉, 13冊, 508쪽 ; 《中宗實錄》 卷55,
中宗 20年 11月 庚辰, 16冊, 473쪽.

42) 《中宗實錄》 卷55, 中宗 20年 9月 乙酉, 16冊, 457쪽.

43) 《中宗實錄》 卷4, 中宗 2年 11月 辛酉, 14冊, 205~206쪽.

44) 《中宗實錄》 卷95, 中宗 36年 6月 辛未, 18冊, 475쪽.

45) 《中宗實錄》 卷95, 中宗 36年 6月 庚午, 18冊, 475쪽.

46) 이러한 수많은 용례 중에서 몇몇을 예시하면 다음과 같다.
《中宗實錄》 卷22, 中宗 10年 7月 甲午, 15冊, 93쪽 ; 《中宗實錄》 卷23, 中宗
10年 11月 辛卯, 15冊, 120쪽 ; 《中宗實錄》 卷25, 中宗 11年 5月 丙申, 15冊,
171쪽 ; 《明宗實錄》 卷22, 明宗 12年 5月 己未, 20冊, 410쪽 ; 《宣祖實錄》 卷22,
宣祖 21年 5月 甲申, 21冊, 447쪽.

47) 《中宗實錄》 卷27, 中宗 12年 正月 甲申, 15冊, 250쪽.

48) 《中宗實錄》 卷63, 中宗 23年 10月 乙卯, 17冊, 56쪽 ; 《中宗實錄》 卷98, 中宗
37年 7月 甲子, 18冊, 600쪽 ; 《中宗實錄》 卷98, 中宗 37年 7月 乙丑, 18冊,
603쪽 ; 《中宗實錄》 卷99, 中宗 37年 8月 壬午, 18冊, 607쪽.

3승 면포와 더불어 교환에서 等價基準의 역할을 수행하면서도, 이
들 5승 면포가 민간의 교환경제보다 '常貢'으로 표현되는 국가의 부
세수납, 재정체계와 관련된 영역에서 주로 통용되고 있었기 때문에
붙여진 명칭이었다. '官木'의 용례가 그 무엇보다도 명확한 예증이
라 하겠다.

한편 15세기 중반 이후 널리 확산되어 교환경제에서 등가물,
기준통화의 기능을 하였던 麤布와 다른 布貨, 그리고 추포 내 여
러 유형들 사이의 比價는 어떠하였을까? 국초 이래 5승 면포는 당
대 정오승 마포인 正布와의 비가가 '1 : 2'로 설정되면서 紬布와 더
불어 고액화폐로, 정포는 시중의 5승 마포인 상포와 다시 '1 : 2'의
비가를 형성하여 소액화폐로 각기 유통되고 있었다.[49] 16세기에 5
승 면포인 正木〔官木〕과 升麤縣布로서 麤布는 통상 '1 : 2'의 비가
관계였음이 자료에서 수다하게 확인된다.[50]

이 경우의 추포는 '상면포', '상목면'으로서, 選上奴子의 代立價,
외방 군사의 軍器 和賣 등 국가의 재정체계와 연관되어 5승 常貢
縣布와의 비가가 논란되는 데서 알 수 있듯이 앞에서 언급한 여러
유형 가운데 3승 면포를 가리키는 것이었다.[51] 국초에 이어 16세기
에 들어서서도 5승 정면포는 여전히 고액화폐였고, 5승 마포인 정포
나 이제 시중의 기준통화로 자리 잡은 3승 면포인 추포〔상목〕와 각

---

49) 朴平植, 앞의 〈朝鮮初期의 貨幣政策과 布貨流通〉.

50)《中宗實錄》卷4, 中宗 2年 11月 辛酉, 14冊, 205쪽 ;《中宗實錄》卷22, 中宗
   10年 7月 甲午, 15冊, 93쪽 ;《中宗實錄》卷23, 中宗 10年 11月 辛卯, 15冊,
   120쪽 ;《中宗實錄》卷27, 中宗 12年 正月 甲申, 15冊, 250쪽 ;《中宗實錄》
   卷31, 中宗 12年 12月 丁卯, 15冊, 371~372쪽 ;《中宗實錄》卷62, 中宗 23年
   7月 己丑, 17冊, 12쪽.

51) 3승 면포인 이 常木이 부세를 포함한 국가의 재정체계와 관련한 영역에서도 널
   리 통용되는 실태에 대해서는 본고 4장에서 상술한다.

기 '1:2'의 비가를 유지하고 있었던 셈이다.

아울러 升麤尺短의 면포이자 당대 소액화폐인 추포의 여러 유형 사이에는 또다시 세부적인 比價 관계가 설정되어 있었으리라 짐작된다. 다시 말해 3승 면포인 상목과, 이보다 더 소액으로 유통될 2승 또는 다른 尺短布, 單絲(織)布와의 비가 문제이다. 현재로서는 아쉽게도 이와 관련한 추가의 증빙 자료를 더 이상 확인할 수는 없지만, 기준통화로서 상목과 더 소액화폐일 다른 2승포, 尺短 면포 사이에 특정한 비가 관계가 형성되어 소액 거래가 필요한 민간 하층의 교환경제에서 通貨로서 그 기능을 수행하였을 것임은 분명하다 하겠다.[52]

그리하여 국초의 '綿布－正布(정5승 마포)－常布(시중의 5승 마포)' 의 通貨 체계가 면작의 보급·확산과 함께 15세기 중반 이후부터 '正木〔綿布〕－常木(3승 면포)－다양한 麤布' 체계로 변모하였고, 3승 상목을 포함한 升麤尺短의 다양한 면포로서 추포가 등장하여, 이제

---

52) 추포 사이의 이 比價 문제와 관련하여서는 宋在璇의 논문이 주목된다. 씨는 16세기 시중의 추포가 升麤尺短化의 경향 속에서 성종초의 5승 35척의 정목과 비교하여 米價를 기준으로 일정한 比價 관계를 형성하였음을 주장하고 있다. 예컨대 성종 즉위년(1469) 5승 35척의 면포가 米 4～5斗였던 데 비해, 연산군 8년(1502) 3～4승 30척 면포는 米 2두, 중종 19년(1524) 2～3승 30척 추포는 米 1두 3～5승으로서 각기 '$1 : {}^1/_2 : {}^1/_3$'의 비가가 확인된다는 견해이다. 그리고 이 비가 산정 공식으로 '$\frac{추포승수}{5승} \times \frac{추포척수}{35척}$'을 제시하였다(앞의 〈16세기 綿布의 貨幣機能〉).

이 같은 견해는 이 시기 내내 米價가 동일하다는 전제를 바탕으로 내린 결론이므로 전면 동의할 수는 없다. 그러나 15～16세기 다양한 추포 사이에 위와 비슷한 비가 관계가 형성되었을 가능성은 충분하며, 위 논문은 그 같은 추포 내 비가 추정에 일정한 의미를 갖는다고 생각한다. 참고로 이 시기 米價 문제를 다룬 李正守는 동 시기에 미가가 40～50여 배 이상 등귀하였음을 주장하여, 위 송재선의 작업 전제와 크게 대비된다(李正守, 〈朝鮮前期의 米價變動〉, 《釜大史學》 17, 1993).

5승 正木의 고액화폐와 대비되는 소액의 통화로서 민간의 교환경제에서 등가물이자 기준통화로서 통용되었던 것이다.

한편 이 시기 이들 추포의 직조와 광범한 유통은 도성만의 현상이 아니었다. 중종 10년(1515) 6월 조정의 화폐논의에서 成夢井은 이미 추포의 행용이 京中만이 아니라 外方에서도 오래되었음을 거듭 지적하였으며,53) 이듬해 5월 高荊山은 외방에서 選上하여 오는 백성들이 惡布를 다수 소지하는 실태를 환기하였다.54) 또한 동 12년(1517) 정월에는 영상 鄭光弼이 주요 면작 지대인 경상도에서조차 민간에서 5승의 常貢縣布의 求得이 어려워 노비의 身貢布를 대신 추포로 倍徵하던 실태를 문제 삼기도 하였다.55)

급기야 중종 20년(1525)에 이르면 지속적인 추포 금령을 도성의 시중에 국한한 탓에, 시중의 악포는 금지된 반면 외방의 추포 직조는 여전하여 금령의 本末이 뒤바뀌어 있음이 지적되었고,56) 동 24년(1529)에는 경중만이 아니라 이제 외방의 면포까지 모두 '麤短'하다는 분석까지 대간에 의해 나오는 지경이었다.57) 당대 추포에 대한 禁令이 도성과 더불어 외방을 포함한 전국에 모두 동시에 내려지고 있었던 실정58) 또한 이처럼 15세기 후반 이후 외방의 추포 직조와

---

53) 《中宗實錄》 卷22, 中宗 10年 6月 癸酉, 15冊, 87~88쪽 ; 《中宗實錄》 卷22, 中宗 10年 6月 庚辰, 15冊, 90쪽.

54) 《中宗實錄》 卷25, 中宗 11年 5月 丙申, 15冊, 171쪽.

55) 《中宗實錄》 卷27, 中宗 12年 正月 甲申, 15冊, 250쪽.

56) 《中宗實錄》 卷55, 中宗 20年 10月 癸丑, 16冊, 464쪽.

57) 《中宗實錄》 卷65, 中宗 24年 5月 己未, 17冊, 124쪽.

58) 《中宗實錄》 卷22, 中宗 10年 6月 癸酉, 15冊, 87~88쪽 ; 《中宗實錄》 卷24, 中宗 11年 4月 甲子, 15冊, 158쪽 ; 《中宗實錄》 卷25, 中宗 11年 5月 丙申, 15冊, 171쪽 ; 《中宗實錄》 卷27, 中宗 12年 正月 甲申, 15冊, 250쪽 ; 《中宗實錄》 卷40, 中宗 15年 8月 乙酉, 15冊, 681쪽 ; 《中宗實錄》 卷55, 中宗 20年 10月

통용 상황 역시 도성과 마찬가지였던 사정을 잘 보여 준다.

　요컨대 15세기 중반에 처음 시중에 등장한 升麤尺短의 면포로서 麤布는 성종조를 거치면서, 특히 16세기에 들어서서 京外를 막론하고 민간의 교환경제만이 아니라 부세를 비롯한 국가의 재정체계에서도 고액의 5승 면포인 正木과 더불어 이제 기준통화로서 그 위상을 확고하게 자리 잡아 갔다. 그리고 이들 추포는 상목으로 공인된 3승 면포 외에도 다양하게 升麤化·尺短化가 진행된 麤惡 면포로 분화해 가며 시중의 크고 작은 거래에서 등가기준이자 교환수단으로 활용되고 있었다. 이제 장을 달리하여 이 같은 추포 유통의 배경과 그에 대한 禁斷 논의의 성격을 살펴보도록 하자.

## 3. 麤布流通의 背景과 禁斷論議

　15세기 중반에 처음 등장한 면포로서 麤布가 삼승포에서 이내 이승포로, 심지어 單絲(織)布로까지 升麤化가 극단으로 진행되고, 여기에 35척에 미치지 못하는 尺短化 또한 계속되어 10여 척의 升麤尺短布까지 시중에서 유통되었던 배경에는 우선 세종조를 전후로 한 棉作의 보급과 확산이 자리하고 있었다. 고려말 도입된 면작은 조선초 태종 10년(1410)에 이르러 벌써 "위로는 卿士에서 아래로는 庶人에 이르기까지 上衣와 下裳을 모두 면포로 만든다."[59]고 할 정도로 널리 확산되고 있었다.

---

　癸丑, 16冊, 464쪽 ;《中宗實錄》卷65, 中宗 24年 5月 己未, 17冊, 124쪽.
59)《太宗實錄》卷19, 太宗 10年 4月 甲辰, 1冊, 540쪽.

이후 세종조 국가 차원의 체계적인 보급정책의 결과, 삼남지방 특히 경상도와 전라도 일대에 主産地가 형성되어 衣料 재료만이 아니라 교환의 매개로서 면포의 일반적인 유통을 가능케 하고 있었다.[60] 세종 27년(1445) 10월, "우리나라의 풍속에서 모든 매매는 반드시 면포로 가격을 정한다."[61]는 집현전 직제학 李季甸의 상서 내용은 이 같은 실정을 잘 보여 주고 있다.

이런 추세를 배경으로, 그간 교환경제에서 '常布'로 지칭되며 소액화폐의 역할을 수행해 오던 5승 마포는 이들 면포의 보급에 밀려 시장에서 점차 퇴조해 가고 있었다.[62] 세종조 말년에 이르면 상포는 이제 시중에서 "不用之物"[63]로 치부되고, 문종조에는 아예 "민간에 없는 布"[64]로 규정될 정도였다. 국초에서 15세기 중반에 이르는 시기 국가정책에서 체계적으로 추진된 면작의 보급과 확대 방침에 따라, 그리고 이에 대한 민간의 호응에 힘입어 공경대부에서 서민에 이르는 全 백성들의 衣料物로서 면포가 전국적으로 거래되었고, 이 과정에서 국가의 재정체계와 민간의 교환경제 영역에서도 일반적인 등가기준과 교환수단의 역할을 이제 마포를 대신하여 면포가 담당하면서 시중의 기준통화로 자리 잡아 간 것이다.

세종조를 전후한 이 같은 마포에서 면포로의 通貨 교체와, 그중 특히 5승 마포인 상포의 퇴조와 소멸은 이 시기 교환경제에 새로운 과제를 낳았다. 바로 그간 상포가 수행하여 왔던 소액화폐의 기능을 대신할 새로운 포화의 필요였다. 국초의 '면주·면포 – 고액화폐, 정

---

60) 앞의 주 2, 3 참조.
61) 《世宗實錄》 卷110, 世宗 27年 10月 壬子, 4冊, 641쪽.
62) 朴平植, 앞의 〈朝鮮初期의 貨幣政策과 布貨流通〉.
63) 《世宗實錄》 卷109, 世宗 27年 7月 丁亥, 4冊, 626쪽.
64) 《文宗實錄》 卷7, 文宗 元年 4月 己丑, 6冊, 378쪽.

포·상포 – 소액화폐’ 체계에서, 소액화폐로서 교환의 매개였던 상포
의 역할을 대신할 통화가 교환경제에서 새로이 절실하게 요구되고
있었던 것이다.

앞에서 살펴본 바와 같이, 15세기 중반 이후 麤布로서 3승 면포
는 ‘상목면’, ‘상목’으로 지칭되면서 5승 정면포의 1/2이자 동시에
정포와 같은 가치로 환산되고 있었다.65) 따라서 국초 시중에서 5승
마포가 상포로서 수행하였던 5승 면포의 1/4, 정포의 1/2의 가치를
지닌 추포가 면포의 형태로 필요하였고, 이 시중의 요구에 따라 삼
승포 35척의 면포는 이제 더욱 升麤尺短化가 진행되었다. 이승포,
단사(직)포, 30척 미만 심지어 10여 척에 불과한 麤惡 尺短布의
등장과 유통은 그 귀결이었다.

尺短綿布는 單絲布와 더불어 이미 성종초부터 그 유통이 논란
되고 있었다.66) 성종 4년(1473) 7월 호조에서는 사헌부와 평시서의
엄격한 척단포 금단 방침 탓에 이들 포를 소지하고 올라온 외방 군
사와 選上人들이 크게 곤란을 겪고 있던 시중의 실정을 보고하였다.
가지고 있던 포화의 ‘隨直賣買’, 곧 尺短麤布의 가치에 따른 매매
가 불가능해 朝夕을 마련할 수 없다고 하며, 이 척단 추포의 매매
허용을 건의하였던 것이다.67) 정부의 척단포 단속 때문에 조석 마
련을 위한 소액 거래가 중단되는 데 따른 민생의 문제였다. 성종
18년(1487) 정월 대사간 金首孫 등이 올린 상소에 의하면, 시중 포
화의 척단화로 30여 척 포와 함께 이제 3~4端布를 이어 만든 포
화까지 유통되는 지경이었다.68) 10척 미만의 척단포까지 이미 시중

---

65) 본고 2장 참조.

66) 《成宗實錄》卷13, 成宗 2年 11月 庚戌, 8冊, 610쪽.

67) 《成宗實錄》卷32, 成宗 4年 7月 乙巳, 9冊, 37쪽.

68) 《成宗實錄》卷199, 成宗 18年 正月 甲子, 11冊, 180쪽.

에서 통용되고, 때로 그것을 연결하여 1필로 활용하기도 하였던 것
이다.69)

　3승 면포인 상목이 보급되어 기준통화의 역할을 하고 있음에도
불구하고 추포의 척단화가 계속되는 실정에 대하여, 성종 21년
(1490) 정월 대사헌 權侹은 "가난한 사람들은 오로지 면포를 매매
하여 衣食을 마련하는데, 이때 尺의 長短에 따라 그 가격의 高低가
결정된다."70)며 척단 면포, 곧 추포의 유통을 허용해 줄 것을 요청
하였다. 이 같은 인식에 그 이튿날 동지사 李瓊仝 또한 동의하며,
"物貨는 하나같지 않음이 그 실정이니, 그 물화(여기서는 면포)의 長
短多少에 따라 가격을 정한다."71)며, 당대 시중에서 단포화된 정면
포나 추포가 수행하고 있던 소액통화의 기능에 비추어 그 통용을 강
력하게 주청하였다.72)

　이후 연산조를 거쳐 16세기에 들어서도 추포, 그중 특히 이승포
를 비롯한 麤惡綿布의 尺短化 실태는 민간 교환경제에서 더욱 논
란을 거듭하고 있었다. 연산군 3년(1497) 정월 특진관 李陸은 겨우
數尺의 포를 가지고 數升의 米를 구입해 조석의 끼니로 삼는 사람
들의 실상을 전하면서, 이 척단 면포의 전면적인 허용을 주장하기에
이르렀다.73) 그것은 요컨대, 貧民을 중심으로 한 도성내 下層 교환

---

69) 이 같은 추포의 升麤化·尺短化 경향은 이후 16세기에 더욱 진전되어, 魚叔權
　은 당대 시중에 10척의 포만이 아니라 심지어 半幅의 면포까지 악포로 유통되고
　있던 실정을 전하고 있다(《稗官雜記》 2, (《大東野乘》 卷4 에 수록)).

70)《成宗實錄》 卷236, 成宗 21年 正月 丁丑, 11冊, 565쪽.
　"貧乏之人 專以買賣綿布 資其衣食 尺之長短而價之高低隨之."

71)《成宗實錄》 卷236, 成宗 21年 正月 戊寅, 11冊, 569쪽.
　"物之不齊 物之情也 隨其物之長短多少 以定其價可矣."

72) 이틀 뒤, 영사 尹壕 또한 마찬가지 인식과 주장을 펼쳤다(《成宗實錄》 卷236, 成宗
　21年 正月 庚辰, 11冊, 570쪽).

경제에서 이들 추포가 담당하고 있던 소액의 교환수단, 등가기준으로서 通貨 기능에 대한 국가적 승인 주장이었다.

중종 18년(1523) 9월에는, 주로 鰥寡孤獨 등 극빈층으로 도성 시장에서 1~2端의 면포로 겨우 연명하는 사람들이 이루 다 셀 수 없다는 지적과 함께, 이들이 기왕의 척단포를 또다시 斷割하여 더 작은 소액 거래에 활용하는 실태까지 거론되었다.[74] 중종 15년 (1522) 윤8월에도 사헌부 執義 南世準은 "민간의 매매에서 오직 추포만이 통용되고 있는 실정에서, 만약 하루아침에 이 추포를 금지시킨다면 小民들은 끝내 朝夕의 끼니를 마련할 수 없을 것"[75]이라며, 악포 금단이 가져올 민간 하층 교환경제의 위축과 도성내 소민·빈민들의 생계를 우려하기도 하였다.

고려후기 5승 마포가 기준통화로 정착하면서 전개된 민간 하층 교환경제의 장기적인 성장의 추세는, 조선 건국 이후 '抑末'의 국가 정책에 따라 국내외 상업이 새롭게 재편되는 상황에서도 지속적으로 계속되었다. 고려말에 이어 조선 국초에 정포 외에 그 1/2의 가치를 지니는 상포가 민간에서 유통되고, 여기에 升數가 5승에 못 미치는 升麤 마포까지 논란이 되고 있던 시중의 상황은, 저와 같은 민간 하층의 농민적 교환경제의 성장 사정을 잘 보여 주는 예증이다.[76] 15세기 중반 이후 도성과 지방을 막론하고 전국적으로 전개되고 있던 상업의 발달과 상인의 성장 상황은, 이제 양반 지주층 중심의 上層 교환경제의 영역과 함께 도성의 빈민이나 지방 영세 농민층이 참여하는 하층 농민적 교환경제의 부문에서도 일층 새롭게 펼쳐졌고,

---

73)《燕山君日記》卷21, 燕山君 3年 正月 戊辰, 13冊, 188~189쪽.

74)《中宗實錄》卷49, 中宗 18年 9月 辛未, 16冊, 259쪽.

75)《中宗實錄》卷40, 中宗 15年 閏8月 癸卯, 15冊, 684쪽.

76) 朴平植, 앞의〈朝鮮初期의 貨幣政策과 布貨流通〉.

이에 부응하여 그 교환수단으로서 면포의 升麤尺短化가 더욱 가속
하여 진행되고 있었던 것이다.

우선 성종 3년(1472) 종래의 市廛區域을 확장하고 이어 同 16
년(1485) 정부의 전면적인 市廛再編을 거치면서 더욱 발전하고 있
던 도성상업의 양상은, 이 시기 하층 교환경제의 성장과 추포 확산
의 가장 주요한 배경이 되었다.[77] 이처럼 시전의 확대와 발전을 계
기로 조성된 '逐末'의 풍조에 따라 수많은 외방의 영세 빈민들이 도
성에 몰려드는 상황에서 도성인구는 특히 하층을 중심으로 증대하여
갔고, 이에 따라 도성에서는 주택난을 비롯한 여러 사회문제가 노정
되고 있던 실정이었다.[78]

중종 11년(1516) 4월 한성부의 川邊과 路傍에 立案을 折受받지
않고 불법으로 지은 주택 360여 區의 철거 문제가 논란되고 있던
조정에서, 또 도성 시장의 通貨로서 추포의 통용 실태가 동시에 크
게 문제 되고 있던 모습을 통해,[79] 이 시기 도성상업의 발달과 그
에 따른 인구 증가를 배경으로 전개되었던 도성내 하층 교환경제의
성장 사정을 아울러 잘 확인할 수 있겠다. 이들 시장이 도성 안의
영세 빈민층이 조석 마련을 위해 출입하며 1~2단의 추포를 교환수
단으로 활용하던 하층 교환경제의 場이었음은 물론이다.

한편 15세기 후반 이후 추포의 전국적인 유통의 배경에는 이 시
기 場市의 등장과 확산 또한 자리하고 있었다. 성종초 전라도 務安
일대에서 처음 개설된 농민적 교역기구로서 장시는 정부의 금단 방
침에도 불구하고 이내 전국으로 보급되었고, 16세기에 들어서는 "전

---

77) 주 5의 拙著 참조.

78) 朴平植, 〈朝鮮前期 都城商業과 漢江〉, 《서울학연구》 23, 2004[《朝鮮前期 交
換經濟와 商人 硏究》(지식산업사, 2009)에 수록].

79) 《中宗實錄》 卷24, 中宗 11年 4月 壬戌, 15冊, 156~157쪽.

국 모든 道에서 장시가 열리"고,[80] 또 한 지역에서 "한 달 30일 내에 장시가 열리지 않는 날이 없다."[81]고 표현될 정도로 확산되었다. 수조권의 약화 소멸에 따른 佃客 농민층의 잉여 증대를 기반으로 등장한 장시는 부분적으로 지주층의 農莊 곡물 처분의 경로로도 활용되었지만, 그 자체 영세 소·빈농층이 주로 참여하고 활용하는 농민적 교역기구였다.[82]

따라서 장시에 모여든 行商을 비롯한 소상인층과 영세 빈농층 사이에서 교환의 매개 역할은 으레 米布가 담당하였고, 그 중심에는 升麤尺短의 추포가 있었다. 명종 2년(1547) 9월 조정에서 侍講官 李滉이 흉년을 당하여 장시 금단 방침을 잠시 중단할 것을 건의하면서 동시에 내년 정월로 예정된 惡布 금지 조처의 완화를 주청하고 있던 사정은,[83] 이 시기 외방에서 장시의 보급 확산과 추포 유통이 갖고 있던 상관성을 잘 보여 주는 사례다.

또한 중종 22년(1527) 6월, "경중과 외방에서 惡布의 行用이 이미 오래되어 백성들이 오직 이에 의존하여 삶의 命脈을 유지하고 있다."[84]는 분석이 거듭하여 조정 대신들에 의해 제기되고 있던 사정도 저와 같은 실정을 잘 보여 준다. 이후 추포의 금단 방침을 도성만이 아니라 동시에 외방을 대상으로도 지속적으로 천명하였던 것 역시[85] 이처럼 당대 전국 장시에서 전개되고 있던 소상인과 소농민층

---

80) 《中宗實錄》 卷38, 中宗 15年 3月 己酉, 15冊, 635쪽.

81) 《宣祖實錄》 卷212, 宣祖 40年 6月 乙卯, 25冊, 345쪽.

82) 李景植, 〈16世紀 場市의 成立과 그 基盤〉, 《韓國史硏究》 57, 1987〔《朝鮮前期土地制度硏究》Ⅱ(지식산업사, 1998)에 수록〕.

83) 《明宗實錄》 卷6, 明宗 2年 9月 乙亥, 19冊, 532쪽.

84) 《中宗實錄》 卷22, 中宗 10年 6月 癸酉, 15冊, 87~88쪽 ; 《中宗實錄》 卷22, 中宗 10年 6月 庚辰, 15冊, 90쪽.

85) 주 58과 같음.

사이의 추포를 매개로 하는 소액 거래의 증대를 배경으로 하는 조처
였다. 다시 말해 농민적 하층 교환경제의 성장에 따라 여기에 부응하
는 교환수단, 통화로서 추포의 등장과 전국적 확산에 대한 국가적 대
응이었다.

15세기 중반 시중에 升麤尺短의 면포인 추포가 처음 등장한 이
래, 조선 정부의 이에 대한 禁斷 방침은 확고하였다.[86] 이를 교환경
제를 교란시키는 근본 원인이자 국가 주도의 화폐체계에 대한 도전
이라고 인식한 결과였다. 성종 2년(1471) 11월 형조는 35척에 미치
지 못하는 '長不准布貨'를 우선은 연결하여 35척의 형태로 그 유통
을 허락하되, 2년 후인 癸巳年(성종 4, 1473) 정월 이후 일절 금단
하고, 시중의 單絲布는 지금부터 엄격하게 금지하는 방침을 국왕으
로부터 윤허받았다.[87] 극단적인 승추포인 단사포는 전면 금지하되,
35척의 連尺布는 과도 기간을 두고 허용하는 방안이었다.

그러나 동 4년(1473) 7월 호조의 건의와 院相들의 논의를 거쳐
조정은 다시 '連尺准布'를 허용하고, 30척 이하의 척단포도 匹 단위
가 아닌 그 가치대로 통용(任其行用)시키는 방안을 결정하였다.[88]
나아가 성종 21년(1490) 정월에는 척단 면포의 행용이 이미 오래인
상황에서, 더욱이 그 長短多少에 따라 시중 물품의 가격이 정해지
는 실정을 토대로 이들 척단포 금단 철회를 요구하는 주장까지 제기
되는 형편이었다.[89] 이미 3~4端으로 斷割되어 통용되다 필요시에

---

86) 16세기 정부의 麤布 금단 노력에 대해서는 다음 논고가 참고된다.
   李正守, 앞의 〈16세기 綿布流通의 이중화와 貨幣流通 논의〉; 권인혁, 〈16세
   기 이후의 화폐유통과 개혁 정책〉, 《조선시대 화폐유통과 사회경제》, 景仁文化
   社, 2011.
87) 《成宗實錄》 卷13, 成宗 2年 11月 庚戌, 8冊, 610쪽.
88) 《成宗實錄》 卷32, 成宗 4年 7月 乙巳, 9冊, 37쪽.

다시 35척으로 連作되던 척단 면포가 빈민들의 衣食 마련을 위한 교환수단으로 널리 유통되고 있던 현실에서,[90] 성종조의 조정은 극단적인 승추포를 제외한 척단 추포에 대하여 원칙적인 금단 방침을 천명하면서도 민간 교환경제에서 그 교환수단으로서의 역할을 승인하는 태도를 보였던 것이다.

이 같은 방침은 연산군대 조정에서도 그대로 이어져, 연산군 3년 (1497) 정월에는 척단 면포의 말단에 尺數를 기재하고 그 가치에 따라 통용을 허용하자는 주장에 국왕이 동의하기도 하였다.[91] 성종조와 마찬가지로 겨우 數尺의 추포로 數升의 미곡을 사서 연명할 수밖에 없는 빈민들의 통화로서 추포의 역할을 전제로 하는 논의였다. 이 같은 정부 방침 속에서 연산조에 3~4승의 면포는 이미 '常用의 布貨', 곧 상면포로서 도성만이 아니라 지방의 민간 교환경제의 영역에서 기준통화의 구실을 충실하게 담당하고 있었다.

이처럼 常木을 비롯한 升麤尺短 麤布가 시중에서 기준통화의 역할을 확대하여 가고 있었지만, 성종 16년(1485)에 간행된 《經國大典》 호전에는 國幣로 楮貨와 布貨가 단순 규정되어 있었고, 그 徭賦條에는 田稅布로서 紬·綿·苧·正布의 길이를 35척으로 하되 그 구체 升數를 貢案에 규정하는 것으로 정해져 있었다.[92] 당대의 일반적인 正布·正木의 실태에 비추어 볼 때 그 升尺은 오승포 35척이었을 것으로 판단된다.[93]

---

89) 《成宗實錄》 卷236, 成宗 21年 正月 戊寅, 11冊, 569쪽.

90) 《成宗實錄》 卷199, 成宗 18年 正月 甲子, 11冊, 180쪽 ; 《成宗實錄》 卷236, 成宗 21年 正月 丁丑, 11冊, 565~566쪽.

91) 《燕山君日記》 卷21, 燕山君 3年 正月 戊辰, 13冊, 188~189쪽.

92) 《經國大典》 戶典, 國幣·徭賦.

93) 朴平植, 앞의 〈朝鮮初期의 貨幣政策과 布貨流通〉.

성종 23년(1492)년에 간행된《大典續錄》에서는 이를 명문화하여 公私를 막론하고 행용하는 모든 면포의 승척을 5승 35척으로 규정하였다.94) 이 시기 상목을 비롯한 추포의 광범한 유통에 대응하여 조선 정부가 국폐로서 정목과 정포의 표준 승척을 재확인하고, 이를 공적 영역만이 아니라 민간의 교환경제에서도 준용하겠다는 의지를 천명한 셈이었다.

이러한 국가의 의도와 달리 16세기에 들어 추포의 승추 척단화는 더욱 진행되었고, 이제 통상 '惡布'라고 부르는 麤惡綿布가 민간의 교환경제에서 일반적으로 유통되어 가자 그에 대한 制裁에 본격 나서기 시작하였다. 중종 10년(1515) 6월 조정은 惡米 관련자와 더불어 추악 면포 사용자를 '制書有違律'로 처벌하는 기왕의 방침을 재확인하였다.95) 아울러 同年 6월 이후 계속된 조정의 화폐논의에서, 국폐의 구체 형태를 두고는 다양한 견해가 제시되면서도 추포에 대한 금단 원칙에는 국왕과 대부분의 대신들이 동의하고 있었다.96) 아울러 그 다음 달에는 악포 직조인과 더불어 2~3승 바디〔筬〕97)를 제조하는 자에 대한 처벌 규정이 추가로 마련되었다.98)

그러나 중종조 조정의 추포 금단 논의가 이들 추포에 대한 전면 禁制만으로 일관된 것은 아니었다. 예컨대 중종 11년(1516) 4월 한성판윤 尹珣 등은 당대 시중에서 통용되는 포화가 모두 추포인 실정을 거론하면서, '極麤惡布'는 예정대로 4월부터 금지하고 '不至

---

94)《大典續錄》戶典, 雜令.
95)《中宗實錄》卷22, 中宗 10年 6月 己未, 15冊, 84쪽.
96)《中宗實錄》卷22, 中宗 10年 6月 癸酉, 15冊, 87~88쪽 ;《中宗實錄》卷22, 中宗 10年 6月 庚辰, 15冊, 90쪽.
97) 바디〔筬〕는 베틀에서 날실을 넣는 도구로, 포의 升數가 여기에서 결정된다.
98)《中宗實錄》卷22, 中宗 10年 7月 甲午, 15冊, 93쪽.

太甚'한 准尺布는 오는 7월까지 허용하되, 8월부터는 이들 모두를 금단하자고 건의하고 있었다.[99] 前者인 극추악포가 추포 중에서 단사(직)포, 이승포, 척단포의 형태였다면, 後者의 '不至太甚'布는 35척의 삼승포로서 당대 '常木' 또는 '常布'로 지칭되던 추포였음에 틀림없다.

이런 인식에는 국왕 중종도 동의하여 同年 5월, 5승 면포의 興用 이전까지 악포 사용자를 적발 시에 屬公은 하되 徵贖은 추가하지 말자는 견해를 내비쳤고, 동시에 이 악포 중에서 매우 심한 것〔尤甚布〕은 속공하되 조금 쓸 만한 것〔稍加用布〕은 35척포일 경우 통용을 허용하자고 제안하였다.[100] 도성의 窮民과 외방의 選上人들이 모두 악포로써 삶을 연명하는 실정을 강조하면서 언급된 국왕의 이견해는, 결국 국법과 달리 추포 중에서 극단적인 승추 척단포는 금지하되 상목(3승 35척 면포)의 통용은 허용하자는 견해였다.

惡布 금단을 둘러싼 분분한 조정의 논의는 이후에도 계속되어, 마침내 중종 15년(1520) 윤8월에는 악포 직조인과 바디 제조자, 准尺布 단할자는 重刑으로 처벌하여 初犯은 杖 1백에 徒 3년, 再犯은 全家入居刑으로 처벌하고, 척단포 사용자는 杖 80의 輕刑, 그리고 准尺(連尺)布 사용자는 처벌하지 않는 방침이 국왕에 의해 제안되고,[101] 그 다음 달에 호조·형조·한성부의 동의 하에 입법되기에 이르렀다.[102] 요컨대 이전과 마찬가지로 극단적인 승추척단 면포의 직조인과 사용자를 모두 엄격하게 처벌하되, 准尺(連尺) 상목의 通貨 역할은 허용하는 방침이었다.

---

99) 《中宗實錄》卷24, 中宗 11年 4月 壬戌, 15冊, 156~157쪽.

100) 《中宗實錄》卷25, 中宗 11年 5月 丙申, 15冊, 171쪽.

101) 《中宗實錄》卷40, 中宗 15年 閏8月 癸卯, 15冊, 684~685쪽.

102) 《中宗實錄》卷40, 中宗 15年 9月 庚午, 15冊, 690쪽.

이후 이 악포 관련 처벌 규정은 더욱 강화되어, 악포 직조인·바
디 제조인·准尺布 단할자의 재범 시에 杖 1백이 추가되었고, 그중
특히 악포 직조인은 초범의 경우에도 바로 全家入居刑으로 규정함
으로써 量刑이 가중되고 있었다.103) 중종조 후반에도 악포 금단에
대한 논란은 國幣 논의의 일환으로 끊임없이 제기되었는데, 그 요체
는 대개 추포 중에서 3승 35척의 상목의 유통은 허용하면서 위 禁
法을 적용하되, 흉년을 이유로 수시로 금령을 완화하는 조처가 반복
되는 형국이었다.104) 이 같은 형편에서, 중종 21년(1526) 2월 晝講
자리에서 시강관 沈彦慶은 금주령과 더불어 악포 금령이 당대 市中
에서 제대로 준수되지 못하는 현실을 두고 "今日의 大弊"라고 질타
하였다.105)

기준통화로서 3승 35척의 常木綿이 기능하고, 이보다 더 升麤尺
短의 麤布가 다양하게 민간 상업, 특히 하층의 교환경제에서 등가
물이나 교환수단으로 널리 활용되는 현실에서, 그러나 조선 정부는
5승 35척의 정면포를 정포와 함께 國幣의 근간으로 설정하고 국가
의 재정체계와 민간 상업 영역에서 그 통용을 강제하는 정책을 16
세기 중반 명종조 이후에도 고수하고 있었다. 명종 6년(1551) 9월
사헌부는 당시 민생의 곤궁한 상황이 흉년 때문만이 아니라, 국가에
서 삼승포인 常木을 금지하고 5~6승포인 回俸木만을 허용하면서

---

103)《中宗實錄》卷49, 中宗 18年 10月 己酉·戊午, 16冊, 266쪽.

104)《中宗實錄》卷46, 中宗 18年 正月 壬戌, 16冊, 185쪽 ;《中宗實錄》卷55,
　　中宗 20年 8月 乙巳·丁未, 16冊, 446~447쪽 ;《中宗實錄》卷55, 中宗 20年 10月
　　戊申, 16冊, 462쪽 ;《中宗實錄》卷56, 中宗 21年 正月 甲午, 16冊, 491쪽 ;《中宗
　　實錄》卷65, 中宗 24年 4月 甲午, 17冊, 116쪽 ;《中宗實錄》卷65, 中宗 24年
　　5月 己未, 17冊, 124쪽.

105)《中宗實錄》卷56, 中宗 21年 2月 壬戌, 16冊, 497쪽.

薪蒭나 魚鹽, 菜果 등 백성들의 생계에 필요한 작은 생필품의 거래
가 불가능해진 탓이라며 그 원인을 설명하고 있었다.[106]

시중에서 확산된 추포의 기준통화 기능을 승인하여 그중 3승 35
척 상면포의 유통을 현실에서 허용해 왔던 이전과 달리, 명종조에
들어 이 상목마저 통용을 금지한 데 따른 민간 상업계, 특히 하층
교환경제의 거래 마비와 교란의 실태를 잘 보여 주는 진단이었다.
때문에 같은 달 중순 영의정 沈連源, 좌의정 尙震, 이조판서 尹漑
등은 추악 상목과 달리 3승 면포는 민간에서 옷을 만들어 입을 수
있을 정도이니, 回俸木과 같은 高價 포화가 사용될 수 없는 소액
거래에서 그 통용을 허용하자고 주청하였다.[107] 이승포나 지나친 척
단 추포는 금지하되, 3승 35척의 상목은 통용을 허용하여 민간 하층
교환경제의 通貨 요구에 부응하고, 이 소액 거래를 보완하기 위해
다시 楮貨를 사용하자는 방안이었다.

이상에서 살펴본 바와 같이, 면포 형태의 추포가 시중에 등장하
여 소액화폐로서 기준통화의 기능을 수행하며 민간 하층의 교환경제
에서 통용되기 시작한 15세기 중반 이래, 특히 16세기에 접어들어
그와 같은 추세가 더욱 일반화한 현실에서도 조선 정부는 국가의 재
정체계만이 아니라 민간 상업의 영역에서까지 일관되게 5승 35척의
正布, 正綿布의 國幣 사용을 강제하고 있었다. 국초의 실패로 인한
논란 속에서도 이 시기 계속 楮貨 復用 노력을 거듭하였던 조선 정
부의 정책과 짝하여 천명되는 경제정책·화폐정책의 노선이었다.[108]

이와 같은 화폐정책, 추포 대책의 일관된 방침은, 조선 왕조 개창

---

106) 《明宗實錄》卷12, 明宗 6年 9月 甲午, 20冊, 40쪽.

107) 《明宗實錄》卷12, 明宗 6年 9月 壬寅, 20冊, 41~42쪽.

108) 조선전기 정부의 화폐인식과 화폐론, 화폐정책의 추이에 대해서는 朴平植,
〈朝鮮前期의 貨幣論〉, 《歷史敎育》 118, 2011(本書 Ⅱ부 제1논문) 참조.

이후 '務本抑末', '重農抑商'에 기초한 국가정책에도 불구하고 15세기 중반 이후, 특히 16세기에 들어 성장과 발달을 거듭하고 있던 민간 상업에 대한 관장과 통제를 '利權(貨權)在上'의 貨權 장악을 통해 실현하려 하였던 조선 정부의 경제정책 노선이기도 하였다. 요컨대 이 시기 추포·악포에 대한 禁斷 시도는 국초 이래 조선 국가가 펼쳐 오던 '무본억말'의 경제정책, '화권재상'의 화폐정책의 산물이었으나, 현실의 경제 영역에서는 국가의 재정 부문과 민간의 교환경제 모두에서 이 같은 국가정책과 달리 다양한 형태의 추포의 통용과 그 확대가 지속되던 형편이었던 것이다.

## 4. 16世紀의 麤布經濟와 그 指向

15세기 중반 교환경제에 처음 등장한 3승 35척 면포로서 麤布는 그 후반 이후, 특히 16세기에 들어 민간 시장에서 등가물, 기준통화의 역할을 담당하는 한편, 그 升麤尺短化가 더욱 진전되었다. 그리하여 위의 상목면〔常木〕 외에도 이승포, 단사(직)포와 이들 극단적인 승추포를 또다시 2단·3단으로 나누어 유통하는 소액통화의 형태로 도성을 비롯한 전국에서 광범하게 통용되고 있었다.

더욱이 이 같은 추포의 확산 추세는 민간의 교환경제 영역만이 아니라 각종 부세수납과 국가의 재정체계와 관련된 公的 영역에서도 마찬가지로 전개되어, 이 시기 조선 정부의 麤布禁斷 방침을 현실에서 무력화하고 있었다. 조선 국가의 공적·사적 경제 영역 전반에서 진전, 확산되고 있던 이 같은 추포의 기능과 역할은 조선전기, 그중 특히 16세기를 '麤布經濟'의 시기로 부를 수 있을 정도였다.[109]

이제 그 '추포경제'의 實際를 이 시기 사회경제의 여러 부면에서 점
검하고, 이 추포경제가 지니는 우리나라 화폐사, 상업사에서의 위상
과 의미를 새겨 보도록 하자.

　국초 棉作의 보급과 확산 이후 조선 왕조의 국가재정은 미곡을
제외하면 면포를 근간으로 운영되었다. 成宗 16년(1485) 사섬시
소재 奴婢身貢은 縣布 72만 4천 5백여 필, 정포 18만여 필로 보고
되었다.[110] 이후 燕山君 10년(1504) 사섬시, 제용감 소재 면포는
80여만 필로,[111] 그리고 明宗 9년(1554)에는 다시 사섬시 소재 細
木綿이 2만 7천여 同, 곧 135만여 필로 확인되고 있다.[112] 이들
사섬시와 제용감에 보관된 면포 세목면은 모두 5승 35척의 正綿布,
正木으로서 바로 官木이었던 것으로 판단된다. 이 시기 國庫에는
《經國大典》과 《大典續錄》에서 규정한 이들 5승 정목 외에도 추포
의 일종인 3승의 常綿布 또한 다수 축적되어 있었으며, 이를 변경
지방에 보내 貿穀하여 軍資에 보충하는 방안이나,[113] 또는 그 추
포 중에서도 더욱 품질이 낮은 惡布로 군사들이 겨울에 입는 누비

---

109) 이 '추포경제'의 용어는 방기중이 처음 사용하였다. 씨는 17~18세기 金納租稅
　　의 성립 기반을 정리하면서 이전 16~17세기를 '추포경제'의 시기로 지칭하였다.
　　이 시기 펼쳐진 부세의 布納化에 따른 수탈에 대한 민의 저항, 장시를 비롯한 유
　　통경제의 성장에 의거해 추포를 일반적 등가물로 하는 '추포경제'가 성립되었다는
　　견해이다(앞의 〈17·18세기 前半 金納租稅의 성립과 전개〉). 조선후기 조세 금납화
　　연구 과정에서 부수로 언급되고, 16세기사에 대한 전면의 작업 성과는 아니지만
　　이 시기 화폐사, 교환경제의 성격에 대한 卓見이라 하겠다.

110) 《成宗實錄》 卷184, 成宗 16年 10月 乙酉, 11冊, 60쪽.

111) 《燕山君日記》 卷55, 燕山君 10年 8月 丙戌, 13冊, 659쪽.

112) 《明宗實錄》 卷16, 明宗 9年 正月 乙丑, 20冊, 181쪽.

113) 《中宗實錄》 卷16, 中宗 7年 5月 辛丑, 14冊, 587쪽 ; 《中宗實錄》 卷16, 中宗
　　7年 6月 丙辰, 14冊, 591쪽 ; 《中宗實錄》 卷56, 中宗 20年 12月 乙酉, 16冊,
　　474쪽.

옷〔納衣〕을 만들어 兩界로 보내는 방침이 간간이 시행되고 있었
다.114)

특히 中宗 10년(1515) 7월 호조는 국폐인 楮貨의 行用節目을
마련하면서 그 일환으로 시중의 惡布를 저화로 모두 매입한 후에
이를 군사용 누비옷으로 만드는 계획을 세우고 있었다. 그런데 이때
호조는 경중의 사섬시 소재 상면포가 10만 1,075필이고 이를 모두
누비옷으로 충당할 수는 없는 만큼, 민간의 악포 사용금지 기한으로
설정한 다음 해(중종 11, 1516) 3월 전까지 모두 처분하여 국고의
허비를 막자고 제안하고 있었다.115) 요컨대 중종 10년 당시, 국가
재정부서의 하나인 사섬시에만 모두 10만여 필이 넘는 규모의 상면
포가 보관되어 있던 사정이 구체적으로 확인되는 것이다.

이처럼 國庫에 國幣로 규정된 5승 35척 면포가 아닌 상면포와
升麤尺短의 악포들이 수납되어 축적되는 계기는 다양하였다. 우선
은 奴婢身貢布의 추포 수납이다. 중종 12년(1517) 정월 영의정 鄭
光弼은 경상도 노비신공포를 常貢縣布, 곧 5승 정목이 아닌 추포로
다시 倍徵하는 방안을 건의하고 있었다. 10여 년 전부터 호조판서
高荊山의 지시에 따라 이를 5승 면포로 징수하였는데, 면포의 주산
지였던 경상도에서조차 백성들이 5승 면포를 구득하기가 쉽지 않았
기 때문이었다.116)

이 같은 백성들의 처지는 당시 전국적인 상황이었다. 중종 20년
(1525) 2월 夕講 자리에서 典經 宋麟壽는 최근 충청도를 다녀온
경험에 비추어 공물과 잡역 등에서 모두 5승 면포를 징수하는 데

---

114) 《中宗實錄》 卷49, 中宗 18年 9月 壬申, 16冊, 259쪽.
115) 《中宗實錄》 卷22, 中宗 10年 7月 甲午, 15冊, 93쪽.
116) 《中宗實錄》 卷27, 中宗 12年 正月 甲申, 15冊, 250쪽.

따른 백성들의 고충을 토로하며, 5승 면포는 그 직조에 공이 많이 드는 까닭에 백성들이 이를 소유하기 어려워 모두 米로 오승포를 높은 가격에 사서 常貢으로 납부하는 실태를 전했다.[117] 국가의 이러한 5승 면포의 常貢 수납 강제에 맞서, 백성들이 면포의 품질을 저하시킨 추포를 납입하는 형태로 저항하였을 가능성 또한 충분하다 하겠다.[118]

한편 국고에 추포가 축적되는 계기는 이 시기의 다양한 代立制 운용에서도 마련되었다. 우선 其人 代立價는 애초 《경국대전》의 규정이 1朔당 정면포 5필이었으나,[119] 중종초 조정에서 시독관 金綏文은 그것이 연산조에 60~70필에 이르렀고 지금도 30~40필 이하로 내려가지 않음을 지적하였다.[120] 법적인 규정과 다른 이 多額의 수납포가 '市中 行用布', 곧 추포였음은 물론이다. 이 같은 대립가의 추포 징수는 選上奴子나 皁隷·羅將의 경우에도 마찬가지여서, 중종 2년(1507) 11월에는 조정에서 앞의 기인가와 더불어 이들 각종 대립가의 추포 산정을 시중 米價의 변화에 연동시키는 방안이 논의되기도 하였다. 예컨대 면포 1필의 미가가 8~9斗일 때는 대립가를 1朔당 2필, 미가가 5~6두일 때는 대립가 3필, 미가가 2~3두일 경우에는 대립가를 4필로 각기 연동시켜 산정하여 부과하는 방안이었다.[121]

나아가 중종 12년(1517)에는 選上奴子의 대립가 상목면 5필을 5승 목면 3필로 변경한 조처에 대해, 상목과 정목의 比價 '2:1'에

---

117) 《中宗實錄》卷53, 中宗 20年 2月 己未, 16冊, 384쪽.

118) 방기중, 앞의 〈17·18세기 前半 金納租稅의 성립과 전개〉.

119) 《經國大典》戶典, 京役吏.

120) 《中宗實錄》卷4, 中宗 2年 11月 辛酉, 14冊, 205쪽.

121) 《中宗實錄》卷4, 中宗 2年 11月 辛酉, 14冊, 205~206쪽.

비추어 그 過重함이 거듭 조정에서 논란이 되었다.122) 그리하여 이
듬해(중종 13, 1517) 11월에는 조정의 대신들 사이에서 이 選上價布
를 5승 면포나 상목면 어느 형태로도 낼 수 있게 하자는 주청이 강
하게 제기되기도 하였다.123)

正兵 대립가의 경우, 15세기 후반 성종조부터 16세기 전반 중종
조에 이르는 시기 1朔당 대립가는 법적인 공정가가 5승 면포 3필∼
3.5필로 큰 변화가 없었다.124) 그러나 현실에서는 대립가가 시중에
서 통용되던 상목면의 형태로 수납되면서 그 升麤의 정도에 따라
적게는 30여 필에서 많게는 50여 필에 이르렀다.125) 그리고 이들
각종 대립가 외에도 이 시기 官의 收贖木綿,126) 관설 魚箭의 賃貸
價,127) 사용기간이 지난 軍船의 放賣價128) 등에서도 추포 형태의
상목이 수납되어 국고에 축적되고 있었음이 확인된다.

그런데 16세기 중반 중종 38년(1543)에 정리된《大典後續錄》에
이르면 이제 추포로서 3승 면포만이 아니라, 정목과 상목면의 尺短
형태까지 국가재정과 관련하여 규정되어 허용되고 있어 주목된다.
이전《大典續錄》(성종 23, 1492)에서 公私 모두의 행용 면포를 5승

---

122)《中宗實錄》卷31, 中宗 12年 12月 丁卯, 15冊, 371∼372쪽 ;《中宗實錄》
　　卷31, 中宗 12年 閏12月 戊寅, 15冊, 376쪽.

123)《中宗實錄》卷34, 中宗 13年 11月 甲辰, 15冊, 489쪽.

124)《成宗實錄》卷278, 成宗 24年 閏5月 辛丑, 12冊, 326쪽 ;《中宗實錄》
　　卷95, 中宗 36年 4月 庚申, 18冊, 458쪽 ;《大典後續錄》兵典, 雜令.

125)《中宗實錄》卷62, 中宗 23年 8月 癸丑, 17冊, 22쪽 ;《中宗實錄》卷65, 中宗
　　24年 5月 甲寅, 17冊, 120쪽 ;《中宗實錄》卷81, 中宗 31年 正月 丁卯, 17冊,
　　630쪽.

126)《中宗實錄》卷26, 中宗 11年 10月 丙辰, 15冊, 221쪽.

127)《中宗實錄》卷98, 中宗 37年 4月 己未, 18冊, 568쪽.

128)《中宗實錄》卷88, 中宗 33年 9月 庚子, 18冊, 212∼213쪽.

35척에 폭 7寸 이상으로 법적 규정을 설정하였던 것과 달리, 이
《대전후속록》호전 稅貢條에서는 각 官에 수납하는 稅貢 면포를
규정하면서 일반적인 5승 면포와 더불어 馬價에서는 4승 면포, 그
리고 船價에서는 3승 면포 수납을 허용하고 있었던 것이다.129)

나아가 同 工典 京役吏條에서는 국가에서 其人 대립인에게 지
급하는 役價를 1朔당 '5승 木綿 二匹半, 상목면 半匹 八尺 七寸
(3/4필), 造米 二升'으로 규정하고 있다.130) 정목인 5승 면포와 더
불어 추포의 일종인 상목면이 이제 국가재정에서 기준통화로 승인되
고 있을 뿐만 아니라, 准尺布를 1/2 또는 3/4 등 다양하게 斷割한
형태로 그 가치가 표기되고, 또한 그렇게 통용되었음을 나타내는 것
이다. 요컨대 15세기 후반 이후 16세기에 이르러 각종 부세수납을
비롯한 국가재정 운용의 여러 영역에서 추포로서 상목면이 등가물이
자 기준통화로 설정되어 활용되면서, 부분적으로 법적인 승인까지
이루어졌음을 확인할 수 있다 하겠다.

한편 상목면(상목)을 비롯한 여러 유형의 추포는 16세기 민간의
교환경제에서 더욱 뚜렷하게 교환의 매개 역할과 기준통화의 기능
을 수행하고 있었다. 우선 백성들의 생계와 관련하여 가장 중요한
품목이던 米價의 경우 세종조 이후 도성에서는 줄곧 면포로 표시되
었는데, 그 기준통화가 16세기에 들어 5승 면포에서 상목면을 비
롯한 추포로 변환된 것으로 판단된다.《조선왕조실록》에서 확인되는
도성의 미가 추이를 살펴보면, 15세기 후반 성종조에 면포 1필당
3~4斗에서 2두가량이던 미가는 이후 연산조에 들어 1~2두 수준
으로 상승하였고, 16세기 중종조에 이르러서는 7~8升에서 3~4승

---

129)《大典後續錄》戶典, 稅貢.
130)《大典後續錄》工典, 京役吏.

으로까지 급등하였으며, 명종조에는 급기야 1필당 1승으로까지 보고되었다.131)

이처럼 15세기 후반 성종조에서 16세기 중반 명종조에 이르는 1백여 년 사이에 나타난 미가의 40여 배 急騰의 주요 원인은 미가 기준 면포의 升尺減縮에 있었다. 중종 36년(1541) 6월 진휼청과 호조는 당시 진휼 대책으로 常平米를 민간에 방매하면서, 5승 면포 대신 빈민들이 쉽게 구득할 수 있는 상면포를 1필당 미 1두의 가격으로 매입하는 방안을 국왕에게 건의하였다. 이때 당시 시중에서 행용되는 상면포의 市價를 '필당 미 5승'으로 전하였다.132) 이 市上의 行用綿布로서 상면포의 시가 미 5승은 다음 날 승정원에서도 그 내역을 확인할 수 있다.133)

여기에서 보듯이, 도성의 미가가 급등하였던 중종조에 주로 조정의 흉년 대책 논의에서 보고되었던 미가의 基準布는 이전과 달리 5승 면포가 아니라 3승의 상목면이거나 이보다 더 升麤尺短化된 시중 행용의 惡布였다. 중종 7년(1512) 6월 사섬시의 '常緜布'를 거론하면서 이를 또한 '緜布'라고도 불렀던 사례에 비추어 볼 때,134) 그리고 무엇보다 이 시기 미가의 수십 배에 이르는 단기간 내 급등 상황을 고려하면, 중종조 이후《실록》에서 시중 미가의 기준으로 표기된 면포는 상목면이거나 그 이하의 추포였을 것으로 짐작된다. 16세기 도성 시장과 장시를 비롯한 외방의 민간 상업에서 미곡 거래가 차지하는 위상 탓에, 상목과 그 이하 승추척단의 추포가 少額을 표

---

131) 조선전기《조선왕조실록》소재 米價 자료는 李正守의 앞의 논문(〈朝鮮前期의 米價變動〉) 280~282쪽의 〈표 1〉과 〈표 2〉에 잘 정리되어 있다.

132)《中宗實錄》卷95, 中宗 36年 6月 庚午, 18冊, 475쪽.

133)《中宗實錄》卷95, 中宗 36年 6月 辛未, 18冊, 475쪽.

134)《中宗實錄》卷16, 中宗 7年 6月 丙辰, 14冊, 591쪽.

기할 수 있는 等價物로서 민간의 교환경제에서 기준통화로 자리 잡고 있었던 것이다.

16세기의 화폐경제에서 常木을 포함한 麤布의 기준통화로서의 位相과 比重은 또한 현재까지 남아 있는 이 시기 土地賣買 明文에서도 잘 확인된다. 16~17세기 경상도와 전라도 지방의 각종 古文書 자료를 모아 놓은《慶北地方古文書集成》(영남대출판부, 1981)과 《古文書集成－海南尹氏篇》(한국정신문화연구원, 1986)의 수록 明文 중에서, 田畓 거래 시에 支拂 수단으로 사용된 물품 내역을 선행 연구자의 성과에 힘입어 정리하면 다음 〈표 1〉과 같다.

〈표 1〉 16세기 田畓 거래 지불 수단[135]

| 소 재 | 시 기 | 綿 布[*1] | | 米＋他 | 기타 | 합 |
| | | 正木 | 常木[*2] | | | |
|---|---|---|---|---|---|---|
| 《慶北地方古文書集成》 | 1551~1608 (중종 6~선조 41) | 28[*3] (20%) | 91 (64%) | 17 (12%) | 5 (4%) | 141 (100%) |
| 《古文書集成－海南尹氏篇》 | 1591~1607 (선조 24~선조 40) | 3 (30%) | 7[*4] (70%) | . | . | 10 (100%) |
| 합 계 | | 31 (21%) | 98 (65%) | 17 (11%) | 5 (3%) | 151 (100%) |

※ 〈표〉의 내용을 보다 단순화하기 위하여 明文에 등장하는 回俸布(倭人 回賜布, 5승 면포), 細布, 大同布, 오승포, 6승 이상의 면포 등을 모두 正木으로 분류하고, 4승 이하의 면포는 常木으로 구분하였다.

*1 이 綿布 지불 사례는 명문에서 '折木綿', '折木'으로 환산하여 표기한 매매 토지가격의 총액 단위를 표기한다. 따라서 정목이나 상목으로 총액이 환산되더라도

135) 이 〈표 1〉의 작성에는 다음의 논저들이 참고되었으나, 그중에서 이정수·김희호의 저서 《조선의 화폐와 화폐량》 122~124쪽의 〈표 7~8〉과 145~147쪽의 〈부록 표 10~11〉을 본고에서 다루는 시기에 맞추고 약간의 校正을 더하여 보완하였다. 이정수·김희호, 《조선의 화폐와 화폐량》, 경북대학교출판부, 2006 ; 李在洙, 《朝鮮中期 田畓賣買研究》, 集文堂, 2003 ; 정수환, 《조선후기 화폐유통과 경제생활》, 景仁文化社, 2013.

실제 지불은 이 외에 6승~9승에 이르는 細綿布, 麻布, 牛, 穀物 등으로도 이루어
지고 있었다.

*2《慶北地方古文書集成》소재 16세기 토지매매 명문에서 토지가격 환산 총액은
대부분 '折木綿', '折木'으로 표기된 반면, 正木이나 5승 이상의 細綿布는 그 升數
를 구체적으로 밝히거나 '回俸', '回風'(回俸의 다른 표기) 등으로 구분하여 표기하
고 있다. 그러므로 구체적인 승수 없이 '절목면', '절목'으로 표기된 환산 총액은
모두 常木으로 보기에 무리가 없고, 본 〈표〉역시 이렇게 작성된 것이다. 문서번
호 361의 다음 明文은 총액 표기 '折木綿'의 '木綿'이 바로 '常木'임을 분명하게
확인시켜 준다.

    "幷以折木綿玖同交易  同長利租拾捌石  米拾斗伍升等  本常木伍同以計納爲遣
上餘價禾五中大牛一隻  常木貳同  依數捧上爲遣  永永放賣爲去乎."

    토지가격 환산 총액은 목면, 곧 상목으로 9同(450필)이었고, 실제 지불은 상목
5동에 해당하는 租 18석, 米 10두 5승, 그리고 나머지는 大牛 1隻과 상목 2동으
로 이루어졌다.

*3 이정수·김희호의 앞의 책 〈표 7〉과 〈부록 표 10〉에 빠져 있는 16세기 正木 지
불 사례 4건을 추가하여 교정한 수치이다(《慶北地方古文書集成》 문서번호 432,
447, 451, 470).

*4 이 7건에는 4~5승 면포 지불 사례 3건이 포함되어 있다.


    수다한 토지매매 명문의 정리 과정에서 다소 복잡한 설명과 推
論이 附記되었지만, 위 〈표 1〉을 통해서 16세기 토지의 매매 과정
에서 等價基準은 면포였고, 그중 6할 이상의 거래 사례에서 3승 면
포로서 추포의 일종인 常木이 토지가격을 나타내는 기준통화의 역
할을 하고 있었음이 구체적으로 확인된다. 실제 土地價의 지불 과
정에서는 6승에서 9승에 이르는 細綿布와 5승 正木이 소[牛], 곡물
등과 더불어 지불 수단으로 사용되었음에도 불구하고, 대표적인 고
액 거래였을 토지매매에서조차 過半 이상의 등가기준이 추포인 상
목으로 설정되어 있었던 것이다. 민간 교환경제 일반에서 상목을 비
롯한 추포가 기준통화의 역할은 수행하고 있던 실정, 이것이 바로
16세기 이른바 '麤布經濟'의 實際였다.

    이제 민간 교환경제의 소액 거래 영역에서 추포의 위상과 비중을

점검해 보도록 하자. 이를 위해 이 시기 文集 중에서 生活日記類의 내용이 담긴 《默齋日記》, 《眉巖日記》, 《瑣尾錄》 등에 기록된 물품 구매 시의 지불 수단을, 마찬가지로 선행 연구의 성과를 빌려 정리하여 보면 다음 〈표 2〉와 같다.

〈표 2〉 16세기 物品 구매 지불 수단[136)]

| 문 집 | 시 기 | 綿布 | | 綿+他 | 米+他 | 기타 | 미상 | 합 |
| | | 正木 | 常木 (麤布) | | | | | |
|---|---|---|---|---|---|---|---|---|
| 《默齋日記》 | 1535~1566 (중종 30~명종 21) | 11 (11%) | 15 (15%) | 8 (8%) | 25 (25%) | 8 (8%) | 32 (33%) | 99 (100%) |
| 《眉巖日記》 | 1567~1577 (명종 22~선조 10) | 21 (28%) | 8 (11%) | 6 (8%) | 20 (27%) | 14 (19%) | 5 (7%) | 74 (100%) |
| 《瑣尾錄》 지방 | 1592~1601 (선조 25~선조 34) | 14 (10%) | 18 (13%) | 8 (6%) | 46 (34%) | 40[*1] (30%) | 9 (7%) | 135 (100%) |
| 《瑣尾錄》 한양 | 1596~1600 (선조 29~선조 33) | 4 (8%) | 8 (17%) | | 3 (6%) | 22[*2] (46%) | 11 (23%) | 48 (100%) |
| 합 계 | | 50 (14%) | 49 (14%) | 22 (6%) | 94 (26%) | 84 (24%) | 57 (16%) | 356 (100%) |

※ 〈표〉의 내용을 보다 단순화하기 위하여 생활일기에 기록된 官布, 回俸(風)布, 奴布, 祿布, 贖布, 選上布, 오승포, 6승 이상의 면포는 모두 正木으로 분류하고, 4승 이하의 면포, 次布, 麤布 등은 常木으로 구분하였다.

*1 이 기타 40건 중에서 16건은 魚鹽이 지불 수단이었다.

*2 이 기타 22건은 銀 또는 銀과 米·布 등이 함께 사용된 사례였다.

---

136) 이 〈표 2〉의 작성에는 다음 여러 논저들이 참고되었으나, 그중에서 주로 이정수·김희호의 저서 《조선의 화폐와 화폐량》 110~117쪽의 〈표 1~6〉과 131~142쪽의 〈부록 표 1~6〉을 재구성하여 완성하였다.
　이정수·김희호, 앞의 《조선의 화폐와 화폐량》; 李成妊, 〈조선중기 吳希文家의 商行爲와 그 성격〉, 《朝鮮時代史學報》 8, 1999 ; 李成妊, 〈16세기 李文楗家의 收入과 經濟生活〉, 《國史館論叢》 97, 2001 ; 金素銀, 〈16세기 兩班 士族의 수입과 경제생활－《默齋日記》를 중심으로〉, 《崇實史學》 15, 2002 ; 우정임, 〈《默齋日記》에 나타난 명종대 지방의 書籍流通 실태〉, 《지역과 역사》 17, 2005.

앞의 〈표 1〉의 토지매매 거래가 대표적인 고액 거래의 형태였다면, 일상에서 兩班家가 시장이나 장시, 행상을 통해 구입하게 되는 각종 생필품과 서적 등에 대한 지불 수단은 훨씬 다양하였다. 총 거래에서 면포만으로 대가가 지불된 사례는 28퍼센트 정도였고, 그중 추포를 사용한 경우가 절반가량이었다. 米와 여타 현물을 함께 지불하거나 기타 물품의 사용 사례도 적지 않아, 앞의 토지매매 명문의 분석 자료가 보여 주는 일정한 定向과도 비교된다.

그러나 이들 자료가 양반가의 일상 기록임을 전제하고, 또 확인 사례의 절반 정도가 壬辰倭亂에 따른 피란 상황 아래 이루어진 거래였음을 고려하면,137) 斗升의 곡물을 이용하는 소액 거래의 형태를 포함하여 '常木', '三升木', '麤木', '中木', '麤布' 등으로 표기된 3승 이하 升麤尺短의 추포가 도성과 외방을 포함한 전국의 민간 교환경제에서 활발하게 거래 수단으로 활용되고 있던 사정은 어렵지 않게 살펴볼 수 있다 하겠다.

이처럼 16세기 《조선왕조실록》을 비롯한 국가 연대기 기록과 개인 문집, 그리고 각종 고문서 자료에서 확인되는 추포의 유통과 확산 내역을 통해, 부세를 비롯한 정부의 재정체계에서만이 아니라 도성과 지방을 망라하는 민간 교환경제의 영역에서도 3승 면포인 상목과 그 이하 升麤尺短의 麤布가 등가기준과 기준통화의 역할 및 기능을 충실하게 수행하고 있었음을 확인할 수 있다.

요컨대 5승 정목과 6승에서 9승에 이르는 細綿布, 紬布 등이 고액화폐로서 역할을 하였다면, 추포는 이와 대비되는 소액 通貨로서

---

137) 《瑣尾錄》은 저자 吳希文의 임란 중 피란 기록이다. 특히 위 〈표 2〉의 한양에서 '기타' 항목으로 분류된 사례는 모두 銀이나 은과 미·포를 함께 지불한 경우로, 明軍의 참전에 따라 일시적으로 전개된 도성내의 銀 유통 사정을 보여 주는 내용이다.

공적·사적 영역의 각종 유통 부문에서 3승의 상목으로, 때로 그보다 더 승추 척단화된 형태로 확산되어 가면서 이 시기의 추포경제를 형성한 것이다. 그러므로 이 추포경제는 15세기 후반 이후 도성상업과 국내교역, 그리고 대외무역 부문을 포괄하여 펼쳐지던 상업발달의 추세 속에서,138) 특히 농민적 하층 교환경제의 성장에 부응하여 펼쳐진 화폐경제의 한 단계였다.

常木을 주된 기준통화로 하는 이와 같은 16세기 추포경제의 貨幣史上의 위치는 어떠할까? 국초인 태종 3년(1403) 8월 사헌부는 楮貨의 國幣 채택을 건의하는 가운데 우리의 화폐사를 정리하면서, "우리나라는 예부터 土物을 화폐로 이용하여 三國 시기로부터 前朝[高麗]에 이르기까지 모두 5승 마포를 貨幣로 삼아 왔는데, 그것으로 옷을 만들 수도, 다른 물화를 구매할 수도 있어 '市價'가 둘이 아니므로[不二] 백성들이 모두 편하게 여겼다."139)고 술회하고 있었다.

현물 그 자체를 이용한 物品貨幣 단계에서 삼국시기부터 고려조에 이르러 5승 마포를 기준통화로 사용함으로써 '市價不二', 곧 내재의 使用價値와 시장의 交換價値가 일치하는 定量貨幣 단계에 도달하였다는 분석이었다. 이 단계에서는 정포로서 이들 정량의 5승 마포 외에 6승 이상의 細麻布와 3승에 이르는 升麤 마포 등이 紬布나 苧布와 같은 다른 布貨들과 더불어 그 升數에 따라 각기 다른 가치의 등가물이나 교환수단으로 활용됨으로써 동시에 稱量貨幣로서도 통용되었음은 물론이다.140)

---

138) 주 5의 拙著 참조.

139) 《太宗實錄》 卷6, 太宗 3年 8月 乙亥, 1冊, 275쪽.

140) 이경록, 〈高麗時代 銀幣制度의 展開過程〉, 《泰東古典硏究》 17, 2000 ; 朴平植, 앞의 〈朝鮮前期의 貨幣論〉.

고려말까지의 이와 같은 5승 마포의 基準通貨의 위치는 조선 왕
조 개창 이후 棉作의 보급 확대와 더불어 세종조 전후 면포로 대체
되었다. 그리고 15세기 중반 3승 면포의 등장 이후, 앞에서 살펴본
바와 같은 면포의 升麤尺短化가 16세기에 들어 더욱 극단으로 전
개됨으로써 이 常木이 기준통화로 자리해 가는 한편에서, 이제 2승
포, 單絲(織)布, 2~3端으로 단할된 10여 척 미만의 麤惡綿布까지
민간의 하층 교환경제를 중심으로 널리 통용되기에 이르렀다. 이른
바 '추포경제'의 전개였다.

중종조에는 추포가 이미 "도성과 지방 모두에서 쓰이는"[141] 실
정이었고, 조정에서 이를 두고 "나라의 가장 큰 폐단"[142]으로 운위
하였다. 이에 따라 끊임없이 그 禁斷 방침이 논의되고 시행되기도
하였지만, 정작 실제 교환경제에서는 추포가 기준통화로 정착되어
갔다. 더욱이 중종 10년(1515) 6월에는 화폐란 '물(水)'과 같은 것이
어서 또한 '泉'이라 일컫는다며, 이를 강제로 막기보다는 그 유통책
을 강구하자는 건의가 나오는 형편이었고,[143] 이윽고 同 24년(1529)
4월에는 시중에서 이들 惡布가 아무 거리낌 없이 통용되는 실태를
들어 그 허용이 무슨 害가 되겠느냐는 견해까지 제기되기에 이르
렀다.[144]

이렇게 16세기에 점차 公認 通貨로 자리 잡아 간 3승의 常木과
달리,[145] 시중에서 널리 유통되는 2승포나 단사(직)포, 單織 3승

---

141) 《中宗實錄》 卷40, 中宗 15年 閏8月 癸卯, 15冊, 684~685쪽.
142) 《中宗實錄》 卷22, 中宗 10年 6月 癸亥, 15冊, 85쪽.
143) 위와 같음.
144) 《中宗實錄》 卷65, 中宗 24年 4月 甲午, 17冊, 116쪽.
145) 명종조 상목 유통의 허용을 주장하는 근거의 하나는 그래도 민간에서 이 3승
    면포로 옷을 만들어 입을 수 있다는 것으로(《明宗實錄》 卷12, 明宗 6年 9月 壬寅,

면포와 같은 추악 면포는 모두 옷으로 만들 수 없는 '不可用'[146]
'不得爲衣'[147]의 상태였다. 따라서 이들 추포들은 면포로서 지니는
사용가치는 사라진 채, 시중에서 교환가치만을 인정받으면서 유통되
는 통화였다. 중종 20년(1525) 7월 權鈞의 지적처럼, 시중에서 행용
되는 면포를 역대 祖宗으로부터 금지하여 온 것은 이들 추악 면포
로는 민간에서 옷을 만들어 입을 수 없는 지경이었기 때문이다.[148]
16세기 시중의 추악 면포는 고려조 이래 조정에서 표방해 온 '市價
不二', 곧 사용가치와 교환가치가 일치하지 않는 포화였고, 그런 의
미에서 이미 準名目貨幣로서 통용되고 있는 화폐였다.

이와 달리, 국초 태종조에 추진된 저화의 國幣 보급 과정에서 정
부에 의해 매집된 5승 마포들은 다시 3단·4단으로 절단되어 민간이
나 궁중 관속들에게 불하되고 있었다.[149] 태종조에 이처럼 국가에
의해 단할된 5승 마포가 다시 백성들에게 분급될 수 있었던 까닭은,
이 조처로 布貨로서 5승 마포의 교환가치는 소멸되었지만 절단된
형태라도 그 사용가치는 아직 남아 있었기 때문이었다. 그러나 16세
기의 추포는 2승포나 단사(직)포, 그리고 10여 척 미만으로 2단·3
단으로 나뉜 포화마저 민간 교환경제에서 별다른 거부감 없이 자연
스럽게 통용되고 있었다.

이 시기 추포경제의 추포는 이와 같이 그 內在의 사용가치와 名

---

20冊, 41~42쪽), 곧 사용가치의 內在 주장이었다.

146) 《中宗實錄》卷22, 中宗 10年 6月 壬申, 15冊, 86쪽.

147) 《中宗實錄》卷26, 中宗 11年 10月 丙辰, 15冊, 221쪽.

148) 《中宗實錄》卷54, 中宗 20年 7月 辛酉, 16冊, 431쪽.

149) 태종 2년(1402) 5월의 3천 6백여 필(《太宗實錄》卷3, 太宗 2年 5月 壬寅, 1冊,
234쪽), 다음 달의 2만 4천 6백여 필(《太宗實錄》卷3, 太宗 2年 6月 壬戌, 1冊,
237쪽), 同 11년(1411) 정월의 3,250필(《太宗實錄》卷21, 太宗 11年 正月 甲子, 1冊,
572쪽)의 5승 마포 절단 분급 사례가 그것이다.

目의 교환가치가 분리된 채 유통됨으로써, 물품화폐이기는 하지만 이제 準명목화폐의 형태로 시중에서 통용되는 통화였던 것이다. 나아가 朝夕의 끼니 마련을 위해 이 같은 악포를 사용하는 민간 하층 교환경제의 영세 소농과 빈민들만이 아니라, 당대 富商大賈를 비롯한 부유층들까지 이들 악포의 蓄藏에 적극 나서고 있던 사정에서,150) 상목을 비롯한 다양한 형태의 추포가 16세기 민간 교환경제에서 기준통화이자 실제 準명목화폐로서 유통되고 있었음을 확인할 수 있다 하겠다.

국초 저화와 동전 발행을 통한 국가의 貨權 장악, '利權在上'의 국가정책이 잇따른 國幣의 유통 실패에 따라 도성을 비롯한 전국의 상인층·농민층에게 그 실효를 거두지 못하였던 상황에서, 16세기에 접어들면 이제 민간의 교환경제는 물품화폐로서 면포가 5승의 정량화폐와 각종 칭량화폐의 단계를 거쳐 '升麤尺短의 추포'라는 準명목화폐를 통용시키는 수준에 도달했다. 따라서 이들 추포에 대한 이 시기 조선 정부의 일관된 禁斷 의지는 민간의 교환경제, 특히 영세 빈민층의 도성상업과 장시로 대표되는 소농민의 지방상업에 대한 국가의 통제와 장악을 위한 시도였다.

그러므로 16세기, 국초에 이어 다시 추진되었던 국가 차원의《經國大典》소재 國幣의 보급정책, 곧 楮貨의 재발행과 5승 布貨 유지정책의 실패는,151) 그 자체가 동 시기에 京外를 막론하고 전개되고 있던 민간 상업과 교환경제의 발달, 그리고 '貨權在上'에 기초한 국가의 화폐정책에 적극 대응할 수 있는 商業資本과 상인층의 長

---

150)《中宗實錄》卷26, 中宗 11年 10月 戊辰, 15冊, 226쪽 ;《中宗實錄》卷50, 中宗 19年 2月 辛酉, 16冊, 289쪽 ;《中宗實錄》卷55, 中宗 20年 8月 乙巳·丁未, 16冊, 446~447쪽.

151) 앞의 주 86, 108의 논고 참조.

成을 또한 증명하는 것이었다. 나아가 상목과 각종 추악 면포를 기반으로 한 추포경제는, 이제 銅錢만 보급되어 기준통화로 대체되면 이내 명목화폐를 사용하는 金屬貨幣經濟로 전환되는, 물품화폐로서는 最終·最高의 화폐 발전 단계이기도 하였다.

조선후기 금속화폐로서 常平通寶가 널리 보급되기 직전 17세기를 살았던 柳馨遠(1622~1673)이, 당대 겨우 1~2승에 불과한 추포가 사용가치를 전혀 갖지 못한 포화임에도 각종 교환에 통용되어 정부의 금단정책이 실효를 거두지 못하는 사정을 지적하며, 동전이 한번 유통되기 시작하면 국가가 이를 금지하고자 해도 할 수 없을 정도일 것이라고 전망하였던 추포 유통의 단계가 이미 16세기에 펼쳐지고 있었던 것이다.[152] 실제 16세기 후반 명종조에 접어들면, 비록 실현되지는 못하였지만 세종조의 실패 이래 그간 등장하지 않았던 동전 유통론이 새롭게 제기되었다. 명종 6년(1551) 9월 사헌부는 저화나 상목에는 각기 장단점이 있어 그 유통에 대한 의견이 분분하나, 동전은 유통 찬성론자가 8할에 이른다며 이전과는 사뭇 달라진 시중의 분위기를 전했다.[153]

이후《續大典》戶典 國幣條에서 이전 국폐의 통용 사정을 간단하게 정리하여 그 내력과 계통을 '楮貨－常木－銅錢'이라고 하였다.[154] 동전 보급 직전인 '상목의 유통 단계'가 바로 3승 면포인 상목을 필두로 升麤尺短의 추악 면포가 麤布로서 시중에서 등가물과

---

152)《磻溪隧錄》卷8, 田制後錄攷說 下.
　　"今麤布僅一二升 元不成布 百無所用 而貿遷相通 故禁之而不止 錢若一行 則雖欲禁止 亦不可得矣."
153)《明宗實錄》卷12, 明宗 6年 9月 甲午, 20冊, 40쪽.
154)《續大典》戶典, 國幣.
　　"楮貨更爲常木 常木又復爲銅錢 文曰常平通寶"

기준통화의 역할을 충실히 수행하였던 16세기 이후 추포경제의 시기를 가리키는 것이었다. 그러므로 이 시기 추포의 광범한 유통에 의거한 추포경제는, 우리 역사에서 17세기 이후 국가재정과 민간 교환경제의 모든 영역에서 단기간 안에 常平通寶가 널리 보급되어 금속화폐로서 동전에 기초한 名目貨幣經濟가 본격적으로 펼쳐질 수 있었던 역사적 기반이기도 하였다.

## 5. 結 語

조선전기 升麤尺短의 면포로서 麤布의 유통 사정과 이에 기초하여 16세기에 구축된 麤布經濟의 실제와 그 지향을 정리하면 이상과 같다. 이제 그 내용을 요약하여 정돈하고, 추포경제의 貨幣史上의 의의를 새기는 것으로 본 작업을 맺고자 한다.

15세기 중반 세조조를 전후하여 교환경제에 등장하여 16세기에 널리 확산된 추포는 고려말기나 국초와 같은 5승 마포가 아니라, 5승 35척의 正綿布에서 升麤尺短化가 진행된 麤惡綿布를 지칭하였다. 성종조 이후 자료에 본격 등장하는 이 추포에는 3승 35척의 면포로서 16세기에 들어 국가에 의해 그 유통이 공인된 常木綿[常木] 외에도 이승포, 單絲(織)布, 2~3端으로 단할되어 10여 尺으로까지 유통되던 尺短布 등이 포함되어 있었다. 그중 상목은 이를 달리 '常布', '市准木' 또는 '市上行用綿布'로도 부른 데서 알 수 있듯이, 특히 16세기 이후 도성을 비롯한 민간의 교환경제에서 等價物과 基準通貨로 자리 잡아 갔다.

국초의 布貨체계에서 '5승 면포[正木]-정5승 마포[正布]-5승 마

포〔常布〕' 사이의 比價는 '1:2:4'였고, 5승 면포가 여타 紬布 등과
더불어 고액화폐로, 마포인 정포와 상포는 소액화폐로 활용되고 있
었다. 그런데 세종조를 전후한 棉作 확산의 결과, 5승 마포로서 당
대까지 '麤布'로 불렀던 상포가 교환경제에서 퇴조·소멸해 가자, 이
에 대응하여 등장한 소액화폐가 바로 升麤尺短의 면포인 새로운 麤
布였다. 그리하여 이 시기 포화 체계는 다시 '5승 면포〔正木〕-정5승
마포〔正布〕, 3승 면포〔常木〕-다양한 형태의 麤布'로 변모하였고, 그
比價 또한 '1:2:4…'로 재편됨으로써, 이제 정5승 마포를 대신하여
상목〔常木綿〕이, 그리고 면포로서 새로운 추포가 2승포, 단사(직)포,
또는 10여 척 내외 尺短布의 형태로 국초의 상포 내지 그 이하의
교환가치를 지닌 채 도성을 비롯한 전국의 민간 시장에서 활발하게
유통되기에 이르렀다.

15세기 후반 이후, 특히 16세기에 들어 이처럼 升麤尺短의 면포
로서 麤布가 확산된 배경에는 국초 이후 棉作의 보급과 이에 따른
면포 유통의 확대, 그리고 이제까지 교환경제에서 소액통화의 기능
을 수행하여 왔던 상포(5승 마포)의 소멸 상황이 자리하고 있었다.
반면 고려말을 거쳐 장기적 성장의 추세 하에 있던 농민적 하층 교
환경제는, 이 시기 都城市廛이 확대되면서 성내 곳곳에 '無不出市'
의 형태로 시장이 증설되던 사정이나 성종조에 처음 등장하여 이내
전국으로 확산되어 갔던 場市에서 보듯, 이들 도성 빈민이나 영세
소농의 朝夕 마련으로 대표되는 소액 거래에 필요한 결제수단을 절
실하게 필요로 하였다. 국초 이래 전국의 교환경제에서 정포의 1/2
가격으로 상포가 수행하였던 소액통화의 기능을 이제 다양한 유형의
麤惡綿布가 추포로서 대신하였던 것이다.

이처럼 5승 정면포의 1/4 이하의 比價를 지닌 여러 형태의 추포
가 시중에 확산되어 가자, 조선 정부는 '惡布禁斷'이라는 국가정책을

점차 강화해 갔다. 애초 성종조에 단사(직)포와 척단포를 금지하면서도 連尺布의 형태로 35척 규격을 지닌 상목을 허용하였던 조선 조정은, 16세기 중종조에 들어 이들 추포가 민간의 교환경제만이 아니라 부세수납과 代立制 등 국가재정의 영역에서마저 확산되어 가자 惡布·麤布에 대한 일관된 금단 방침을 더욱 천명하였고, 그러한 경향은 명종조에 들어 일층 강화되었다. '農本'의 경제정책, '貨權在上'의 화폐인식 아래 국초 저화 동전의 보급 시도에서 강력하게 추진되었던 貨權 장악의 노력이 이제 추포의 확산에 대응하여 惡布禁斷策의 형태로 펼쳐졌던 것이다. 그러나 현실에서 추포, 특히 상목의 기준통화의 역할과 기능은 한층 뚜렷해졌고, 조선 정부 또한 부세나 대립가의 징수에서 이들 추포의 활용을 부분적으로 승인함으로써 상목은 이 시기 국가 공인의 통화로 유통되기에 이르렀다.

16세기 조선의 화폐 유통은 이제 '麤布經濟'의 단계로 전개되고 있었다. 3승 면포인 常木은 대립가를 비롯한 각종 賦稅와 국가 지급의 役價 등에서 官木인 5승 면포와 더불어 지속적으로 활용되었고, 도성 시장과 전국으로 확산된 場市 등 민간의 교환경제에서는 이 상목 외에도 升麤尺短의 惡布가 일정한 比價 체계에 따라 아무 거리낌 없이 소액통화로 유통되고 있었다. 기준통화로서 상목과 그 이하 추포의 등가기준, 교환수단의 역할은 현재까지 영·호남 지방을 중심으로 남아 있는 당대 수많은 田畓賣買 明文에서도, 그리고 兩班家의 生活日記類 자료에서도 분명하게 확인되고 있다. 이른바 '추포경제'의 실제였다.

이처럼 상목과 다양한 추악 면포를 근간으로 하는 16세기의 추포경제는 15세기 후반 이후 전개된 도성 시장과 국내 상업의 발달, 특히 농민적 하층 교환경제의 성장에 조응하여 펼쳐진 화폐유통의 흐름이었다. 이 같은 추세는 物品貨幣의 통용이 우리 역사에서 고

려후기 이래 5승 마포, 5승 면포 위주의 定量貨幣 단계를 지나 각
종 細布나 추포로 구분되어 활용되는 稱量貨幣의 수준을 거쳐, 마
침내 布貨에 내재하는 사용가치와 교환과정에서 실현되는 명목가치
가 어느 정도 분리되는 準名目貨幣의 단계에 이르렀음을 보여 주는
것이다. 사용가치가 탈각된 2승 면포, 단사(직)포, 10여 척 미만 麤
惡綿布의 광범한 민간 유통과 富商大賈와 富人 세력의 일상적인
麤布 蓄藏 행태는 이 같은 추포경제의 더욱 구체적인 실제였다.

결국 15세기 후반을 거쳐 16세기에 전개된 추포경제는 동 시기
에 이룩한 상업발달과 민간의 농민적 하층 교환경제의 성장을 배경
으로, 국초 이래 '貨權在上'의 국가 화폐정책을 민간 상업이 극복하
면서 도달한 布貨 유통의 最終·最高의 발달 단계였다. 따라서 準
명목화폐로서 이들 추포와 악포의 일상적인 유통은, 17세기 후반 이
후 常平通寶가 그 보급과 함께 매우 단기간 안에 전국으로 확산됨
으로써 조선 경제가 이내 名目의 貨幣經濟인 금속화폐 단계로 진
입할 수 있었던 역사적이고 실체적인 기반이었다. 16세기 상목과 그
이하 추포에 기반을 둔 麤布經濟가 우리나라 貨幣史上에서 갖는
위치와 의의도 바로 여기에 있다 하겠다.

【附篇】朝鮮時代의 商業과 商業政策

# 朝鮮時代의 商業과 商業政策

― 朝鮮 商業史의 理解 方向 ―

## 1. 序 言

조선은 근대 이전 우리 역사의 다른 왕조와 마찬가지로 농업 국가였다. 이 시기 모든 경제활동의 중심은 농업이었고, 국가에서 펼치는 경제정책 또한 농업을 장려하고 이를 발전시키는 데 최우선의 역점을 두었다. 이에 따라 농업은 本業으로 인식되었고, 이를 제외한 다른 경제 영역인 상업이나 수공업은 末業으로 치부되었다. '務本抑末'이나 '重農抑商'으로 줄곧 천명되고 있던 경제정책은 그 당연한 귀결이었고, 이 이념에 따라 농업을 진작하기 위한 각종의 국가정책과 방안이 조선시기 내내 지속적으로 구상되고 실현되었다.

조선이 이처럼 농업에 기초한 전근대 사회였으나, 상업과 수공업은 국가 경제의 운용과 관인 지배층의 가계, 그리고 일반 백성들의 삶에서 결코 배제될 수 없는 분야였다. 국가재정이나 개별 가계가 농업에 기초한 현물 재정과 자급자족의 원칙만으로 운영될 수 없는 한, 말업 특히 상업을 통한 '以通有無', '有無相資' 차원의 재분배 과정은 필수일 수밖에 없었던 것이다. 그리하여 집권국가로서 조선 왕조 역시 이들 말업 분야에 대한 국가정책의 설정과 운용 방침을 국초 이래 체계적으로 실행하고 있었다.

本 연구는 近年 특히 1990년대 이후 국사학계에서 거둔 조선시기 상업사에 대한 다양한 연구 성과들을 최대한 수렴하여, 한국 상업사의 맥락에서 조선시대 상업의 구조와 체계를 정리하여 보고자 한다. 이를 통해 억말책의 국가정책 하에서 펼쳐진 조선 상업의 실체를 재인식하고, 나아가 이 시기 상업사에 대한 새로운 이해 방향을 모색해 보려는 작업이다.


## 2. 朝鮮前期의 商業政策과 商業編成


### 1) 國初의 商業認識과 抑末策

조선 왕조 개창 이후, 조선 정부는 농업을 진흥하고 상업이나 수공업을 국가가 장악·통제하기 위해 '務本抑末'의 경제정책을 표방하였다. 이는 儒敎 전래의, 그리고 조선시기 官人 儒者들이 지니고 있던 生財·産業觀, 職業·身分觀과 상호 연계를 맺으면서 구체 정책으로 마련되어 갔다. 그리하여 生財의 근본을 농업에서 찾아 이를 本業으로 인식하면서 여타의 공·상업을 末業으로 설정하였고, 또 그 소업의 담당자인 士·農과 工·商을 사회 신분상에서 각기 '上·下'와 '貴·賤'의 관계로 배치하였다.

그러므로 抑末策은 말 그대로 국가가 상업 그 자체를 억압하고 억제하는 정책이 아니었다. 士·農·工·商의 四民觀에 따라 상업의 사회적 기능을 인정한 위에서, 일면으로는 이를 장악하여 국가의 간여와 조정을 강화하고, 다른 한편에서는 농업의 축소와 농업인구의 감소를 초래하는 일반 백성들의 逐末傾向을 단속하고 통제하려는 정책이었다.[1]

이러한 정책 구상에 따라 조선 정부는 상업을 실제의 專擔者를 지정하고 육성하여 이들에게 맡기고, 그 활동을 국가에서 파악한다는 방침을 견지하였다. 도성의 市廛商人과 지방의 行商은 바로 국가가 허용하고 또 장악·통제하는 상인이었다. 그리하여 국초 태종 12년(1412)에서 14년(1414) 말까지 세 차례에 걸쳐 건설된 도성행랑 중에서, 오늘날의 종로 1~3가와 남대문로 1가 일대에 약 1천여 칸에 이르는 시전구역이 설정되었다. 商稅와 정부 수요의 조달 의무인 責辦, 그리고 기타 雜役을 市役으로 부담하면서 물종별로 시전구역에 배치되어 있던 이들 시전상인들은 도성내의 독점 영업권을 보장받으며 이 시기 최대의 상인집단으로 활약했다.[2]

한편 주로 소상인인 陸商과 대상인인 船商으로 구성된 행상들은 영업 허가증인 行狀과 상세를 통해 국가의 통제를 받으면서, 지방의 농촌과 포구를 무대로 활동하고 있었다.[3] 이들 중에는 京商인 시전상인에 필적하는 자본과 고려조 이래의 탄탄한 상업조직을 바탕으로 이 시기 전국을 망라하며 국내외 교역에서 활동하고 있던 개성

---

1) 朴平植, 〈朝鮮初期의 商業認識과 抑末策〉, 《東方學志》 104, 1999(《朝鮮前期商業史硏究》(지식산업사, 1999)에 수록 - 이하 '著書 ①'로 약칭).

2) 朴平植, 〈朝鮮初期 市廛의 成立과 '禁亂'問題〉, 《韓國史硏究》 93, 1996 ; 朴平植, 〈朝鮮前期 市廛의 發展과 市役 增大〉, 《歷史敎育》 60, 1996(이상 著書 ①에 수록) ; 서성호, 〈15세기 서울 都城의 상업〉, 《서울상업사》, 태학사, 2000.

3) 朴平植, 〈朝鮮前期의 行商과 地方交易〉, 《東方學志》 77·78·79合輯, 1993 (著書 ①에 수록).

상인도 포함되어 있었다.4) 그런데 조선 왕조의 상업 통제책으로서 억말정책은 국초 이래 대외무역 부문에서 더욱 분명하게 적용되어, 대중무역의 경우 사행무역에서 허용되는 公·私貿易을 제외한 일체의 사무역, 밀무역이 엄격하게 금지·통제되었다.5)

이 같은 방침에 따라 전업상인 이외의 일반 백성, 특히 농민의 상업 종사는 당연히 금지와 억제의 대상이었다. 소경영 농민의 逐末 풍조와 그에 따른 末業의 증대는 결과적으로 이들의 土地緊縛에 토대하여 이루어지는 지주와 대농층의 토지·농업경영을 근저에서 위협할 것이기 때문이다. 결국 조선전기 억말론·억말책은 상업과 상인의 활동을 허용하고 인정하되 이를 국가의 경제운영과 관련하여 방임하지 않고 관장하고 통제하려는 상업정책임과 동시에, 한편으로 지주·대농을 근간으로 하여 구성된 조선의 정치사회체제를 유지하고 보전하기 위한 政治經濟思想이었다.

조선 왕조 개창 이후 '務本抑末'論과 짝하여 상업정책의 이념으로 표방되던 '利權在上'論은 국가의 상업에 대한 통제와 관리 방침을 담고 있는 이념이었다. '利權在上'은 '上'으로서 士·農이 '下'인 工·商에 대해 上位에 위치하면서 利權을 독점하고 지배함을 의미하였다. 현실에서 진행되는 사대부·지주의 工·商 지배는 이로써 합

---

4) 朴平植, 〈朝鮮前期의 開城商業과 開城商人〉, 《韓國史硏究》 102, 1998(著書 ①에 수록) ; 朴平植, 〈朝鮮前期 開城商人의 商業活動〉, 《朝鮮時代史學報》 30, 2004(《朝鮮前期의 交換經濟와 商人 硏究》(지식산업사, 2009)에 수록 – 이하 '著書 ②'로 약칭].

5) 朴平植, 〈朝鮮初期의 對外貿易政策〉, 《韓國史硏究》 125, 2004(本書 Ⅰ부 제1 논문) ; 朴平植, 〈15世紀 後半 對外貿易의 擴大〉, 《韓國史硏究》 181, 2018 (本書 Ⅰ부 제2논문) ; 백옥경, 〈조선전기의 使行 密貿易 硏究 – 赴京使行을 중심으로〉, 《역사문화연구》 25, 2006 ; 구도영, 〈조선초기 對明貿易體制의 성립과 전개〉, 《史學硏究》 109, 2013.

리화되었다. 그리고 이들 사대부·지주·대농의 最上位에 국가와 군주가 위치하는 만큼, 그 이권에 대한 최종 최고의 '上'은 자연 국가· 군주에 귀속되는 것이었다.

이에 따라 貴賤·上下의 논리에서 우선 양반 지주의 이권이 인정되고, 국가의 상업정책 역시 이들 위주로 펼쳐졌다. 그러나 상업을 포함하여 경제운영 전반에 대한 운용과 관장의 권한은 최종에는 국가·군주에 속하는 권리였다. 상업에 대한 국가의 적극적인 간여와 조정, 그리고 통제는 이로써 그 정당성을 보장받았다.6)

국초 정부의 화폐유통 시도에서 구체적으로 표명되고 있던 '利權在上'의 이념은 이후 상업을 비롯하여 山林川澤으로 일컫는 可用資源 전체, 그리고 全 산업에 두루 적용되었다.7) 상업에서 '이권재상'은 정부가 재정운영의 일환으로 상업을 직접 운용하거나, 아니면 관리·통제하는 정책을 통해 실현되었다. 재정 보충과 민생을 위한 再分配政策으로 실시된 官貿穀·納穀·回換·常平·官鹽의 확보와 교역 등이 前者의 형태였다면,8) 시전 재편·행상 통제·대외무역에

---

6) 朴平植, 앞의 〈朝鮮初期의 商業認識과 抑末策〉.

7) 李鍾英, 〈李朝人의 貨幣觀〉, 《朝鮮前期社會經濟史硏究》, 혜안, 2003 ; 윤정, 〈조선 중종대 훈구파의 산림천택 운영과 재정확충책〉, 《역사와 현실》 29, 1998 ; 朴平植, 〈15世紀 朝鮮의 魚箭政策과 魚箭經營〉, 《歷史敎育》 101, 2007(著書 ②에 수록) ; 朴平植, 〈朝鮮前期의 貨幣論〉, 《歷史敎育》 118, 2011(本書 Ⅱ부 제1논문) ; 須川英德, 〈朝鮮初期における經濟構想〉, 《東洋史硏究》 58-4, 2000 ; 須川英德, 〈朝鮮前期の貨幣發行とその論理〉, 《錢貨－前近代日本の貨幣と國家》, 靑木書店, 2001.

8) 崔完基, 〈朝鮮中期의 貿穀船商－穀物의 買集活動을 中心으로〉, 《韓國學報》 30, 1983 ; 崔完基, 〈朝鮮中期의 穀物去來와 그 類型－賣出活動을 중심으로〉, 《韓國史硏究》 76, 1992 ; 朴平植, 〈朝鮮前期 兩界地方의 '回換制'와 穀物流通〉, 《學林》 14, 1992(著書 ②에 수록) ; 朴平植, 〈朝鮮前期의 穀物交易과 參與層〉, 《韓國史硏究》 85, 1994(著書 ①에 수록) ; 朴平植, 〈朝鮮前期 鹽의 生

대한 관장과 통제 등은 後者 형태의 이권장악이었다.9)

어느 경우이든, 상업의 이권을 국가가 장악함으로써 양반 지주층의 상업이익을 전제한 위에서 국가나 민인 전체의 公共利益을 도모한다는 '이권재상'론에 근거한 상업정책이었다. 이처럼 직업과 신분을 일관된 체계에 의거하여 편성·고정하려는 정치경제사상으로서의 '務本抑末', '利權在上'論은, 고려말의 모색기를 거쳐 조선 건국과 함께 상업론의 이념 형태로 정리되면서 이후 조선시기 각종 경제정책을 통해 실현되어 갔던 것이다.10)

국초 조선 정부의 상업인식과 상업정책을 이와 같이 정리해 보면, 이는 商業史上 '務本抑末' 단계의 典型이었다. 국가나 농민경제에 있어 상업의 필수 불가결함은 인정하되, 국가가 抑末의 이념과 정책에 근거하여 제반 상업과 상인의 활동을 파악하고 관장하는 구조였다. 대상인인 도성의 시전을 중심으로 전국의 상업을 편제하고, '利權在上'論에 의거하여 이를 장악하려는 국가정책은 여기에서 마련되고 있었다. 요컨대 억말책은 상업을 전업상인에게 맡겨 이를 국가에서 관장하고, 지주·대농경영의 위축을 초래하는 소농·전호농민의 逐末경향을 단속함으로써 지주·대농에 근간을 두고 편성되어 있는 사회경제 체제를 유지하고 보전하기 위한 집권국가의 상업정책이자 경제정책이었던 것이다.

상업에 대한 조선 정부의 이와 같은 관장과 운영의 방침은 조선

---

産과 交易〉, 《國史館論叢》 76, 1997(著書 ①에 수록) ; 李正守, 〈朝鮮前期 常平倉의 展開와 機能 - 物價變動과 관련하여〉, 《釜山史學》 27, 1994 ; 李憲昶, 〈朝鮮時代 國家의 再分配機能과 國內商業政策〉, 《省谷論叢》 27 - 2, 1996.

9) 주 2, 3, 4, 5의 논고 ; 金柄夏, 《朝鮮前期 對日貿易 研究》, 韓國研究院, 1969.

10) 朴平植, 〈高麗末期의 商業問題와 抹弊論議〉, 《歷史敎育》 68, 1998(著書 ①에 수록) ; 朴平植, 앞의 〈朝鮮初期의 商業認識과 抑末策〉.

왕조 개창 이후 末業의 또 다른 영역인 手工業이나 鑛業 분야에서
도 마찬가지로 적용되어 정책으로 실현되었다. 즉, 수공업 부문에서
정부가 수립해 운용하고 있던 官匠體制나,[11] 광업에서의 國營鑛業
體制[12] 등은 모두 '무본억말', '이권재상'의 동일한 정책 구상에서
마련된 시책들이었다. 다시 말해 집권국가의 末業編成의 원칙에 따
른 일관된 조처였던 것이다.


## 2) 16世紀 商業界의 變動과 그 基盤

국초 '무본억말'의 원리 하에 편성된 상업은 그와 상관된 농업체
제 경제구조가 동요하면 변동하지 않을 수 없는 것이었고, 또 그 발
전이 이들 경제구조의 동요와 재편을 촉진하고도 있었다. 실제 抑末
策 하에서 역설적으로 상업은 발전해 갔으며, 지주·대농 및 소농경
제 어느 쪽의 經理에서도 상업과 더욱 밀접한 관계를 맺기 시작했
다. 시기적으로 15세기 후반에 시작되고, 16세기에 들어 더욱 구체
화하던 현상이었다. 그리하여 도성에서는 시전이 확대 발전하면서
시전구역이 확대되었고, 지방에서는 장시가 등장하여 전국으로 확산
되었다.

우선 도성에서는 성종 3년(1472)에 시전구역이 오늘날의 종로 4
가 일대까지 확장되었고, 그 결과 성종조에 도성의 시전 규모는 대략

---

11) 姜萬吉, 〈朝鮮前期 工匠考〉, 《史學研究》 12, 1961(《朝鮮時代商工業史研究》
　　(한길사, 1984)에 수록) ; 高恩慶, 〈15世紀 官營手工業의 變動과 私匠〉, 서울대
　　학교 석사학위논문, 2017 ; 홍희유, 《조선중세수공업사연구》, 과학백과사전출판사,
　　1979(지양사, 1989).
12) 柳承宙, 《朝鮮時代鑛業史研究》, 고려대학교 출판부, 1993.

1천 2백여 칸에 이르러 고려조 開京에 필적하는 외양을 갖추게 되었다. 이윽고 조선 정부는 성종 16년(1485)에 移轉 대상이 되는 시전의 강력한 반발에도 불구하고, 전체 시전을 대상으로 물종별 재배치를 주요 내용으로 하는 시전 재편을 단행하였다.[13]

여기에 국초 이래 시전체제의 외곽에서 활동하고 있던 非시전계 사상인층의 상활동 역시, 16세기에 접어들면서 크게 성장하고 있었다. 정부의 금지 조처에도 불구하고 도성내에 비시전계 시장이 증설되어 "坊坊曲曲 無不出市"한 형편이었다. 이들 사상인 중에는 그 자본의 규모나 영업활동 면에서 시전상인에 필적하여, 시전 중심의 도성상업 질서를 교란시킬 정도로 성장하는 세력도 등장하고 있었다. 이른바 후대의 '亂廛'에 해당하는 상인이었다.[14]

이와 같이 성종조 이후 도성상업이 확대 발전하는 기저에는 당시 도성의 인구 증가와 상업도시로서의 성격 강화가 자리하고 있었다. 국초에 이미 11만여 명에 달했던 도성인구는 15세기 중·후반을 거치면서 더욱 증가하였다. 당시 외방인구의 도성 유입은 '糊口之策' 마련이나 避役 때문이기도 하였으나, 근본적으로는 지주제의 발달과 소상품생산의 진전에 따른 逐末風潮에서 비롯한 사태였다.[15] 시전 확대의 또 다른 배경은 부세체계의 변동, 특히 공납제의 변동과 관련이 있다. 공물의 代納·防納과 이른바 '京中貿納'이 일반화하면서 도성이 이들 제반 공물의 공급처로 기능하고 있었던 것이다.[16]

---

13) 朴平植, 앞의 〈朝鮮前期 市廛의 發展과 市役 增大〉; 朴平植, 〈朝鮮 成宗 朝의 市廛再編과 官·商 葛藤〉, 《典農史論》 7, 2001(著書 ②에 수록).

14) 朴平植, 〈非市廛系 商人의 成長과 都城의 商權紛爭〉, 《朝鮮前期商業史研究》, 지식산업사, 1999.

15) 朴平植, 〈朝鮮前期의 都城商業과 漢江〉, 《서울학연구》 23, 2004(著書 ②에 수록).

한편 지방에서는 일반 백성들의 교환시장, 교역기구로서 場市가 성종 원년(1470) 전라도 일대에서 처음 등장한 이래, 16세기에 들어 전국으로 확산되고 있었다. 이 시기 장시는 收租權에 근거한 田主의 佃客지배가 점차 약화·해체되는 속에서, 외방 농민들이 전주의 지배에서 벗어나고 그 소유권도 안정되어 감에 따라 자신들의 잉여생산물을 좀 더 자유롭고 유리하게 교역할 수 있는 조건을 기반으로 출현한 교역기구였다. 이렇게 농민적 교환시장으로 출현한 장시에서 농민·수공업자 등 직접 생산자들은 廉價 求得과 高價 판매를 통해 서로 물자를 교역하였으며, 그 교역의 매개물로 麤布가 널리 통용되고 있었다. 소상품생산의 출현과 그 진전에 수반하여 성립된 교환경제, 농촌시장이었던 것이다.[17]

이 시기 도성과 그 주변의 京江, 그리고 지방의 浦口나 교통상의 요지에는, 각지에서 오는 상인들에게 숙박을 제공하면서 중개와 도매상인의 역할을 하는 다양한 主人層이 등장하여 영업하였다. 우선 도성에서는 국가의 부세수납 과정에서 京主人, 私主人 세력이 성장하여 활동하면서 국가적인 物流體系를 주도하여 갔다. 또한 외방에서는 후대 江主人이나 浦口主人의 선행 형태로 등장한 민간 주인층이, 전국 각지에서 오는 상선과 상인들을 유치하여 그들의 상활동을 주선하면서 도성과 지방 또는 국내시장과 외국상인을 연결시켜 상품의 유통을 알선하는 중개상인의 역할을 수행하고 있었다.[18]

---

16) 朴道植, 《朝鮮前期 貢納制 研究》, 혜안, 2011 ; 田川孝三, 《李朝貢納制の研究》, 東洋文庫, 1964 ; 이지원, 〈16·17세기 전반 貢物防納의 構造와 流通經濟的 性格〉, 《李載龒博士還曆紀念韓國史學論叢》, 한울, 1990.

17) 李景植, 〈16世紀 場市의 成立과 그 基盤〉, 《韓國史研究》 57, 1987(《朝鮮前期土地制度研究》Ⅱ(지식산업사, 1998)에 수록).

18) 朴平植, 〈朝鮮前期의 主人層과 流通體系〉, 《歷史敎育》 82, 2002(著書 ②에

16세기에 들어 본격화한 이와 같은 교환경제의 성장은, 도성상업의 확대와 場市의 전국적인 확산과 관련하여 이제 교환수단으로서 麤布의 전국적인 보급을 가져왔다. 국초 '貨權在上'에 기초한 楮貨와 동전의 통용 실패에도 불구하고, 세종조 이후 널리 보급된 5승 면포가 성종조 이후 '尺短升麤'의 형태로 교환경제에 널리 보급되며 이른바 '麤布經濟'라는 새로운 화폐경제 단계가 펼쳐진 것이다. 그러므로 중종·명종조에 들어 새롭게 조정에 등장하는 國幣의 필요성에 대한 주목과 동전유통에 대한 지지의 확산 추세는, 결국 鑄錢 원료인 銅의 공급 문제가 해결되면 언제든지 국가정책과 민간의 교환경제 모두에서 동전이 유통될 수 있는 화폐유통의 기반이 그만큼 확대되고 있었음을 의미하는 것이었다.[19]

15세기 후반, 성종조 이후 국내 상업에서 나타나고 있던 이와 같은 성장과 발전의 한편에서는, 이제 京商과 개성상인들이 주도하는 대외무역의 발달이 동반 전개되고 있었다. 전주전객제의 쇠퇴에 따른 지주제의 발전, 사치 풍조의 만연, 국내 상업의 발전 등이 배경이 되면서, 특히 성종조 이후 중국산 사치품의 무역이 고려말에 이어 다시 성행하기 시작하였고, 대일무역에서는 일본의 요구와도 관련하여 면포와 식량을 수출하고 대중국 결제수단이던 銀을 주로 수입하는 무역 활동이 私무역을 중심으로 활발해지고 있었던 것이다.[20]

---

수록).

19) 이정수·김희호, 《조선의 화폐와 화폐량》, 경북대학교 출판부, 2006 ; 권인혁, 《조선시대 화폐유통과 사회경제》, 경인문화사, 2011 ; 宋在璇, 〈16세기 綿布의 貨幣機能〉, 《邊太燮博士華甲紀念史學論叢》, 1986 ; 朴平植, 〈朝鮮前期의 貨幣論〉, 《歷史敎育》 118, 2011(本書 Ⅱ부 제1논문) ; 朴平植, 〈朝鮮初期의 貨幣政策과 布貨流通〉, 《東方學志》 158, 2012(本書 Ⅱ부 제2논문) ; 朴平植, 〈朝鮮前期의 麤布流通과 貨幣經濟〉, 《歷史學報》 234, 2017(本書 Ⅱ부 제3논문).

20) 韓相權, 〈16世紀 對中國 私貿易의 展開 – 銀貿易을 중심으로〉, 《金哲埈博士

이 과정에서 三浦－서울－義州－北京으로 이어지는 국제교역로
에서 교역의 중심 역할을 한 상인들은 주로 京商으로 지칭되던 서
울의 富商大賈였고, 여기에 개성과 의주 출신의 상인들이 가세하였
다.21) 이는 명나라가 안정되면서 중국에서 元·明 교체기 이후 고수
해 왔던 海禁政策이 이완되어 대외무역이 활발해지고, 일본에서 본
격적으로 戰國時代가 전개되면서 각지 호족세력들이 대외무역으로
재정을 확보하려는 노력을 기울이기 시작하여 한·중·일을 망라하는
동아시아 교역 체계가 새롭게 형성되어 간 과정이기도 하였다.

한편 이 같은 16세기 대중국 무역, 특히 사무역의 발전 과정에서
그 결제수단이었던 銀은 부상대고에 의해 潛採의 형식으로 채굴되
다가 마침내 정부의 採銀納稅(穀), 採銀貿穀 정책으로 그 채굴이
공인되었다. 여기에 중종조 최말년경 이래 수입량이 급증하기 시작
한 일본산 은이 대량으로 유입되어 대중무역에 이용되었다. 이 과정

---

華甲紀念史學論叢》, 知識産業社, 1983 ; 李正守, 〈15·16세기의 對日貿易과 經
濟變動〉,《釜大史學》 22, 1998 ; 구도영, 〈16세기 對明私貿易의 정책 방향과
굴레 － 中宗代 明의 '조선사행단 출입제한 조치'를 중심으로〉,《朝鮮時代史學報》
62, 2012 ; 구도영, 〈16세기 조선의 對明貿易을 이해하기 위한 몇 가지 국면〉,
《歷史學報》 226, 2015 ; 구도영, 〈16세기 조선의 對明 불법무역의 확대와 그 의
의〉,《韓國史研究》 170, 2015 ; 구도영, 〈16세기 동아시아 질서에서 본 조선 對
明貿易의 특징과 위상〉,《歷史學報》 235, 2017 ; 구도영, 〈16세기 조선 對明 使
行貿易의 교역규모 검토〉,《한국문화》 80, 2017 ; 朴平植, 앞의 〈15世紀 後半
對外貿易의 擴大〉 ; 朴平植, 〈16世紀 對中貿易의 盛況과 國內商業〉,《歷史教
育》 146, 2018(本書 Ⅰ부 제3논문) ; 朴平植, 〈16世紀 對日貿易의 展開와 葛
藤〉,《歷史學報》 238, 2018(本書 Ⅰ부 제4논문).

21) 백승철, 〈16세기 부상대고의 성장과 상업활동〉,《역사와 현실》 13, 1994 ; 이
태진, 〈16세기 국제교역의 발달과 서울상업의 성쇠〉,《서울상업사》, 태학사, 2000 ;
朴平植, 〈朝鮮前期 京商의 商業活動〉,《東方學志》 134, 2006 ; 朴平植, 앞의
〈朝鮮前期 開城商人의 商業活動〉(이상 著書 ②에 수록).

에서 譯官·軍官 등을 앞세운 부상대고의 사무역 활동은 정부에 의해 은 유출과 사치 풍조의 조장이라는 측면에서 원칙적으로 금지되었으나, 이들의 활동은 특권세력의 비호 하에 중단되지 않고 있었다. 그 결과 중국과 일본을 연계하는 中繼貿易에서 조선 상인들이 막대한 이득을 얻는 무역 질서가 수립되었다.22)

결국 이 시기 중국과 일본을 포괄하는 동아시아 교역 체계에서는, 조선을 중심으로 일본산 은이나 유황, 남방산 약재·염료 등을 수입하고, 대신 중국산 견직물, 그리고 조선산 면직물과 식량을 일본에 수출하는 무역 활동이 특히 사무역에서 활발하게 전개되고 있었던 셈이다. 그러나 조선전기의 대중국 또는 대일 사무역은 전체적으로는 조선 정부의 抑末政策 속에서 허용되는 것이었고, 특히 16세기에 들어서 그 교역의 규모가 확대되면서 일본 측의 불만과 반발을 수반하고 있었다. 그러므로 중종 5년(1510)의 三浦倭亂과 뒤이은 후기왜구의 출몰, 나아가 1592년의 壬辰倭亂은 이러한 동아시아 국제교역의 성황과 갈등에 배경을 둔 국제 정세의 변동이라고 이해할 수 있겠다.23)

---

22) 李泰鎭, 〈16세기 東아시아 경제 변동과 정치·사회적 동향〉, 《朝鮮儒敎社會史論》, 지식산업사, 1989 ; 朴平植, 앞의 〈16世紀 對中貿易의 盛況과 國內商業〉 ; 朴平植, 앞의 〈16世紀 對日貿易의 展開와 葛藤〉.

23) 이헌창, 〈임진란과 국제무역〉, 《壬辰倭亂7周甲紀念 壬辰亂研究叢書》 1, 2013 ; 朴平植, 앞의 〈16世紀 對日貿易의 展開와 葛藤〉 ; 須川英德, 〈동아시아 해역 국제경제 질서와 임진왜란 – 해역 질서 및 화폐의 관점에서〉, 《류성룡의 학술과 경륜》, 태학사, 2008.

# 3. 朝鮮後期의 商業發達과 商業論의 分岐

## 1) '以末補本'論의 擡頭와 商業發達

兩亂이라는 미증유의 전란을 겪으면서 조선후기에 들어 상업발전은 더욱 가속화하였다. 전란의 와중에서 이전의 시전체제가 동요하면서 두드러진 私商人과 장시 등 민간상업의 발전으로 인하여, 17세기 이후 시전 중심으로 편제된 기왕의 상업계는 그 변화가 불가피하였다. 특히 수취기반의 붕괴에 직면한 조선 정부가 大同法을 통해 조세수납 과정에서 시장을 적극 활용하는 방침을 전면적으로 확대하면서 상공업계의 발전이 가일층 촉진되었다.[24]

그 결과 貢人層이라는 새로운 특권상인이 출현하였고, 국가는 기왕의 시전상인과 이들 공인층에게 상업상의 특권을 부여하며 시장을 활용한 국가재정의 운영을 도모하였다.[25] 한편 亂廛法의 제약 하에서도 非시전계 사상인층의 성장 또한 두드러졌고, 이들은 시전상인·공인들과 商權을 놓고 경쟁하는 가운데 국내외 교역에서 독자의 유통망을 형성하며 자본을 축적해 가고 있었다.[26]

따라서 조선 정부는 저와 같은 발전을 토대로 경제구성상의 위치와

---

24) 이정철,《대동법 – 조선 최고의 개혁》, 역사비평사, 2010 ; 崔完基,〈大同法 實施의 影響〉,《國史館論叢》12, 1990 ; 고동환,〈17세기 서울상업체제의 동요와 재편〉,《서울상업사》, 태학사, 2000.

25) 劉元東,《韓國近代經濟史研究》, 一志社, 1977 ; 金東哲,《朝鮮後期 貢人研究》, 韓國研究院, 1993.

26) 姜萬吉,《朝鮮後期 商業資本의 發達》, 高麗大學校 出版部, 1973 ; 劉元東, 앞의《韓國近代經濟史研究》; 高東煥,《朝鮮後期 서울商業發達史研究》, 지식산업사, 1998 ; 고동환,《조선시대 시전상업 연구》, 지식산업사, 2013.

비중이 달라진 상업을 다시금 재편하여 새로운 상업 질서를 마련하지 않으면 안 되었다. 이는 국초 이래 지향하여 왔던 집권적 국가체제의 유지를 위해서도 시급한 과제였다. 그리하여 양란 이후에는 상업재편의 방향을 둘러싼 商業論의 分岐가 본격 전개되었고, 國家再造의 방략과 관련한 상업정책이 정부 차원에서 새롭게 모색되고 추진되기에 이르렀다. 이른바 '以末補本' 단계의 상업론과 상업정책으로의 전환이었다.

조선후기, 양란의 대변동을 거치면서 조선 국가의 상업인식과 정책은 이제 '以末補本'의 단계로 펼쳐지고 있었다. 이는 농업을 여전히 산업의 기본으로 하면서도 말업인 상공업을 이용하여 국가경제와 일반 백성들의 생활을 補用해야 한다는 '以末補本'論에 기초한 인식이자 정책이었다. 즉 국가의 경제정책에서 농업발전을 기본으로 하면서도 현실 경제의 상공업 발달을 수용함으로써, 이 상공업을 國富 축적과 민생 안정을 위한 새로운 경제기반으로 육성하자는 방향이었다.27) 이는 16세기 이래의 상품유통경제의 발전과 양란으로 인한 재정기반의 파탄이라는 상황에 직면하여, 상공업을 조선 국가의

---

27) 이 같은 '以末補本'의 상업인식은 일찍이 16세기 후반 士林계열 관인·유자의 내부에서 이미 출현하였다. 土亭 李芝函(1517~1578)은 그 대표 논자였다. 그는 전통 유학의 '重義輕利'의 本末觀에서 한걸음 나아가, 本末을 相制하는 대등한 주체로 인식함으로써 末業을 통한 本業의 보충, 곧 '以末補本'論을 제기하였다. 더욱이 그는 義와 利가 이를 주재하는 자에 따라 판별되는 것으로 보아, 민생의 안정을 위한 국가의 적극적인 財利追求 末業振興策의 모색을 긍정하였다. 그의 새로운 상업론과 말업진흥정책은 당시 조정에 수용되지는 못하였지만, 이후 그와 家系와 學統으로 연결되는 관인·유자들에 의해 선조말~광해군대에 구체적인 정책 방안으로 모색되고 있었다(朴平植, 앞의 《朝鮮前期商業史硏究》, 333~348쪽 ; 韓明基, 〈柳夢寅의 經世論 연구 – 임진왜란 이후 사회경제 재건의 한 방향〉, 《韓國學報》 18-2, 1992).

維持 및 再造를 위한 경제기반으로 삼고자 하는 시도였다. 현실 경제구조의 변화와 발전에 대한 조선 국가, 지배층의 대응이었던 것이다.[28]

양란이 조선의 사회경제에 가져온 충격을 극복하고, 또 정부의 '이말보본'에 기초한 상업정책을 배경으로 하면서 조선후기 상업계는 18세기에 들어 그 量的·質的 성장을 노정하고 있었다. 우선 도성에서는 전근대적 특권에 기반한 御用商人, 곧 시전상인과 공인의 자본집적이 두드러지면서 시전이 확대되고 亂廛法이 강화되었다. 그러나 18세기를 경과하면서 이들과 민간상업의 발전에 기초를 두고 성장한 사상층의 갈등과 대립이 격화되었고, 그 와중에서 '都賈'로 불리던 대상인들이 막대한 상업자본을 토대로 하여 벌이는 상품의 流通獨占·買占賣惜 행위가 도성상업계에서 크게 문제 되기도 하였다. 특권상인과 사상인 사이의 商權 분쟁은 전반적으로 사상층이 어용상인들의 특권을 극복하면서 성장하는 방향으로 귀결되었고, 마침내 정조 16년(1791) 辛亥通共으로 이어지게 된다.[29]

지방에서는 場市가 전국적으로 1천여 개 이상의 장소에서 확대·개설되고, 또 교통상의 요지를 중심으로 浦口商業이 발달하면서, 이들 대장시와 대포구를 거점으로 하는 유통의 전국적인 연계망이

---

28) 白承哲, 〈16世紀 末~17世紀 初 商業觀의 變化와 商業政策論〉, 《國史館論叢》 68, 1996 ; 백승철, 〈17세기 국가주도의 商業論과 商業政策〉, 《조선후기 체제변동과 속대전》, 혜안, 2005.

29) 주 25, 26의 논고 ; 吳星, 《朝鮮後期 商人硏究》, 一潮閣, 1989 ; 卞光錫, 《朝鮮後期 市廛商人 硏究》, 혜안, 2001 ; 조영준, 《조선 후기 왕실재정과 서울상업》, 소명출판, 2016 ; 金泳鎬, 〈朝鮮後期에 있어서의 都市商業의 새로운 展開 - 亂廛을 中心으로〉, 《韓國史硏究》 2, 1968 ; 李旭, 〈18세기 말 서울 商業界의 變化와 政府의 對策〉, 《歷史學報》 142, 1994 ; 이정수·김희호, 〈18~19세기 流通資産의 매매를 통해 본 商業構造 변화〉, 《朝鮮時代史學報》 43, 2007.

형성된 결과, 도성을 정점으로 하는 전국 시장권이 정착되었다. 특
히 지방의 주요 포구나 장시에 客主나 旅閣과 같은 도매상인들이
자리 잡고 상인의 왕래와 상품의 유통을 매개함으로써, 전국적인 상
품유통망은 더욱 정비되어 갔다.30) 이와 같은 전국적 상품유통 체계
의 발전은 그 중심인 도성상업의 팽창을 가져왔고, 또한 도성 주변
의 京江 연안이 상업도시로서 성장하는 계기로 작동했다.31)

한편 대외무역에서도 17세기 초 대일무역이 재개된 이래 중국과
일본을 주 교역대상으로 하는 국제무역이 다시 활발해지고 있었다.
그리하여 인삼·금은·布物·종이 등을 주요 수출품으로 하고, 비단·
모자·은·유황 등을 수입하는 거래가 이루어지면서 국경 부근의 의
주·동래 등이 무역도시로 번성하였고, 이를 매개로 자본을 집적하는
대상인층이 증가하였다.32)

30) 金大吉, 《朝鮮後期 場市硏究》, 國學資料院, 1997 ; 고승희, 《조선후기 함경
도 상업 연구》, 국학자료원, 2003 ; 韓相權, 〈18세기말~19세기초의 場市發達에
대한 基礎硏究 - 慶尙道地方을 중심으로〉, 《韓國史論》 7, 1981 ; 李炳天, 〈朝鮮
後期 商品流通과 旅客主人〉, 《經濟史學》 6, 1983 ; 高東煥, 〈18·19세기 外方
浦口의 商品流通 발달〉, 《韓國史論》 13, 1985 ; 李榮昊, 〈19세기 恩津 江景浦
의 商品流通構造〉, 《韓國史論》 15, 1986 ; 조영준, 〈조선후기 旅客主人 및 旅
客主人權 재론 - 경기·충청 莊土文績의 재구성을 통하여〉, 《韓國文化》 57, 2012.
31) 최완기, 《조선시대 서울의 경제생활》, 서울학연구소, 1994 ; 高東煥, 앞의 《朝
鮮後期 서울商業發達史硏究》 ; 고동환, 《조선시대 서울도시사》, 태학사, 2007 ;
고동환, 앞의 《조선시대 시전상업 연구》.
32) 김종원, 《근세 동아시아관계사 연구 - 朝淸交涉과 東亞三國交易을 중심으로》,
혜안, 1999 ; 鄭成一, 《朝鮮後期 對日貿易》, 신서원, 2000 ; 李哲成, 《朝鮮後
期 對淸貿易史 硏究》, 國學資料院, 2000 ; 유승주·이철성, 《조선후기 중국과의
무역사》, 경인문화사, 2002 ; 柳承宙, 〈朝鮮後期 對淸貿易의 展開過程 - 17·8世
紀 赴燕譯官의 貿易活動을 中心으로〉, 《白山學報》 8, 1970 ; 柳承宙, 〈17世紀
私貿易에 관한 一考察 - 朝·淸·日間의 焰硝·硫黃貿易을 中心으로〉, 《弘大論叢》
10, 1978 ; 柳承宙, 〈朝鮮後期 朝·淸 貿易小考〉, 《國史館論叢》 30, 1991 ; 金

조선후기에 들어 이처럼 가일층 성장하고 있던 상업의 발달은,
시장 판매를 목적으로 채소·약재·담배 등의 상품작물을 재배하는
상업적 농업이 활발하게 이루어지는 계기가 되기도 하였다.33) 조선
전기 국가의 보급 시도에도 불구하고 유통되지 못하였던 銅錢이 17
세기 이후 전국적으로 유통되면서 교환의 매개 역할을 수행하게 되
었고, 급기야 18세기에 들어서는 유통 동전의 부족에 따른 錢荒이
심각하게 문제 되기에 이르렀다.34) 나아가 국내외 교역의 활성화는
교통운수업, 특히 민간 船運業의 성장을 가져왔고, 또 그 발전이 이
시기 상업발달의 기반이 되고 있었다.35)

## 2) 商業論의 分岐와 그 指向

조선후기의 이와 같은 상업발달에 대응하면서 조선 국가가 모색
하고 실현해 간 상업론·상업정책의 목표와 방향은 단일한 것이 아
니었다. 정권을 주도해 가는 세력들의 이념적·계급적 성향에 따라

東哲, 〈조선 후기 倭館 開市貿易과 東萊商人〉, 《民族文化》 21, 1998 ; 李憲
  昶, 〈조선 중·후기 실학자의 海路貿易育成論〉, 《조선시대의 사상과 문화》, 집문
  당, 2003.

33) 金容燮, 《新訂增補版 朝鮮後期農業史研究》 II, 지식산업사, 2007 ; 金容燮,
  《新訂增補版 朝鮮後期農學史研究》, 지식산업사, 2009.

34) 元裕漢, 《朝鮮後期貨幣史研究》, 韓國研究院, 1975 ; 이정수·김희호, 앞의
  《조선의 화폐와 화폐량》 ; 정수환, 《조선후기 화폐유통과 경제생활》, 경인문화사,
  2013 ; 이재윤, 〈18世紀 貨幣經濟의 成長과 錢荒〉, 《學林》 18, 1997 ; 유현재,
  〈조선후기 鑄錢정책과 財政활용〉, 서울대학교 박사학위논문, 2014.

35) 崔完基, 《朝鮮後期船運業史研究》, 一潮閣, 1989 ; 고동환, 《한국 전근대 교
  통사》, 들녘, 2015 ; 高東煥, 〈朝鮮後期 交通發達과 全國的 市場圈의 형성〉,
  《문화역사지리》 8, 1996.

'利權在上'論에 입각한 소농민·국왕권 중심의 입장과, '財富民散'論
에 기반을 둔 지주·신료 위주의 정책으로 분화되고 있었던 것이다.
유형원에서 비롯한 近畿南人 계열 실학자들의 인식과 정책이 前者
였다면, 後者는 西人·老論 계열의 구상이었다.[36]

그리하여 조선후기의 상업정책은 '이말보본'론에 입각한 상업의
육성과 국가의 관리를 기본으로 하면서도, 정책 수행의 주체와 그
실현 방법, 그리고 상업이윤의 배분 문제를 둘러싸고 근기남인과 서
인·노론 계열의 상업론이 서로 대립하고 있었다. 나아가 이들 집권
세력의 향배에 따라 관청의 상업활동, 상인정책, 화폐정책 등에서
다른 성격의 상업정책이 펼쳐지기에 이르렀다.

다시 말해 강력한 군주권과 집권력에 토대하여 국가가 상품유통
경제를 적극적으로 관리·통제하여 그에 따른 이익을 富國과 安民의
자원으로 활용해야 한다는 것이 남인 계열 관인 유자들의 상업정책
론이었다. 반면, 서인·노론 계열의 관인과 유자들은 주자학적인 義
利觀을 강조하면서 財富의 국가·군주 장악에 반대하며, 상업이익의
分散, 곧 사대부·신료 중심의 상업과 경제운용을 강력하게 실현하
고자 하였던 것이다.[37]

이와 같은 조선후기 상업론과 상업정책의 변화와 발전은, 16세기
이래 점진적으로 상업이 발달하면서 농업 중심의 조선전기 경제체제

---

36) 白承哲, 《朝鮮後期 商業史研究－商業論·商業政策》, 혜안, 2000.

37) 白承哲, 앞의 《朝鮮後期 商業史研究》 ; 金駿錫, 〈朝鮮後期의 黨爭과 王權
論의 推移〉, 《朝鮮後期 黨爭의 綜合的 檢討》, 한국정신문화연구원, 1992((韓國
中世 儒敎政治思想史論)Ⅱ(지식산업사, 2005)에 수록) ; 白承哲, 〈18세기 蕩平派의
商業論과 商業政策－英祖年間을 中心으로〉, 《實學思想研究》 10·11합집, 1999 ;
한상권, 〈영조·정조의 새로운 상업관과 서울 상업정책〉, 《서울상업사》, 태학사, 2000 ;
원재린, 〈18·19세기 북학론의 전개와 정부의 상공업정책〉, 《세도정권기 조선사회
와 대전회통》, 혜안, 2007.

가 변화하는 가운데, 농업을 기본으로 하면서도 상공업 발전을 통해 새로운 체제로의 이행이 시작된 이 시기의 역사적 특징이 반영된 것이었다. 상업론과 상업정책을 둘러싸고 제기된 각 정파 간의 대립은 중세사회의 해체와 근대사회로의 이행과정에서 그 방법 및 주체 설정을 둘러싸고 두 방향의 국가정책론이 상공업 분야에서 갖게 되는 異見과 갈등을 잘 보여 주는 것이기도 하였다.

## 4. 結 語

조선시기의 상업사를 최근 국사학계의 연구 성과를 반영하되, 그 전·후기에 걸친 변동과 발달 사정을 상업론과 상업정책을 고려하여 정리하면 이상과 같다.

국초 이래 조선 정부는 집권국가의 체제 지향 아래 국가가 각종 상업활동을 '抑末'의 이념과 정책에 근거하여 관리하고 통제하는 원칙을 표방하였다. 이는 농업을 本業으로, 상공업을 末業으로 설정하는 경제인식에서 말업에 대한 통제를 통해 농업 중심으로 편성되어 있는 집권국가의 사회경제 체제를 안정시키려는 방안이었다. '務本抑末'과 '利權在上'論에 기초한 조선전기 정부의 억말책은 도성과 지방상업, 그리고 대외무역에 대한 정비와 관장을 목표로 다양하게 펼쳐졌지만, 현실에서는 상업의 각 영역에서 국가의 간여를 극복하는 상인의 활동, 상품의 교역이 진행되고 교역기구가 정비되어 갔다. 시전의 조성과 확대, 장시의 보급, 사무역의 증대 등 이 시기 상업의 발달 양상은 15세기 후반 이후 특히 16세기 들어 더욱 두드러지는데, 이는 조선전기 '務本抑末' 단계 상업의 실제이기도 하였다.

조선후기 상업은 '以末補本'단계로 펼쳐졌다. 조선전기 상업발달의 연장에서, 그리고 양란 이후 농업을 비롯한 경제·사회구조의 변동과 연계되면서 국가재정과 민생의 안정을 국가의 적극적인 末業運用과 그 진흥에서 추구하는 '以末補本'의 상업인식이 대두하였고, 이는 대동법·동전의 보급 등 각종 정책으로 실현되어 갔다. 그리고 이를 배경으로 시전의 확대와 난전의 성장에 따른 도성내의 상권분쟁, 장시의 확산과 포구상업의 발달, 대외무역의 번성 등 국내외 상업 각 영역에서 민간상업의 발달이 전개되었다. 한편 '이말보본'론에 기초한 정부의 상업정책에서는, 상업운용 방안의 주체와 그 목표의 설정을 둘러싸고 군주권 중심의 近畿南人 계열과 사대부·신료 위주의 西人·老論 계열이 대립하고 갈등하는 양상을 보였다. 이 두 방향의 상업정책론은 이후 조선 최말기 '商工業立國'단계의 상업재편 방향에 대한 이견으로 계승되었다.

결국 상업사의 발전단계에서 보았을 때 조선시기의 상업은 조선전기의 '務本抑末'단계와 후기의 '以末補本'단계로 구분되며, 그 중 조선후기의 상업은 전통적으로 '무본억말'의 체계 하에 편성되어 있던 상업이 개항 이후 19세기 말부터 펼쳐지는 '商工業立國'단계[38]로 이행하는 점진적인 발전 과정이었다. 따라서 '이말보본' 단

---

38) 이승렬,《제국과 상인》, 역사비평사, 2007 ; 전우용,《한국 회사의 탄생》, 서울
대학교출판문화원, 2011 ; 姜萬吉,〈大韓帝國時期의 商工業問題〉,《亞細亞研究》16-2, 1973(《朝鮮時代商工業史研究》에 수록) ; 金容燮,〈甲申·甲午改革期
開化派의 農業論〉,《東方學志》15, 1974(《新訂增補版 韓國近代農業史研究》Ⅱ(지식산업사, 2004)에 수록) ; 李憲昶,〈甲午·乙未改革期의 産業政策〉,《韓國史研究》
90, 1995 ; 柳承烈,〈韓末의 商業立國 노력과 商權守護運動〉,《韓國 近現代의
民族問題와 新國家建設》(金容燮敎授停年紀念韓國史學論叢 3), 知識産業社, 1997 ;
이영학,〈대한제국의 경제정책〉,《역사와 현실》26, 1997 ; 조재곤,〈대한제국의
식산흥업정책과 상공업기구〉,《한국학논총》34, 국민대학교, 2010.

계에서 제기된 상업론과 상업정책은, 우리나라 중세사회가 해체되고 근대사회로 이행되는 과정에서 상업과 경제 분야에서 전개될 개편 방향과 그 전망을 파악하는 데 매우 중요한 의미를 내포한다.

　조선시기의 상업과 상업정책을 이와 같이 이해한다면, 서구와 달리 오랫동안 중앙집권적인 국가체제를 유지하였던 조선 국가와 조선 정부가 근대사회 수립을 위한 동력과 방략을 모색하게 될 때 설정하여야 할 국가정책의 방향 또한 그 내적 전통과 발전구도 속에서 시사받을 수 있다 하겠다.

# 本書 收錄 論文 原 揭載處

Abstract

# Studies on the Foreign Trade and Currency in the Early Chosŏn Dynasty

PARK, Pyeong—Sik

This book covers the commercial history of the early Chosŏn(朝鮮) Dynasty in the fields of foreign trade and currency circulation. The author's studies on the commercial history of the early Chosŏn Dynasty culminates with this third volume which follows previous works; *Studies on the Commercial History of Early Chosŏn Dynasty*(1999) and *Studies on the Commerce and Merchants in the Early Chosŏn Dynasty*(2009).

I

〈1〉 At the very end of the Koryŏ(高麗) Dynasty, the development of foreign trade brought about a variety of social problems to the Koryŏ society. The beginning of the Chosŏn Dynasty was a turning point in the respect of commercial policy. Concisely, it meant not only reconstructing agriculture—oriented economic structure based on

'Restraining Commerce'(務本抑末) and 'Being of Benefit to the Upper'(利權在上), but also strengthening the government to control and take charge of the national economy at large, especially commerce and foreign trade. This change in commercial policy aimed at preventing a relapse of the social problems that the prosperity of foreign trade had brought about, and stabilizing agriculture–oriented economic structure. Foreign trade both with China and with Japan had been developing, particularly led by private trade on the condition that foreign trade policy in the early Chosŏn Dynasty was not an unilateral prohibition. In the course, foreign trade activities of capital merchants (京商) and great merchants based on Gaeseong(開城), Pyeongyang(平壤), Euijoo(義州), Dongrae(東萊) made more progress compared to the former ages.

〈2〉 Trade with China was active in the late fifteenth century, and composed of private trade accompanied by diplomatic envoys to Beijing(赴京使行) and smuggling in borderlands. While interpreter officers and government officers had originally led the private trade accompanied by diplomatic envoys to Beijing, their role came to be replaced by rich merchants(富商大賈) who were growing as new trade leaders. At the time, the trade between merchants of the Chosŏn Dynasty and Japanese people was greatly expanded mainly in Sampo(三浦) and the capital area based on *Gyehae* agreement(癸亥約條). The Chosŏn government once attempted to control this trade by building warehouses for Japanese trade items in Hwawon(花園) town. However, the failure of this policy resulted in the wide increase of permanently resident Japanese in Sampo who brokered private trade with Japan. The development of domestic commerce was the foundation for the expansion of foreign trade in the late fifteenth century. Furthermore, as government officers began to amass wealth through commercial business, luxury trend was widespread, and it was followed by the development of foreign trade.

〈3〉 In the sixteenth century, around the early days of King Joongjong(中宗)'s reign, private trade with China using silver became more active with Chosŏn silver production in Dancheon(端川) and other regions by Chosŏn merchants. Around the last year of King Joongjong's reign, a large influx of Japanese silver resulted in the prosperity of the trade with China. Meanwhile, sanctions by Chinese government and criticisms by its people upon the private trade accompanied by diplomatic envoys grew. During this period, the trade with China was grounded on the growth of domestic commerce since the late fifteenth century. Therefore, not just the import of luxury goods, but also the silk fabricating industry using Chinese silk threads developed in Chosŏn. Also affordable processed ginseng product called *Pasam*(把蔘) which targeted the general public was produced and exported. In the sixteenth century, Chosŏn merchants were monopolistic in the intermediary trade of Japanese silver, Chinese silk fabrics, and silk threads. However, after King Myeongjong(明宗)'s reign, this enterprising intermediary trade of Chosŏn merchants diminished, with the increase of direct trade between China and Japan.

〈4〉 In the sixteenth century, around the last year of King Joongjong's reign, the large influx of Japanese silver into the Chosŏn Dynasty caused an extensive shift in the trade with Japan. As a result, the overall composition of goods which were imported from and exported to Japan changed, prices of domestic silver plummeted, and domestic silver productions ceased. Furthermore, private trade with China began to thrive with the use of this Japanese silver. In this period, the trade with Japan was mainly led by the capital merchants and Gaeseong merchants, and their intermediary trade business linking China and Japan based on their large-scale joint capital was massively lucrative. Their main trade items were Japanese silver and luxury goods from China. Chosŏn was monopolistic in the intermediary trade of the early Japanese silver, under the amicable environment formed by Ming (明)-centric tribute trade system. In the middle of the sixteenth century, however, due to the expansion of merchants who directly linked Japan and China with trade ships after the enormous production of Japanese silver and the infestation of the late-period Japanese pirates(後期倭寇), the room for the trade and profits of the Chosŏn merchants reduced.

Ⅱ

〈1〉 The monetary theory and policies of Chosŏn presupposed the principle that the state should take control of mintage. However, as can be seen from the failure of universalizing the use of paper notes (楮貨) and coins(朝鮮通寶), such efforts had continuously been unsuccessful since the foundation of the dynasty. Despite the failure of introduction of a national currency, continued cultivation of cotton ensured the steady expansion of the cloth-commodity economy(布貨經濟), which first came in place since the monetary order based on the five-*seung* hemp cloth(五升布) had first been established in the late Koryŏ Dynasty. The growth of the exchange economy that reached full-blown status in the sixteenth century, and the spread of local markets(場市) and crude-cotton cloth(麤布) at the national level, implied the rise to a new stage of the monetary economy known as the *choopo* economy(麤布經濟): an economy based on crude-cotton currency. The recognition of the need for a national currency as means of exchange that first surfaced during the reigns of King Joongjong and Myeongjong (sixteenth century) and the spread of support for the circulation of coins, in effect paved the way for the popularization of the use of coins at both the national policy and private exchange economy level, that is as long as the supply of the copper used for mintage could be secured.

⟨2⟩ During the late Koryŏ Dynasty, regular quality hemp cloth(五升布) served as the base currency. It was employed both in the private sector exchange economy and in the national budget, as an equivalency and exchange tool. After the foundation of the Chosŏn Dynasty, this regular quality cloth became divided into standard quality hemp cloth (正布) and low quality hemp cloth(常布). Silk cloth(綿紬) and ramie cloth(苧布) also functioned as cloth-commodities(布貨) while cotton cloth(綿布) also made its way onto the market. In the beginning of the dynasty, a policy of introducing paper notes known as *Jeohwa*(楮貨), and coins was arduously pursued during the reigns of King Taejong(太宗) and Sejong(世宗), which ultimately failed. While the governments' efforts to dominate the currency system were frustrated, the use of low quality hemp cloth became even more widened during the reign of King Taejong. Around King Sejong's reign, the spread of cotton cultivation resulted in cotton cloth functioning as a new standard currency, thereby replacing hemp cloth within the exchange economy. Meanwhile, after the reign of King Sejong, choopo, or crude−cotton cloth, emerged as a new standard small currency in the private sector, particularly amongst farmers, replacing the role of low quality hemp cloth.

⟨3⟩ *Choopo* first appeared in the middle of the fifteenth century, and it was widely circulated in various forms including *Sangmok*(常木) that is roughly 16 meters long and with three−*seung*, where a '*seung*' (升) means the warp of 80 strings. In the course of the circulation, short single−woven cloth(單織布) as well as short cloth and two−*seung* cloth were also broadly used in the market. *Choopo* first came into existence to replace the role of hemp cloth as fractional money. It was widely circulated and well suited to the development of the rural or peasant exchange economy of the lower social stratum at the time. The Chosŏn government continued to prohibit the use of such money as a part of its monetary policy, which turned out to be ineffective. Chosŏn was at the stage of *choopo* economy in the sixteenth century. In both the private exchange economy and the national financial sector, *choopo* settled as the base currency. It was the final and ultimate form of commodity money in Korea's currency history. Moreover, as *choopo* was too crude to be utilized as a fabric, this currency contained only a quasi−nominal value, which later served as the basis for the emergence of nominal metal money.

Ⅲ

In the developmental stage of the history of commerce, the commere in Chosŏn is classified into 'Restraining Commerce'(務本抑

末) stage in the earlier period and 'Utilizing Commerce'(以末補本) stage in the later. Especially the commerce in late Chosŏn was in a developmental process from the stage of traditional commerce under the 'Restraining Commerce' to the stage of 'Utilizing Commerce and Industry to Modernize the State'(商工業立國) which takes place from the late nineteenth century after the opening of ports. Therefore, the commercial theories and policies raised at the stage of 'Utilizing Commerce' contain important context to grasp the direction and the prospect of the modifications in the commercial and economic fields in Korea, in the process of its deconstruction of the medieval society and its modernization. If the commerce and commercial policies of Chosŏn are to be understood in the above manner, the direction of national policies to establish a modern society in Chosŏn, a state that maintained a centralized political system for a long time unlike the Western states, could be comprehended within its traditions and developmental structures.

# 찾아보기

## ㅁ

438

440

442

444

## ㅎ

# (재)한국연구원 한국연구총서 목록